D1997718

E-Book inside.

Mit folgendem persönlichen Code erhalten Sie die E-Book-Ausgabe dieses Buches zum kostenlosen Download.

80182-9ow6p-
56rad-g01os

Registrieren Sie sich unter
www.hanser-fachbuch.de/ebookinside
und nutzen Sie das E-Book auf Ihrem Rechner*, Tablet-PC und E-Book-Reader.

* Systemvoraussetzungen:
Internet-Verbindung und Adobe® Reader®

Martin Dausch

Gruppenrichtlinien in Windows Server 2012 und 2008 R2

Martin Dausch

Gruppenrichtlinien in Windows Server 2012 und 2008 R2

Ein praktischer Leitfaden für die Netzwerkverwaltung

2., erweiterte Auflage

HANSER

Der Autor: Martin Dausch, Regensburg

FSC
www.fsc.org
MIX
Papier aus verantwortungsvollen Quellen
FSC® C013736

Bibliografische Information der Deutschen Nationalbibliothek:

Die Deutsche Nationalbibliothek verzeichnet diese Publikation in der Deutschen Nationalbibliografie; detaillierte bibliografische Daten sind im Internet über http://dnb.d-nb.de abrufbar.

Lektorat: Sieglinde Schärl
Herstellung: Thomas Gerhardy
Umschlagdesign: Marc Müller-Bremer, www.rebranding.de, München
Umschlagrealisation: Stephan Rönigk
Satz: Kösel, Krugzell
Datenbelichtung, Druck und Bindung: Kösel, Krugzell
Ausstattung patentrechtlich geschützt. Kösel FD 351, Patent-Nr. 0748702
Printed in Germany

Buch-ISBN 978-3-446-43471-4
E-Book-ISBN 978-3-446-43561-2

Inhalt

Vorwort zur zweiten Auflage **13**

Vorwort zur ersten Auflage **15**

1 Einleitung **17**

1.1 Was sind Gruppenrichtlinien? 17
1.2 Auf welche Objekte wirken Gruppenrichtlinien? 18
1.3 Wann werden Gruppenrichtlinien verarbeitet? 18
1.4 Wie viele Gruppenrichtlinien sollte man verwenden? 19
1.5 Wofür werden Gruppenrichtlinien am häufigsten verwendet? 19
1.6 Muss man beim Ändern von Gruppenrichtlinien aufpassen? 19
1.7 Was Sie brauchen, um die Aufgaben nachvollziehen zu können 20

2 Die Gruppenrichtlinienverwaltung **21**

2.1 Einführung 21
2.2 Gruppenrichtlinienverwaltung installieren 22
2.3 Gruppenrichtlinienverwaltung erkunden 23
2.4 Gruppenrichtlinienverknüpfungen und -objekte 24
2.5 Gruppenrichtlinienobjekte im Detail 25
  2.5.1 Register BEREICH einer Gruppenrichtlinie 25
  2.5.2 Register DETAILS einer Gruppenrichtlinie 26
  2.5.3 Register EINSTELLUNGEN einer Gruppenrichtlinie 27
  2.5.4 Register DELEGIERUNG einer Gruppenrichtlinie 27
  2.5.5 Register STATUS einer Gruppenrichtlinie 28
2.6 Standorte und Gruppenrichtlinien 29
2.7 Weitere Elemente der Gruppenrichtlinienverwaltung 30
2.8 Gruppenrichtlinie erstellen 30
2.9 Gruppenrichtlinie verknüpfen 31
2.10 Gruppenrichtlinie bearbeiten 32

3 Verarbeitungsreihenfolge von Gruppenrichtlinien 35
3.1 Einführung 35
3.2 Aus der Praxis 36
3.3 Grundlagen der Gruppenrichtlinienverarbeitung 36
3.4 Standardreihenfolge in der Gruppenrichtlinienverarbeitung 37
3.5 Anpassungen der Verarbeitungsreihenfolge von Gruppenrichtlinien 38
3.5.1 Erzwungen 38
3.5.2 Vererbung deaktivieren 39
3.5.3 Bereiche von Gruppenrichtlinien deaktivieren 40
3.5.4 Verknüpfungen aktivieren/deaktivieren 41
3.5.5 Gruppenrichtlinien filtern 42
3.6 Praktisches Beispiel für die Verarbeitungsreihenfolge von Gruppenrichtlinien 44
3.6.1 Kennwortrichtlinie 45
3.6.2 Lokaler WSUS 45
3.6.3 Bildschirmauflösung Standardbenutzer 46
3.6.4 Bildschirmauflösung CAD-Benutzer 46
3.6.5 Wartungs-Ingenieure 46
3.6.6 Softwareverteilung Produktionsbenutzer 46
3.6.7 Softwareverteilung Produktionsserver 46
3.7 Loopbackverarbeitungsmodus 47
3.7.1 Zusammenführen-Modus 47
3.7.2 Ersetzen-Modus 47
3.7.3 Loopbackverarbeitungsmodus einrichten 47

4 OU (Organisational Unit)-Struktur für Gruppenrichtlinien 51
4.1 Einführung 51
4.1.1 Virtualisierung 51
4.1.2 Gruppen 52
4.2 Aufgaben von OUs 53
4.3 Administrativer Ansatz 54
4.4 Geographischer Ansatz 54
4.5 Mischformen 54

5 Softwareverteilung mit Richtlinien 57
5.1 Einführung 57
5.2 Konzepte 58
5.2.1 Unterstützte Dateitypen 58
5.2.2 Softwareverteilung an Benutzer oder Computer 58
5.2.3 Zuweisen und Veröffentlichen 59
5.2.4 Verteilung über OUs oder Standorte 60
5.2.5 Kategorien 60

5.3 Praktisches Vorgehen ... 61
5.3.1 Vorbereitung ... 61
5.3.2 Gruppenrichtlinie für Zuweisung an Computer erstellen ... 61
5.3.3 Gruppenrichtlinie konfigurieren ... 61
5.3.4 Gruppenrichtlinienobjekt verknüpfen ... 63
5.3.5 Verteilung testen ... 63
5.3.6 Veröffentlichen für Benutzer ... 64
5.4 Eigenschaften von Paketen bearbeiten ... 64
5.4.1 Register ALLGEMEIN ... 64
5.4.2 Register BEREITSTELLUNG VON SOFTWARE ... 65
5.4.3 Register AKTUALISIERUNGEN ... 67
5.4.4 Register KATEGORIEN ... 68
5.4.5 Register ÄNDERUNGEN ... 70
5.4.6 Register SICHERHEIT ... 71

6 Windows-Einstellungen Computerverwaltung ... 73
6.1 Aus der Praxis ... 73
6.2 Einführung ... 74
6.3 Namensauflösungsrichtlinie und DNSSEC ... 75
6.3.1 Was ist DNSSEC? ... 75
6.3.2 DNSSEC implementieren ... 75
6.4 Kontorichtlinien ... 76
6.4.1 Kennwortrichtlinien ... 77
6.4.2 Kontosperrungsrichtlinien ... 78
6.4.3 Kerberosrichtlinien ... 79
6.5 Lokale Richtlinien ... 80
6.5.1 Überwachungsrichtlinien ... 80
6.5.2 Zuweisen von Benutzerrechten ... 82
6.5.3 Sicherheitsoptionen ... 83
6.6 Ereignisprotokoll ... 89
6.7 Eingeschränkte Gruppen ... 90
6.8 Systemdienste, Registrierung und Dateisystem ... 91
6.8.1 Systemdienste ... 91
6.8.2 Registrierung ... 92
6.8.3 Dateisystem ... 93
6.9 Richtlinien im Bereich Netzwerksicherheit ... 95
6.9.1 Richtlinien für Kabelnetzwerke ... 95
6.9.2 Windows-Firewall ... 95
6.9.3 Netzwerklisten-Manager-Richtlinien ... 98
6.9.4 Drahtlosnetzwerkrichtlinien ... 101
6.9.5 Richtlinien für öffentliche Schlüssel ... 103
6.9.6 Softwareeinschränkungen ... 104
6.9.7 Netzwerkzugriffsschutz ... 108

6.9.8 Anwendungssteuerung mit AppLocker 108
6.9.9 IP-Sicherheitsrichtlinien 118
6.9.10 Erweiterte Überwachungsrichtlinienkonfiguration 119

7 Administrative Vorlagen der Computerverwaltung 121
7.1 Einführung 121
7.2 ADMX und ADML 122
7.3 Zentraler Speicher 123
7.4 ADM-Vorlagen hinzufügen 125
7.5 Praktische Beispiele für administrative Vorlagen 126
7.6 Drucker verwalten 126
7.6.1 BranchCache verwalten 127
7.7 Administrative Vorlagen – Netzwerk – Intelligenter Hintergrundübertragungsdienst 129
7.8 Administrative Vorlagen – Netzwerk – Netzwerkisolation 130
7.8.1 Administrative Vorlagen – System 130
7.9 Administrative Vorlagen – System – Gruppenrichtlinie 132
7.10 Administrative Vorlagen – Systemsteuerung – Anpassung 134
7.11 Administrative Vorlagen – Windows-Komponenten 134
7.11.1 Administrative Vorlagen – Windows-Komponenten – Biometrie 134
7.11.2 Administrative Vorlagen – Windows-Komponenten – Einstellungen synchronisieren 136
7.11.3 Administrative Vorlagen – Windows-Komponenten – Portables Betriebssystem 139

8 Windows-Einstellungen Benutzerkonfiguration 153
8.1 Einführung 153
8.2 An- und Abmeldeskripts 154
8.2.1 Beispiel: Anmelden.bat 155
8.2.2 Beispiel: Abmelden.bat 156
8.3 Software-Einschränkungen 157
8.4 Profile und Ordnerumleitungen 158
8.4.1 Aus der Praxis 158
8.4.2 Einführung 158
8.4.3 Ordnerumleitungen 158
8.5 Richtlinienbasierter QoS (Quality of Service) 165
8.6 Internet Explorer-Wartung 167
8.6.1 Internet Explorer Administration Kit (IEAK) installieren 168
8.6.2 IEAK verwenden 170

9 Administrative Vorlagen der Benutzerkonfiguration 179
9.1 Einführung 179

9.2 Administrative Vorlagen - Desktop 180
9.2.1 Administrative Vorlagen - Desktop - Active Directory 181
9.2.2 Administrative Vorlagen - Desktop - Desktop 184
9.3 Freigegebene Ordner 185
9.4 Netzwerk 187
9.4.1 Netzwerkverbindungen 187
9.4.2 Offlinedateien 188
9.4.3 Windows-Sofortverbindungen 189
9.5 Startmenü und Taskleiste 189
9.6 Startmenü und Taskleiste - Benachrichtigungen 192
9.7 System 193
9.7.1 Anmelden 193
9.7.2 Benutzerprofile 194
9.7.3 Energieverwaltung 194
9.7.4 Gebietsschemadienste 195
9.7.5 Gruppenrichtlinie 195
9.7.6 Internetkommunikationsverwaltung 196
9.7.7 STRG+ALT+ENTF (Optionen) 196
9.7.8 Wechselmedienzugriffe 197
9.8 Systemsteuerung 198
9.8.1 Anpassung 199
9.8.2 Anzeige 200
9.8.3 Drucker 200
9.8.4 Programme 201
9.8.5 Software 202
9.9 Windows-Komponenten 202
9.9.1 Anlagen-Manager 203
9.9.2 Anwendungskompatibilität 204
9.10 App-Laufzeit 204
9.10.1 Datei-Explorer (Windows Explorer) 205
9.10.2 Internet Explorer 206
9.10.3 Richtlinien für die automatische Wiedergabe 207
9.10.4 Sicherungskopie 207
9.10.5 Windows-Anmeldeoptionen 208

10 Einstellungen 209
10.1 Einführung 209
10.2 Voraussetzungen 210
10.3 Zielgruppenadressierung 211
10.4 Computerkonfiguration - Einstellungen - Windows-Einstellungen 214
10.4.1 Umgebung 214
10.4.2 Dateien 216
10.4.3 Ordner 218

10.4.4 INI-Dateien ... 222
10.4.5 Registrierung ... 224
10.4.6 Netzwerkfreigaben ... 226
10.4.7 Verknüpfungen ... 228
10.5 Computerkonfiguration - Einstellungen - Systemsteuerungseinstellungen 232
10.5.1 Datenquellen ... 232
10.5.2 Geräte ... 233
10.5.3 Ordneroptionen ... 234
10.5.4 Lokale Benutzer und Gruppen ... 235
10.5.5 Netzwerkoptionen ... 236
10.5.6 Energieoptionen ... 236
10.5.7 Drucker ... 237
10.5.8 Geplante Aufgaben ... 238
10.5.9 Dienste ... 244
10.6 Benutzerkonfiguration - Einstellungen - Windows-Einstellungen ... 245
10.6.1 Anwendungen ... 245
10.6.2 Laufwerkszuordnungen ... 245
10.7 Benutzerkonfiguration - Einstellungen - Systemsteuerungseinstellungen 247
10.7.1 Interneteinstellungen ... 247
10.7.2 Regionale Einstellungen ... 249
10.7.3 Startmenü ... 249

11 Verwalten von Gruppenrichtlinienobjekten ... 251
11.1 Einführung ... 251
11.2 Gruppenrichtlinienobjekte (GPOs) sichern und wiederherstellen ... 251
11.2.1 GPO sichern ... 252
11.2.2 GPO wiederherstellen ... 253
11.3 Einstellungen importieren und migrieren ... 255
11.4 Starter-Gruppenrichtlinienobjekte ... 259
11.5 Arbeiten mit GPOs ... 260

12 Fehlersuche und Problembehebung ... 261
12.1 Einführung ... 261
12.2 Gruppenrichtlinienergebnisse ... 262
12.2.1 Gruppenrichtlinienergebnis-Assistent ... 263
12.2.2 Gruppenrichtlinienergebnis untersuchen ... 265
12.3 Gruppenrichtlinienmodellierung ... 272
12.3.1 Gruppenrichtlinienmodellierungs-Assistent ... 272
12.3.2 Gruppenrichtlinienmodellierung auswerten ... 277
12.4 GPResult ... 278
12.5 Erweiterte Fehlerbehebung und Protokolldateien ... 279

13 Erweitern von administrativen Vorlagen 281
13.1 Einführung 281
13.2 ADMX-Datei erweitern 283
13.3 ADML-Datei an erweiterte ADMX-Datei anpassen 287
13.4 ADM-Datei in ADMX-Datei umwandeln 289

14 Gruppenrichtlinien filtern 291
14.1 Einführung 291
14.2 Filtern über Gruppenzugehörigkeiten 292
14.2.1 Berechtigungen verweigern 292
14.2.2 Sicherheitsfilterung verwenden 294
14.3 WMI-Filter 295
14.3.1 Beispiele von WMI-Abfragen für WMI-Filter 295
14.3.2 WMI-Filter erstellen 296
14.3.3 WMI-Filter anwenden 299
14.3.4 WMI-Filter entfernen 299

Index 301

Vorwort zur zweiten Auflage

In der vorliegenden zweiten Auflage meines Buches finden Sie neben den Beschreibungen der Gruppenrichtlinien von Windows Server 2008 R2 und Windows 7 auch die neuen Richtlinien von Windows 8 und Server 2012. Teilweise werden dabei die Schwerpunkte auf die neuen Richtlinien verlagert, teilweise werden aber auch nach wie vor die alten Richtlinien beschrieben, da meiner Erfahrung nach nicht viele Netzwerke gleich auf eine neue Betriebssystemgeneration umgestellt werden.

Betriebssysteme in der Praxis

Viele Unternehmen haben sicherlich erst im Verlauf der letzten Jahre mit der Umstellung der Clientbetriebssysteme auf Windows 7 begonnen, und planen, Windows 8 auszulassen. Im Serverbereich ist hingegen damit zu rechnen, dass eine gewisse Anzahl von Servern auf das neue Betriebssystem umgestellt wird, um neue Features zu nutzen.

Das Buch will versuchen, Sie bei der Verwaltung dieser heterogenen Umgebungen so ideal wie möglich zu unterstützen.

Unter *http://downloads.hanser.de* finden Sie die Beispiel-ADML- und ADMX-Dateien sowie alle Links aus dem Buch.

Ich wünsche Ihnen viel Spaß bei der Arbeit mit Gruppenrichtlinien! Ihre Anregungen, Korrekturen oder Wünsche nehme ich gerne unter *mdausch@regensburger-it-akademie.de* entgegen.

Regensburg, im November 2012

Martin Dausch

Geschäftsführender Gesellschafter der Regensburger IT Akademie GmbH

Vorwort zur ersten Auflage

Vor elf Jahren hat Microsoft mit Windows Server 2000 und Active Directory die Gruppenrichtlinien eingeführt. Mit ihnen entstand eine Fülle von komplexen Konfigurationsmöglichkeiten für Administratoren, die kaum überschaubar war. Im Laufe der Zeit sind immer neue Richtlinien hinzugekommen. Selbst erfahrene IT-Profis würden wohl nicht von sich behaupten, alle ca. 4000 Richtlinien zu kennen.

Wie die Idee für dieses Buch entstand

Als Dozent versuche ich stets, meinen Zuhörern einen Zugang zur Eleganz richtlinienbasierter Problemlösungen zu vermitteln. Dabei stelle ich immer wieder fest, dass die unüberschaubare Anzahl an Einstellungsmöglichkeiten den Anfänger abschreckt. Und auch erfahrene Administratoren kennen häufig nur einen Bruchteil der Möglichkeiten, da sie wegen alltäglicher Feuerwehraufgaben nicht die Zeit haben, sich mit allen Richtlinien zu beschäftigen. Um dieses Dilemma zu beenden, habe ich das Buch geschrieben, welches Sie gerade in der Hand halten.

Ziel des Buches

Dieses Buch ist ein Leitfaden, der es Administratoren erlaubt, ein Gefühl für die Gruppenrichtlinien zu entwickeln, – eine vollständige Übersicht aller Richtlinien kann und soll es nicht liefern. Vielmehr geht es mir darum, anhand praxisnaher Beispiele ein Gefühl dafür zu vermitteln, wo welche Einstellungen vorgenommen werden können, wie sich diese auswirken, und wie Sie in Ihrer alltäglichen Arbeit dadurch Zeit sparen können. Denn mit Gruppenrichtlinien lassen sich häufige Probleme des administrativen Alltags sehr elegant und mit geringem Zeitaufwand beseitigen.

Für Aufgaben, die sich mit vorhandenen Richtlinien *nicht* lösen lassen, habe ich in den betreffenden Kapiteln beschrieben, wie Sie mit eigenen administrativen Vorlagen neue Einstellungen setzen können, um so neue Gegebenheiten des Netzwerks effizient über Gruppenrichtlinien anzugehen.

Ich habe viel Zeit in Internetrecherchen und umfangreiche Tests in meiner praxisnahen und sehr komplexen Testumgebung investiert, die teilweise erstaunliche Ergebnisse lieferten. Diese habe ich zusammengetragen und niedergeschrieben, sodass Sie als Leser ohne großen Zeitaufwand sofort zum gewünschten Ergebnis kommen.

Darüber hinaus enthält dieses Buch ein ausführliches Register. Es soll Ihnen ermöglichen, bei alltäglichen Aufgaben „schnell mal nachzulesen“, ob es nicht eine Richtlinie für eine Aufgabe gibt.

Was das Buch nicht leisten kann

Nicht jede Richtlinie funktioniert so, wie es auf den ersten Blick scheint. Darum werden Sie in diesem Buch auch immer wieder Hinweise vorfinden, die Sie vor typischen Fallen warnen. Über manche davon musste ich selbst leidvoll stolpern, bevor ich einen Weg fand, wie sie zu umgehen sind. Bei einigen Richtlinien ist es aber leider so, dass ich diesen Weg noch nicht gefunden habe. In diesen Fällen möchte ich zumindest versuchen, Ihnen aufwendige Recherchen zu ersparen.

Neuerungen

Ein weiteres Hauptaugenmerk richte ich auf die Neuerungen, die mit Windows Server 2008 R2 Einzug in die Gruppenrichtlinien gefunden haben. Diese stellen zum Teil eine erhebliche Verbesserung gegenüber den Vorläufern dar. Ich hoffe, damit auch erfahrenen Administratoren ein Werkzeug an die Hand geben zu können, das ihnen eine effiziente Umsetzung im administrativen Alltag erlaubt.

Umgang mit Warnungen

Im Buch beschreibe ich immer wieder Wege, wie Sie mit Gruppenrichtlinien in der Praxis arbeiten sollen. Wenn ich dabei wiederholt auf ausgiebige Tests vor dem Einsatz in Ihrer Produktivumgebung hinweise, so tue ich dies aus elf Jahren Erfahrung als Consultant und Administrator. Oft genug musste ich in Netzwerken Schäden beseitigen, die durch kleine Unachtsamkeiten zu massiven Produktivausfällen führten. Dies möchte ich Ihnen ersparen. Nehmen Sie die Warnungen also bitte nicht auf die leichte Schulter!

Was Sie erwartet

Bei all der trockenen Materie, mit der sich dieses Buch zwangsläufig beschäftigen muss, habe ich doch versucht, durch zahlreiche Beispiele aus der Praxis einen lebendigen Ansatz einzubringen. Möge es mir gelungen sein, sowohl dem erfahrenen Administrator als auch dem Einsteiger die Nützlichkeit des Werkzeugs „Gruppenrichtlinie“ aufzuzeigen.

Besonderer Dank an dieser Stelle gilt dem Carl Hanser Verlag aus München für die Umsetzung meiner Ideen in Form des vorliegenden Buches! Stellvertretend für alle anderen seien an dieser Stelle namentlich Frau Sieglinde Schärl und Frau Julia Stepp genannt.

Ich wünsche Ihnen viel Vergnügen bei der Lektüre und eine erfolgreiche Umsetzung des Gelernten,

Ihr Martin Dausch

Geschäftsführender Gesellschafter der Regensburger IT Akademie GmbH

P. S. Auf Ihre Anregungen, Korrekturen oder Wünsche freue ich mich: *mdausch@regensburger-it-akademie.de*

1 Einleitung

In diesem Kapitel:

- Was sind Gruppenrichtlinien?
- Mit Gruppenrichtlinien arbeiten
- Welche technische Ausstattung benötigen Sie, um die im Buch beschriebenen Aufgaben nachvollziehen zu können?

1.1 Was sind Gruppenrichtlinien?

Gruppenrichtlinien (Group Policy Object, GPO) sind Sammlungen von Einstellungen, die auf die Registry eines Computers angewendet werden. Sie ermöglichen es festzulegen, welche Benutzer Zugriff auf bestimmte Funktionen des Betriebssystems erhalten, wie Defaulteinstellungen für Anwendungen sein sollen oder wie sich das Betriebssystem in bestimmten Situationen verhält. So können Sie z. B. festlegen, auf welche lokalen Laufwerke ein Benutzer zugreifen kann, welche Startseite der Internetexplorer verwenden soll oder woher das Betriebssystem seine Updates bezieht.

Zusätzlich zu den Richtlinien wurden mit Server 2008 R2 die Einstellungen eingeführt. Einstellungen erlauben es, dass ein Benutzer oder Computer z. B. Dateien verteilt oder dass Drucker installiert und zugewiesen oder Systemsteuerungseinstellungen vorgenommen werden.

In dieser erweiterten Neuauflage werden auch die relevanten Neuerungen der Gruppenrichtlinien unter Windows Server 2012 berücksichtigt. Diese wirken sich insbesondere auf Clients unter Windows 8 aus, deren Konfiguration ohne entsprechende Gruppenrichtlinien nur eingeschränkt gelingt. Die relevanten Neuerungen sind durch das in der Randspalte dargestellte Icon hervorgehoben. Neu in 2012

1.2 Auf welche Objekte wirken Gruppenrichtlinien?

Gruppenrichtlinien sind keine Richtlinien für Gruppen, wie man im ersten Moment denken mag. Zwar kann man auch über Gruppenzugehörigkeiten steuern, ob eine Gruppenrichtlinie auf einen Benutzer oder Computer angewendet werden soll, ausschlaggebend ist aber der Speicherort des Benutzer- oder Computerkontos. Nur wenn sich das Konto in der Domäne oder Organisationseinheit (Organisational Unit, OU), mit der die Gruppenrichtlinie verknüpft ist, befindet, kann sie wirken.

Ob die Gruppenrichtlinie letztendlich auch angewendet wird, ist abhängig von Gruppenzugehörigkeiten. So könnten etwa für die Organisationseinheit „OU-B-Produktion" Richtlinieneinstellungen vorliegen, die den Zugriff auf die Systemsteuerung verbieten. Der Gruppe „GG-B-Prod-Wartung" aber wird das Recht zum Übernehmen der Gruppenrichtlinie verweigert. Dadurch können die Wartungsmitarbeiter auf die Systemsteuerung zugreifen.

HINWEIS: Merken Sie sich einfach, dass eine Gruppenrichtlinie eine Gruppe von Richtlinieneinstellungen ist, die auf Konten angewendet wird.

1.3 Wann werden Gruppenrichtlinien verarbeitet?

Gruppenrichtlinien werden bei der Anmeldung und dem Systemstart verarbeitet, weil sich dann entscheidet, welcher Benutzer sich an einem Computer anmeldet. Daneben erfolgt für viele Richtlinieneinstellungen eine Hintergrundaktualisierung. Alle 90 Minuten mit einer zufälligen Abweichung von +/− 30 Minuten werden Computer standardmäßig aktualisiert. Bei Domänencontrollern liegt das Standardintervall bei fünf Minuten mit einer zufälligen Abweichung. Die zufälligen Abweichungen werden eingesetzt, damit nicht alle Computer gleichzeitig die Richtlinien abfragen und das Netzwerk und die Server überlasten.

PRAXISTIPP: Sie können diese Werte auch ändern - in einer Gruppenrichtlinie! Sehr kurze Aktualisierungsintervalle sind aber nicht zu empfehlen, da sie das System bremsen. Zu seltene Hintergrundaktualisierungen können hingegen dazu führen, dass wichtige Änderungen nicht in einer akzeptablen Zeit übernommen werden. Daher sollten Sie in der Regel die Standardwerte beibehalten.

1.4 Wie viele Gruppenrichtlinien sollte man verwenden?

Generell gilt, dass die Verarbeitung von Gruppenrichtlinien den Start- und Anmeldevorgang erheblich verzögern kann. Darum sollte man nicht zu viele Gruppenrichtlinien verwenden. Besser ist es, mehrere Einstellungen in einer Gruppenrichtlinie zusammenzufassen. Außerdem kann man Gruppenrichtlinien in Bereichen deaktivieren. So ließe sich etwa in der GPO-B-Standardbenutzer der Bereich Computerkonfiguration deaktivieren.

1.5 Wofür werden Gruppenrichtlinien am häufigsten verwendet?

Gruppenrichtlinien sind ein mächtiges Werkzeug, mit dem eine Fülle von Einstellungen und Anpassungen möglich sind. In der Praxis werden Sie jedoch nur die Anpassungen vornehmen wollen, die für Ihr Netzwerk wichtig sind. Bei deutlich über 3000 Richtlinien ohne zusätzliche Vorlagen verlieren sonst auch erfahrene Administratoren den Überblick.

Die wichtigsten Bereiche der Gruppenrichtlinien lernen Sie in den folgenden Kapiteln kennen und sehen dabei viele Beispiele für den Einsatz in der Praxis.

1.6 Muss man beim Ändern von Gruppenrichtlinien aufpassen?

Gruppenrichtlinien wirken, sobald eine Einstellung übernommen wurde. Sie verfügen über keine doppelte Sicherung. Wenn Sie nun Einstellungen vorgenommen haben, in denen Sie z. B. der Gruppe „Alle“, die Sie angelegt haben und in der die Systemgruppe „Jeder“ Mitglied ist, das Recht zum lokalen Anmelden verweigern, dann „war es das“. Sie brauchen einen neuen Job! Aber auch durch versehentliche Fehlkonfigurationen kommt es immer wieder zu Problemen mit Richtlinien. Darum werden Sie in diesem Buch exemplarische Vorgehensweisen finden, die Ihnen einen sicheren Umgang mit den Gruppenrichtlinien vermitteln. Für häufige Probleme werden auch Lösungen bereitgestellt.

1.7 Was Sie brauchen, um die Aufgaben nachvollziehen zu können

Die Verwaltung von Gruppenrichtlinien sollten Sie in einer abgesicherten Testumgebung üben, bevor Sie beginnen, damit in der Praxis zu arbeiten. Installieren Sie also auf einem Rechner Windows Server 2012 Standard oder Enterprise in einer Standardinstallation und auf einem zweiten Testsystem Windows 8 Pro oder Enterprise (andere Versionen von Windows 8 unterstützen nicht die Funktionen, die ich in diesem Buch erläutere).

Alternativ können Sie die Testumgebung auch mit Windows Server 2008 R2 und Windows 7 aufbauen oder in einer gemischten Umgebung mit unterschiedlichen Betriebssystemen arbeiten, da dieses Buch sich an den Gegebenheiten typischer Unternehmensstrukturen orientiert, und somit auch nach wie vor Besonderheiten der Vorgängerbetriebssysteme berücksichtigt.

Die beiden Rechner müssen über das Netzwerk miteinander kommunizieren können, Internetzugang wird hingegen keiner benötigt. Am einfachsten verbinden Sie die Netzwerkkarten der Rechner über ein Crossover Twisted Pair-Kabel miteinander.

PRAXISTIPP: Wenn Sie ein entsprechend leistungsstarkes System verwenden, können Sie die beiden Rechner virtualisieren. Dies hat den Vorteil, dass Sie Snapshots von den Systemen erstellen und nach jeder Übung wieder zur Ausgangssituation zurückkehren können. Außerdem können Sie so bei benötigten Neustarts erheblich Zeit sparen.

Richten Sie eine Domäne ein, und nehmen Sie den zweiten Rechner in die Domäne auf. Sie können nun eine Umgebung errichten, die in etwa dem Firmenumfeld, in dem Sie arbeiten, entspricht (typische OU-Struktur, Standorte, Gruppen, Beispielbenutzer etc.), oder Sie warten damit, bis Sie in Kapitel 4 etwas über typische OU-Strukturen für die Arbeit mit Gruppenrichtlinien erfahren haben.

2 Die Gruppenrichtlinienverwaltung

In diesem Kapitel:

- Die Gruppenrichtlinienverwaltung hinzufügen
- Mit der Gruppenrichtlinienverwaltung arbeiten
- Gruppenrichtlinienobjekte im Detail
- Gruppenrichtlinienobjekte erstellen
- Gruppenrichtlinienobjekte verknüpfen

2.1 Einführung

Um Gruppenrichtlinien zu verwalten, benötigen Sie die zentrale Verwaltungsschnittstelle – die Gruppenrichtlinienverwaltung.

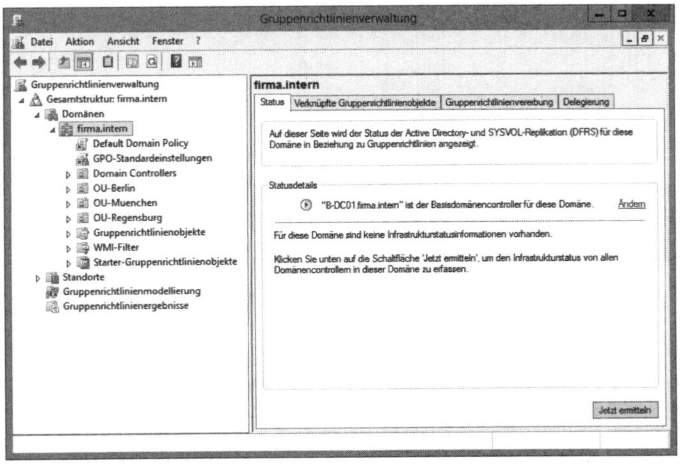

Bild 2.1
Die Gruppenrichtlinienverwaltung

Diese wird automatisch installiert, wenn Sie einen Server zum Domänencontroller machen. Wenn Sie die Gruppenrichtlinienverwaltung von einem anderen Rechner aus verwenden wollen, müssen Sie sie erst installieren.

2.2 Gruppenrichtlinienverwaltung installieren

Die Gruppenrichtlinienverwaltung für Windows Server 2012-Domänen kann unter Windows Server 2012 installiert werden. Eine Installation unter Vorläufer-Betriebssystemen (einschließlich Windows Server 2008 R2 und Windows 7) wird nicht unterstützt. Anders als bei Windows 7 und der Gruppenrichtlinienverwaltung für Server 2008 R2 war eine Installation der Gruppenrichtlinienverwaltung unter Windows 8 zum Zeitpunkt der Drucklegung nicht verfügbar. Es bleibt also nur die Möglichkeit, mittels Remotedesktop eine Verbindung zu einem Server mit installierter Gruppenrichtlinienverwaltung für administrative Aufgaben zu verwenden.

Unter Windows Server 2012

Öffnen Sie den Server-Manager und klicken Sie unter VERWALTUNG auf ROLLEN UND FUNKTIONEN HINZUFÜGEN.

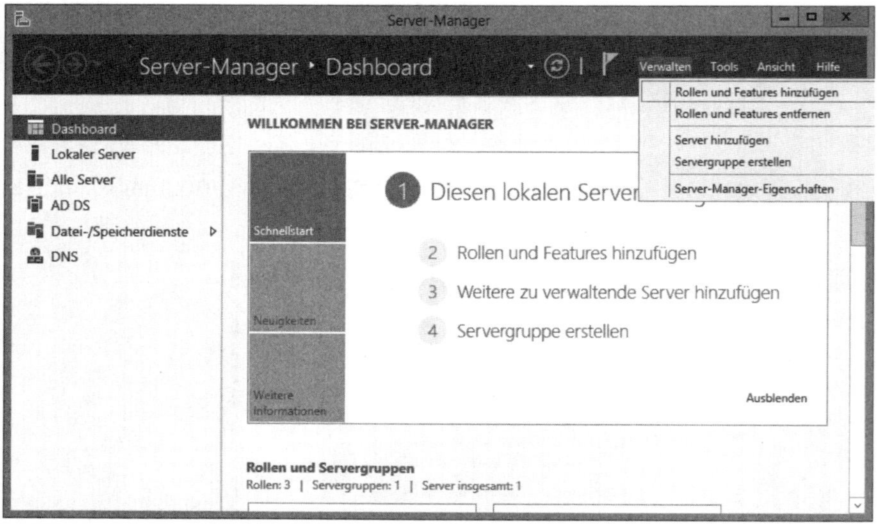

Bild 2.2 Features hinzufügen

Klicken Sie sich anschließend im Assistenten zum Hinzufügen von Rollen und Features bis zum Punkt „Features auswählen“, scrollen Sie unter FEATURES zum Punkt GRUPPENRICHTLINIENVERWALTUNG und aktivieren Sie das entsprechende Kontrollkästchen.

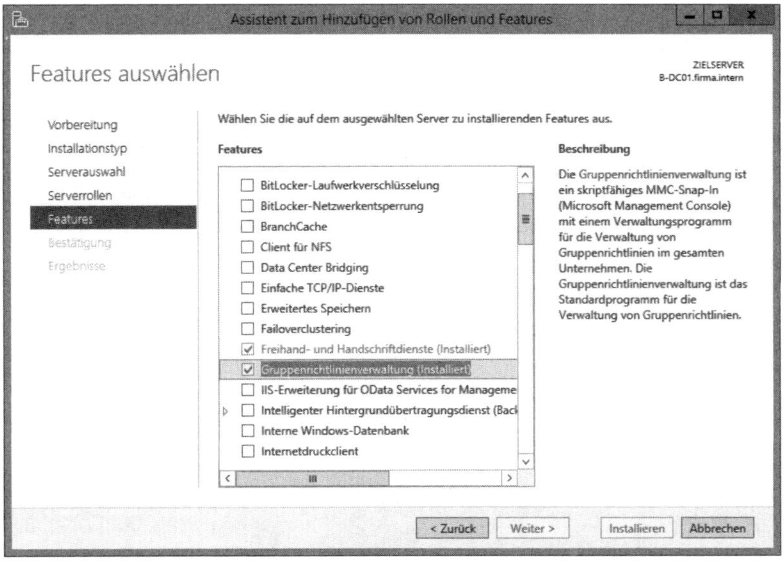

Bild 2.3 Feature Gruppenrichtlinienverwaltung auswählen

Klicken Sie nun auf WEITER und zum Abschluss auf INSTALLIEREN.

2.3 Gruppenrichtlinienverwaltung erkunden

Klicken Sie auf dem Startbildschirm auf GRUPPENRICHTLINIENVERWALTUNG.

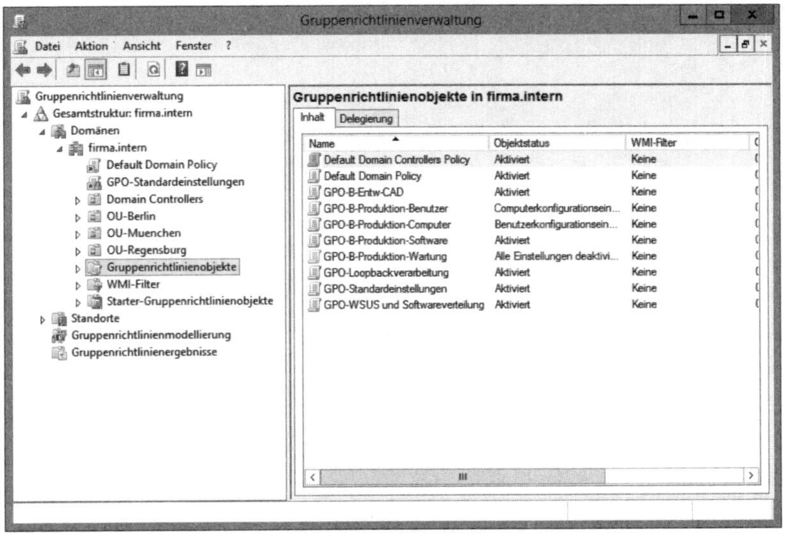

Bild 2.4 Gruppenrichtlinienverwaltung erkunden

Im linken Bereich der Gruppenrichtlinienverwaltung finden Sie die Konsolenstruktur. Navigieren Sie in dieser zum Knoten „Gruppenrichtlinienobjekte“. Hier ist der Speicherort der eigentlichen Gruppenrichtlinienobjekte.

PRAXISTIPP: Sollte die Gruppenrichtlinienverwaltung nicht auf dem Startbildschirm angezeigt werden, müssen Sie diese aktivieren. Tippen Sie dazu auf die Windowstaste + C und rufen Sie EINSTELLUNGEN auf. Klicken Sie dann auf KACHELN und vergewissern Sie sich, dass der Schalter bei „Verwaltungstools anzeigen“ auf JA (rechte Position) gestellt ist.

Alternativ können Sie einfach die ersten Buchstaben (je nach installierter Software) eintippen und aus den erscheinenden Suchergebnissen in der GRUPPENRICHTLINIENVERWALTUNG auswählen.

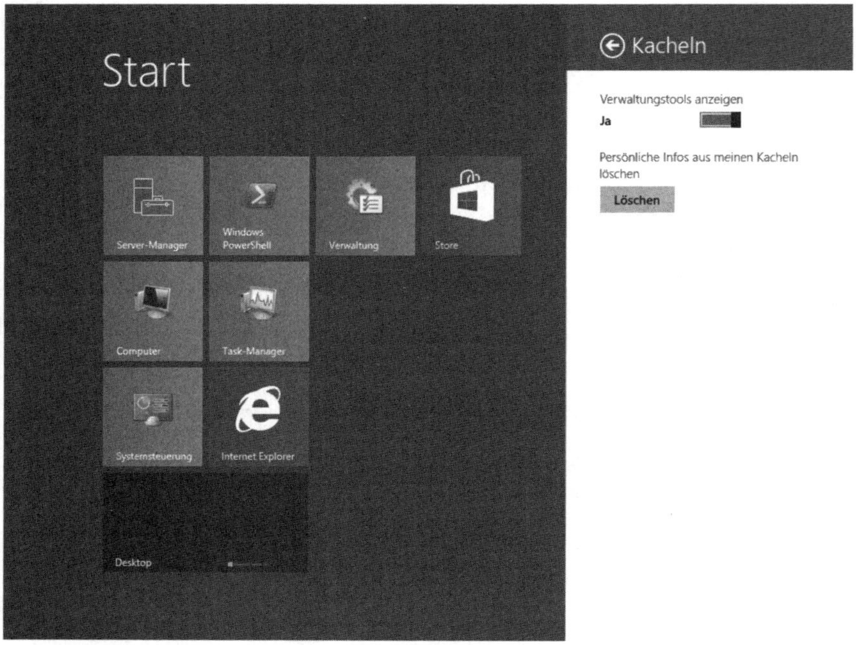

Bild 2.5 Verwaltungstools anzeigen

2.4 Gruppenrichtlinienverknüpfungen und -objekte

Im Gegensatz zum Symbol der Gruppenrichtlinie Default Domain Policy im rechten Fenster sehen Sie auf dem Symbol der Default Domain Policy unterhalb des Domänennamens, dass dieses mit einem Pfeil versehen ist – es handelt sich um eine Verknüpfung.

Gruppenrichtlinien werden in der Domäne, den Organisationseinheiten und auf Standorten verknüpft, gespeichert werden sie stets unter „Gruppenrichtlinienobjekte".

Sie können eine Gruppenrichtlinie auch mehrfach verknüpfen und z. B. eine Richtlinie für Produktionsbenutzer mit den Organisationseinheiten OU-B-Produktion und OU-M-Produktion verknüpfen.

PRAXISTIPP: Wenn Sie Pfadangaben in dieser Gruppenrichtlinie verwenden, werden diese bewirken, dass einer der Standorte über die WAN-Verbindung auf Ressourcen zugreift. Versuchen Sie daher Gruppenrichtlinien mit Pfadangaben stets von anderen Einstellungen zu trennen.

2.5 Gruppenrichtlinienobjekte im Detail

Erweitern Sie nun den Knoten Gruppenrichtlinienobjekte und markieren Sie in der Konsolenstruktur die Default Domain Policy.

2.5.1 Register BEREICH einer Gruppenrichtlinie

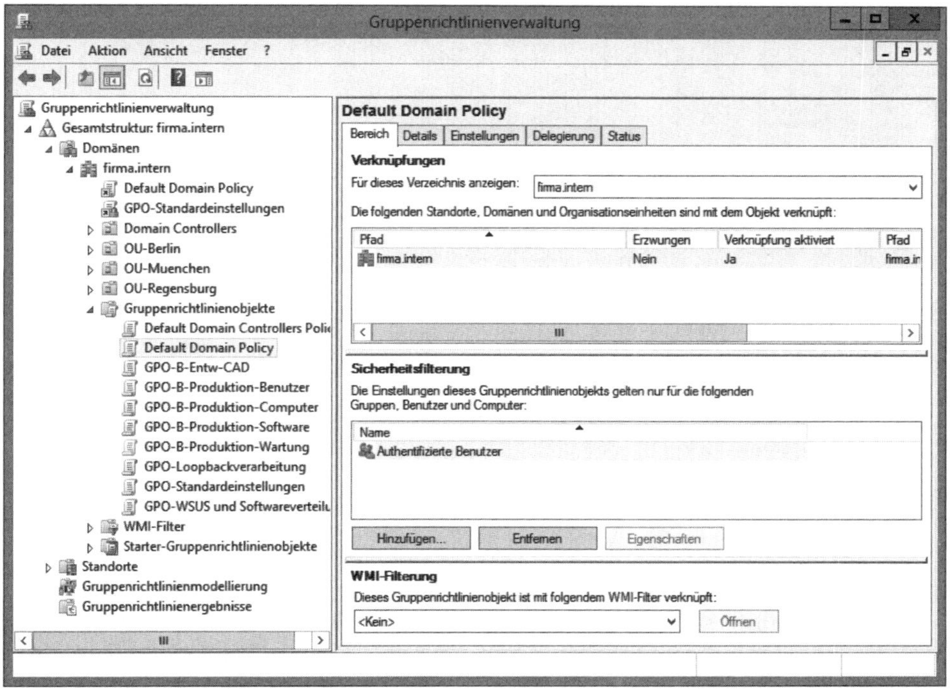

Bild 2.6 Register BEREICH der Default Domain Policy

Im Register BEREICH sehen Sie oben „Verknüpfungen“. Hier sind unter „Pfad“ die Domänen und Organisationseinheiten aufgeführt, mit denen das GPO verknüpft ist.

Daneben ist vermerkt, ob die Richtlinie erzwungen wird. Erzwingen bedeutet, die Einstellungen, die durch die Richtlinie vorgenommen werden, mit einem Schreibschutz zu versehen. Näheres dazu erfahren Sie in Abschnitt 3.5.1, „Erzwungen“.

Sie können hier auch sehen, ob die Verknüpfung aktiviert ist. Eine deaktivierte Verknüpfung würde bedeuten, dass das GPO nicht wirkt.

In der Mitte des Fensters sind Sicherheitsfilterungen aufgezeigt. Hier können Sie festlegen, welche Gruppen das GPO auswerten können. Standardmäßig ist stets die Gruppe „Authentifizierte Benutzer“ eingetragen. Zu dieser gehören alle Benutzer und Computer, die sich in der Domäne angemeldet haben.

Sie könnten hier auch andere Gruppen hinzufügen oder entfernen. In Abschnitt 3.5.5, „Gruppenrichtlinien filtern“, erhalten Sie mehr Details zur Wirkungsweise von Sicherheitsfilterung.

WMI-Filterung stellt eine weitere Möglichkeit dar, die Wirkung eines GPO auf bestimmte Rechner zu beschränken. Allerdings werden für WMI-Filter keine Gruppen verwendet, sondern Hard- oder Softwareeigenschaften eines Rechners abgefragt, anhand derer dann entschieden wird, ob man ein GPO anwendet oder nicht.

2.5.2 Register DETAILS einer Gruppenrichtlinie

Klicken Sie nun auf das Register DETAILS.

Bild 2.7
Register DETAILS der Default Domain Policy

Im Register DETAILS ist aufgeführt, wer der Besitzer der Richtlinie ist, wann diese erstellt und geändert wurde, welche Benutzer- und Computerversion vorliegt und wie die eindeutige ID der Richtlinie lautet. Daneben können Sie hier die Richtlinie (nicht die Verknüpfung) ganz oder teilweise deaktivieren.

2.5.3 Register EINSTELLUNGEN einer Gruppenrichtlinie

Klicken Sie nun auf das Register EINSTELLUNGEN und dann im rechten Bereich des Fensters unter Sicherheitseinstellungen und anschließend unter Kontorichtlinien/Kennwortrichtlinien auf SHOW. Sie können hier die einzelnen Einstellungen sehen, die in der Default Domain Policy im Knoten Kennwortrichtlinien vorgenommen wurden. Was diese Einstellungen bedeuten, erfahren Sie in Kapitel 6, „Windows-Einstellungen Computerverwaltung".

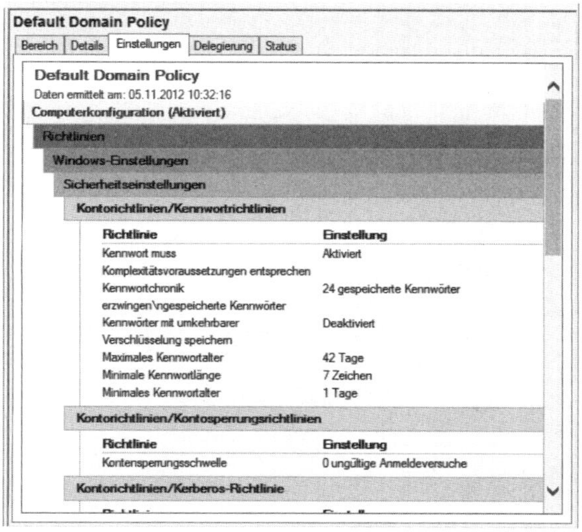

Bild 2.8
Register EINSTELLUNGEN der Default Domain Policy

2.5.4 Register DELEGIERUNG einer Gruppenrichtlinie

Klicken Sie nun auf das Register DELEGIERUNG.

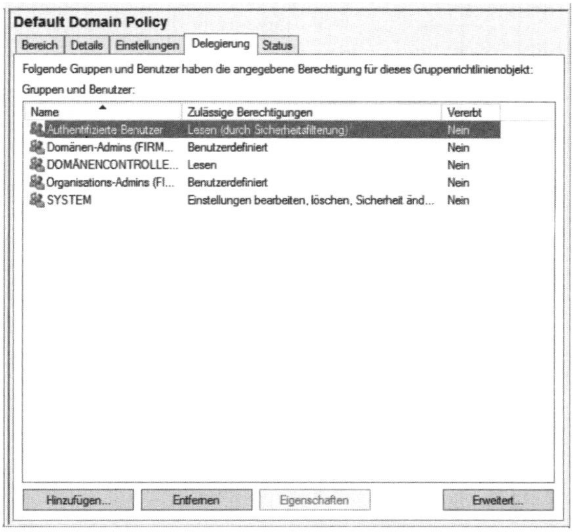

Bild 2.9
Register DELEGIERUNG der Default Domain Policy

Im Register DELEGIERUNG sind die einzelnen Gruppen und deren Berechtigungen auf das Gruppenrichtlinienobjekt differenziert aufgeführt. Hier können Sie auch die Sicherheitsfilterung der Richtlinie beeinflussen, wenn Sie negative Filterung verwenden wollen (vgl. Abschnitt 3.5, „Anpassungen der Verarbeitungsreihenfolge von Gruppenrichtlinien“).

2.5.5 Register STATUS einer Gruppenrichtlinie

Klicken Sie nun auf das Register STATUS.

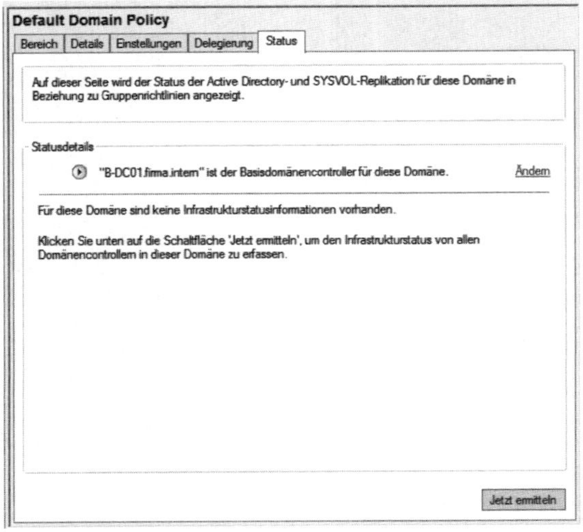

Bild 2.10
Register STATUS der Default Domain Policy

Im Register STATUS wird der aktuelle Replikationsstatus eines Gruppenrichtlinienobjekts dargestellt. Dazu wird durch Betätigen der Schaltfläche JETZT ERMITTELN eine Abfrage an alle Domänencontroller gesendet und das Ergebnis anschließend wie folgt dargestellt.

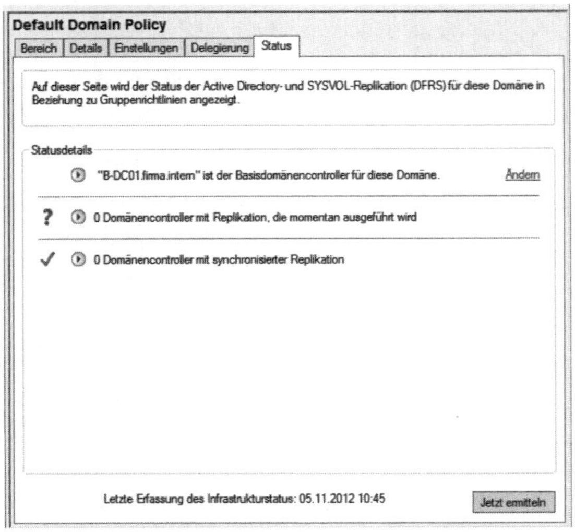

Bild 2.11
Register STATUS der Default Domain Policy

Unter „Statusdetails“ wird der Basisdomänencontroller der Domäne (Ursprung der Replikation) aufgeführt, mit Fragezeichen sind alle DCs aufgelistet, die gerade in einem Replikationsvorgang beteiligt sind, und mit einem grünen Häkchen werden die DCs mit erfolgreicher Replikation dargestellt.

2.6 Standorte und Gruppenrichtlinien

Gruppenrichtlinien können auch mit Standorten verknüpft werden. Dies setzt allerdings voraus, dass Sie Organisations-Admin sind. Domänenadministratoren haben nicht die Berechtigung, GPOs mit Standorten zu verknüpfen.

Um die Standorte anzuzeigen, wählen Sie im Kontextmenü von Standorte den Befehl STANDORTE ANZEIGEN… und anschließend die Standorte aus. Sie können auch mit den Schaltflächen ALLE AUSWÄHLEN oder AUSWAHL AUFHEBEN arbeiten. Bestätigen Sie Ihre Auswahl mit OK und erweitern Sie den Knoten Standorte.

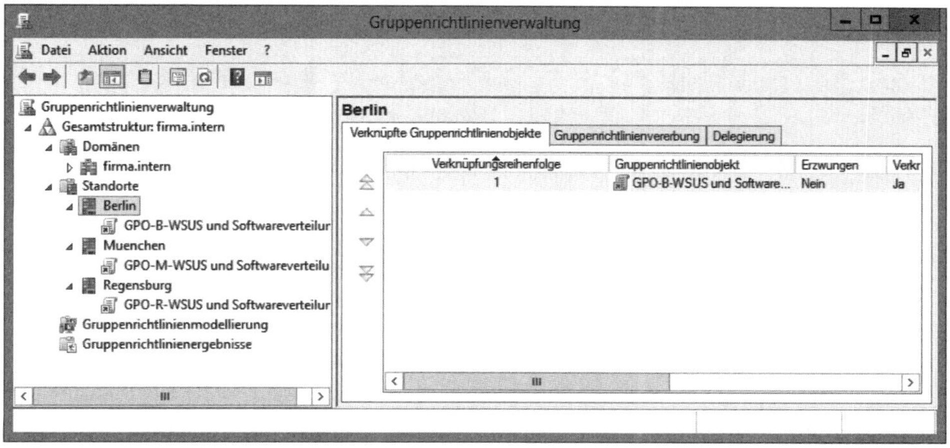

Bild 2.12 Standorte anzeigen

In diesem Beispiel wurden die drei Standorte Berlin, München und Regensburg ausgewählt und mit diesen exemplarisch eine jeweils standortspezifische Richtlinie für WSUS (Windows Server Update Services) und Softwareverteilung verknüpft. Dies entspricht der praktischen Verwendung lokaler Pfade für Updates, um die WAN-Verbindungen zu entlasten.

PRAXISTIPP: Indem Sie die Richtlinien für WSUS und Softwareverteilung mit einem Standort statt einer den Standort repräsentierenden Organisationseinheit verknüpfen, stellen Sie sicher, dass mobile Geräte stets die lokale Quelle für Updates und Software verwenden. Das Computerkonto des Notebooks eines Berliner Vertriebsmitarbeiters ist stets in der OU-B-Vertrieb. Für die Ermittlung des Standortes wird das Subnetz des Computers ausgewertet. Da das Notebook seine IP-Konfiguration von einem lokalen DHCP-Server (z. B. in Regensburg) erhält, erkennt das System den aktuellen Standort, und kann den Verkehr lokal halten, ohne dass ein Administrator ständig die Computerkonten verschieben müsste.

2.7 Weitere Elemente der Gruppenrichtlinienverwaltung

Sie sehen in der Konsolenstruktur des Weiteren die Elemente WMI-Filter, Starter-Gruppenrichtlinienobjekte, Gruppenrichtlinienmodellierung und Gruppenrichtlinienergebnisse. Auf diese gehen wir in späteren Kapiteln ausgiebig ein. An dieser Stelle bleibt es bei einer groben Übersicht, welche sie Tabelle 2.1 entnehmen können.

Tabelle 2.1 Übersicht über zusätzliche Elemente der Gruppenrichtlinienverwaltung

Element	Aufgabe
WMI-Filter	Dient der Verwaltung aller verfügbaren WMI-Filter. Diese werden hier gespeichert und können dann im Register BEREICH mit einem GPO verknüpft werden.
Starter-Gruppenrichtlinienobjekte	Hierbei handelt es sich um Vorlagensammlungen, die verwendet werden können, um eine neue Gruppenrichtlinie mit Einstellungen für typische Situationen vorzukonfigurieren. Diese Vorlagen werden unter Starter-Gruppenrichtlinienobjekte gespeichert und verwaltet.
Gruppenrichtlinienmodellierung	Die Gruppenrichtlinienmodellierung dient dazu, Auswirkungen von Gruppenrichtlinienverknüpfungen im Vorfeld zu testen.
Gruppenrichtlinienergebnisse	Mit Gruppenrichtlinienergebnissen lässt sich nachvollziehen, welche Einstellungen für Benutzer und Computer aus welchen GPOs gekommen sind und wie diese verarbeitet wurden.

2.8 Gruppenrichtlinie erstellen

Erstellen Sie nun eine neue Gruppenrichtlinie im Knoten Gruppenrichtlinienobjekte. Klicken Sie dazu auf den Knoten Gruppenrichtlinienobjekte und wählen Sie im Kontextmenü den Befehl NEU. Geben Sie einen Namen für die Gruppenrichtlinie ein und entscheiden Sie, ob Sie aus einem Quell-Starter-Gruppenrichtlinienobjekt Einstellungen importieren möchten (lassen Sie im Moment die Auswahl auf (KEIN)).

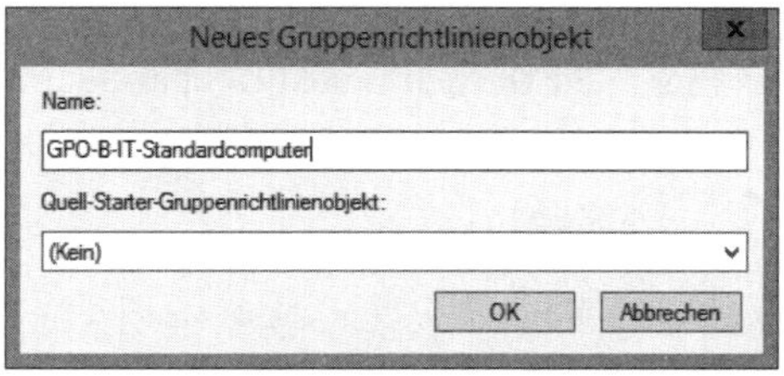

Bild 2.13
Neues Gruppenrichtlinienobjekt erstellen

Bestätigen Sie Ihre Konfiguration mit OK.

2.9 Gruppenrichtlinie verknüpfen

Wählen Sie nun eine Organisationseinheit aus, mit der Sie die neue Gruppenrichtlinie verknüpfen wollen. Wenn Sie noch keine Test-OU erstellt haben, können Sie auch auf die Domäne klicken und dort im Kontextmenü NEUE ORGANISATIONSEINHEIT aufrufen, einen Namen eingeben und diesen mit OK bestätigen.

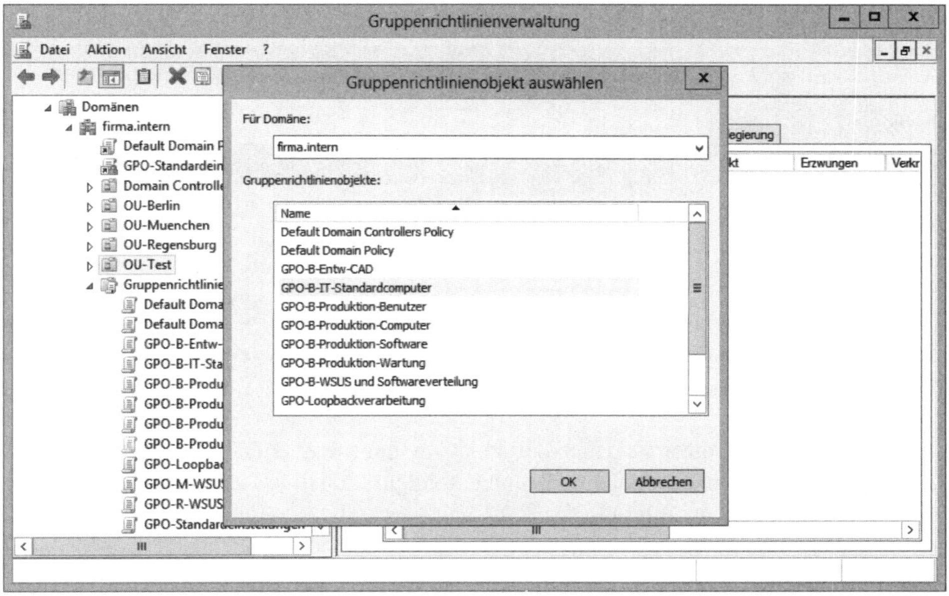

Bild 2.14 Vorhandenes GPO verknüpfen

Markieren Sie die Organisationseinheit und klicken Sie im Kontextmenü auf VORHANDENES GRUPPENRICHTLINIENOBJEKT VERKNÜPFEN. Wählen Sie nun im Assistenten „Gruppenrichtlinienobjekt auswählen" die GPO aus, die Sie hier verknüpfen möchten, und bestätigen Sie Ihre Auswahl mit OK.

Sie können alternativ auch ein GPO auf einer Organisationseinheit in einem Schritt erstellen und verknüpfen. Wählen Sie dazu im Kontextmenü der OU den Befehl GRUPPENRICHTLINIENOBJEKT HIER ERSTELLEN UND VERKNÜPFEN.

PRAXISTIPP: In der Praxis ist es nicht empfehlenswert, Gruppenrichtlinienobjekte direkt in der Produktivumgebung zu erstellen. Sie sollten diese erst erstellen und konfigurieren, anschließend mit einer Test-OU verknüpfen, Testbenutzer und -Computer der OU hinzufügen und sich mit diesen anmelden. Erst wenn Sie sicher sind, dass das GPO auch Ihren Anforderungen entspricht, sollte es mit einer produktiven OU verknüpft werden.

2.10 Gruppenrichtlinie bearbeiten

Betätigen Sie im Kontextmenü einer Gruppenrichtlinie den Befehl BEARBEITEN, um den Gruppenrichtlinienverwaltungs-Editor für diese zu öffnen und Einstellungen zu konfigurieren.

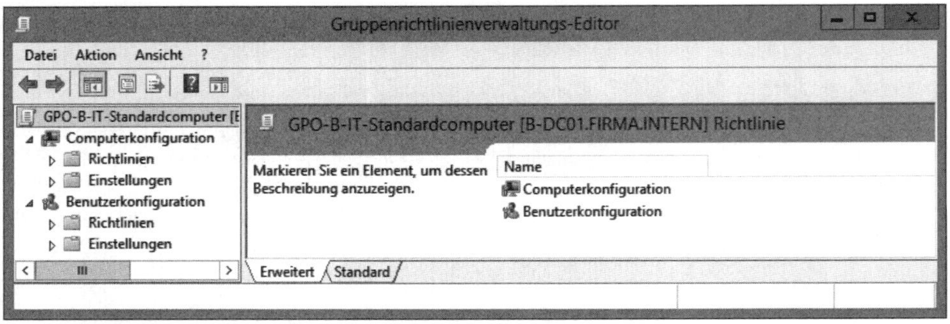

Bild 2.15 Gruppenrichtlinienverwaltungs-Editor

Der Gruppenrichtlinienverwaltungs-Editor ist im Konsolenbereich untergliedert in die Bereiche Computerkonfiguration und Benutzerkonfiguration. Diese sind wiederum in Richtlinien und Einstellungen untergliedert.

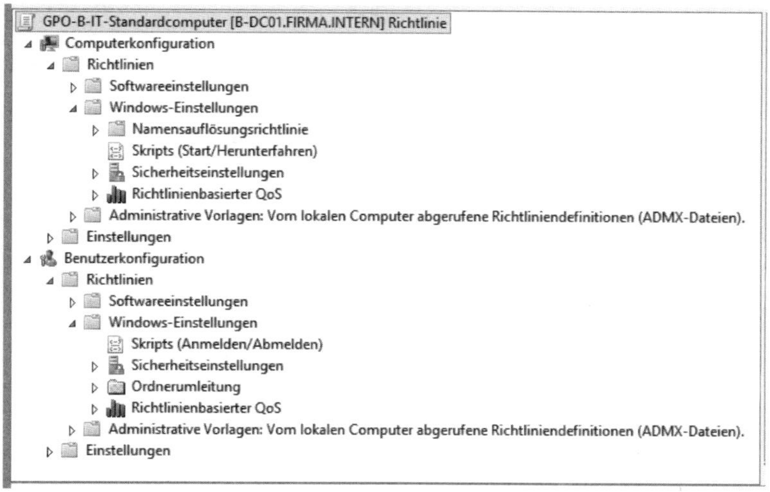

Bild 2.16 Übersicht über Richtlinien im Gruppenrichtlinienverwaltungs-Editor

Die Richtlinien sind jeweils unterteilt in die drei Bereiche: Softwareeinstellungen, Windows-Einstellungen und Administrative Vorlagen.

Zu den einzelnen Richtlinien, und was sie bedeuten, erfahren Sie in den nächsten Kapiteln mehr.

3 Verarbeitungsreihenfolge von Gruppenrichtlinien

In diesem Kapitel:

- In welcher Reihenfolge werden Gruppenrichtlinienobjekte verarbeitet?
- Wie wird die Verarbeitungsreihenfolge durch ERZWUNGEN und VERERBUNG DEAKTIVIEREN beeinflusst?
- Was ist der Loopback-Verarbeitungsmodus?
- Gruppenrichtlinienobjekte teilweise oder ganz deaktivieren

3.1 Einführung

Was passiert eigentlich genau, wenn eine Gruppenrichtlinie angewendet wird? Es werden Registrierungs-Schlüssel angewendet. Aber warum, in welcher Reihenfolge und welche Auswirkungen hat dies auf das System?

Ein tieferes Verständnis der Reihenfolge, in der Gruppenrichtlinien angewendet werden, ist ausschlaggebend für deren korrekten und effizienten Einsatz. Durch geschickten Umgang mit der Platzierung von Richtlinien lässt sich deren Anzahl minimieren und Änderungen können bei Bedarf schnell und effektiv eingepflegt werden. Darüber hinaus gibt es Methoden, mit denen Sie die Verarbeitungsreihenfolge beeinflussen können.

3.2 Aus der Praxis

Sie haben in einer Testumgebung die Default Domain Policy bearbeitet. In der Standardeinstellung ist die Kennwortkomplexität aktiviert. Sie setzen die Richtlinie auf undefiniert und geben die Mindestkennwortlänge mit null Zeichen an.

Beim Versuch, nun einige Testbenutzer ohne Kennwörter anzulegen, erhalten Sie dennoch eine Fehlermeldung, die besagt, dass die momentanen Einstellungen nicht den Kennwortrichtlinien der Domäne entsprechen.

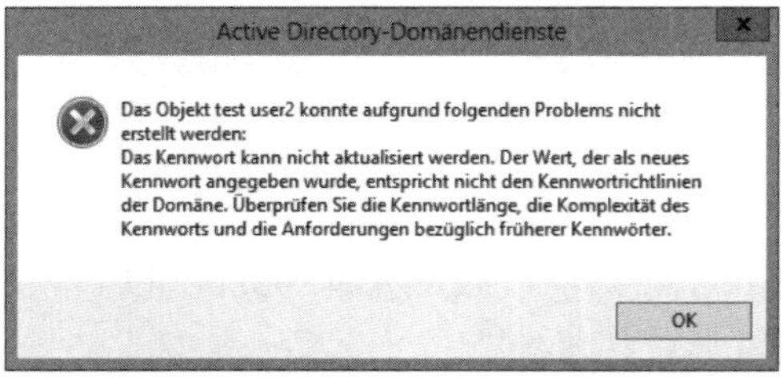

Bild 3.1
Fehlermeldung für Benutzer ohne Kennwort

Dieses Problem bleibt auch bestehen, nachdem Sie die Richtlinienverarbeitung mit dem Kommandozeilenbefehl `gpupdate.exe /force` erzwungen haben.

HINWEIS: Wenn Sie den Benutzer mithilfe des Active Directory-Verwaltungscenters anstatt mit Benutzer und Computer erstellen, wird er zwar erstellt, ohne dass Sie eine Fehlermeldung erhalten, der Status des Objekts wird aber als deaktiviert geführt!

3.3 Grundlagen der Gruppenrichtlinienverarbeitung

Wenn ein Rechner eine GPO verarbeitet, passiert eigentlich Folgendes:

- Jede nicht definierte Richtlinie wird außer Acht gelassen.
- Eine definierte Richtlinie führt dazu, dass ein Registrierungs-Schlüssel auf einen Wert gesetzt wird. Dieser kann dem Standardwert entsprechen oder davon abweichen.
- Wenn die Richtlinie als „erzwungen" gekennzeichnet ist, werden die in ihr definierten Registrierungsschlüssel mit einem Schreibschutz versehen. Wie man GPOs erzwingt, erfahren Sie später in Abschnitt 3.5.1, „Erzwungen".

Dies erklärt auch das Phänomen aus dem Praxisbeispiel. In dem Beispiel wurde nicht die Komplexitätsanforderung auf „deaktiviert", sondern die Richtlinie auf „undefiniert" gesetzt. Daher werden auch bei einer Verarbeitung die Registrierungsschlüssel nicht mit neuen Werten überschrieben.

Die Mindestlänge der Kennwörter dagegen wurde korrekt auf „null" definiert. Da jedoch die Komplexitätsanforderung für Kennwörter von den vier Zeichentypen „Kleinbuchstaben, Großbuchstaben, Zahlen und Sonderzeichen" mindestens drei verlangt, muss das Kennwort trotzdem mindestens drei Zeichen lang sein!

Um die Verwendung leerer Kennwörter in der Testumgebung zu ermöglichen, hätte die Komplexitätsanforderung auf „deaktiviert" und nicht auf „undefiniert" gesetzt werden müssen. Dadurch wäre der Wert in der Registrierung überschrieben worden.

3.4 Standardreihenfolge in der Gruppenrichtlinienverarbeitung

Grundlegend wird erst die Computerkonfiguration abgearbeitet und dann die Benutzerkonfiguration.

Die Reihenfolge der Richtlinienverarbeitung ist folgendermaßen:

1. Beim Start eines Rechners wird zuerst die lokale Richtlinie abgearbeitet.
2. Dann wird die Standort-Richtlinie verarbeitet. Diese wird abgearbeitet, weil ein am Standort verfügbarer Domänencontroller durch Auswertung der IP-Adresse eine Verbindung zwischen Subnetz und dem in der Gesamtstruktur definierten Standort herstellt.
3. Nun wird der Bereich Computerkonfiguration der Domänenrichtlinien verarbeitet. Dabei werden die Richtlinien abgearbeitet, die auf die Domäne gebunden sind, in der das Computerkonto liegt. Sind mehrere GPOs auf die Domäne gebunden, werden diese von unten nach oben abgearbeitet.
4. Es folgen die auf Organisationseinheiten gebundenen Richtlinien, in denen sich das Computerkonto befindet. Auch hierbei gilt die Reihenfolge von unten nach oben.

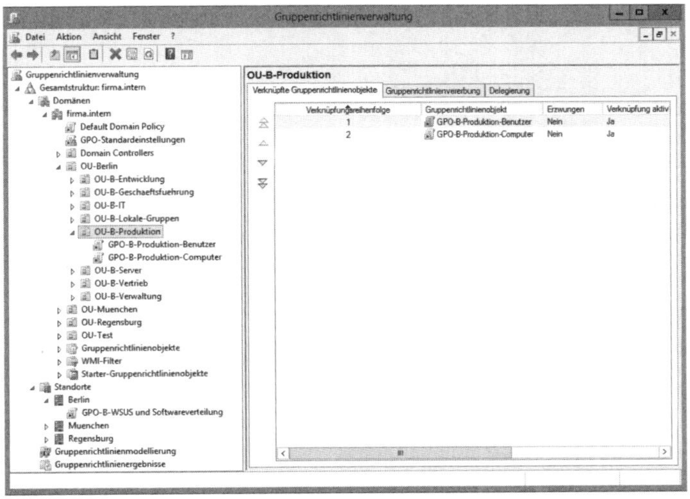

Bild 3.2 Verarbeitungsreihenfolge für Gruppenrichtlinien

5. Nun werden die Domänenrichtlinien für den Bereich Benutzerkonfiguration abgearbeitet. Ausschlaggebend ist dabei die Domäne in der sich das Benutzerkonto befindet.
6. Es folgen die Richtlinien, die auf Organisationseinheiten gebunden sind, in denen sich das Benutzerkonto befindet. Auch hier gilt die Reihenfolge von unten nach oben.

PRAXISTIPP: Zusammenfassend können Sie sich merken: Lokal - Standort - Domäne - OU.

3.5 Anpassungen der Verarbeitungsreihenfolge von Gruppenrichtlinien

Sie können die Verarbeitungsreihenfolge von Gruppenrichtlinien beeinflussen. So können etwa Einstellungen erzwungen und die Vererbung von übergeordneten Richtlinien abgelehnt werden, die Bereiche Computerkonfiguration oder Benutzerkonfiguration lassen sich deaktivieren, und die Übernahme von Richtlinien kann durch Gruppenzugehörigkeiten gefiltert werden. Im Folgenden erläutere ich diese einzelnen Funktionen.

3.5.1 Erzwungen

Wenn Sie sicherstellen möchten, dass die Einstellungen einer GPO nicht überschrieben werden, so können Sie diese mit einem Schreibschutz versehen. Klicken Sie hierzu mit der rechten Maustaste auf die Gruppenrichtlinienverknüpfung und aktivieren Sie im Kontextmenü den Befehl ERZWUNGEN.

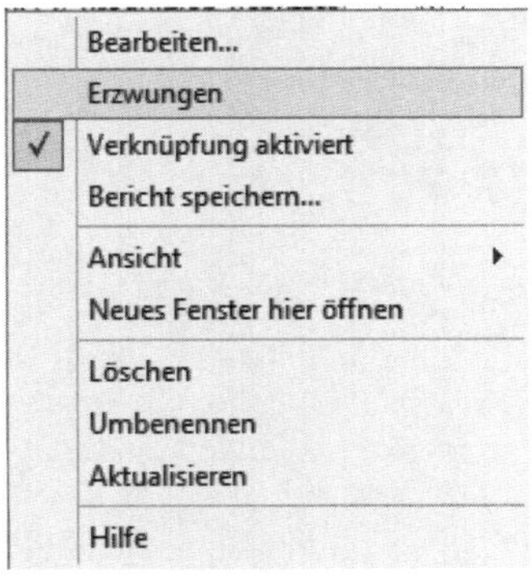

Bild 3.3 Kontextmenübefehl Erzwungen

Durch diesen Befehl werden die Werte in der Registrierung, die mit dieser Gruppenrichtlinie gesetzt wurden, mit einem Schreibschutz versehen. Sie lassen sich durch nachfolgende Richtlinien nicht mehr überschreiben. Dies ist in der Konsolenstruktur durch ein Vorhängeschloss auf der Gruppenrichtlinienverknüpfung markiert.

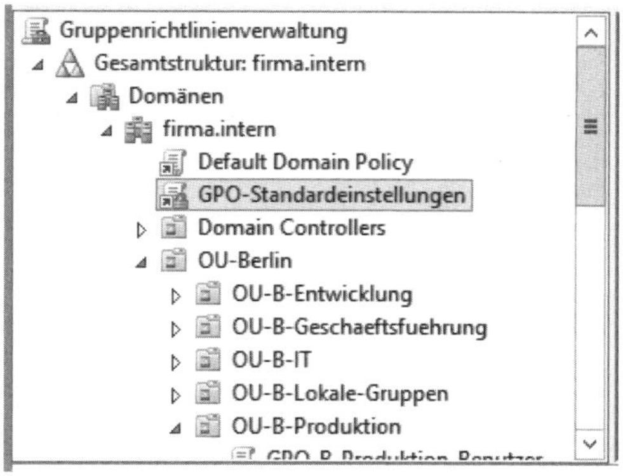

Bild 3.4
Erzwungene Gruppenrichtlinienverknüpfung

> **HINWEIS:** Arbeiten Sie nur im Ausnahmefall mit erzwungenen Gruppenrichtlinien. Jede Abweichung von der normalen Gruppenrichtlinienverarbeitung schränkt die Übersichtlichkeit der Konfiguration ein.

3.5.2 Vererbung deaktivieren

Sie können für eine Organisationseinheit festlegen, dass diese keine übergeordneten Richtlinien übernehmen soll. Dies bezeichnet man als VERERBUNG DEAKTIVIEREN, auch wenn damit eigentlich das Erben abgelehnt wird. Untergeordnete Organisationseinheiten erben auch weiterhin die Gruppenrichtlinien einer Organisationseinheit mit deaktivierter Vererbung!

Auch erzwungene Gruppenrichtlinienverknüpfungen werden immer angewendet. Das Erzwingen ist stärker als der Wunsch, nicht zu erben.

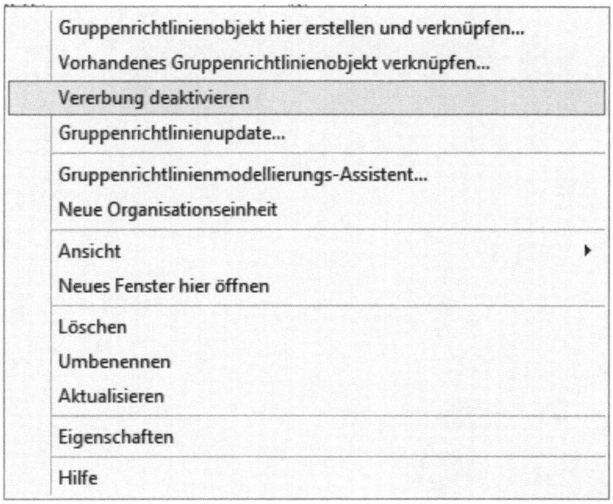

Bild 3.5 Vererbung deaktivieren

Um die Vererbung von Gruppenrichtlinien für eine Organisationseinheit zu deaktivieren, navigieren Sie in der Konsolenstruktur auf die Organisationseinheit, öffnen Sie das Kontextmenü und klicken Sie auf VERERBUNG DEAKTIVIEREN. Die Organisationseinheit ist nun mit einem Ausrufezeichen in einem blauen Kreis gekennzeichnet.

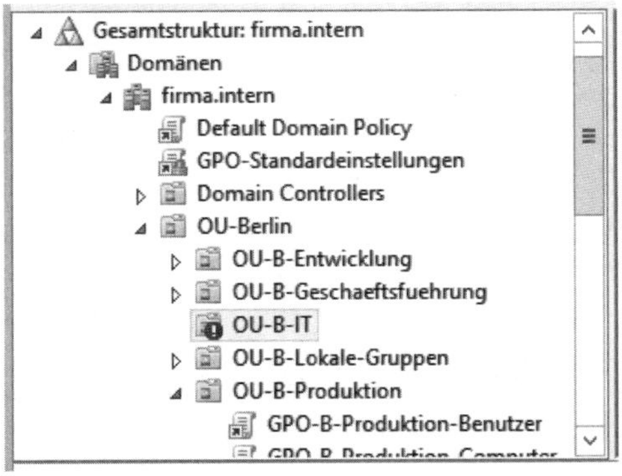

Bild 3.6
Organisationseinheit mit deaktivierter Vererbung

3.5.3 Bereiche von Gruppenrichtlinien deaktivieren

Sie können in einer Gruppenrichtlinie festlegen, dass nur ein Teilbereich aktiviert werden soll. Dies kann entweder der Teilbereich Benutzerkonfiguration sein, der Teilbereich Computerkonfiguration oder beide Bereiche. Dann ist die gesamte Gruppenrichtlinie außer Funktion. Dies kann etwa sinnvoll sein, wenn eine GPO nur zu bestimmten Zeiten eingesetzt werden soll.

> **HINWEIS:** Der Objektstatus einer Gruppenrichtlinie ist nicht auf eine Verknüpfung beschränkt. Wenn ein Teilbereich deaktiviert ist, wirkt sich das auf alle Verknüpfungen der GPO aus!

Bild 3.7 Bereiche einer GPO deaktivieren

Um Bereiche einer Gruppenrichtlinie zu deaktivieren gehen Sie folgendermaßen vor:

Navigieren Sie in der Gruppenrichtlinienverwaltungskonsole auf die Gruppenrichtlinienverknüpfung oder das Gruppenrichtlinienobjekt, das Sie bearbeiten möchten, und wählen Sie im rechten Fenster das Register DETAILS. Dann können Sie im Rollfeld OBJEKTSTATUS die entsprechende Einstellung auswählen.

Um zu überprüfen, welche Gruppenrichtlinien in welchen Bereichen aktiv sind, können Sie in der Gruppenrichtlinienverwaltungskonsole auf die Organisationseinheit navigieren, mit der die GPOs verknüpft sind. Im rechten Fenster können Sie dann die Spalte OBJEKTSTATUS überprüfen.

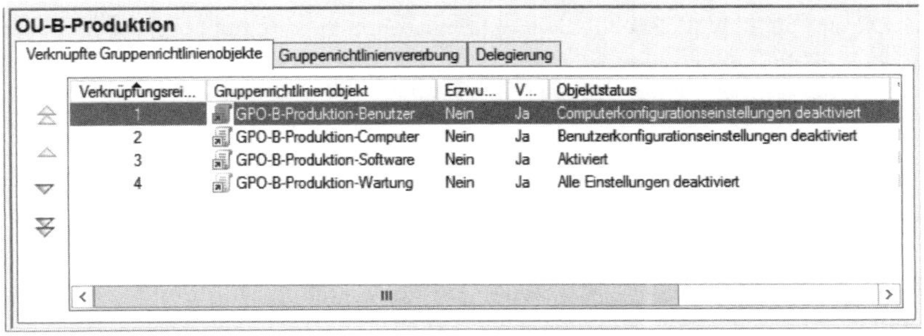

Bild 3.8 Objektstatus von GPOs prüfen

3.5.4 Verknüpfungen aktivieren/deaktivieren

Sie können auch eine einzelne Verknüpfung einer Gruppenrichtlinie mit einer Organisationseinheit deaktivieren oder aktivieren. Dies gilt aber stets für alle Bereiche der GPO.

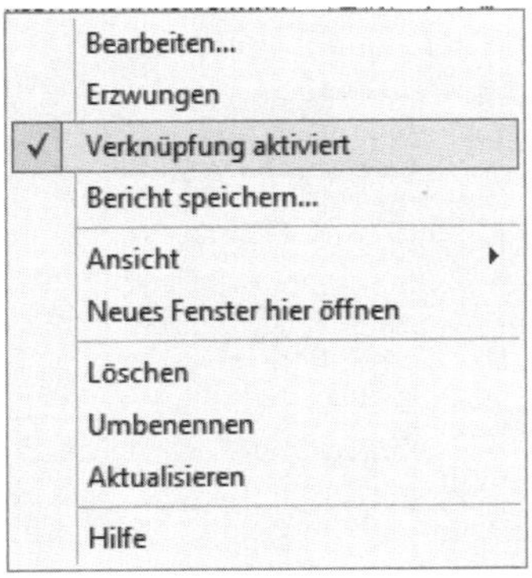

Bild 3.9 Verknüpfungseigenschaften bearbeiten

Öffnen Sie das Kontextmenü einer Gruppenrichtlinienverknüpfung, um diese zu deaktivieren oder zu aktivieren.

Den Status einer Gruppenrichtlinienverknüpfung können Sie überprüfen, indem Sie die zugehörige Organisationseinheit in der Gruppenrichtlinienverwaltungskonsole aufrufen. Deaktivierte Verknüpfungen sind heller dargestellt und im rechten Fenster ist der Verknüpfungsstatus mit Ja/Nein gekennzeichnet.

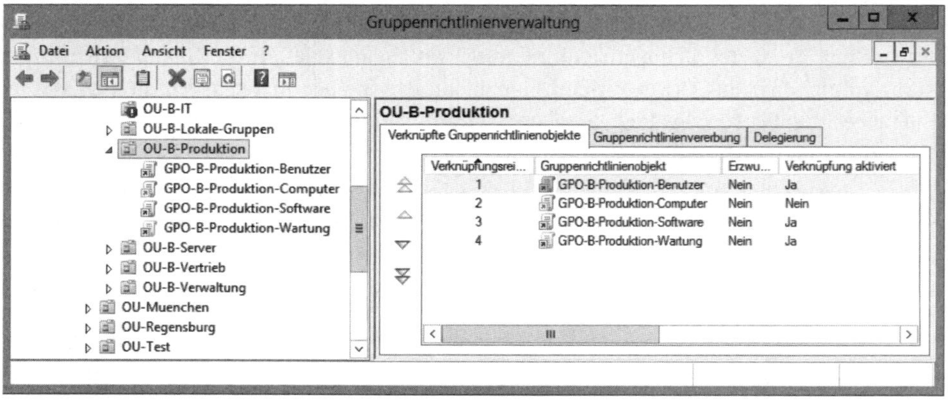

Bild 3.10 Verknüpfungsstatus überprüfen

3.5.5 Gruppenrichtlinien filtern

Standardmäßig werden Gruppenrichtlinien bei der Erstellung mit der Berechtigung Gruppenrichtlinie übernehmen für die Gruppe „Authentifizierte Benutzer" angelegt.

Wenn Sie nur bestimmten Gruppen von Benutzern oder Computern das Übernehmen von Gruppenrichtlinieneinstellungen erlauben wollen, können Sie die Gruppenrichtlinie filtern:

- Sie können positive Filter verwenden, wenn nur die Mitglieder einer ausgewählten Gruppe die Einstellungen übernehmen sollen.
- Mit negativen Filtern verweigern Sie den Mitgliedern einer ausgewählten Gruppe die Anwendung der GPO.

3.5.5.1 Positive Sicherheitsfilterung

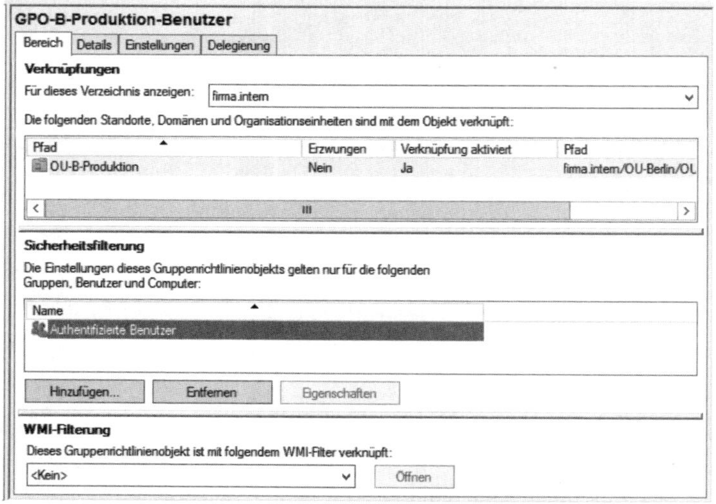

Bild 3.11 Sicherheitsfilterung einer Gruppenrichtlinie

Die positive Sicherheitsfilterung können Sie anpassen, indem Sie im Register BEREICH einer Gruppenrichtlinie unter Sicherheitsfilterung auf die Schaltfläche HINZUFÜGEN klicken und dann wie gewohnt eine Gruppe auswählen. Dies ergibt jedoch nur einen Sinn, wenn Sie die Gruppe „Authentifizierte Benutzer" entfernen, da alle Bennutzer (und Computer) zu den Authentifizierten Benutzern gehören.

3.5.5.2 Negative Sicherheitsfilterung

Die negative Sicherheitsfilterung stellt eine komplexere Aufgabe dar. Um sie auszuführen, müssen in den erweiterten Sicherheitsberechtigungen der Gruppe explizite Einstellungen vorgenommen werden. Verfahren Sie dazu wie folgt.

Öffnen Sie das Register DELEGIERUNG der Gruppenrichtlinie und klicken Sie auf die Schaltfläche ERWEITERT.

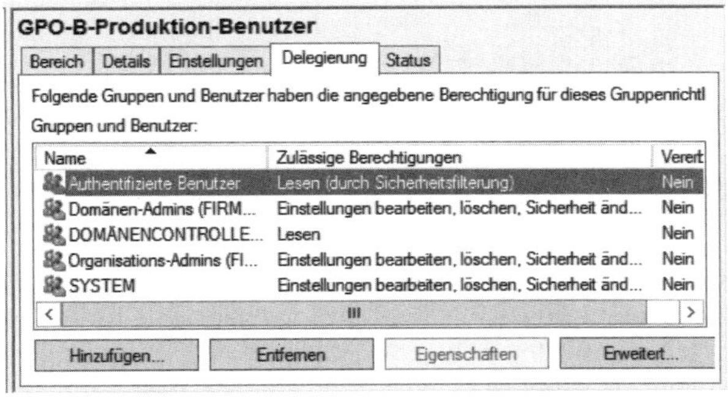

Bild 3.12 Einrichten negativer Sicherheitsfilterung

Wählen Sie nun die Gruppe aus, für die Sie die Sicherheitsfilterung einrichten möchten, und markieren Sie bei „Gruppenrichtlinie übernehmen" das Kontrollkästchen für VERWEIGERN. Bestätigen Sie Ihre Konfiguration mit ÜBERNEHMEN.

Bild 3.13 Übernehmen verweigern

Sie erhalten nun eine Warnmeldung, die besagt, dass Zugriffsverweigerungen stets Vorrang haben. Setzen Sie den Vorgang mit JA fort.

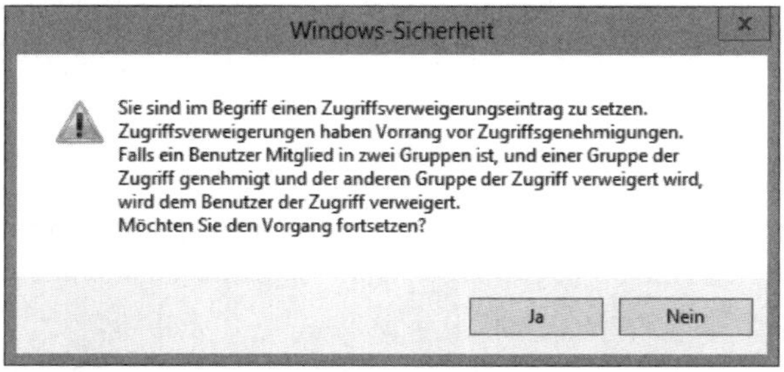

Bild 3.14
Warnung vor Zugriffsverweigerung

3.6 Praktisches Beispiel für die Verarbeitungsreihenfolge von Gruppenrichtlinien

Das folgende Beispiel verdeutlicht, wie in der Praxis mit Gruppenrichtlinien gearbeitet wird und welche Rolle dabei die Reihenfolge der Richtlinienverarbeitung spielt. Sie administrieren das Netzwerk eines mittelständischen Unternehmens in der Metallverarbeitung. Das Unternehmen hat zwei Standorte, die Hauptniederlassung in Berlin und eine Außenstelle in München. An beiden Standorten sind Produktionsabteilungen, in denen unter anderem CAD-Systeme eingesetzt werden. Mobile Mitarbeiter setzen tragbare Rechner an beiden Standorten ein.

Betrachten Sie zur Verdeutlichung die OU-Struktur in Bild 3.15.

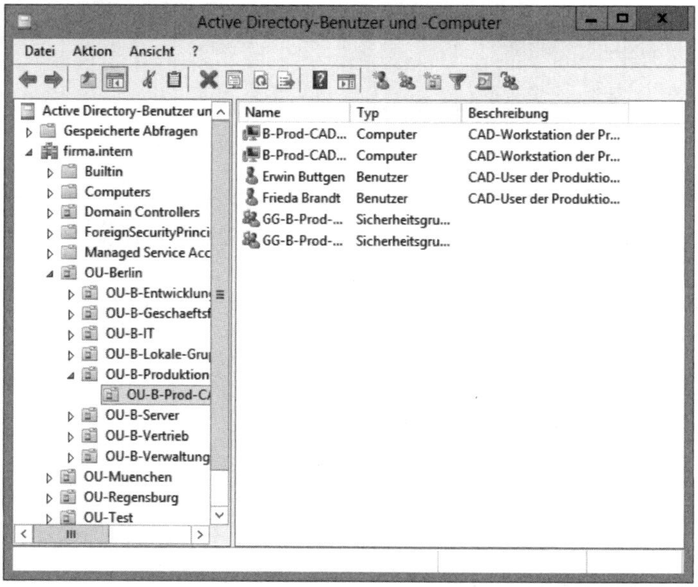

Bild 3.15
OU-Struktur der Beispielfirma

Sie möchten nun die in Tabelle 3.1 dargestellten Einstellungen mittels Gruppenrichtlinien realisieren.

Tabelle 3.1 Anforderungen für Gruppenrichtlinien

▪ Kennwörter sollen mindestens neun Zeichen lang sein und müssen den Komplexitätsanforderungen entsprechen.
▪ Alle Rechner sollen einen lokalen WSUS-Server für die Verarbeitung von Softwareupdates verwenden. Dies betrifft auch die mobilen Rechner.
▪ Standardbenutzer dürfen die Bildschirmauflösung nicht ändern.
▪ CAD-Benutzer dürfen die Bildschirmauflösung ändern.
▪ Wartungs-Ingenieure dürfen auf alle Funktionen der Systemsteuerung zugreifen. Wartungs-Ingenieure sind zugleich Standardbenutzer der Produktionsabteilung.
▪ Standardsoftware soll an alle Benutzer der Produktionsabteilung verteilt und auf jedem Rechner installiert werden, an dem sich die Benutzer anmelden.
▪ Softwareverteilung der Produktionssoftware soll nur an Produktionsserver erfolgen, nicht an andere Rechner der Produktionsabteilung.

3.6.1 Kennwortrichtlinie

Kennwortrichtlinien greifen nur für Domänenkonten, wenn sie in der Default Domain Policy definiert werden. Darum muss die Default Domain Policy entsprechend angepasst werden.

HINWEIS: Es gibt zwar auch die Möglichkeit, über Kennwort-Einstellungsobjekte (Password Settings Objects, PSOs) Kennwortregeln zu definieren, diese sind jedoch keine Gruppenrichtlinien und sollen an dieser Stelle nur der Vollständigkeit halber erwähnt werden. ■

3.6.2 Lokaler WSUS

Damit Rechner ihre Updates von einem lokalen WSUS-Server beziehen, müssen Sie zwei Richtlinien für die unterschiedlichen Standorte Berlin und München verwenden. Da zusätzlich mobile Rechner im Einsatz sind, dürfen die Richtlinien nicht auf Organisationseinheiten angewendet werden, sonst müsste man die Computerkonten der mobilen Rechner bei jeder Verlagerung des Benutzers zwischen den Organisationseinheiten verschieben. Hier bieten sich stattdessen zwei Standortrichtlinien an. Bezieht nun ein mobiles Gerät über den lokalen DHCP-Server eine zum Standort passende IP-Adresse, wird vom Active Directory automatisch auch der Standort ermittelt, und die passende Gruppenrichtlinie kann angewendet werden.

3.6.3 Bildschirmauflösung Standardbenutzer

Damit Standardbenutzer der Produktion die Bildschirmauflösung nicht ändern können, wird eine Gruppenrichtlinie definiert, die entsprechende Einstellungen für die Benutzer sperrt. Diese wird mit der OU OU-B-Produktion verknüpft. Entsprechend wird für München verfahren.

3.6.4 Bildschirmauflösung CAD-Benutzer

Die Benutzerkonten der CAD-Benutzer sind in einer untergeordneten Organisationseinheit OU-B-Prod-CAD. In dieser wird die Sperrung der Systemsteuerungselemente für die Bildschirmauflösung aufgehoben. Da die Richtlinie der Unter-OU später verarbeitet wird, werden die entsprechenden Einstellungen der übergeordneten Richtlinie überschrieben. Würde stattdessen die Richtlinienvererbung für die OU-B-Prod-CAD deaktiviert, so erhielten die Benutzer auch andere benötigte Einstellungen nicht.

3.6.5 Wartungs-Ingenieure

Damit die rigiden Einstellungen der GPO für Benutzer der Produktionsabteilung nicht die Wartungs-Ingenieure behindern, muss ihnen das Übernehmen der Gruppenrichtlinie für Produktionsbenutzer verweigert werden. Andere Richtlinien der OU sollen trotzdem für sie gelten.

3.6.6 Softwareverteilung Produktionsbenutzer

Standardsoftware soll für alle Benutzer der Produktionsabteilung installiert werden. Da die Installation nur erfolgt, wenn ein Benutzer sich erstmalig an dem Rechner anmeldet und dieser anschließend neu startet, stellen die mobilen Rechner hierbei kein Problem dar, und die Richtlinie kann an die OU-B-Produktion (respektive OU-M-Produktion) mit dem passenden lokalen Pfad zur Installations-Freigabe erfolgen.

HINWEIS: Dies ist ein Grund, warum man die Vererbung der OU-B-Prod-CAD nicht deaktivieren darf. Die Richtlinie würde sonst nicht auf die CAD-Benutzer angewendet werden.

3.6.7 Softwareverteilung Produktionsserver

Da die Spezialsoftware nur auf ausgewählten Computern installiert werden soll, könnte man hierzu mit einer positiven Sicherheitsfilterung gewährleisten, dass nur die Gruppe

Produktionsserver die Richtlinie anwenden darf. Hierzu würde man die Authentifizierten Benutzer entfernen und stattdessen eine entsprechende Sondergruppe einsetzen.

3.7 Loopbackverarbeitungsmodus

Es gibt Sonderfälle, in denen die Verarbeitung einer Gruppenrichtlinie für die Benutzerkonfiguration nicht in Abhängigkeit vom Speicherort des Benutzerobjektes erfolgen soll. Um dies zu verdeutlichen, soll das folgende Beispiel dienen.

Ein Mitarbeiter der Produktionsabteilung soll zu einem Wartungs-Ingenieur weitergebildet werden. Zu Übungszwecken meldet er sich an einem Testsystem an. Wenn er an diesem Rechner arbeitet, soll er Zugriff auf die Systemsteuerung haben. Weil er aber die Zertifizierungsprüfung noch nicht bestanden hat, darf er an Produktivsystemen noch nicht auf die Systemsteuerung zugreifen.

3.7.1 Zusammenführen-Modus

In diesem Fall kann man das Testsystem in einer eigenen OU platzieren und für diese die Loopback-Verarbeitung im Modus „Zusammenführen" aktivieren. Dies bedeutet, dass nach der normalen Verarbeitung von Gruppenrichtlinien eine zweite Verarbeitung des Bereichs Benutzerkonfiguration für den Speicherort des Computerkontos erfolgt. Somit gelten letztendlich andere Einstellungen als für den Benutzer an anderen Rechnern.

3.7.2 Ersetzen-Modus

Sollen stattdessen alle Richtlinien der Benutzerkonfiguration nur unter Berücksichtigung des Speicherortes des Computerkontos ausgewertet werden, kann man den Modus „Ersetzen" verwenden. Dies bietet sich z.B. an, wenn ein Rechner für eine Online-Prüfung in einen besonders sicheren Modus versetzt werden soll, damit der Prüfungskandidat nur die erlaubte Software ausführen kann.

3.7.3 Loopbackverarbeitungsmodus einrichten

Öffnen Sie die GPO mit dem Gruppenrichtlinienverwaltungs-Editor, indem Sie im Kontextmenü auf BEARBEITEN klicken. Navigieren Sie nun in der Konsolenstruktur auf COMPUTERKONFIGURATION – RICHTLINIEN – ADMINISTRATIVE VORLAGEN – SYSTEM – GRUPPENRICHTLINIE und wählen Sie im rechten Fenster LOOPBACKVERARBEITUNGSMODUS FÜR BENUTZERGRUPPENRICHTLINIE.

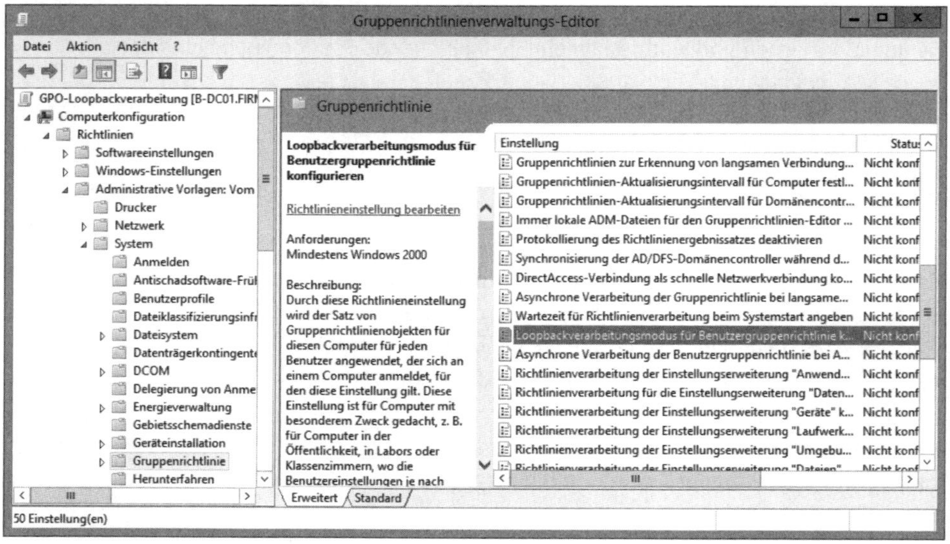

Bild 3.16 Loopbackverarbeitungsmodus aufrufen

Nun können Sie die Richtlinie aktivieren und im Rollfeld den entsprechenden Modus auswählen. Bestätigen Sie anschließend Ihre Konfiguration mit ÜBERNEHMEN und schließen Sie das Fenster mit OK.

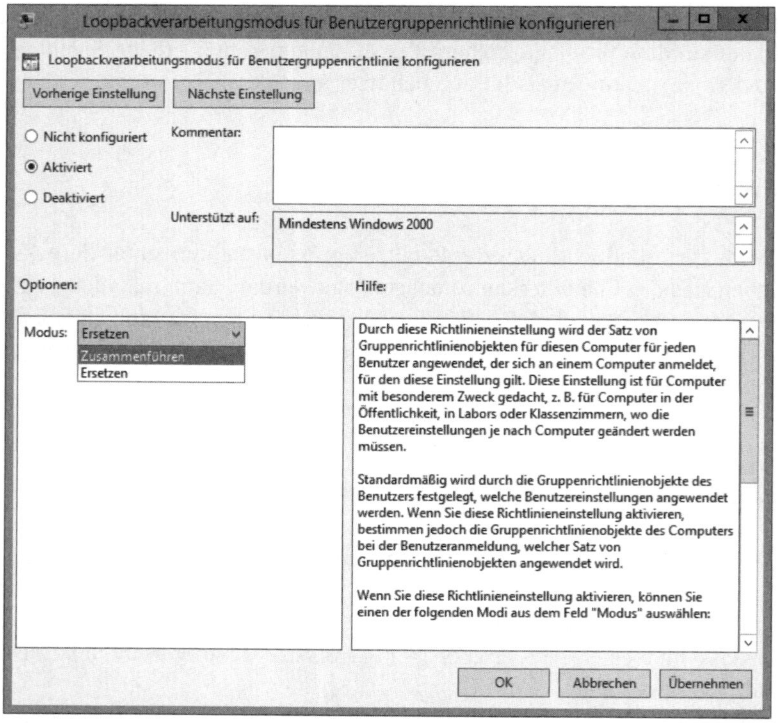

Bild 3.17 Loopbackverarbeitungsmodus aktivieren

Sie können Ihre Konfiguration nun mit der Gruppenrichtlinienverwaltungskonsole überprüfen. Öffnen Sie dazu im rechten Fenster das Register EINSTELLUNGEN und erweitern Sie die Ansicht mit Klick auf SHOW.

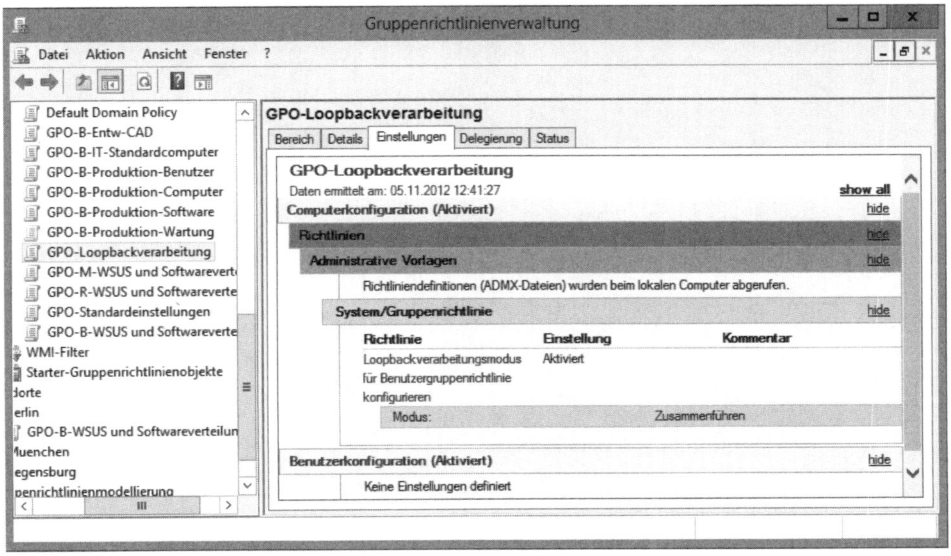

Bild 3.18 Loopbackverarbeitung überprüfen

4 OU (Organisational Unit)-Struktur für Gruppenrichtlinien

In diesem Kapitel:
- Effektiv mit Organisationseinheiten umgehen
- Technischen Bedingungen, Unternehmensstrukturen und persönlichen Vorlieben berücksichtigen
- Virtualisierung der Unternehmensstruktur: Die Arbeit im Active Directory

4.1 Einführung

4.1.1 Virtualisierung

Betrachten wir verschiedene Objekttypen unter dem Aspekt der Virtualisierung. Auf diese Weise wird das Verständnis für die Problematik der Virtualisierung erleichtert.

Einfach ist dies bei einem Computerkonto und dem dazugehörigen Rechner. Durch das virtuelle Objekt wird der physikalisch existierende Rechner für die Domäne erfassbar, und ihm lassen sich sicherheitstechnisch relevante Eigenschaften zuordnen.

Schon komplexer ist das Benutzerkonto. Einem Benutzer können durchaus mehrere Benutzerkonten zugeordnet werden. So ist es z.B. durchaus üblich, dass Administratoren zwei unterschiedliche Konten haben. Ein eingeschränktes Konto, welches sie zum Ausführen von Verwaltungstätigkeiten, für den Mailverkehr oder die Dokumentation verwenden, und ein zweites – weitgehend unbeschränktes – Konto, das zur Gruppe der Domänen-Admins gehört. Durch diese Zweiteilung soll verhindert werden, dass ein Administrator während nicht-administrativer Tätigkeiten versehentlich Änderungen an relevanten Systembereichen vornimmt. Außerdem wird so ein erfolgreicher Angriff auf Administratorkonten erschwert.

PRAXISTIPP: Es bietet sich an, für das Administratorkonto eine andere, auffällige Bildschirmfarbe zu verwenden, dann ist Ihnen jederzeit bewusst, dass Sie gerade mit administrativen Berechtigungen arbeiten.

4.1.2 Gruppen

Gruppen sollen schließlich – je nach Gruppentyp – ganz Unterschiedliches virtualisieren.

Tabelle 4.1 Virtualisierungsaufgaben von Gruppen

Gruppentyp	Aufgabe
Globale Verteilergruppe	Die globale Verteilergruppe hat die Aufgabe, den Mailverkehr zu steuern, es werden also im Prinzip postalische Bedürfnisse und informative Aufgaben virtualisiert.
Globale Sicherheitsgruppe	Diese haben die Aufgabe, Benutzer nach Tätigkeiten zusammenzufassen. In der primären Gruppe „GG-B-Personal-SB“ Sachbearbeiter der Berliner Personalabteilung sind Benutzerkonten zusammengefasst, die ähnliche Aufgaben betreuen und von daher auch ähnliche Berechtigungen benötigen. Es wird also die Arbeitsaufgabe virtualisiert. Daneben können globale Sicherheitsgruppen auch zum Sammeln verschiedener globaler Gruppen verwendet werden, um die Verwaltung zu vereinfachen. Etwa die Sammelgruppe „GG-Abteilungsleiter“, in der alle „GG-*-*-AL“ zusammengefasst werden. So gesehen werden hier Gemeinsamkeiten virtualisiert.
Lokale Sicherheitsgruppe	Lokale Sicherheitsgruppen werden verwendet, um bestimmte Arten von Zugriff auf ein bestimmtes Objekt abzubilden. Indem eine globale Sicherheitsgruppe Mitglied der lokalen Sicherheitsgruppe „LG-AbtLW-Personal-L“ ist, erhalten ihre Mitglieder die Lesen-Berechtigung auf das Abteilungslaufwerk der Personalabteilung. Es werden also Bedürfnisse und Berechtigungen virtualisiert.
Universale Gruppen	Universale Gruppen virtualisieren Gemeinsamkeiten über Domänengrenzen hinweg. So werden z. B. die globalen Gruppen der Buchprüfer eines Konsortiums von mehreren Firmen (= Domänen) in der Universalen Gruppe „Buchprüfung“ zusammengefasst, damit sie in den verschiedenen Domänen die jeweiligen Buchhaltungsunterlagen einsehen können.

4.2 Aufgaben von OUs

Organisationseinheiten (Organisational Unit, OU) dienen generell dazu, die virtualisierte Unternehmensumgebung zu strukturieren. Dabei können Sie Ihre Umgebung mit Schwerpunkt auf unterschiedliche Aspekte strukturieren. Dies können etwa Abteilungen, Standorte oder Hierarchien sein.

PRAXISTIPP: Versuchen Sie nicht mehr als drei Ebenen zu verschachteln. Andernfalls werden Sie sich in der täglichen Arbeit häufig bei der Suche nach Objekten vertun.

Daneben gibt es aber auch Aufgaben, die sich nur mit Organisationseinheiten durchführen lassen.

Tabelle 4.2 Aufgaben, die OUs erfordern

Aufgabe	Erklärung
Verwaltungsaufgaben zuweisen	Sie können Teilaufgaben der Active-Directory-Administration bestimmten Benutzern oder Gruppen zuweisen (arbeiten Sie nach Möglichkeit immer mit Gruppen, sonst wird der nächste Personalwechsel zum Problem). So können Sie etwa einem Abteilungsleiter das Zurücksetzen von Kennwörtern für seine Mitarbeiter zuweisen. Dies setzt voraus, dass es eine OU gibt, denn nur über die Sicherheitseigenschaften der OU lassen sich die Berechtigungen für die Aufgaben steuern.
Objekte verstecken	Wenn ein Benutzer keine Lesen-Berechtigungen auf eine OU hat, kann er auch keine Objekte finden, die sich darin befinden. So können z. B. die Druckerobjekte von entfernten Standorten aus Sicht des lokalen Mitarbeiters versteckt werden, um fehlerhafte Druckversuche zu verhindern. Daneben stellt dies auch einen Sicherheitsaspekt dar.
Gruppenrichtlinien hierarchisch zuweisen	Wenn Gruppenrichtlinien nicht auf die gesamte Domäne angewendet werden sollen, gibt es grundlegend verschiedene Möglichkeiten, dies zu verhindern. ▪ Sie können über Sicherheitsfilterung verweigert oder nur bestimmten Gruppen erlaubt werden. ▪ Sie können über WMI-Filter auf bestimmte Rechner begrenzt werden. Dies kann in Abhängigkeit von Hardware oder Software erfolgen. ▪ Sie können als Standortrichtlinien die IP-Adressen auswerten, um den Standort zu ermitteln. ▪ Oder sie werden in der Hierarchie der Organisationseinheiten verknüpft und wirken dann nur noch auf Objekte, die sich in der entsprechenden OU befinden.

4.3 Administrativer Ansatz

Der administrative Ansatz untergliedert das Unternehmensnetzwerk nach Abteilungen und Unterabteilungen. Dies bietet sich an, wenn nur ein Standort berücksichtigt werden muss. Da viele Gruppenrichtlinien auch abteilungsweise angewendet werden (z. B. wird über Richtlinien verteilte abteilungsspezifische Software verwendet, und es werden ähnliche Rechte auf Systemen benötigt), ist dieser Ansatz sicherlich in den meisten Unternehmensnetzwerken hilfreich und kommt (zumindest teilweise) zum Einsatz.

Die Einschränkungen des reinen administrativen Einsatzes kommen immer dann zum Tragen, wenn auch netzwerkrelevante Einstellungen über Richtlinien angewendet werden sollen, wie etwa das Zuweisen eines standortspezifischen WSUS oder Softwareverteilung.

4.4 Geographischer Ansatz

Immer wenn ein Unternehmen mehrere Standorte betreibt, bietet es sich an, den geographischen Ansatz für die OU-Architektur einzusetzen. Auf diese Weise lassen sich alle Richtlinien, die die Netzwerktopologie berücksichtigen müssen, den geographischen Gegebenheiten entsprechend anpassen. So könnten etwa die Top-Level-OUs Deutschland und Frankreich mit den Unter-OUs Berlin, Frankfurt, Paris und Lyon verwendet werden, um für Deutschland und Frankreich jeweils die Kontenverwaltung an einen nationalen Administrator zu delegieren und die Standorte auf Städteebene für das Zuweisen von Abteilungslaufwerken auf lokalen Dateiservern zu verwenden.

4.5 Mischformen

In aller Regel etabliert sich eine Mischform, die sowohl den geographischen als auch den administrativen Aspekten Rechnung zollt. Diese wurde in Bild 4.1 exemplarisch für die Firma Testnetz erstellt.

Es wurde die Version gewählt, den geographischen Ansatz für die Top-Level-OUs zu verwenden und auf der untergeordneten Ebene administrative OUs einzusetzen, die in einer zusätzlichen Unterebene bei Bedarf um Sonder-OUs ergänzt werden. In diesen befinden sich Benutzer- und Computerkonten, für die andere Richtlinien als in der Abteilung üblich gelten sollen.

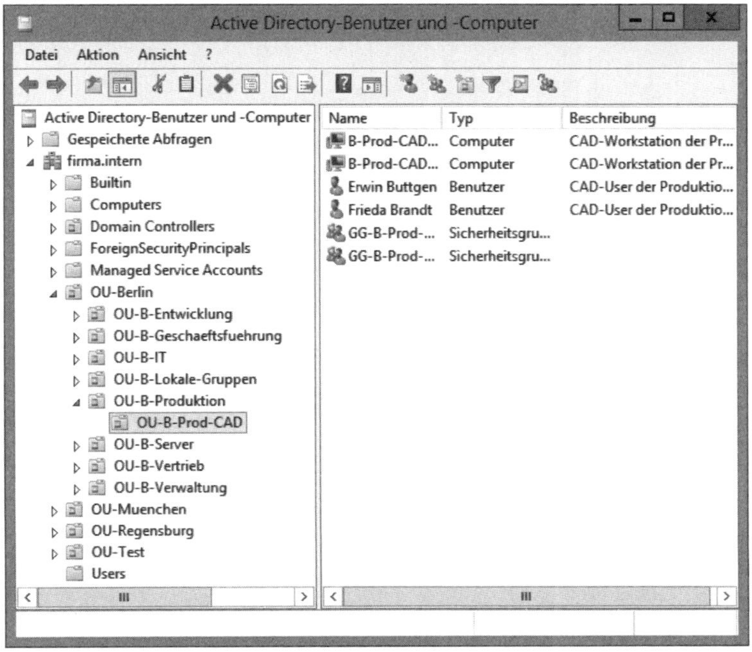

Bild 4.1 Darstellung einer Mischform aus administrativem und geographischem Ansatz

Generell ist in diesem Beispiel geplant, grundlegende Einstellungen in Gruppenrichtlinien auf Abteilungsebene vorzunehmen, und in den Unter-OUs nur jene Bereiche der Einstellungen umzuändern, die vom Abteilungsstandard abweichen. Auf zusätzliche Richtlinien wird verzichtet, insbesondere wird auf der Domänenebene nur das definiert, was man auch auf Domänenebene definieren muss. Die Standort-OUs wurden eingesetzt, damit Verwaltungsaufgaben zugewiesen werden können und die Übersichtlichkeit gewahrt bleibt.

5 Softwareverteilung mit Richtlinien

In diesem Kapitel:

- Wie kann ich komplexe Softwareinstallationen mit Gruppenrichtlinien zentral verwalten?
- Dezentralisierte Szenarien für standortübergreifende Softwareverteilung
- Updateverwaltung für installierte Software

5.1 Einführung

Softwareinstallationen stellen in komplexen Netzwerken stets eine besondere Herausforderung für das administrative Personal dar. Solange Standardinstallationen verwendet werden, kann in der Regel die benötigte Software direkt in die Images eingebunden werden. Benötigt man aber viele unterschiedliche Installationen, ist dies über Images nur mit sehr großem Aufwand zu bewerkstelligen.

Zwar gibt es auch zentrale Lösungen für die Softwareverteilung mit spezialisierten Produkten, wie z. B. den Microsoft System Center 2012 Configuration Manager, aber der administrative und finanzielle Aufwand, der für diese Lösungen benötigt wird, ist nicht in jedem Unternehmen vertretbar.

An dieser Stelle soll mit der richtliniengesteuerten Softwareverteilung eine Möglichkeit vorgestellt werden, die mit Bordmitteln und ohne zusätzliche Kosten das Problem löst.

5.2 Konzepte

Im Folgenden erfahren Sie die diversen Konzepte der Softwareverteilung mit Gruppenrichtlinien.

5.2.1 Unterstützte Dateitypen

Mit Gruppenrichtlinien können nur einige ausgewählte Dateitypen verteilt werden. Tabelle 5.1 gibt hierzu eine Übersicht.

Tabelle 5.1 Dateitypen, die sich mit Gruppenrichtlinien installieren lassen

Dateityp	Beschreibung
*.msi	Microsoft Installer Pakete: Sie stellen ein in Tabellenformat definiertes Paket für die Installation mit dem Windows Installer (früher Microsoft Installer) dar, das sich nachträglich mit Editoren anpassen lässt. Die meisten großen Softwarehersteller bieten ihre Produkte als *.msi an.
*.mst	Microsoft Transformer Pakete dienen dazu, eine *.msi vor der Installation zu überschreiben, um so von vornherein eine angepasste Version der zu verteilenden Software zu erzeugen.
*.msp	Mit Microsoft Patches (engl.: Flicken) kann man bereits verteilte Software nachträglich verbessern.
*.zap	Zap-Dateien sind nichts anderes als ASCII-Dateien mit Anweisungen für die Installation von Software, die nicht als MSI-Paket verfügbar ist.

5.2.2 Softwareverteilung an Benutzer oder Computer

Software kann sowohl an Benutzer als auch an Computer verteilt werden. Auf diese Weise legt man fest, dass ein Rechner stets bestimmte Programme verfügbar haben soll oder dass ein Benutzer an jedem Rechner über bestimmte Software verfügen kann.

5.2.2.1 Softwareverteilung an Benutzer

Softwareverteilung an Benutzer bietet sich vor allem an, wenn Benutzer an unterschiedlichen Rechnern arbeiten müssen. Bei der ersten Anmeldung des Benutzers am Computer erfolgt eine Verarbeitung der Richtlinie, die die Anweisung für die Softwareinstallation enthält.

Da Softwareinstallationen mittels Richtlinie allerdings nur während des Startvorganges abgearbeitet werden, muss der Benutzer den Rechner anschließend neu starten und kann erst nach diesem Start die verteilte Software verwenden.

Nachteilig bei der Verteilung von Software an Benutzer ist, dass Software auf vielen Rechnern installiert ist, obwohl der Benutzer ja nur an einem System gleichzeitig arbeitet. Dies kann zu erhöhten Lizenzkosten führen und die Leistungsfähigkeit von Rechnern negativ beeinflussen.

Standortübergreifende Softwareverteilung

Des Weiteren ist zu bedenken, dass sich Benutzer ja an unterschiedlichen Standorten anmelden können, die Gruppenrichtlinie für die Softwareverteilung aber nur einen Installationspfad verarbeiten kann. Damit droht eine Softwareverteilung über WAN-Verbindungen, was nach Möglichkeit zu vermeiden ist.

Diesem Problem kann man allerdings durch Einsatz des verteilten Dateisystems (Distributed File System, DFS) mit Replikaten begegnen. Indem der Installationspfad auf das DFS statt auf einen physikalischen Server verweist, wird die standortnächste Kopie der zu verteilenden Anwendung aufgerufen und die Installation erfolgt innerhalb des LANs.

Eine weitere Möglichkeit der Entlastung bietet sich bei Verwendung von BrancheCache für die Bereitstellung standortlokaler Kopien von zentraler Software an. Auch hierbei wird die WAN-Verbindung entlastet. Allerdings muss ebenfalls ein gewisser administrativer Mehraufwand betrieben werden.

5.2.2.2 Softwareverteilung an Computer

Dies stellt den häufigeren Fall dar. In aller Regel wird ein Benutzer stets an demselben Arbeitsplatz arbeiten. Dann wird auf diesem Computer auch ein stets gleich bleibendes Softwarepaket installiert. Der Vorteil ist, dass die Anzahl der installierten Versionen vom Administrator überwacht werden kann und auf jedem Computer nur eine kontrollierte Anzahl von Anwendungen installiert ist.

5.2.3 Zuweisen und Veröffentlichen

Es gibt zwei unterschiedliche Verfahren von Softwareverteilung mittels Gruppenrichtlinien: Zuweisen und Veröffentlichen.

5.2.3.1 Zuweisen

Das Standardverfahren bei der Softwareverteilung ist das Zuweisen. Zugewiesene Software wird beim nächsten Systemstart vorinstalliert. Zusätzlich erfolgt ein Eintrag im Startmenü unter PROGRAMME und eine Verknüpfung mit dem zugehörigen MIME-Type (der über die Dateinamenserweiterung definierten Standardsoftware, z. B. Word mit *.doc).

Wenn nun ein Benutzer erstmalig eine Datei mit der entsprechenden Erweiterung öffnet oder im Startmenü die Anwendung aufruft, erfolgt die eigentliche Installation. Mittels Zuweisen kann Software sowohl an Computer als auch an Benutzer verteilt werden.

5.2.3.2 Veröffentlichen

Beim Veröffentlichen wird im Netzwerk bekannt gegeben, dass eine Software bei Bedarf installiert werden kann. Die eigentliche Installation wird aber nicht vom System gesteuert. Stattdessen muss ein Benutzer die Software installieren, indem er in der Systemsteuerung unter PROGRAMME UND FUNKTIONEN die entsprechende Software auswählt.

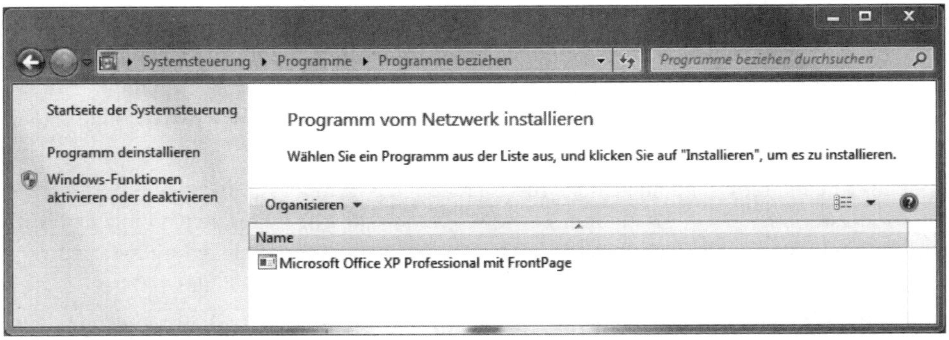

Bild 5.1 Veröffentlichte Software installieren

Voraussetzung ist, dass der Benutzer über die Berechtigung verfügt, die Systemsteuerung zu verwenden.

HINWEIS: Das Veröffentlichen von Software über Gruppenrichtlinien eignet sich in erster Linie für versierte Anwender, Freeware oder alternative Angebote, bei denen der Benutzer selber entscheiden soll, welche der verfügbaren Anwendungen (z. B. welche Office-Version) er verwenden möchte.

5.2.4 Verteilung über OUs oder Standorte

Sie können Softwareverteilungsrichtlinien sowohl über Organisationseinheiten als auch über Standorte vornehmen. Die Verteilung über Standorte hat den Vorteil, dass man durch Auswertung der IP-Adresse automatisch erkennt, wenn sich ein mobiler Benutzer bei einem anderen Standort anmeldet. Über Organisationseinheiten hingegen können Sie die Software auch an Benutzer verteilen, was über Standorte nicht funktioniert. Die Möglichkeit des Verteilungspunkts im DFS stellt hier einen Ausweg bereit (vgl. Abschnitt 5.2.2.1, „Softwareverteilung an Benutzer“).

5.2.5 Kategorien

Sie können Software Kategorien zuordnen. Dies ist vor allem dann sinnvoll, wenn Sie mehrere Anwendungen eines Typs veröffentlichen möchten, da Benutzer dann die Möglichkeit haben, nach der Kategorie zu suchen, die sie benötigen, und anschließend ein geeignetes Programm zu wählen.

5.3 Praktisches Vorgehen

5.3.1 Vorbereitung

Erstellen Sie mit dem Windows Explorer einen Ordner und geben Sie diesen frei. Kopieren Sie anschließend eine MSI-Datei in den Ordner. Diese muss eine installationsfähige *.msi sein, da Windows sie beim Erstellen der Gruppenrichtlinie überprüft. Es genügt nicht, eine beliebige Datei einfach in *.msi umzubenennen.

Erstellen Sie nun eine Organisationseinheit und verschieben Sie ein Computerkonto und ein Benutzerkonto in die Organisationseinheit. Schalten Sie den Computer, dessen Konto Sie verschoben haben, ein. Melden Sie sich aber nicht an!

5.3.2 Gruppenrichtlinie für Zuweisung an Computer erstellen

Öffnen Sie die Gruppenrichtlinienverwaltung und navigieren Sie in der Konsolenstruktur zum Knoten „Gruppenrichtlinienobjekte“. Erstellen Sie ein neues Gruppenrichtlinienobjekt, indem Sie auf „Gruppenrichtlinienobjekte“ im Kontextmenü den Befehl NEU klicken. Benennen Sie das neue GPO (z. B. „GPO-Softwareverteilung“), lassen Sie dabei das Feld „Quell-Starter-Gruppenrichtlinienobjekt“ auf (kein), und bestätigen Sie Ihre Konfiguration mit OK.

PRAXISTIPP: In der Gruppenrichtlinienverwaltung funktionieren beim Benennen von Gruppenrichtlinienobjekten die Backspace-Taste und die Pfeiltasten nicht. Wenn Sie sich vertippt haben, dann markieren Sie den Namen der Richtlinie mit der Maus und überschreiben Sie ihn.

5.3.3 Gruppenrichtlinie konfigurieren

Wählen Sie nun im Kontextmenü der neuen Richtlinie den Befehl BEARBEITEN. Erweitern Sie dann die Konsolenstruktur unter Computerkonfiguration - RICHTLINIEN - SOFTWAREEINSTELLUNGEN - SOFTWAREINSTALLATION und klicken Sie im Kontextmenü von „Softwareinstallation“ auf NEU - PAKET.

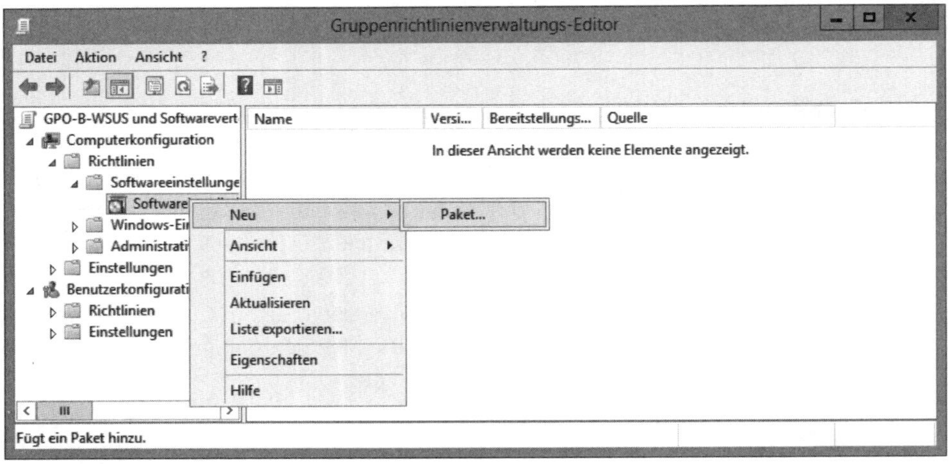

Bild 5.2 Neues Paket hinzufügen

Es öffnet sich ein Fenster für die Suche nach dem Paket, das Sie hinzufügen möchten. Navigieren Sie nun zu der Freigabe und wählen Sie das zu installierende Paket aus.

PRAXISTIPP: Wenn Sie das erste Mal eine Gruppenrichtlinie für die Softwareverteilung erstellen, zeigt das System in der Navigationsleiste einen lokalen Pfad an. Mit diesem würde die Softwareverteilung aber nur auf dem lokalen System funktionieren. Geben Sie daher den UNC-Pfad (Universal Naming Convention, Pfade im Format \\Servername\Freigabename) in die Navigationsleiste ein. Bei wiederholten Gruppenrichtlinien für Softwareverteilung merkt sich das System den Freigabepfad und durchsucht diesen automatisch.

Es öffnet sich ein Fenster, in dem Sie festlegen können, ob Sie das Paket zuweisen möchten oder ERWEITERT auswählen. Mit ERWEITERT haben Sie keine Möglichkeiten, die Sie nicht auch später in den Eigenschaften konfigurieren könnten. Belassen Sie die Einstellung auf ZUGEWIESEN und bestätigen Sie mit OK.

Nun vergeht ein wenig Zeit: der Windows Installer-Dienst überprüft, ob das Paket auch eine funktionsfähiges MSI-Paket ist. Daneben wird abgefragt, ob das Paket einfache oder erweiterte Konfigurationsmöglichkeiten während der Installation anbietet, für welche Sprache es geeignet ist und ob es eine 32- oder 64-Bit-Anwendung ist.

Das Paket erscheint jetzt unter „Softwareinstallation".

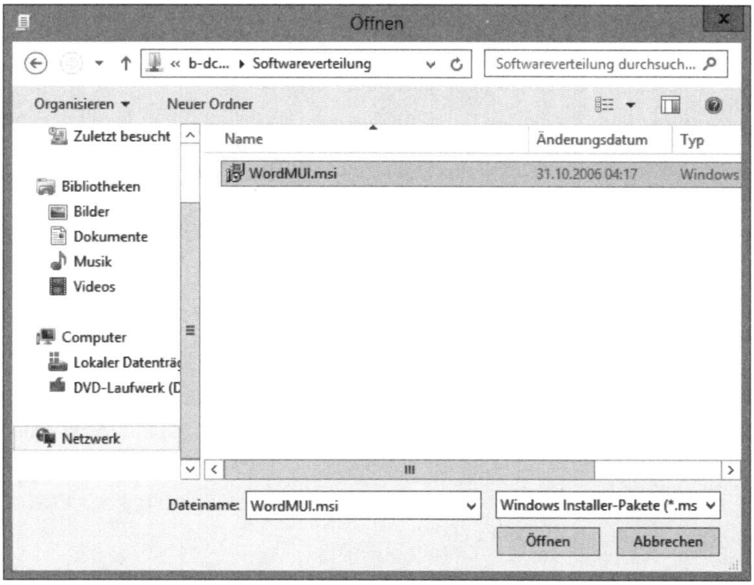

Bild 5.3 Paket für die Verteilung wählen

5.3.4 Gruppenrichtlinienobjekt verknüpfen

Wechseln Sie nun zur Gruppenrichtlinienverwaltung und navigieren Sie zur Organisationseinheit, die Sie zu Beginn erstellt haben. Klicken Sie im Kontextmenü der Organisationseinheit auf VORHANDENES GRUPPENRICHT-LINIENOBJEKT HIER VERKNÜPFEN.

5.3.5 Verteilung testen

Melden Sie sich auf dem Rechner an, dessen Computerkonto Sie in die Organisationseinheit verschoben haben. Schauen Sie unter PROGRAMME nach, ob die Software installiert ist. Öffnen Sie dann die Eingabeaufforderung und geben Sie den Befehl `gpupdate` ein.

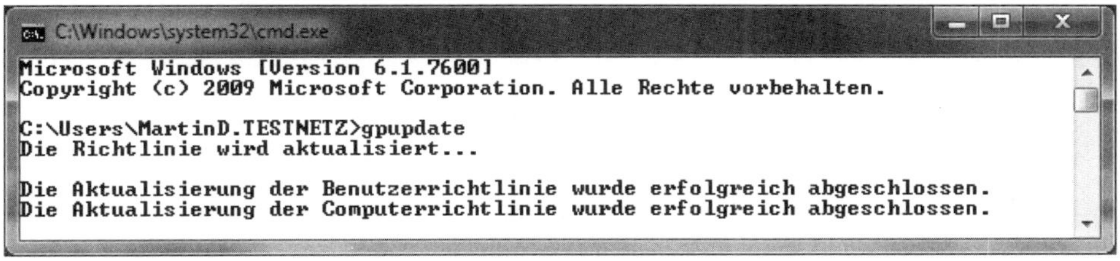

Bild 5.4 Ergebnis der Richtlinienaktualisierung

Mit diesem Befehl werden Richtlinien ohne die übliche Verzögerung aktualisiert. Das System speichert, dass beim nächsten Neustart eine Installation durchgeführt werden muss. Starten Sie anschließend den Rechner neu und melden Sie sich an.

Wenn Sie nun unter START - PROGRAMME nachsehen, sollte sich dort Ihr Programm finden. Da es einem Computer zugewiesen wurde, wird die Installation beendet, wenn die Netzwerklast und die Systembelastung gering sind.

Melden Sie sich jetzt wieder auf dem Rechner an, wo Sie die Gruppenrichtlinien bearbeiten.

5.3.6 Veröffentlichen für Benutzer

Öffnen Sie wie gewohnt das GPO für die Softwareverteilung, navigieren Sie zum Knoten BENUTZERKONFIGURATION - RICHTLINIEN - SOFTWAREEINSTELLUNGEN - SOFTWAREINSTALLATION und klicken Sie im Kontextmenü von „Softwareinstallation" auf NEU - PAKET.

Wählen Sie wie gehabt ein Paket aus, legen Sie aber den Verteilungstyp mit VERÖFFENTLICHT fest. Bestätigen Sie wie gewohnt mit OK.

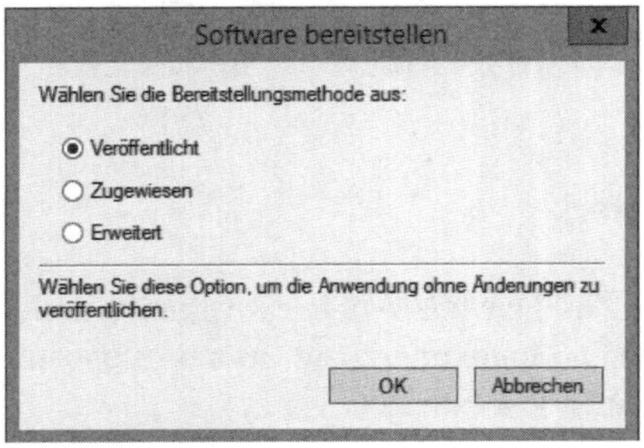

Bild 5.5 Softwareverteilung an Benutzer

5.4 Eigenschaften von Paketen bearbeiten

Öffnen Sie nun die Eigenschaften des Pakets, das für die Installation hinzugefügt worden ist.

5.4.1 Register ALLGEMEIN

Im Register ALLGEMEIN sehen Sie die Informationen, die der Windows-Installer-Dienst ausgewertet hat, soweit diese im Paket enthalten waren.

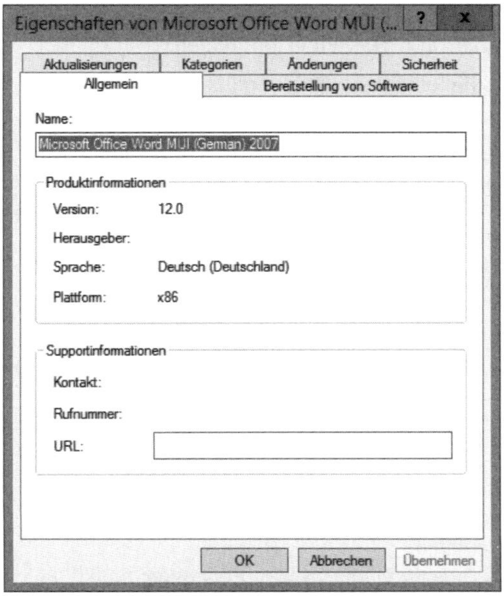

Bild 5.6 Paket-Informationen

5.4.2 Register BEREITSTELLUNG VON SOFTWARE

In diesem Register erhalten Sie Informationen zur Art der Bereitstellung und können Anpassungen vornehmen.

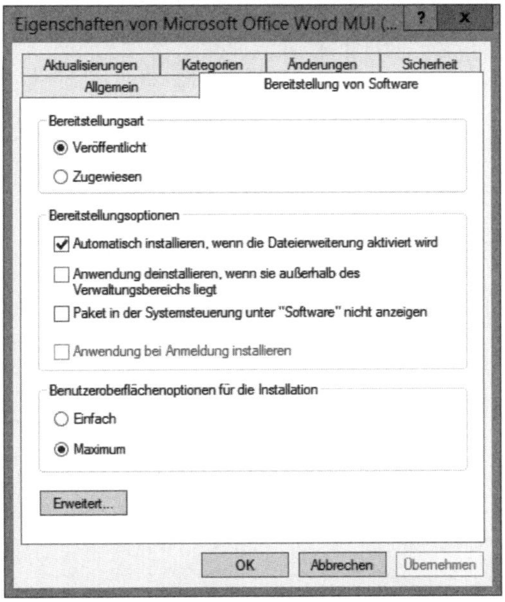

Bild 5.7 Bereitstellung konfigurieren

Unter „Bereitstellungsart“ können Sie zwischen VERÖFFENTLICHEN und ZUGEWIESEN wählen, wenn Sie das Paket im Bereich Benutzerkonfiguration bereitgestellt haben.

Unter „Bereitstellungsoptionen“ können Sie die folgenden Optionen auswählen.

Tabelle 5.2 Bereitstellungsoptionen für Softwareverteilung

Option	Erklärung
Automatisch installieren, wenn die Dateierweiterung aktiviert wird	Diese Option steht nur bereit, wenn die Software veröffentlicht wird. Wenn Sie das Paket stattdessen zuweisen, ist sie automatisch aktiviert und ausgegraut.
Anwendung deinstallieren, wenn sie außerhalb des Verwaltungsbereichs liegt	Dies bedeutet, dass die Anwendung vom Rechner entfernt wird, wenn sich das Benutzer- oder das Computerkonto nicht in der OU oder Domäne befinden, für die die Gruppenrichtlinie definiert wurde.
Paket in der Systemsteuerung unter Software nicht anzeigen	Wenn Sie nicht möchten, dass Benutzer in der Lage sind, das Paket zu wählen (sondern nur über die Dateierweiterung die Installation initiieren wollen), können Sie diese Option aktivieren.
Anwendung bei Anmeldung installieren	Diese Option steht nur für zugewiesene Software zur Verfügung. Sie bewirkt, dass die Software nicht erst dann vollständig installiert wird, wenn der Benutzer über das Startmenü auf sie zugreift oder die Dateierweiterung öffnet, sondern bereits bei der Anmeldung. Dies ist insbesondere dann zu empfehlen, wenn mobile Benutzer Anwendungen erhalten sollen. Diese sind möglicherweise nicht mit dem Netz verbunden, wenn sie die Anwendung erstmalig benötigen.

Benutzeroberflächenoptionen für die Installation

Über EINFACH und MAXIMUM können Sie steuern, ob der Benutzer bei der Installation die Standardwerte verwenden soll oder die Möglichkeit erhält, benutzerdefinierte Optionen zu konfigurieren.

Erweiterte Bereitstellungsoptionen

Betätigen Sie die Schaltfläche ERWEITERT. Hier können Sie festlegen, ob das System die Sprache des Paketes berücksichtigen soll, wenn sie nicht zur Sprache des Betriebssystems passt, und wie mit Win64-Computern zu verfahren ist. Behalten Sie im Regelfall die Standardeinstellungen bei.

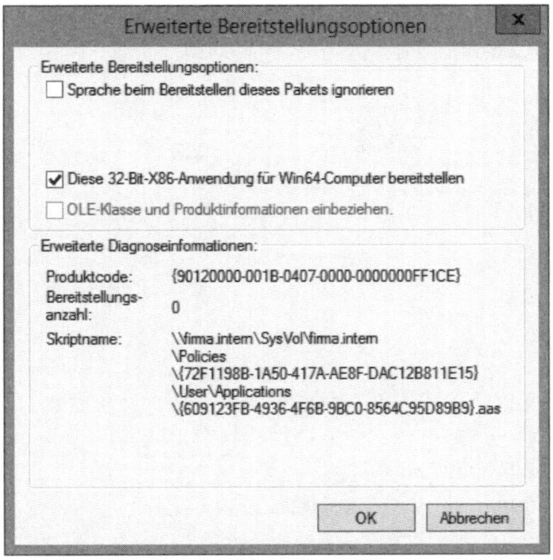

Bild 5.8 Erweiterte Bereitstellungsoptionen

5.4.3 Register AKTUALISIERUNGEN

Unter AKTUALISIERUNGEN werden MSP-Dateien verwaltet.

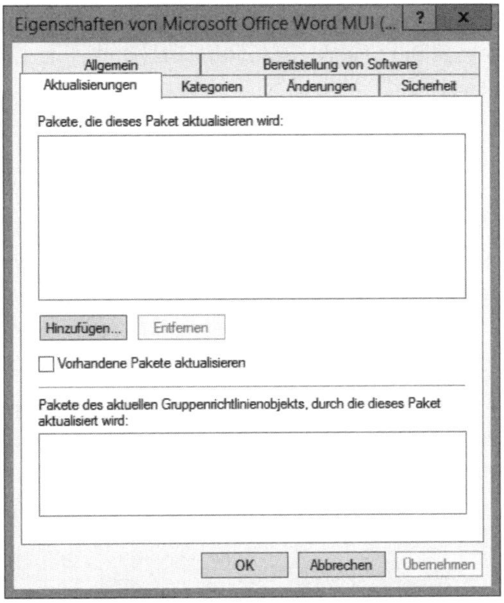

Bild 5.9 Aktualisierungen definieren

Um einen Microsoft Patch auf eine MSI-Datei anzuwenden, klicken Sie auf HINZUFÜGEN... und wählen dann das zu aktualisierende Paket aus.

Bild 5.10 MSP auf MSI anwenden

Dabei können Sie die Gruppenrichtlinie definieren, aus der die Paketinformationen bezogen werden sollen. Sie können entscheiden, ob das Paket ersetzt oder über das bestehende geschrieben werden soll.

Bestätigen Sie Ihre Änderungen mit OK. Daraufhin erscheint der Patch in den Eigenschaften der Ziel-MSI im Register AKTUALISIERUNGEN unter „Pakete des aktuellen Gruppenrichtlinienobjekts, durch die dieses Paket aktualisiert wird".

5.4.4 Register KATEGORIEN

Bevor Sie ein Paket einer Kategorie zuweisen können, müssen Sie in den Eigenschaften von „Softwareinstallation" die Kategorie definieren.

Kategorien erstellen

Klicken Sie im Kontextmenü von „Softwareinstallationen" auf EIGENSCHAFTEN und wechseln Sie zum Register KATEGORIEN. Klicken Sie nun auf HINZUFÜGEN und geben Sie einen Namen für die Kategorie ein, die Sie erstellen möchten.

Bild 5.11 Neue Kategorie hinzufügen

Bestätigen Sie Ihre Eingabe wie gewohnt.

Kategorien zuweisen

Öffnen Sie die Eigenschaften des Pakets, das Sie einer Kategorie zuweisen möchten, und wechseln Sie zum Register KATEGORIEN.

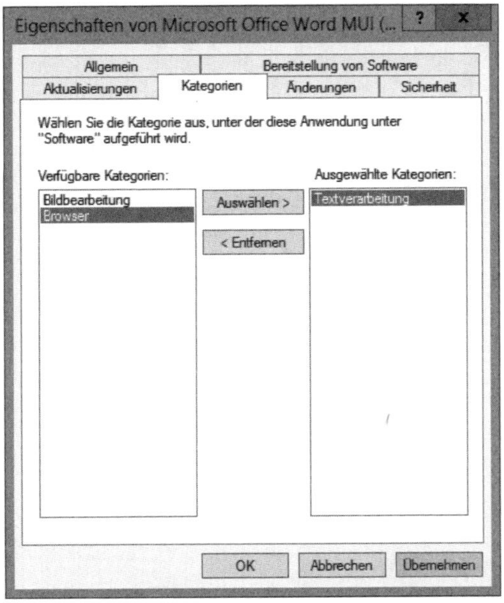

Bild 5.12 Ein Paket einer Kategorie zuordnen

Markieren Sie die Kategorie, der Sie die Software zuweisen möchten, und betätigen Sie die Schaltfläche AUSWÄHLEN. Bestätigen Sie Ihre Änderung mit ÜBERNEHMEN.

5.4.5 Register ÄNDERUNGEN

Um eine Änderung an dem zu installierenden Paket vorzunehmen, müssen Sie das Paket im erweiterten Modus hinzufügen. Klicken Sie im Kontextmenü von „Softwareinstallation“ wie gewohnt auf NEU – PAKET und wählen Sie die Installationsdatei, die Sie installieren möchten. Im Fenster „Software bereitstellen“ wählen Sie den Modus ERWEITERT.

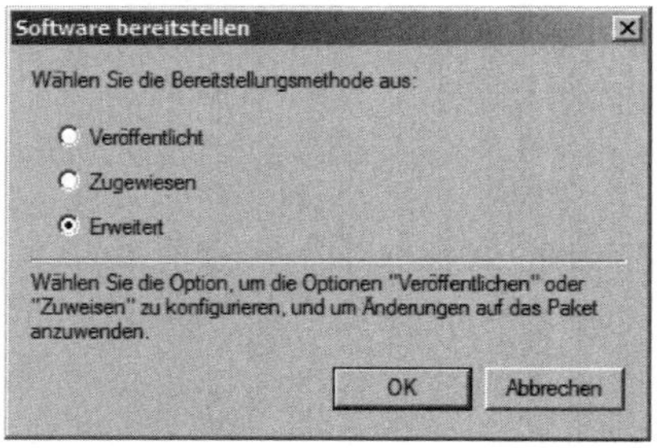

Bild 5.13
Erweiterter Bereitstellungsmodus für Softwareverteilung

Aktivieren Sie im Register BEREITSTELLUNGSOPTIONEN VERÖFFENTLICHEN oder ZUWEISEN und wechseln Sie zum Register ÄNDERUNGEN. Klicken Sie auf HINZUFÜGEN und wählen Sie den Microsoft Transformer, der die von Ihnen gewünschten Anpassungen enthält. Bestätigen Sie Ihre Konfiguration wie gewohnt.

HINWEIS: Um MSTs zu generieren, können Sie die Microsoft Office Ressource Kit Tools für Ihre Office-Version verwenden.

Bild 5.14 Änderung auf Paket anwenden

5.4.6 Register SICHERHEIT

Im Register SICHERHEIT können Sie die Berechtigungen bearbeiten, die bestimmte Benutzer auf das Paket haben. Hier sollten Sie in aller Regel keine Änderungen vornehmen.

Bild 5.15
Register SICHERHEIT in den Eigenschaften eines Pakets

6 Windows-Einstellungen Computerverwaltung

In diesem Kapitel:

- Windows-Richtlinien und -Einstellungen in der Computerverwaltung
- Berücksichtigung der Aspekte Sicherheit – Verwaltbarkeit – Effizienz
- Einsatz des neuen Features AppLocker im Unternehmensnetzwerk: Wie kann ich steuern, welcher Benutzer welche Software verwendet?

6.1 Aus der Praxis

In Ihrem Unternehmensnetzwerk arbeiten die Außendienst-Mitarbeiter an wechselnden Arbeitplätzen. Sie setzen sich mit ihren Rollcontainern an einen beliebigen freien Schreibtisch und Rechner. Dabei kommt es immer wieder vor, dass sie übersehen, dass ein fremder Benutzername in der Anmeldemaske steht und sie daher ein falsches Kennwort eingeben. Dies führt zu häufigen Kontosperrungen. Sie möchten nun verhindern, dass der Benutzername des zuletzt angemeldeten Benutzers angezeigt wird und lösen dieses Problem mit einer Gruppenrichtlinie.

6.2 Einführung

Die Windows-Einstellungen im Bereich Computerverwaltung stellen einen zentralen Bereich der Gruppenrichtlinien dar. Hier werden viele sicherheitsrelevante Einstellungen zusammengefasst. Darum vermittle ich Ihnen in diesem Kapitel die signifikanten Richtlinien und einen Einblick in die wichtigsten Einstellungsmöglichkeiten.

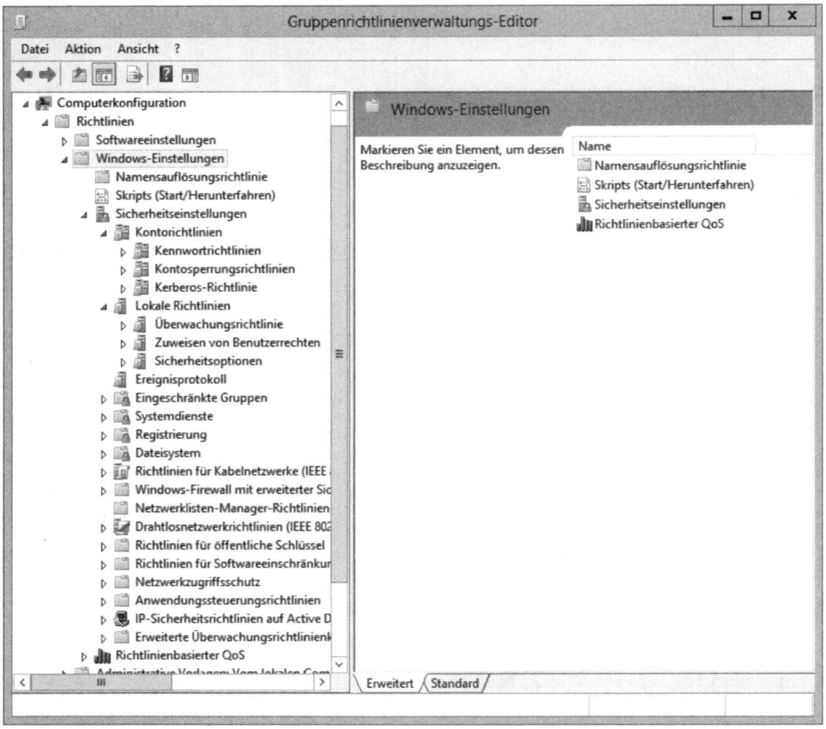

Bild 6.1 Windows-Einstellungen Übersicht

Die Windows-Einstellungen gliedern sich in die Bereiche Namensauflösungsrichtlinie, Skripts (Start/Herunterfahren) und Sicherheitseinstellungen. Gerade die Sicherheitseinstellungen umfassen eine große Anzahl an Richtlinien.

Viele dieser Richtlinien werden durch die lokale Richtlinie bereits mit Standardwerten gesetzt. So sind etwa die Benutzerrechte auf jedem Rechner durch die lokale Sicherheitsrichtlinie geregelt. An diesen Einstellungen werden Sie in der Regel kaum Änderungen vornehmen.

Anders stellt sich die Situation bei den Sicherheitsoptionen dar. In diesen gibt es eine ganze Reihe von Richtlinien für eine verstärkte Sicherheitskonfiguration.

Dieses Kapitel soll Ihnen einen Überblick über die Richtlinien geben; es erhebt aber keinen Anspruch auf Vollständigkeit, weil über vierhundert Richtlinien einfach zu viele sind. Vielmehr will ich Ihnen ein Gefühl dafür vermitteln, wo welche Richtlinien zu finden sind und wie Sie damit typischen Problemfällen aus der Praxis begegnen können.

6.3 Namensauflösungsrichtlinie und DNSSEC

6.3.1 Was ist DNSSEC?

Das Domain Name System (DNS) ist unverzichtbarer Bestandteil von Active Directory Domänen und dem Internet. In seiner Standardimplementierung stellt es jedoch einen möglichen Angriffspunkt dar. Wenn sich ein Angreifer erfolgreich als ein anderer ausgibt, werden Benutzer z. B. auf Webseiten geleitet, die nicht von den echten Firmen betrieben werden (Pishing). Auf diese Weise können Betrüger z. B. an Bankdaten gelangen.

Um diesem Problem zu begegnen, wurde DNSSEC (Domain Name System Security Extensions) eingeführt. Dabei handelt es sich um eine Art Public-Key-Verschlüsselung für DNS-Zonen. Der eine Zone autorisierende Server bestätigt die Echtheit seiner DNS-Antwort mit seinem geheimen Schlüssel, und der Empfänger überprüft mit dem öffentlichen Schlüssel, ob die Antwort tatsächlich vom autorisierten Server stammt.

International sind bereits viele Top Level Domains (TLD) und Rootzonen mit DNSSEC geschützt, für die TLD „.de" wurde DNSSEC zum 31.Mai 2011 eingeführt.

DNSSEC wurde von Microsoft erstmalig für Windows 7 und Windows Server 2008 R2 eingeführt.

6.3.2 DNSSEC implementieren

Um DNSSEC zu implementieren, ist eine ganze Reihe von Schritten nötig. Diese werden von Microsoft in einem 88 Seiten langen, englischen DNSSEC Deployment Guide in der Beta-Version für DNSSEC unter Windows Server 2008 R2 und Windows 7 beschrieben, den Sie unter folgender Internetadresse herunterladen können:

http://www.microsoft.com/downloads/en/details.aspx?FamilyID=7a005a14-f740-4689-8c43-9952b5c3d36f&DisplayLang=en

Ich kann an dieser Stelle nicht darauf eingehen, da es den Rahmen des Buches sprengen würde. Daneben stellt sich die Frage, inwieweit der Einsatz von DNSSEC im Unternehmensnetzwerk sinnvoll ist, da DNSSEC in der derzeitigen Implementierung von Microsoft keine dynamischen Updates erlaubt. Der Aufwand für die Pflege einer statischen DNS-Datenbank dürfte die meisten Administratoren überfordern.

Neu in 2012

Darüber hinaus finden Sie eine Schritt-für-Schritt-Anleitung zur Konfiguration von DNSSEC auf Windows Server 2012 und Windows 8 unter folgendem Link:

http://technet.microsoft.com/de-de/library/hh831411.aspx

Auch in dieser Anleitung werden über 230 Schritte und vier Computer benötigt, um zumindest die Version für eine einfache Testumgebung einzurichten und zu überprüfen.

■ 6.4 Kontorichtlinien

Die Kontorichtlinien umfassen drei Bereiche:

- Kennwortrichtlinien
- Kontosperrungsrichtlinien
- Kerberos-Richtlinie

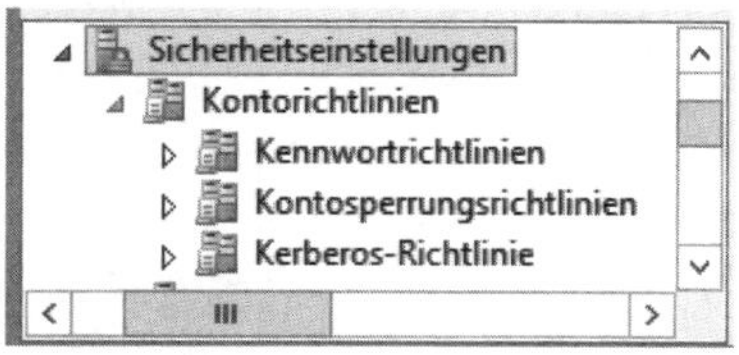

Bild 6.2 Kontorichtlinien

Auf Domänenebene werden in den Kontorichtlinien die Einstellungen für Benutzerkonten vorgenommen. Wenn Sie dagegen auf einer Organisationseinheit Kontorichtlinien (außer Kerberos-Richtlinien) verwenden, so werden damit lokale Konten definiert, die Sie auf Rechnern erstellen, deren Computerkonto sich in der entsprechenden Organisationseinheit befindet.

HINWEIS: Für unterschiedliche Kontorichtlinien in einer Domäne können Sie stattdessen Kennwort-Einstellungsobjekte (Password Settings Objects, PSOs) verwenden. Dies setzt jedoch voraus, dass alle Domänencontroller mindestens Windows Server 2008 verwenden. Die PSOs können dabei aber nicht an Organisationseinheiten gebunden werden, sondern werten Gruppenzugehörigkeiten aus. Der folgende Link enthält eine schrittweise Anleitung zum Erstellen von PSOs: *http://technet.microsoft.com/de-de/library/cc770842(WS.10).aspx.* ■

PRAXISTIPP: Eines der größten Probleme im Zusammenhang mit Kennwörtern ist die Akzeptanz seitens der Benutzer. Jeder Administrator kennt die Aussagen „Ich kann mir die Kennwörter nicht merken“ und „Warum muss ich denn mein Kennwort andauernd ändern?“. Wie soll man dem nun begegnen?

Der erste und wichtigste Schritt besteht darin, den Benutzern klar zu machen, dass es in ihrem ureigensten Interesse liegt, geschützte Konten zu verwenden. Wenn in den Protokolldateien der Sicherheitsüberwachung steht, dass Benutzer X auf geheime Daten zugegriffen hat, und diese anschließend im Internet zu finden sind, dürfte Benutzer X sich klar darüber werden, dass er wohl besser ein hochwertiges Kennwort verwendet hätte.

Ich spreche hier absichtlich nicht von „sicheren“ Kennwörtern, denn kein Kennwort ist jemals sicher. Jedes kann geknackt werden, die Frage ist nur wie lange es dauert…

Was ist ein hochwertiges Kennwort?

- Die Mindestlänge entspricht der absoluten Untergrenze, die als noch akzeptabel gilt. Microsoft gibt hier sieben Zeichen an, ich empfehle Ihnen aber deutlich längere Kennwörter. Die maximale Kennwortlänge unter aktuellen Windows-Betriebssystemen liegt bei 127 Zeichen.
- Ein hochwertiges Kennwort besteht aus einer Kombination von Kleinbuchstaben, Großbuchstaben, Zahlen und Sonderzeichen. Dabei kann auch der erweiterte ASCII-Code verwendet werden.
- Kennwörter dürfen niemals „Wörter" enthalten, die sich in schriftlichen Dokumenten finden, da diese in so genannten „Wörterbuchattacken" verwendet werden können. Auch Wörter mit voran- oder nachgestellten Zahlenkombinationen (z. B. „Kennwort1") sind absolut tabu.
- Kennwörter dürfen niemals aufgeschrieben werden (Ausnahme: das originale Administratorkennwort, mindestens 64 Zeichen, im versiegelten Umschlag im Firmensafe).
- Kennwörter dürfen nicht zu alt sein, da mit ausreichend Zeit jedes Kennwort von Schadsoftware entschlüsselt werden kann (Brute Force Attack).

Wie sollen sich die Benutzer solche „hochwertigen" Kennwörter merken?

So genannte Kennwortmerksätze stellen eine Möglichkeit dar: 1Kdf!M!^udE╗ stellt ein relativ hochwertiges Kennwort dar (abgesehen davon, dass es nun einmal aufgeschrieben wurde und daher jetzt wertlos ist...). Der Merksatz dazu lautet: „Ein Kahn der fuhr im Mondenschein im Dreieck um das Erbsenbein" (für „Bein" wurde hier Alt+Num 187 verwendet). So kann das Konstruieren von Kennwörtern sogar Spaß machen!

6.4.1 Kennwortrichtlinien

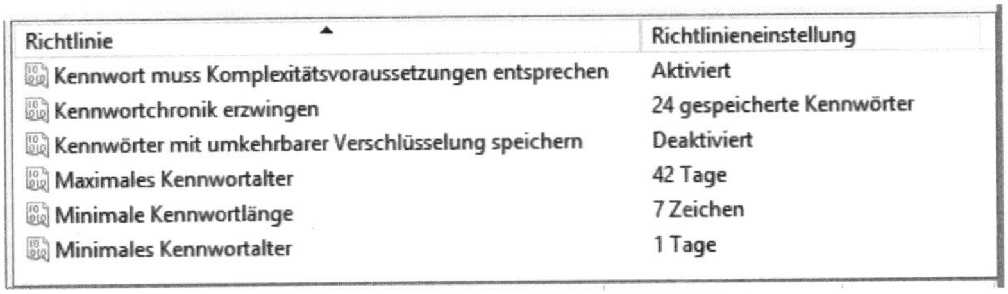

Richtlinie	Richtlinieneinstellung
Kennwort muss Komplexitätsvoraussetzungen entsprechen	Aktiviert
Kennwortchronik erzwingen	24 gespeicherte Kennwörter
Kennwörter mit umkehrbarer Verschlüsselung speichern	Deaktiviert
Maximales Kennwortalter	42 Tage
Minimale Kennwortlänge	7 Zeichen
Minimales Kennwortalter	1 Tage

Bild 6.3 Kennwortrichtlinien mit Standardeinstellungen einer Domäne

Tabelle 6.1 Kennwortrichtlinien

Richtlinie	Erklärung
Kennwort muss Komplexitätsvoraussetzungen entsprechen	Die Komplexitätsvoraussetzung besagt, dass ein Kennwort von den vier möglichen Zeichentypen (Großbuchstaben, Kleinbuchstaben, Zahlen und Sonderzeichen) mindestens drei enthalten muss. Diese ist in der Domäne standardmäßig gesetzt. Sie sollten Sie nur in Ausnahmefällen deaktivieren.
Kennwortchronik erzwingen	Die Kennwortchronik speichert bis zu 24 alte Kennwörter eines Benutzers. Dadurch wird verhindert, dass der Benutzer nur zwischen wenigen Kennwörtern wechselt. Behalten Sie diese nach Möglichkeit bei, und kombinieren Sie sie mit einem Mindestalter von einem Tag oder mehr. Andernfalls könnte der Benutzer einfach 25 Kennwortänderungen nacheinander durchführen und hätte somit wieder sein altes Kennwort zur Verfügung.
Kennwörter mit umkehrbarer Verschlüsselung speichern	Normalerweise verwendet Active Directory eine irreversible Verschlüsselung für Kennwörter, d. h., dass nur das Ergebnis der Verschlüsselung gespeichert wird und im Active Directory das Klartext-Kennwort nicht bekannt ist. Manche alten Einwahlrouter benötigen jedoch eine Authentifizierung mit Kennwortübertragung. Wenn Sie solche Geräte im Einsatz haben, müssen Sie die umkehrbare Verschlüsselung aktivieren. In der Praxis sollten Sie jedoch nicht alle Kennwörter mit umkehrbarer Verschlüsselung speichern, sondern in den Eigenschaften der Benutzer die umkehrbare Verschlüsselung bei Bedarf aktivieren.
Maximales Kennwortalter	Kennwörter sollten regelmäßig geändert werden. Hier können Sie das Intervall festlegen, in dem dies erfolgen muss.
Minimale Kennwortlänge	Die Mindestanzahl an Zeichen, aus denen ein Kennwort bestehen muss.
Minimales Kennwortalter	Das minimale Alter eines Kennwortes. Ergibt zusammen mit der Kennwortchronik Sinn.

Sie sollten die Kennwortrichtlinien nur dann in der Default Domain Policy verändern, wenn Sie schärfere Sicherheitsbestimmungen verwenden möchten.

6.4.2 Kontosperrungsrichtlinien

Bild 6.4 Empfehlung für Kontosperrungsrichtlinien

Tabelle 6.2 Kontosperrungsrichtlinien

Richtlinie	Erklärung
Kontosperrungsschwelle	Dieser Wert legt fest, bei der wievielten falschen Kennworteingabe ein Konto gesperrt wird.
Kontosperrdauer	Die Kontosperrdauer legt fest, wie lange ein Konto gesperrt bleibt. Wenn Sie diesen Wert auf null setzen, bleibt das Konto gesperrt, bis ein Administrator die Sperrung aufhebt.
Zurücksetzungsdauer des Kontosperrungszählers	Der Kontosperrungszähler merkt sich die falschen Eingaben für einen hier festgelegten Zeitraum. Nach Ablauf dieses Zeitraums oder bei Eingabe eines korrekten Kennworts wird der Zähler zurückgesetzt.

PRAXISTIPP: Das Administratorkonto, das vom System bei der Installation bzw. beim Erstellen einer Domäne angelegt wurde, wird nie gesperrt. Es sollte darum besonders geschützt werden:

- Benennen Sie es um und ändern Sie auch die Beschreibung.
- Vergeben Sie ein besonders sicheres Kennwort.
- Notieren Sie Benutzername und Kennwort und hinterlegen Sie beides in einem versiegelten Umschlag im Tresor.

HINWEIS: Die Zurücksetzungsdauer des Kontosperrungszählers kann für Administratoren wichtig sein. Wenn Sie ein falsches Kennwort mehrmals eingegeben haben, weil Sie (z. B. nach dem Urlaub) nicht mehr genau wissen, welches Kennwort Sie in einem Netzwerk verwendet haben, können Sie nach vier Versuchen eine halbe Stunde warten und dann die verbliebenen Möglichkeiten ausprobieren. Andernfalls müssten Sie das Reservekonto aus dem Tresor holen.

6.4.3 Kerberosrichtlinien

Richtlinie	Richtlinieneinstellung
Benutzeranmeldeeinschränkungen erzwingen	Aktiviert
Max. Gültigkeitsdauer des Benutzertickets	10 Stunden
Max. Gültigkeitsdauer des Diensttickets	600 Minuten
Max. Toleranz für die Synchronisation des Computertakts	5 Minuten
Max. Zeitraum, in dem ein Benutzerticket erneuert werden k...	7 Tage

Bild 6.5 Kerberosrichtlinien mit Standardwerten

Die Kerberosrichtlinien steuern das Verhalten von Kerberos in der Domäne. Diese werden nur in der Default Domain Policy definiert. Ändern Sie diese nur, wenn zwingende Gründe vorliegen.

HINWEIS: Die maximale Toleranz für die Synchronisation des Computertakts von fünf Minuten erklärt, warum alle Computer einer Domäne die gleiche Zeit verwenden müssen. Standardmäßig wird hierbei der PDC-Emulator als Zeitgeber verwendet.

6.5 Lokale Richtlinien

Die lokalen Richtlinien bestehen aus

- Überwachungsrichtlinien, mit denen festgelegt werden kann, welche Ereignisse bei Erfolg oder Fehlschlag protokolliert werden sollen,
- dem Zuweisen von Benutzerrechten und
- Sicherheitsoptionen.

6.5.1 Überwachungsrichtlinien

Tabelle 6.3 gibt eine Übersicht über die verschiedenen Überwachungsrichtlinien.

Tabelle 6.3 Überwachungsrichtlinien

Richtlinie	Erläuterung
Anmeldeereignisse überwachen	Anmeldeereignisse werden generiert, wenn ein Benutzer sich an der Tastatur eines Rechners anmeldet. Sie werden auch lokal protokolliert. Hier können Sie festlegen, ob Erfolg oder Fehlschlag lokal protokolliert werden sollen. Für die genauen Standardwerte lesen Sie bei Bedarf die Erläuterung der Richtlinie.
Anmeldeversuche überwachen	Anmeldeversuche werden da protokolliert, wo die Datenbank liegt, gegen die der Benutzer sich authentifiziert – bei der lokalen Anmeldung also auf dem lokalen Rechner, bei Domänenanmeldung auf einem Domänencontroller. Sie können festlegen, ob Erfolg oder Fehlschlag protokolliert werden sollen. Für die genauen Standardwerte lesen Sie bei Bedarf die Erläuterung der Richtlinie.
Kontenverwaltung überwachen	Änderungen an Konten wie Kennwörter zurücksetzen, Mitgliedschaften in Gruppen ändern oder das Hinzufügen neuer Konten werden protokolliert, wenn Sie die Kontenverwaltung überwachen. Um zu belegen, dass Sie Konten nur gerechtfertigt ändern, sollten Sie hier den Erfolg überwachen.
Objektzugriffsversuche überwachen	Ein Objektzugriffsversuch ist z. B. das Öffnen einer Datei. Standardmäßig werden diese Zugriffe nicht überwacht. Mit der Richtlinie können Sie die Möglichkeit der Überwachung aktivieren. Damit Einträge erfolgen, müssen Sie zusätzlich in den erweiterten Eigenschaften von Dateien, Verzeichnissen oder Druckern festlegen, welche Art von Zugriffen für welche Benutzer oder Gruppen protokolliert werden sollen.

Richtlinie	Erläuterung
Prozessnachverfolgung überwachen	Prozessnachverfolgung protokolliert Anwendungen beim Starten und Beenden und kann dazu verwendet werden, um Angriffe nachzuverfolgen. Sie belastet allerdings das System massiv und sollte daher nur auf einzelnen Rechnern bei Bedarf konfiguriert werden.
Rechteverwendung überwachen	Ein Benutzer kann Rechte auf ein System haben. Dies ist nicht zu verwechseln mit Berechtigungen, die auf Objekte vergeben werden. Ein Beispiel ist das Recht, die Zeit zu ändern. Wenn Sie Rechteverwendungen überwachen möchten, können Sie hier Erfolg oder Fehlschlag definieren.
Richtlinienänderungen überwachen	Jede Änderung an einer Richtlinie kann gravierende Folgen für das System haben. Darum empfiehlt es sich, diese zu überwachen. So kann bei Problemen schneller festgestellt werden, welche Richtlinie zuletzt geändert wurde.
Systemereignisse überwachen	Das System protokolliert eine ganze Reihe von Ereignissen. Wenn Sie zusätzliche Protokolleinträge benötigen (z. B. im Rahmen der Fehlersuche), können Sie hier zusätzlich Erfolg und Fehlschlag aktivieren.
Verzeichnisdienstzugriffe überwachen	Sie können zusätzliche Protokolleinträge generieren lassen, wenn auf den Verzeichnisdienst zugegriffen wird. Auch dies kann bei der Fehleranalyse hilfreich sein.

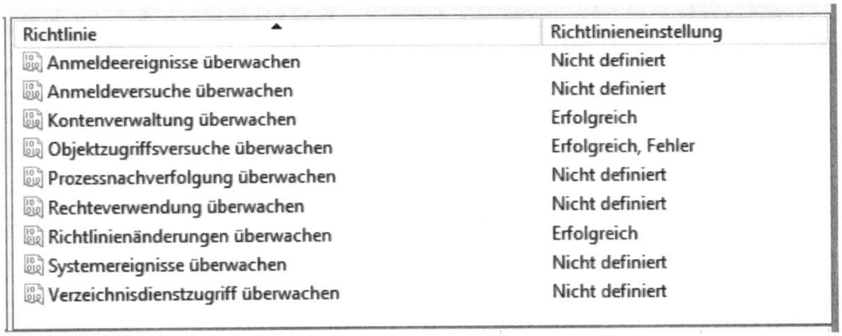

Richtlinie	Richtlinieneinstellung
Anmeldeereignisse überwachen	Nicht definiert
Anmeldeversuche überwachen	Nicht definiert
Kontenverwaltung überwachen	Erfolgreich
Objektzugriffsversuche überwachen	Erfolgreich, Fehler
Prozessnachverfolgung überwachen	Nicht definiert
Rechteverwendung überwachen	Nicht definiert
Richtlinienänderungen überwachen	Erfolgreich
Systemereignisse überwachen	Nicht definiert
Verzeichnisdienstzugriff überwachen	Nicht definiert

Bild 6.6 Empfohlene Einstellungen für die Überwachungsrichtlinien

HINWEIS: Bedenken Sie, dass Protokolle nur dann sinnvoll sind, wenn Sie sie auch regelmäßig lesen. Das System protokolliert auch ohne zusätzliche Einstellungen bereits eine große Anzahl an Ereignissen.

Gemäß meiner Erfahrung ist es wenig sinnvoll, die Protokolle massiv zu erweitern, da dies häufig dazu führt, dass sie niemand mehr liest. Besser ist es, eine mäßige Standardprotokollierung durchzuführen und dafür regelmäßig die Protokolle zu kontrollieren. Daneben bietet es sich ab Windows Server 2008 an, bei wichtigen Ereignissen eine Benachrichtigung mittels E-Mail zu konfigurieren.

6.5.2 Zuweisen von Benutzerrechten

Unter „Zuweisen von Benutzerrechten“ definiert man, welche Rechte auf dem System welche Benutzer oder Gruppen haben. Dies ist in der lokalen Richtlinie festgelegt. Um Letztere aufzurufen, können Sie folgendermaßen vorgehen:

Öffnen Sie Ausführen und geben Sie `mmc.exe` ein, um eine neue Konsole zu öffnen. Klicken Sie dann unter Datei auf Snap-In hinzufügen/entfernen. Wählen Sie nun Gruppenrichtlinienobjekt-Editor und klicken Sie Hinzufügen. Bestätigen Sie die Auswahl von „Lokaler Computer“ mit Fertig stellen. Bestätigen Sie mit OK und erweitern Sie die Konsolenstruktur, um die Konfiguration der Rechte einzusehen.

PRAXISTIPP: In der Regel werden Sie hier keine Änderungen vornehmen müssen. Wenn Sie zusätzliche Rechte delegieren wollen, verwenden Sie unter Umständen die vom System angelegten lokalen Gruppen wie Server-Operatoren, Konten-Operatoren oder Sicherungs-Operatoren.

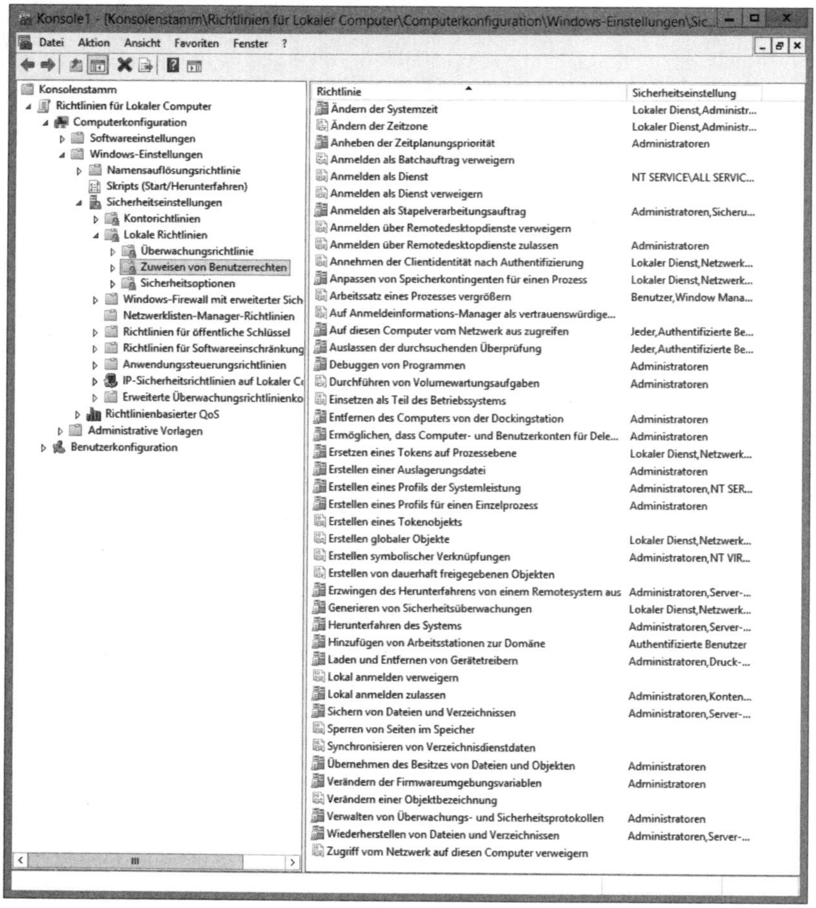

Bild 6.7 Benutzerrechte in der lokalen Richtlinie

6.5.3 Sicherheitsoptionen

Es gibt eine ganze Reihe von Sicherheitsoptionen, die im Folgenden in sinnvollen Gruppen erläutert werden. Sie werden nur selten massive Änderungen an den Sicherheitsoptionen vornehmen müssen. Einzelne Richtlinien können aber durchaus einer Anpassung bedürfen.

Um zu überprüfen, welche Einstellungen auf Ihrem System momentan gelten, können Sie wiederum die lokale Richtlinie aufrufen.

6.5.3.1 Sicherheitsoptionen – Benutzerkontensteuerung

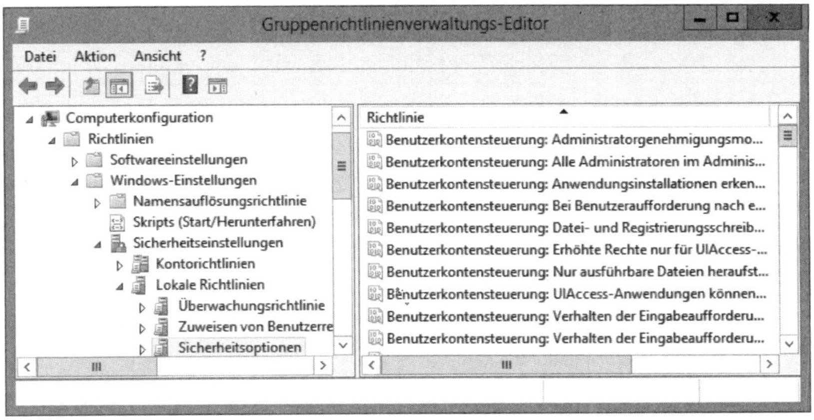

Bild 6.8 Richtlinien für die Benutzerkontensteuerung

Die Benutzerkontensteuerung wurde unter Windows Vista erstmalig eingeführt, sie verbessert die Systemsicherheit. Seit Windows Server 2008 R2 und Windows 7 gibt es die Möglichkeit, das Verhalten der Benutzerkontensteuerung für Administratoren und nicht-administrative Benutzer sehr fein abzustimmen. So kann etwa festgelegt werden, wann der Bestätigungsmodus (die Zustimmung bei administrativen Eingriffen) aufgerufen wird und ob man die Eingabe von Kennwörtern benötigt.

HINWEIS: Lesen Sie die Erläuterungen zu den einzelnen Richtlinien, um ein Gefühl für die Benutzerkontensteuerung zu bekommen. Bedenken Sie dabei, dass insbesondere der Wechsel auf den sicheren Desktop einen grundlegenden Sicherheitsgewinn darstellt.

6.5.3.2 Sicherheitsoptionen – DCOM, Domänencontroller, Domänenmitglied

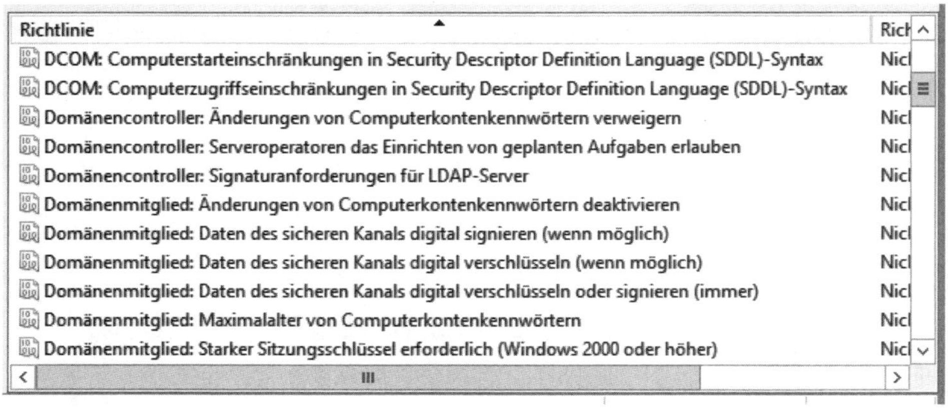

Bild 6.9 DCOM, Domänencontroller, Domänenmitglied

Unter „DCOM: Computerstarteinschränkungen…“ können Sie festlegen, welche Benutzer Remote DCOM-Anwendungen starten dürfen. Da DCOM prinzipiell eine Schwachstelle darstellt, sollten Sie hier nach Möglichkeit sicherstellen, dass nur lokale Benutzer oder Administratoren Berechtigungen haben.

Domänenmitglied: „Computerkennwörter deaktivieren“ sollte auf deaktiviert gesetzt werden.

Aktivieren Sie folgende drei Richtlinien:

- „Domänenmitglied: Daten des sicheren Kanals digital signieren (wenn möglich)“
- „Domänenmitglied: Daten des sicheren Kanals digital verschlüsseln (wenn möglich)“
- „Domänenmitglied: Daten des sicheren Kanals digital verschlüsseln oder signieren (immer)“

Geben Sie für die Richtlinie „Domänenmitglied: Maximalalter von Computerkennwörtern“ 30 Tage an.

6.5.3.3 Sicherheitsoptionen – Geräte

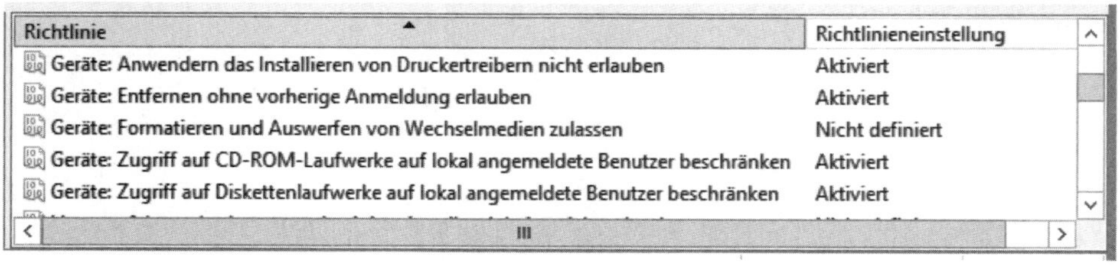

Bild 6.10 Sicherheitsoptionen – Geräte mit Standardeinstellungen

Sie sollten den Zugriff auf CD-ROM-Laufwerke und Diskettenlaufwerke auf lokal angemeldete Benutzer beschränken. Dadurch werden Anwendungen daran gehindert, selbstständig auf Wechselmedien zuzugreifen. Allerdings kann es bei der Installation von Anwendungen manchmal zu Problemen führen (z. B. Office 2000 von CD: „error1311 source file not found). In diesem Fall müssen Sie für die Dauer der Installation die Richtlinie deaktivieren.

6.5.3.4 Sicherheitsoptionen – Herunterfahren und Interaktive Anmeldung

Unter „Herunterfahren:...“ und „Interaktive Anmeldung:...“ finden Sie eine ganze Reihe von Richtlinien, um die Sicherheit im Netzwerk erheblich verbessern zu können. Auf sie gehe ich im Folgenden detailliert ein.

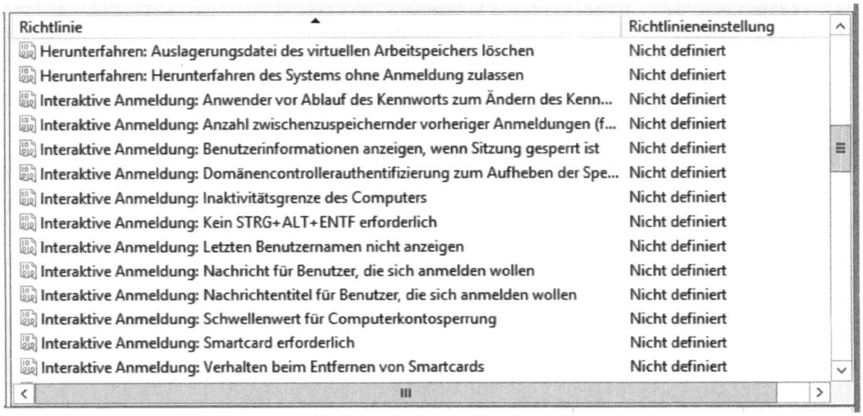

Bild 6.11 Sicherheitsoptionen anpassen: „Herunterfahren:...“ und „Interaktive Anmeldung:...“

Tabelle 6.4 Optionen für das Herunterfahren und die interaktive Anmeldung anpassen

Richtlinie	Erläuterung
Herunterfahren: Auslagerungsdatei des virtuellen Arbeitsspeichers löschen	Diese Einstellung sollten Sie aktivieren, wenn auf dem Computer NTFS-Verschlüsselung verwendet wird, denn in der Auslagerungsdatei liegen die Daten unverschlüsselt, und jemand könnte den Rechner mit einem externen Medium starten und die Auslagerungsdatei auslesen.
Herunterfahren: Herunterfahren des Systems ohne Anmeldung zulassen	Belassen Sie diese Einstellung auf deaktiviert. Nur wer berechtigt ist, sich an einem Rechner anzumelden, sollte ihn herunterfahren dürfen.
Interaktive Anmeldung: Anwender vor Ablauf des Kennworts zum Ändern des Kennworts auffordern	Diese Einstellung können Sie in aller Regel bei fünf Tagen belassen.
Interaktive Anmeldung: Anzahl zwischenzuspeichernder Anmeldungen (für den Fall, dass der Domänencontroller nicht verfügbar ist)	Das System ist in der Lage, für die letzten bis zu fünfzig Benutzer die Anmeldeinformationen zwischenzuspeichern. Dies kann dann nützlich sein, wenn der Domänencontroller öfter nicht erreichbar ist. Allerdings können sich Benutzer, deren Konten gesperrt worden sind, anmelden, indem sie das Netzwerkkabel ziehen und dann eine Anmeldung mit den zwischengespeicherten Daten durchführen. Um dies zu vermeiden, können Sie den Wert auf null setzen.

Tabelle 6.4 Optionen für das Herunterfahren und die interaktive Anmeldung anpassen *(Fortsetzung)*

Richtlinie	Erläuterung
Interaktive Anmeldung: Benutzer-informationen anzeigen, wenn Sitzung gesperrt ist	Das Administratorkonto, das vom System bei der Installation bzw. bei `dcpromo.exe` angelegt wurde, wird nie gesperrt. Es sollte darum besonders geschützt werden: ▪ Benennen Sie es um, und ändern Sie auch die Beschreibung. ▪ Vergeben Sie ein besonders sicheres Kennwort. ▪ Notieren Sie Benutzernamen und Kennwort, und hinterlegen Sie sie in einem versiegelten Umschlag im Tresor
Interaktive Anmeldung: Domänencontroller-Authentifizierung zum Aufheben der Sperrung der Arbeitsstation erforderlich	Wenn eine Arbeitsstation gesperrt ist, kann sich der Benutzer auch ohne erneute Übertragung der Anmeldeinformationen bei einem Domänencontroller anmelden. Wurde sein Konto zwischenzeitig deaktiviert, könnte er also trotzdem am Rechner arbeiten. Solange das Netzwerk gut verfügbar ist, sollten Sie diese Einstellung ändern und die Einstellung aktivieren.
Interaktive Anmeldung: Kein STRG+ALT+ENTF erforderlich	Deaktivieren Sie diese Richtlinie. Durch STRG+ALT+ENTF wird ein Hardware-Interrupt gesendet, der in den sicheren Bildschirm wechselt und damit manche Programme deaktiviert, die versuchen, die Kennworteingabe mit zu protokollieren (Keylogger). Aktuelle Keylogger verwenden allerdings andere Verfahren, um die Tastatureingabe mitzuverfolgen. Hier bietet sich teilweise die Verwendung einer Bildschirmtastatur an.
Interaktive Anmeldung: Letzten Benutzernamen nicht anzeigen	Dies löst das Problem aus dem Praxis-Fall. Wenn der Benutzer erst seinen Benutzernamen eingeben muss, werden nicht mehr versehentlich andere Benutzer durch falsche Kennworteingaben gesperrt. Allerdings sollten Sie eine einheitliche Regelung im Netzwerk verwenden, sonst ist es möglich, dass manche Benutzer im Benutzernamensfeld ihr Kennwort im Klartext eingeben.
Interaktive Anmeldung: Nachricht für Benutzer, die sich anmelden wollen	Hier können Sie z. B. eine rechtliche Belehrung eingeben. Erst wenn ein Benutzer diese Nachricht mit OK bestätigt, erscheint die eigentliche Anmeldemaske.
Interaktive Anmeldung: Nachrichtentitel für Benutzer, die sich anmelden wollen	Hier können Sie einen Titel für die Nachricht eingeben.
Interaktive Anmeldung: Smartcard erforderlich	Wenn diese Richtlinie aktiviert ist, können sich nur noch Benutzer mit Smartcards anmelden.
Interaktive Anmeldung: Verhalten beim Entfernen von Smartcards	Legen Sie hier fest, ob eine Sitzung gesperrt werden soll oder der Benutzer abgemeldet wird, wenn man eine Smartcard entfernt. Verwenden mehrere Benutzer einen Rechner, sollten Sie die Abmeldung konfigurieren. Wenn etwa aufwändige Datenbanksuchen im Hintergrund weiterlaufen sollen, wäre die Sperrung zu bevorzugen.

6.5.3.5 Sicherheitsoptionen – Konten

Bild 6.12 Konten umbenennen und sperren

Das lokale Administratorkonto unterscheidet sich von allen anderen Konten dadurch, dass es nie gesperrt wird, egal, wie oft das Kennwort falsch eingegeben wird. Daher sollte es auf Domänencomputern deaktiviert werden. Außerdem empfiehlt es sich, das Konto umzubenennen.

Das Gastkonto sollte stets deaktiviert sein, da es über kein Kennwort verfügt. Benennen Sie es zusätzlich um, damit bei einer versehentlichen Aktivierung nicht trotzdem jemand darauf zugreift.

Lokale Kontenverwendung von leeren Kennwörtern bedeutet, dass niemand ohne Kennwort auf eine Freigabe zugreifen kann. Diese sollte aktiviert bleiben.

Eine Neuerung unter Windows Server 2012 und Windows 8 stellt die Option dar, Microsoft-Konten zu blockieren. Hier geht es um die Verknüpfung von lokalen Konten oder Domänenkonten mit Microsoft-Konten, wie z. B. der Windows Live ID. Neu in 2012

6.5.3.6 Sicherheitsoptionen – Microsoft-Netzwerk

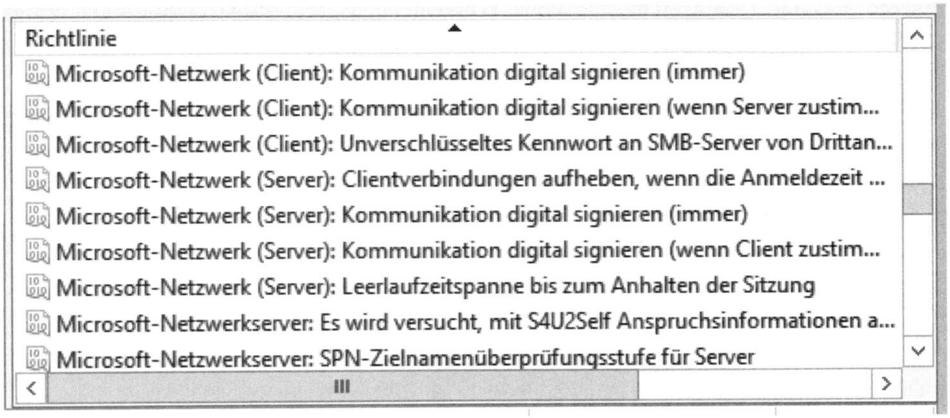

Bild 6.13 Optionen für das Verhalten von Clients und Servern

Je nach Sicherheitsbedarf können Sie das Verhalten der Clients und Server durch Aktivieren der digitalen Signaturen beeinflussen. Wählen Sie die höchstmögliche Sicherheitsstufe, die Ihr Netzwerk unterstützt.

6.5.3.7 Sicherheitsoptionen – Netzwerksicherheit

Der Bereich Netzwerksicherheit beschränkt vor allem die unterstützten Authentifizierungsmechanismen und reguliert die Protokollierung von bestimmten NTLM-Authentifizierungen.

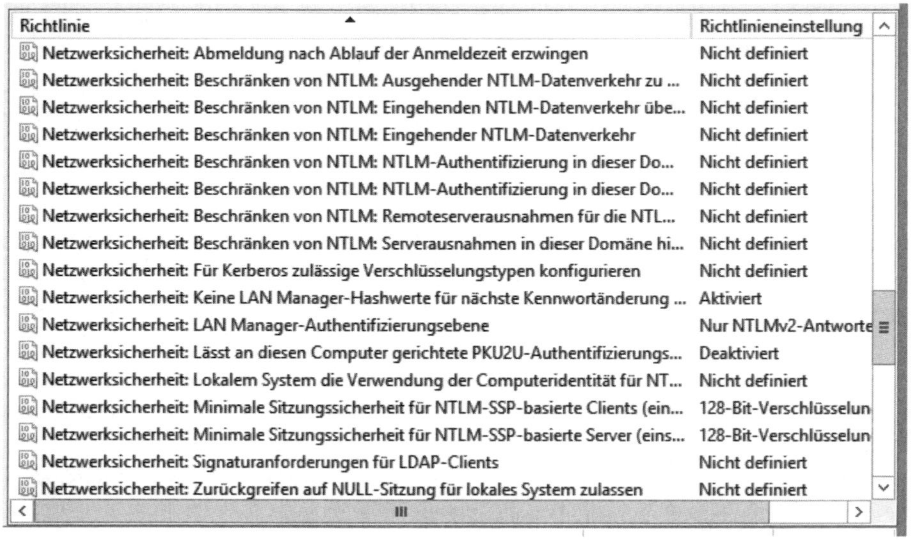

Richtlinie	Richtlinieneinstellung
Netzwerksicherheit: Abmeldung nach Ablauf der Anmeldezeit erzwingen	Nicht definiert
Netzwerksicherheit: Beschränken von NTLM: Ausgehender NTLM-Datenverkehr zu ...	Nicht definiert
Netzwerksicherheit: Beschränken von NTLM: Eingehenden NTLM-Datenverkehr übe...	Nicht definiert
Netzwerksicherheit: Beschränken von NTLM: Eingehender NTLM-Datenverkehr	Nicht definiert
Netzwerksicherheit: Beschränken von NTLM: NTLM-Authentifizierung in dieser Do...	Nicht definiert
Netzwerksicherheit: Beschränken von NTLM: NTLM-Authentifizierung in dieser Do...	Nicht definiert
Netzwerksicherheit: Beschränken von NTLM: Remoteserverausnahmen für die NTL...	Nicht definiert
Netzwerksicherheit: Beschränken von NTLM: Serverausnahmen in dieser Domäne hi...	Nicht definiert
Netzwerksicherheit: Für Kerberos zulässige Verschlüsselungstypen konfigurieren	Nicht definiert
Netzwerksicherheit: Keine LAN Manager-Hashwerte für nächste Kennwortänderung ...	Aktiviert
Netzwerksicherheit: LAN Manager-Authentifizierungsebene	Nur NTLMv2-Antwort
Netzwerksicherheit: Lässt an diesen Computer gerichtete PKU2U-Authentifizierungs...	Deaktiviert
Netzwerksicherheit: Lokalem System die Verwendung der Computeridentität für NT...	Nicht definiert
Netzwerksicherheit: Minimale Sitzungssicherheit für NTLM-SSP-basierte Clients (ein...	128-Bit-Verschlüsselun
Netzwerksicherheit: Minimale Sitzungssicherheit für NTLM-SSP-basierte Server (eins...	128-Bit-Verschlüsselun
Netzwerksicherheit: Signaturanforderungen für LDAP-Clients	Nicht definiert
Netzwerksicherheit: Zurückgreifen auf NULL-Sitzung für lokales System zulassen	Nicht definiert

Bild 6.14 LANManager-Authentifizierungsebene festlegen

Wenn in Ihrem Netzwerk keine Windows NT 4.0 oder Windows 9x-Systeme mehr im Einsatz sind, können Sie die LANManager-Authentifizierungsebene anheben und NUR NTLMV2-ANTWORTEN SENDEN, LM UND NTLM VERWEIGERN auswählen.

Neu in 2012

PKU2U-Authentifizierungsanforderungen ermöglichen es, sich auf Windows 8 und Server 2012-Computern unter Verwendung einer Microsoft-Identität anzumelden. In der Domäne ist dies standardmäßig deaktiviert.

Rechner ab Windows 7 und Server 2008 R2 können zusätzlich eine 128-Bit-Verschlüsselung erfordern. Dadurch wird die Netzwerksicherheit nochmals verstärkt.

6.5.3.8 Sicherheitsoptionen – Netzwerkzugriff

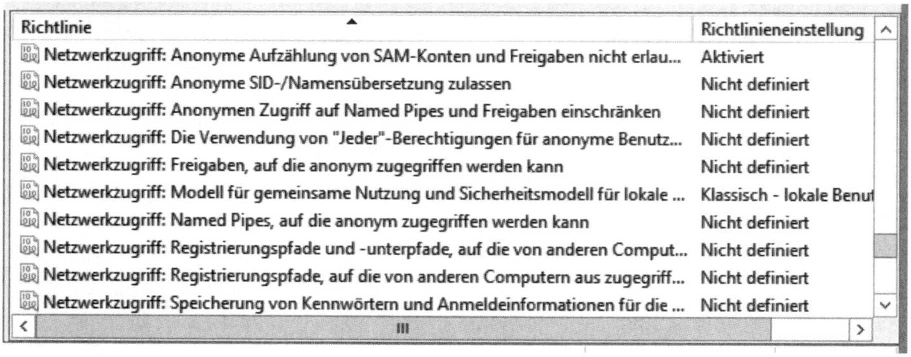

Richtlinie	Richtlinieneinstellung
Netzwerkzugriff: Anonyme Aufzählung von SAM-Konten und Freigaben nicht erlau...	Aktiviert
Netzwerkzugriff: Anonyme SID-/Namensübersetzung zulassen	Nicht definiert
Netzwerkzugriff: Anonymen Zugriff auf Named Pipes und Freigaben einschränken	Nicht definiert
Netzwerkzugriff: Die Verwendung von "Jeder"-Berechtigungen für anonyme Benutz...	Nicht definiert
Netzwerkzugriff: Freigaben, auf die anonym zugegriffen werden kann	Nicht definiert
Netzwerkzugriff: Modell für gemeinsame Nutzung und Sicherheitsmodell für lokale ...	Klassisch - lokale Benut
Netzwerkzugriff: Named Pipes, auf die anonym zugegriffen werden kann	Nicht definiert
Netzwerkzugriff: Registrierungspfade und -unterpfade, auf die von anderen Comput...	Nicht definiert
Netzwerkzugriff: Registrierungspfade, auf die von anderen Computern aus zugegriff...	Nicht definiert
Netzwerkzugriff: Speicherung von Kennwörtern und Anmeldeinformationen für die ...	Nicht definiert

Bild 6.15 Netwerkzugriff

Hier sollten Sie das anonyme Aufzählen von SAM-Konten nicht erlauben. Wenn Sie zusätzlich auch Freigaben vor anonymer Aufzählung aktivieren, kann ohne gegenseitige Vertrauensstellung nicht auf diese zugegriffen werden. Einseitige Vertrauensstellungen erlauben dann keinen Zugriff mehr.

6.5.3.9 Sicherheitsoptionen – weitere

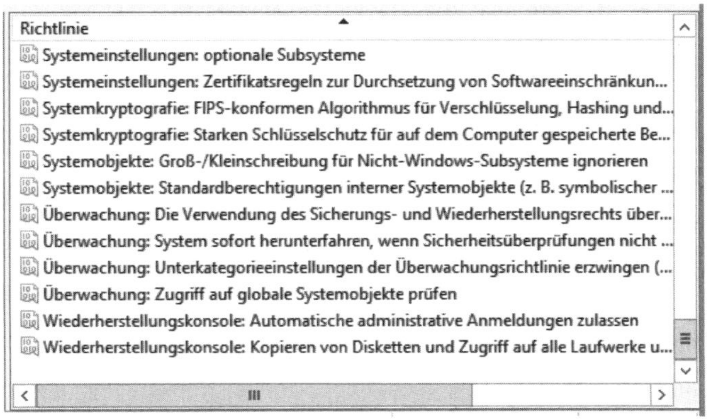

Bild 6.16
Weitere Sicherheitsoptionen

Unter den verbleibenden sei insbesondere die folgende Richtlinie erwähnt:

Überwachung: System sofort herunterfahren, wenn Sicherheitsüberprüfungen nicht protokolliert werden können.

Aktivieren Sie diese Richtlinie nur, wenn es eher vertretbar ist, dass ein Server herunterfährt, als dass ein unprotokollierter Zugriff stattfindet. Außerdem sollten Sie in diesem Fall die Größe des Sicherheitsprotokolls anheben.

6.6 Ereignisprotokoll

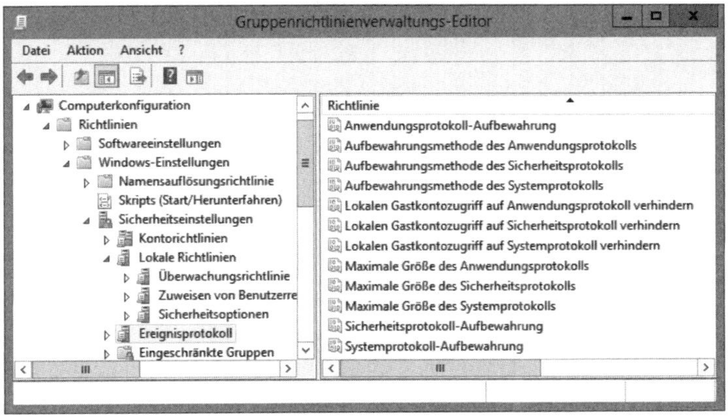

Bild 6.17 Ereignisprotokoll über Gruppenrichtlinien konfigurieren

Sie können für das Anwendungs-, das Sicherheits- und das Systemprotokoll folgende Eigenschaften über eine Gruppenrichtlinie konfigurieren.

Tabelle 6.5 Ereignisprotokoll-Richtlinien

Eigenschaft	Werte	Empfehlung
Aufbewahrungsmethode	▪ Ereignisse nach Tagen basierend überschreiben ▪ Ereignisse bei Bedarf überschreiben ▪ Ereignisse nie überschreiben (Protokoll manuell löschen	In aller Regel können Sie Ereignisse nach Tagen basierend überschreiben. Sehen Sie aber mindestens einmal pro Woche die Protokolle durch, oder wählen Sie einen entsprechend langen Zeitraum.
Aufbewahrung	Anzahl von Tagen, die ein Ereignis aufbewahrt werden muss, bevor es überschrieben werden darf (wird nur bei entsprechender Aufbewahrungsmethode ausgewertet)	Wählen Sie hier mindestens den Zeitraum, innerhalb dessen Sie sicher sind, das Protokoll durchzusehen.
Maximale Größe	Geben Sie die maximale Größe des Protokolls an. Der Standardwert beträgt 16.384 KB.	Wenn Sie Ereignisse nie überschreiben, sollten Sie hier einen entsprechend großen Wert angeben.
Lokalen Gastkontozugriff verhindern	Betrifft nur Windows 2000 und XP (aktivieren oder deaktivieren)	Dies können Sie unter Windows 7, Vista und Server 2008 R2 ignorieren.

6.7 Eingeschränkte Gruppen

Mit eingeschränkten Gruppen können Sie lokale Gruppenkonten auf Domänencomputern vordefinieren. Indem Sie eine eingeschränkte Gruppe angeben, können Sie festlegen wer Mitglied in der Gruppe auf dem Rechner sein darf und in welcher Gruppe die eingeschränkte Gruppe Mitglied ist.

Ein Beispiel für den Einsatz von eingeschränkten Gruppen ist die lokale Gruppe der Hauptbenutzer. Hauptbenutzer sind berechtigt, andere Benutzer der Gruppe „Hauptbenutzer" hinzuzufügen. Indem Sie aber die Mitglieder der Gruppe über die Gruppenrichtlinie definieren, wird bei jedem Anwenden der GPO die Mitgliedschaft korrigiert.

6.8 Systemdienste, Registrierung und Dateisystem

Für Dienste können die Startarten und Berechtigungen definiert werden, für Registrierung und Dateisystem nur Berechtigungen. Dies kann z. B. wichtig sein, wenn für eine bestimmte Anwendung Benutzer besondere Rechte auf Bereiche der Registrierung benötigen. Somit ist es nicht mehr nötig, Benutzer zu Mitgliedern der lokalen Administratoren zu machen, damit sie bestimmte Anwendungen verwenden können.

6.8.1 Systemdienste

Wählen Sie aus der Liste der installierten Dienste den Dienst aus, den Sie über eine Gruppenrichtlinie definieren möchten. Klicken Sie ihn doppelt. Sie erhalten nun die Diensteigenschaften und können das Kontrollkästchen markieren, um den Dienst zu definieren und die Startart zu wählen.

Über die Schaltfläche SICHERHEIT BEARBEITEN... können Sie anschließend die Berechtigungen bearbeiten, die bestimmte Gruppen für den Dienst erhalten sollen. Im Beispiel wurde die Gruppe DNSAdmins mit der Schaltfläche HINZUFÜGEN wie gewohnt der Liste hinzugefügt und die Berechtigung zum STARTEN, ANHALTEN UND UNTERBRECHEN des DNS-Client-Dienstes zugewiesen.

Bild 6.18 Startart festlegen

Bild 6.19
DNSAdmins hinzufügen und Berechtigung zuweisen

Bestätigen Sie sodann Ihre Konfiguration wie gewohnt.

6.8.2 Registrierung

Klicken Sie mit der rechten Maustaste auf den Knoten Registrierung in der Konsolenstruktur des Gruppenrichtlinienobjekt-Editors und wählen Sie im Kontextmenü den Befehl SCHLÜSSEL HINZUFÜGEN.

Es erscheint eine Maske mit der Registrierung des lokalen Systems. Navigieren Sie in dieser zum Schlüssel, für den Sie die Berechtigungen bearbeiten möchten.

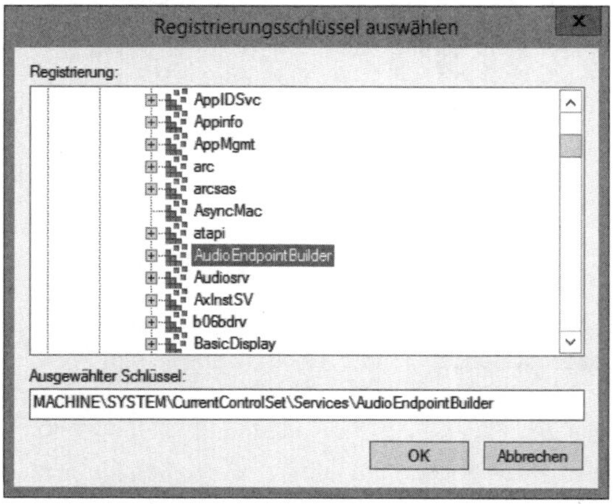

Bild 6.20
Registrierungsschlüssel wählen

Bestätigen Sie Ihre Auswahl mit OK und bearbeiten Sie die Sicherheitseinstellungen wie gewohnt.

6.8.3 Dateisystem

Klicken Sie mit der rechten Maustaste auf den Knoten „Dateisystem" in der Konsolenstruktur des Gruppenrichtlinienobjekt-Editors und wählen Sie im Kontextmenü den Befehl DATEI HINZUFÜGEN.

Es erscheint eine Maske mit dem Dateisystem des lokalen Systems. Navigieren Sie in diesem zu dem Ordner oder der Datei, für den bzw. für die Sie die Berechtigungen bearbeiten möchten.

Bild 6.21
Sicherheit bearbeiten

Nun lassen sich wie gewohnt die NTFS-Eigenschaften bearbeiten. Mit der Schaltfläche ERWEITERT können Sie erweiterte NTFS-Eigenschaften anpassen, Überwachung konfigurieren oder den Besitzer ändern. Wenn Sie Ihre Änderungen mit OK bestätigen, fragt man Sie zudem, wie die angepassten Berechtigungen vererbt werden sollen.

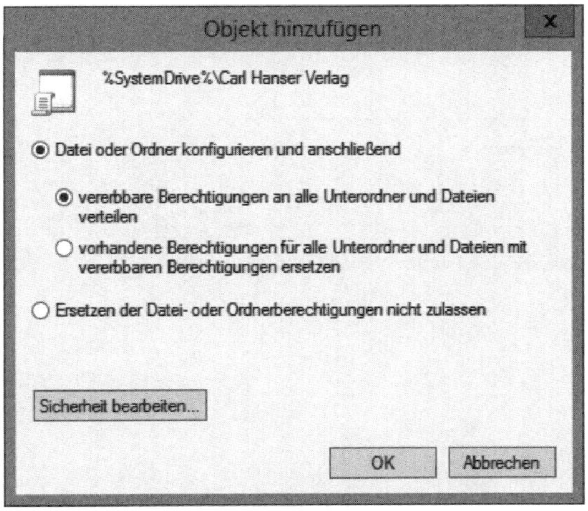

Bild 6.22 Berechtigungen vererben

Zentrale Zugriffsrichtlinie

Neu in 2012

Eine Neuerung unter Windows Server 2012 stellt die dynamische Zugriffssteuerung auf Dateien und Ordner über Zugriffsrichtlinien dar. Mit Zugriffsrichtlinien lassen sich Bedingungen definieren, anhand derer entschieden wird, ob bestimmte Benutzer, Gruppen, Abteilungen etc. von bestimmten Rechnern oder Orten auf bestimmte Daten zugreifen dürfen.

So kann etwa festgelegt werden, dass Benutzer der Personalabteilung nur auf Daten der Personalabteilung des gleichen Landes zugreifen dürfen, und dass dieser Zugriff nur von Rechnern innerhalb der Firma erfolgen darf.

Wie Sie mittels dynamischer Zugriffssteuerung Ihre Dateiserver verwalten, und so die Berechtigungsstruktur Ihres Unternehmens revolutionieren können, erfahren Sie in meinem Buch *Windows Server 2012: Powerworkshop Dateiserver* (Carl Hanser Verlag 2013, ISBN 978-3-446-43260-4).

Um eine zentrale Zugriffsrichtlinie einer Gruppenrichtlinie zuzuweisen, gehen Sie folgendermaßen vor.

Erweitern Sie den Knoten „Dateisystem“, klicken Sie mit der rechten Maustaste auf den Knoten „Zentrale Zugriffsrichtlinie“ in der Konsolenstruktur des Gruppenrichtlinienobjekt-Editors und wählen Sie im Kontextmenü den Befehl ZENTRALE ZUGRIFFSRICHTLINIE VERWALTEN.

Nun erscheint der Assistent für die Konfiguration der zentralen Zugriffsrichtlinie. Markieren Sie im linken Bereich die zu verwendende Zugriffsrichtlinie und machen Sie diese durch HINZUFÜGEN zu einer anwendbaren Zugriffsrichtlinie. Beenden Sie den Assistenten wie gewohnt.

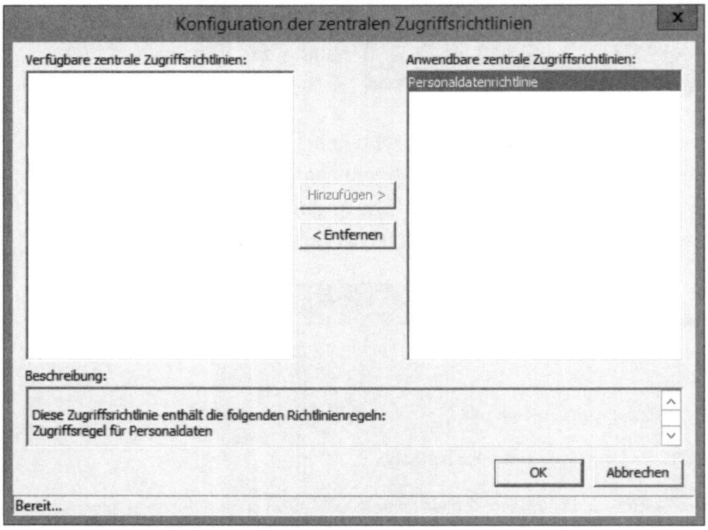

Bild 6.23 Zentrale Zugriffsrichtlinie konfigurieren

6.9 Richtlinien im Bereich Netzwerksicherheit

Nun folgt eine ganze Reihe von Richtlinien, die ich zumindest teilweise erläutere. Man kann sie unter dem Begriff Netzwerksicherheit zusammenfassen.

6.9.1 Richtlinien für Kabelnetzwerke

Die Richtlinien für Kabelnetzwerke (IEEE 802.3) betreffen die Verwendung von Netzwerkrichtlinien-Servern (Network Policy Server, NPS). Da NPS einen ganz eigenen Themenkomplex darstellen und nur als Sonderfall in Unternehmensnetzwerken intern zum Einsatz kommen, seien sie an dieser Stelle nur kurz erwähnt.

Für nähere Informationen zu Netzwerkrichtlinien in Zusammenhang mit IEEE 802.1X, Radius, Zertifizierungsstellen, Netzwerkzugriffs-Schutz (Network Access Protection, NAP) und Integritätsrichtlinien konsultieren Sie bitte geeignete Fachliteratur.

6.9.2 Windows-Firewall

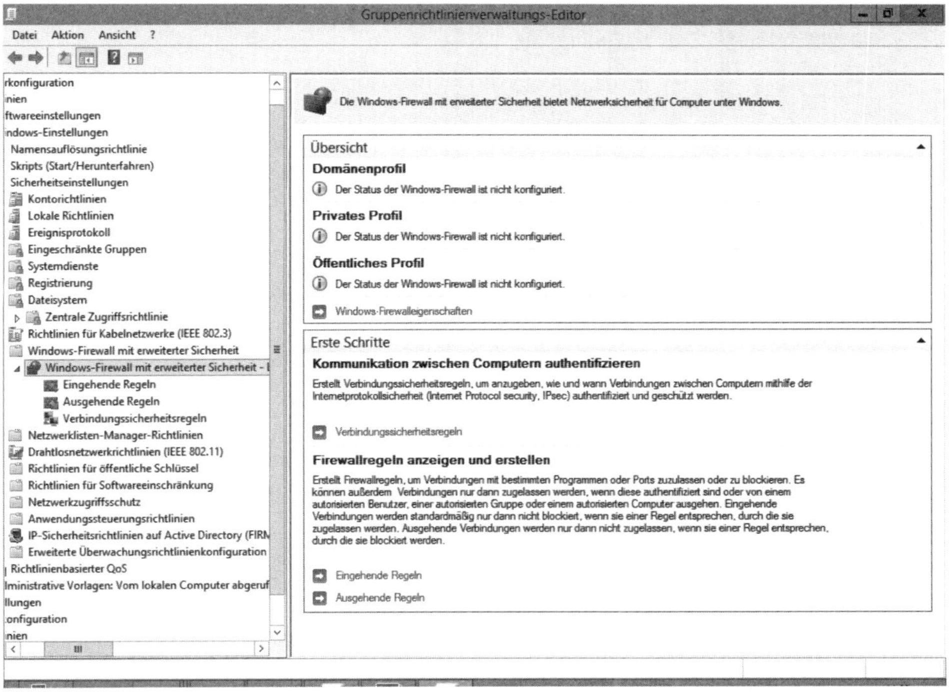

Bild 6.24 Windows-Firewall mit Richtlinien konfigurieren

Mit den Richtlinien für die Windows-Firewall mit erweiterter Sicherheit können Sie sowohl Profile verwalten als auch Authentifizierungen einrichten und Firewall-Regeln erstellen und verteilen.

6.9.2.1 Profile verwalten

Sie können für die drei Profiltypen DOMÄNENPROFIL, PRIVATES PROFIL und ÖFFENTLICHES PROFIL jeweils die Eigenschaften definieren. Zusätzlich können Sie die IPsec-Einstellungen hier über Richtlinien beeinflussen.

Um ein Profil zu konfigurieren gehen Sie folgendermaßen vor. Klicken Sie im Detailbereich der Gruppenrichtlinie Windows-Firewall mit erweiterter Sicherheit auf WINDOWS-FIREWALL-EIGENSCHAFTEN.

Bild 6.25
Profil der Windows-Firewall konfigurieren

Wählen Sie nun das Register des entsprechenden Profils aus, das Sie konfigurieren möchten. Klicken Sie auf das Rollfeld FIREWALLSTATUS und wählen Sie den gewünschten Status aus. Zur Verfügung stehen:

- Ein (empfohlen)
- Aus
- Nicht konfiguriert

Darüber hinaus können Sie den Status für ein- und ausgehende Verbindungen getrennt steuern.

Eingehende Verbindungen sollten Sie BLOCKIEREN (STANDARD) und nicht ALLE BLOCKIEREN wählen, damit Ausnahmen erlaubt sind und entsprechend die konfigurierten Dienste verwendet werden können.

Für ausgehende Verbindungen sollten Sie ZULASSEN (STANDARD) aktivieren, wenn der Rechner in der Lage sein soll, auf das Netzwerk zuzugreifen. Andernfalls können Sie auch hier BLOCKIEREN (STANDARD) wählen (z.B. für einen Server, der nicht aktiv auf das Netzwerk zugreifen soll).

Achten Sie auch darauf, das öffentliche Profil deutlich restriktiver zu gestalten, als dies im privaten oder Domänenprofil der Fall ist.

IPsec-Einstellungen konfigurieren

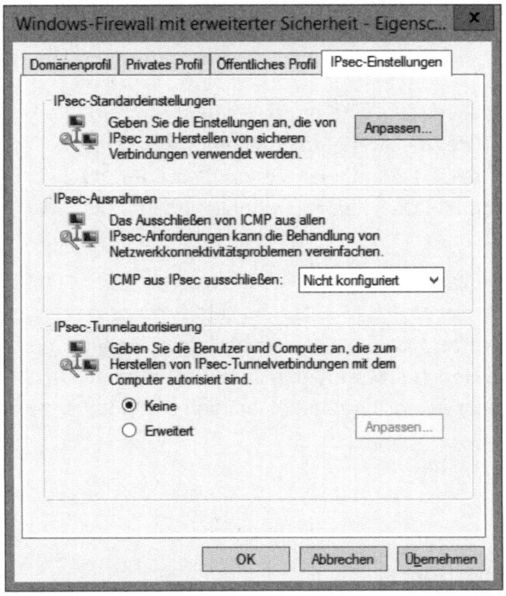

Bild 6.26 Register IPsec-Einstellungen

Wenn Sie IPsec-Verschlüsselung in Ihrem Unternehmensnetzwerk verwenden möchten, können Sie nun die Einstellungen im Register IPSEC-EINSTELLUNGEN vornehmen. Klicken Sie dazu auf ÄNDERN und konfigurieren Sie anschließend die Parameter, die Sie verwenden wollen.

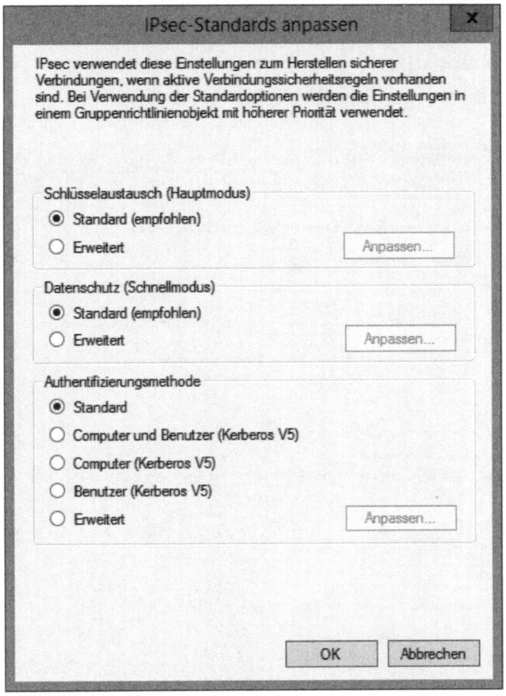

Bild 6.27 IPsec-Einstellungen anpassen

Klicken Sie auf WEITERE INFORMATIONEN ÜBER IPSEC-EINSTELLUNGEN, um eine Erläuterung der einzelnen Einstellungen aufzurufen. In dieser Dokumentation erfahren Sie auch, was Sie zusätzlich für die Verwendung von IPsec benötigen.

PRAXISTIPP: Seien Sie sehr vorsichtig mit der Einführung von IPsec im Produktivnetz. Sollte es zu Problemen mit der Netzwerkkommunikation kommen, können Sie die Rechner nicht mehr mittels Richtlinien umkonfigurieren, da Sie letztere nicht mehr empfangen können. Dies kann zu erheblichen Produktivitätsausfällen führen.

Daneben gilt es zu berücksichtigen, dass die Netzwerkleistung durch IPsec ebenfalls gemindert wird, da man für das Ver- und Entschlüsseln Prozessorkapazitäten benötigt und durch die Verschlüsselung ein zusätzlicher Header benötigt wird. Verwenden Sie im lokalen Netzwerk lieber hardwarebasierte Verschlüsselungstechniken, und beschränken Sie den Einsatz von IPsec auf Weitverkehrsnetze.

6.9.3 Netzwerklisten-Manager-Richtlinien

Mit den Netzwerklisten-Manager-Richtlinien können Sie das Verhalten des Netzwerk- und Freigabe-Centers steuern. Dabei geht es insbesondere darum, wie man neue Netzwerke behandelt (ob diese als privat oder öffentlich eingestuft werden), ob man Benutzern erlaubt, diese Einstellungen zu ändern, und welche Symbole für bestimmte Netzwerke verwendet werden sollen.

Bei Windows 7 und Server 2008 R2 wurde automatisch ein Netzwerksymbol verwendet, bei Windows 8 und Server 2012 wird standardmäßig kein Symbol verwendet.

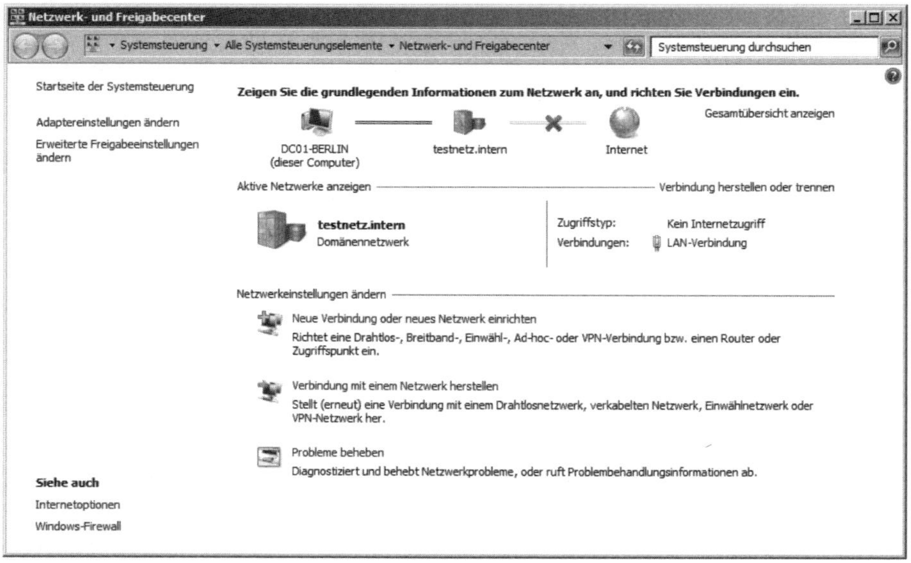

Bild 6.28 Netzwerk- und Freigabecenter mit Netzwerksymbol

Um die sicherheitssignifikanten Bestandteile der Richtlinien zu konfigurieren, gehen Sie wie folgt vor.

Öffnen Sie die Netzwerklisten-Manager-Richtlinien, und rufen Sie die Eigenschaften von „Nicht identifizierte Netzwerke“ auf. Klicken Sie auf ÖFFENTLICH, um bei neuen/unbekannten Netzwerken die höchste Sicherheitsstufe zu definieren. Als Benutzerberechtigung können Sie entscheiden, ob Ihre Benutzer in der Lage sein sollen, qualifizierte Entscheidungen über den Netzwerktyp festzulegen. Im Zweifelsfall erhalten Sie die höhere Sicherheitsstufe, wenn Sie BENUTZER KANN ORT NICHT ÄNDERN anklicken.

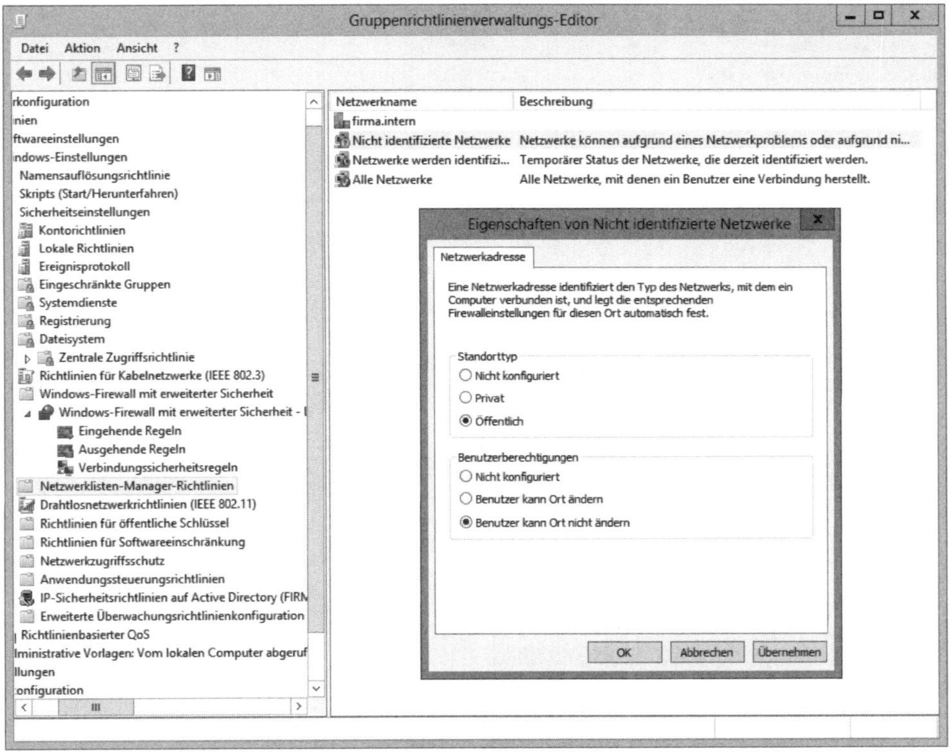

Bild 6.29 Verhalten für neue Netzwerke konfigurieren

Unter „Netzwerke werden identifiziert“ legen Sie fest, wie Sie mit bereits bekannten Netzwerken umgehen wollen. Dabei stehen Ihnen folgende Einstellungen zur Verfügung:

- Nicht konfiguriert
- Öffentlich
- Privat

Unter „Alle Netzwerke“ können Sie die generellen Einstellungen für die Benutzerberechtigungen festlegen.

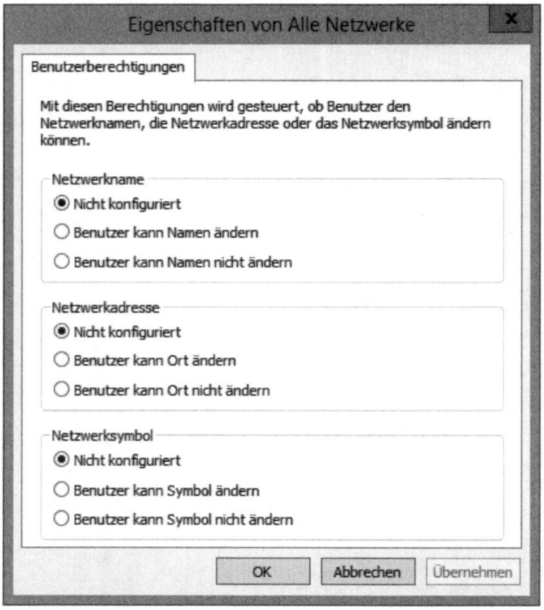

Bild 6.30
Benutzerberechtigungen bearbeiten

Unter dem Namen des Domänennetzwerkes legen Sie schließlich fest, unter welchem Namen und Symbol dieses angezeigt werden soll und ob Benutzer daran etwas ändern dürfen.

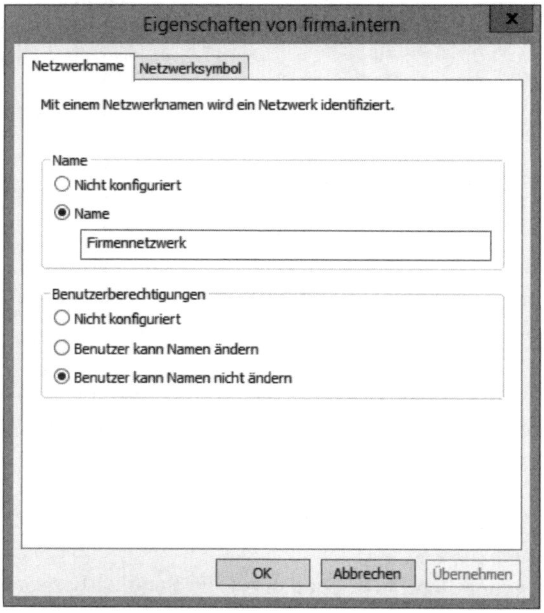

Bild 6.31
Netzwerknamen für das Unternehmensnetzwerk konfigurieren

6.9.4 Drahtlosnetzwerkrichtlinien

Mit Drahtlosnetzwerkrichtlinien können Sie das Verhalten von WLAN-Clients in Ihrem Netzwerk vorgeben. Auf diese Weise müssen die Zugangsdaten nicht mehr lokal konfiguriert werden. Sie können Drahtlosnetzwerkrichtlinien entweder für Windows XP oder für Windows Vista und neuere Versionen erstellen. Um diese Funktionalität zu nutzen, gehen Sie wie folgt vor.

Klicken Sie im Kontextmenü von Drahtlosnetzwerkrichtlinie (802.11) auf ERSTELLEN SIE EINE NEUE DRAHTLOSNETZWERKRICHTLINIE FÜR WINDOWS VISTA UND NEUERE VERSIONEN. Legen Sie nun einen Namen für die neue Richtlinie fest, oder verwenden Sie den Standardnamen.

Bild 6.32
Neue Drahtlosnetzwerkrichtlinie erstellen

Erstellen Sie eine Beschreibung der Richtlinie (optional). Achten Sie darauf, dass das Kontrollkästchen unter AUTOMAT. WINDOWS-WLAN-KONFIGURATIONSDIENST FÜR CLIENTS VERWENDEN aktiviert ist.

Klicken Sie auf HINZUFÜGEN und wählen Sie dann INFRASTRUKTUR aus, um ein Infrastruktur-Netzwerk einzurichten. Ein Ad-Hoc-Netzwerk wird im Unternehmensnetzwerk in aller Regel nicht benötigt.

Vergeben Sie nun einen Profilnamen und geben Sie im Feld „Netzwerkname(n) (SSID)" den Service Set Identifier Ihres WLANs ein. Übernehmen Sie diesen durch HINZUFÜGEN.

Bild 6.33 Netzwerkprofil konfigurieren

Wenn das WLAN im Silent Mode betrieben wird, aktivieren Sie das Kontrollkästchen VERBINDEN, SELBST WENN DAS NETZWERK KEINE KENNUNG AUSSENDET.

Im Register SICHERHEIT können Sie festlegen, welche Protokolle für die Authentifizierung und Verschlüsselung verwendet werden sollen. Konfigurieren Sie diese Werte entsprechend den Einstellungen in Ihrem Netzwerk.

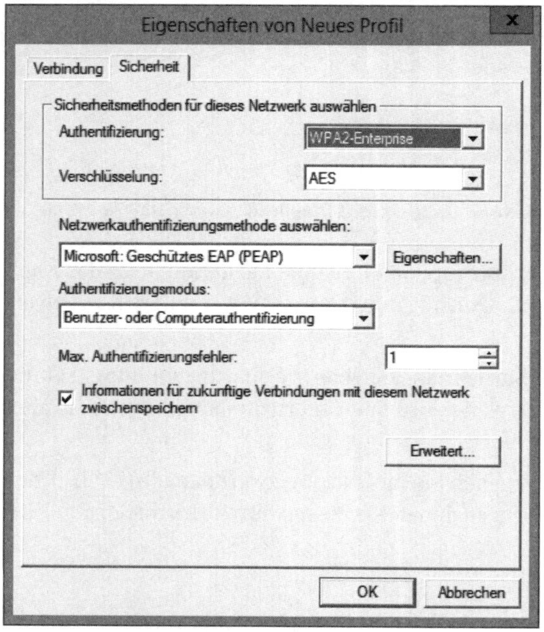

Bild 6.34
Sicherheit des WLANs konfigurieren

Konfigurieren Sie schließlich die Netzwerk-Authentifizierungsmethode, den Authentifizierungsmodus, die maximale Anzahl an Authentifizierungsfehlern und ob Informationen für künftige Verbindungen mit diesem Netzwerk zwischengespeichert werden sollen.

Die erweiterten Einstellungen werden Sie nur im Ausnahmefall benötigen. Dort können Sie zusätzliche Sicherheitsparameter konfigurieren. Informationen hierzu können Sie bei Bedarf den Whitepapers der TechNet entnehmen (*http://technet.microsoft.com/de-de/library/dd759176.aspx*).

Bestätigen Sie nun Ihre Konfiguration mit OK.

Sie können mehrere Profile anlegen, diese bearbeiten oder entfernen. Sie können auch Profile von Ihrem Rechner importieren, wenn dieser bereits mit dem entsprechenden WLAN verbunden war.

Passen Sie die Reihenfolge an, damit das bevorzugte Profil an erster Stelle steht. So legen Sie fest, mit welchem WLAN Sie sich verbinden, wenn mehrere WLANs verfügbar sind. Schließen Sie die Richtlinie mit OK, um Ihre Änderungen zu übernehmen.

6.9.5 Richtlinien für öffentliche Schlüssel

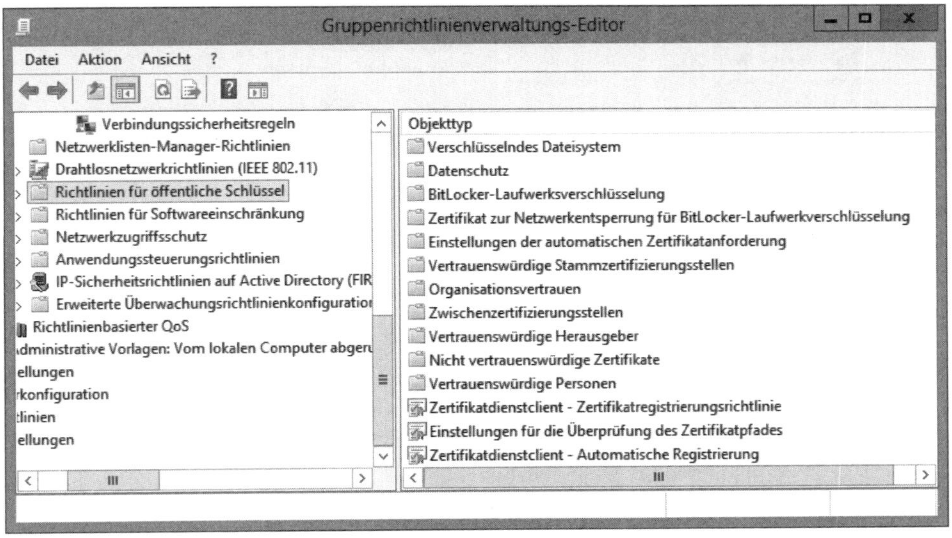

Bild 6.35 Richtlinien für öffentliche Schlüssel

Unter „Richtlinien öffentlicher Schlüssel“ können Sie eine Vielzahl von Einstellungen zu Zertifikaten vornehmen. Diese steuern nicht nur, woher Zertifikate bezogen werden können, welche vertrauenswürdig sind oder welche automatisch bezogen werden sollen, sondern können auch die Verwendung von Dateisystemverschlüsselung (Encrypted File System, EFS) oder BitLocker-Laufwerksverschlüsselung beeinflussen.

Der gesamte Bereich Zertifikate kann an dieser Stelle nur gestreift werden, da dieses Thema ein eigenes Buch ergäbe. Bitte lesen Sie bei Bedarf entsprechende Fachliteratur.

6.9.6 Softwareeinschränkungen

Mit den Richtlinien für Softwareeinschränkung können Sie festlegen, dass auf einem Computer nur bestimmte Software ausgeführt werden darf oder dass bestimmte Software nicht ausgeführt werden darf. Zwar gibt es mit AppLocker eine neue Möglichkeit, Softwareeinschränkungen noch deutlich granularer zu definieren, doch sollten Sie auch die Möglichkeiten von Softwareeinschränkungen kennen. Mit diesen lassen sich auch Client-Systeme unter Windows XP, Vista und Windows 7 Professional steuern, während AppLocker auf den Einsatz mit Windows 7 Enterprise, Ultimate oder Server 2008 R2 und neuere Betriebssysteme beschränkt ist. Zum Konfigurieren von Softwareeinschränkungen gehen Sie wie folgt vor.

Klicken Sie im Kontextmenü von „Richtlinien für Softwareeinschränkung“ auf Neue Richtlinien für Softwareeinschränkung erstellen.

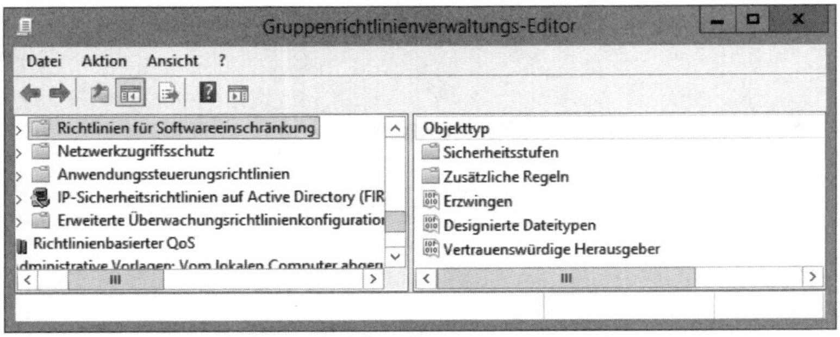

Bild 6.36 Neue Richtlinien für Softwareeinschränkung erstellen

6.9.6.1 Sicherheitsstufen

Unter Sicherheitsstufen können Sie nun festlegen, wie das Standardverhalten des Rechners sein soll.

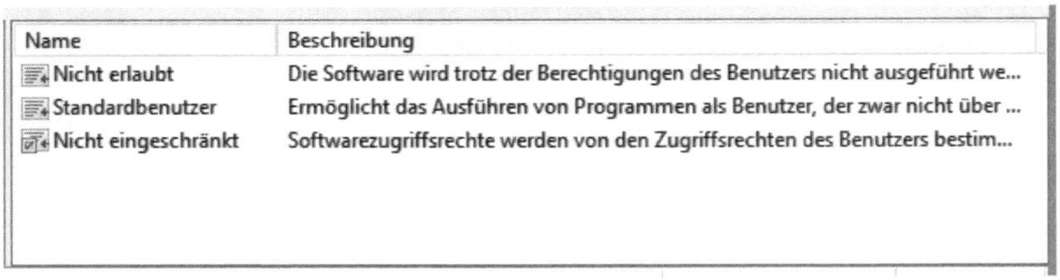

Bild 6.37 Standardsicherheitsstufe festlegen

Wenn Sie Nicht erlaubt doppelklicken und dann Als Standard betätigen, kann Software nur ausgeführt werden, wenn sie durch eine zusätzliche Regel genehmigt wird (und der Benutzer generell die Berechtigung hat, die Software auszuführen).

Bei der Einstellung Standardbenutzer werden alle Anwendungen in den Sicherheitskontext eines Standardbenutzers versetzt, unabhängig davon, über welche Berechtigungen der angemeldete Benutzer verfügt.

Bei NICHT EINGESCHRÄNKT kann generell alle Software in Abhängigkeit von den Benutzerrechten und -berechtigungen ausgeführt werden, es sei denn, sie ist über eine zusätzliche Regel gesperrt. „Nicht eingeschränkt" ist der Standardwert.

6.9.6.2 Zusätzliche Regeln

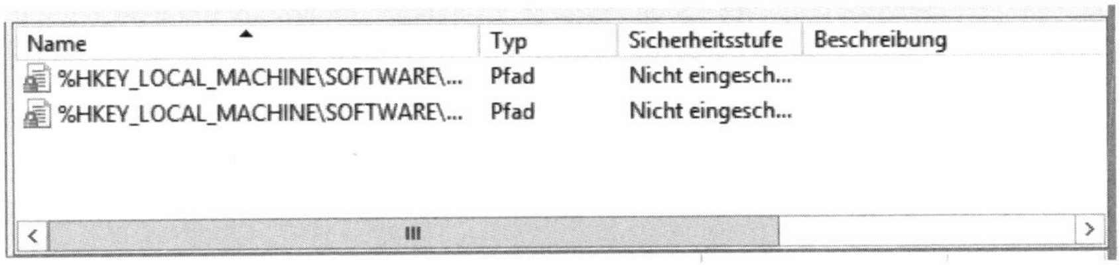

Bild 6.38 Standardregeln für Softwareeinschränkungen

Unter „Zusätzliche Regeln" können Sie Abweichungen vom Standard definieren. Dort finden Sie stets zwei Pfadregeln, die für Registrierungspfade des Betriebssystems die Sicherheitsstufe „Nicht eingeschränkt" definieren. Ändern Sie diese niemals, da andernfalls der einwandfreie Betrieb des Systems nicht mehr gewährleistet ist.

Wenn Sie unter „Zusätzliche Regeln" das Kontextmenü aufrufen, können Sie zwischen den in Bild 6.29 und Tabelle 6.6 dargestellten Arten von Regeln wählen.

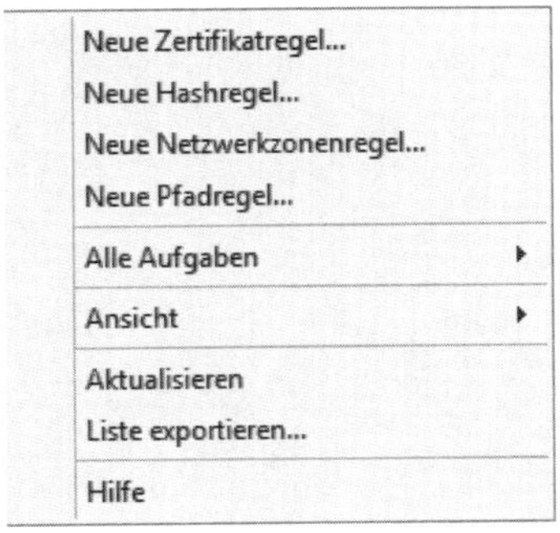

Bild 6.39 Kontextmenü für neue Regeln

Tabelle 6.6 Regelarten für Software-Einschränkungen

Regelart	Erläuterung und Verwendungszweck
Zertifikatregel	Zertifikatregeln gelten für jede Software, die mittels eines bestimmten Zertifikats gekennzeichnet ist. Sie werden vor allem dann verwendet, wenn bestimmte Software entgegen der allgemeinen Sperrung eingesetzt werden darf und auch Updates zu erwarten sind. Durch die Koppelung an das Zertifikat muss eine neue Version nicht extra in die Richtlinie aufgenommen werden, solange das Zertifikat zum Signieren der Software identisch ist.
Hashregel	Eine Hashregel überprüft eine Datei gegen einen Hash (eine Art Quersumme). Solange diese identisch ist, bleibt die Software erlaubt (oder verboten). Hashregeln sind relativ einfach zu erstellen, gewähren aber keine Sicherheit bei geänderten Versionen.

Tabelle 6.6 Regelarten für Software-Einschränkungen *(Fortsetzung)*

Regelart	Erläuterung und Verwendungszweck
Netzwerk-zonenregel	Netzwerkzonenregeln werden für Netzwerkanwendungen verwendet. Solange das Ziel z. B. identisch mit der Netzwerkzone „Vertrauenswürdige Sites“ ist, werden keine Einschränkungen vorgenommen.
Pfadregel	Pfadregeln werden in aller Regel auf bestimmte Orte im Dateisystem angewendet. Sie können aber auch auf Registrierungspfade angewendet werden. Solange die Daten einer Anwendung an dem definierten Pfad gespeichert sind, wird die Sicherheitsstufe befolgt.

6.9.6.3 Erzwingen

Mit „Erzwingen“ können Sie festlegen, dass die Richtlinie besonders konsequent umgesetzt werden muss. Klicken Sie auf ERZWINGEN und bearbeiten Sie die Eigenschaften.

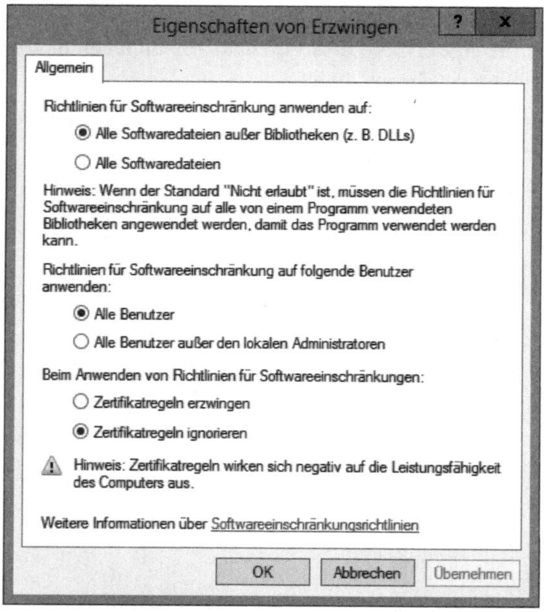

Bild 6.40
Standardeigenschaften von Erzwingen

6.9.6.4 Designierte Dateitypen

Wenn Sie zusätzliche Dateitypen als ausführbaren Code definieren möchten, geben Sie unter „Designierte Dateitypen“ die MIME-Typen (z. B. EXE) an und bestätigen Sie mit HINZUFÜGEN und OK. Genauso können Sie Dateitypen freigeben, indem Sie sie markieren und ENTFERNEN klicken.

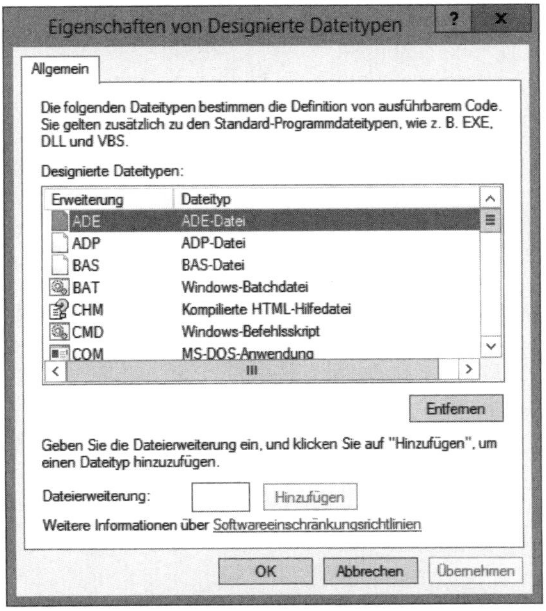

Bild 6.41
Designierte Dateitypen verwalten

6.9.6.5 Vertrauenswürdige Herausgeber

Schließlich können Sie festlegen, wer vertrauenswürdige Herausgeber verwalten darf. Dabei können Sie auch festlegen, ob Zertifikate und der Zeitstempel überprüft werden sollen. Dies ergibt in diesem Zusammenhang nur Sinn, wenn Sie Netzwerkzonenregeln erstellen.

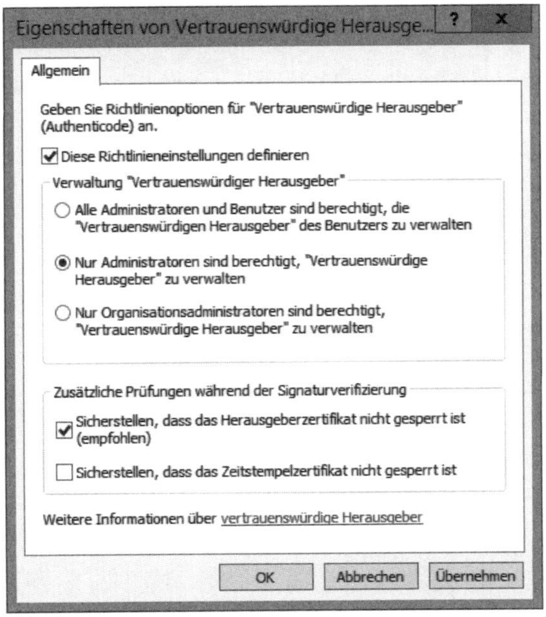

Bild 6.42
Vertrauenswürdige Herausgeber konfigurieren

6.9.7 Netzwerkzugriffsschutz

Mit „Netzwerkzugriffsschutz" (Network Access Protection, NAP) können Sie den gesamten Bereich der Clientkonfiguration für NAP zentral verwalten.

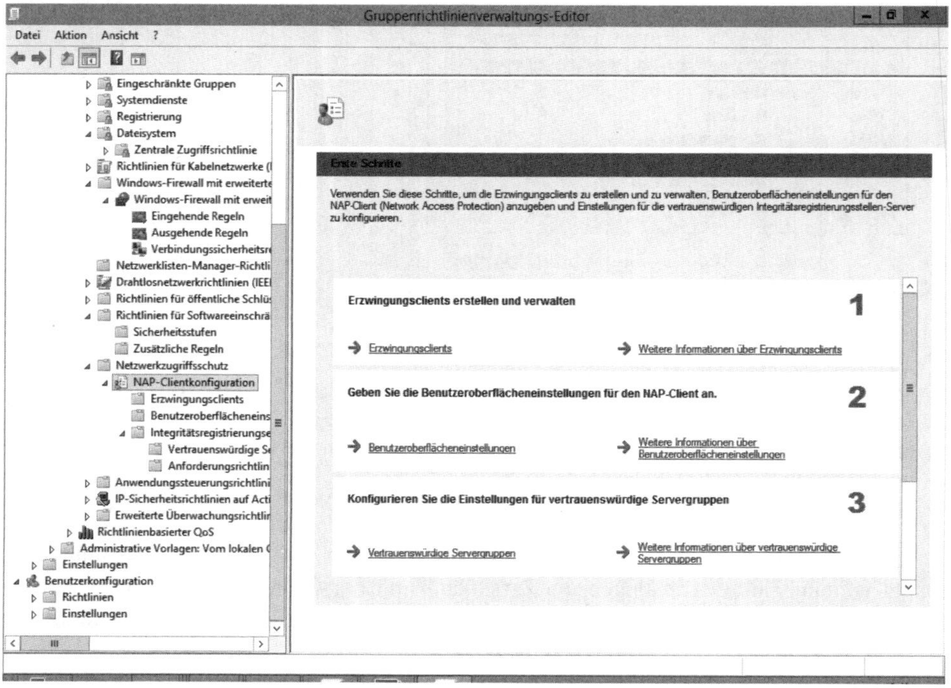

Bild 6.43 NAP-Clientkonfiguration

Da NAP einen ganz eigenen Themenkomplex darstellt und nur als Sonderfall in Unternehmensnetzwerken intern zum Einsatz kommt, sei es an dieser Stelle nur kurz erwähnt.

Für nähere Informationen zu Netzwerkrichtlinien in Zusammenhang mit IEEE 802.1X, Radius, Zertifizierungsstellen, NPS und Integritätsrichtlinien konsultieren Sie bitte geeignete Fachliteratur.

6.9.8 Anwendungssteuerung mit AppLocker

AppLocker stellt eine der Neuerungen dar, die mit Windows Server 2008 R2 und Windows 7 in den Enterprise- und Ultimate-Editionen Einzug gehalten haben. Unter Windows 8 Pro und Enterprise sowie unter Windows Server 2012 steht AppLocker ebenfalls zur Verfügung. AppLocker ist ein mächtiges (und entsprechend komplexes) Tool, mit dem sich sehr differenziert steuern lässt, welche Programme in welchen Versionen welchen Benutzern zur Verfügung stehen sollen.

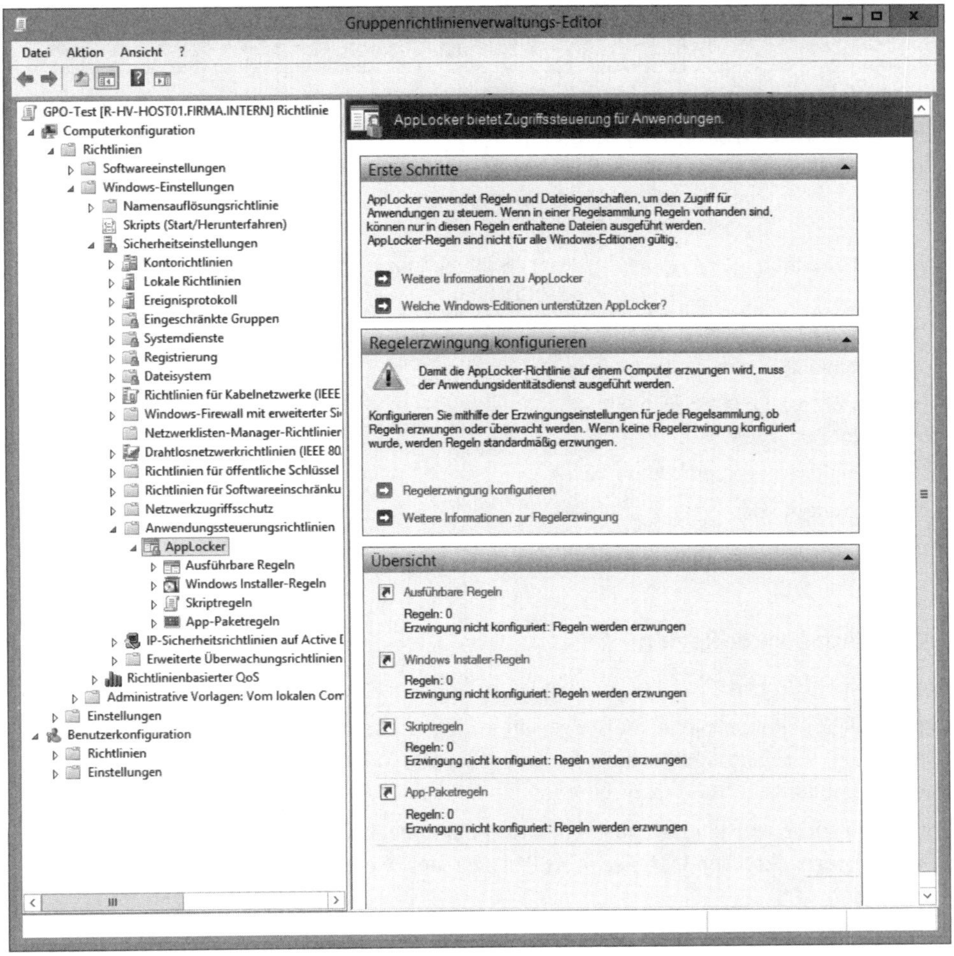

Bild 6.44 Zugriffssteuerung für Anwendungen

6.9.8.1 AppLocker im Vergleich zu Software-Einschränkungen

Sie können in einem GPO entweder Software-Einschränkungen oder AppLocker-Regeln verwenden. Wenn in einem GPO sowohl AppLocker-Regeln als auch Software-Einschränkungen definiert werden, so werden nur die AppLocker-Regeln angewendet.

Eine der Einschränkungen, denen AppLocker gegenüber den Software-Einschränkungsrichtlinien unterliegt, ist die Beschränkung auf Verweigerungen als Standardregelaktion.

Dafür ist aber eine Reihe von neuen Möglichkeiten dazugekommen, die eine sehr viel genauere Arbeitsweise erlauben. Tabelle 6.7 liefert einen differenzierten Vergleich von Software-Einschränkungsrichtlinien und AppLocker.

Tabelle 6.7 AppLocker im Vergleich zu Software-Einschränkungen

Option	AppLocker	Software-Einschänkungen
Standardaktion der Regel	Verweigern	Zulassen oder Verweigern
Mögliche Regelungen	Zulassen oder Verweigern	Zulassen oder Verweigern
Regelbedingung	Dateipfad, Hash oder Herausgeber	Dateipfad, Hash, Zertifikat, Registrierungspfad oder Internetzone
Wer wird betroffen	Ausgewählte Benutzer oder Gruppen	Alle Benutzer
Import/Export von Regeln	Ja	Nein
Regelsammlung	Ja	Nein
Assistent für das Erstellen mehrerer Regeln gleichzeitig	Ja	Nein
Benutzerdefinierte Fehlermeldung	Ja	Nein
Überwachungsmodus	Ja	Nein
PowerShell-Unterstützung	Ja	Nein

6.9.8.2 AppLocker-Regeln

Regelsammlungen

AppLocker arbeitet seit jeher mit Regelsammlungen, die es Administratoren ermöglichen, für die vier Bereiche ausführbare Dateien, Skripts, Windows-Installer-Dateien und DLL-Dateien jeweils steuernd einzugreifen.

Neu in 2012

Mit Server 2012 wurden nun zusätzlich App-Paketregeln eingeführt, mit denen verpackte Apps und verpackte App-Installer (*.APPX) gesteuert werden können.

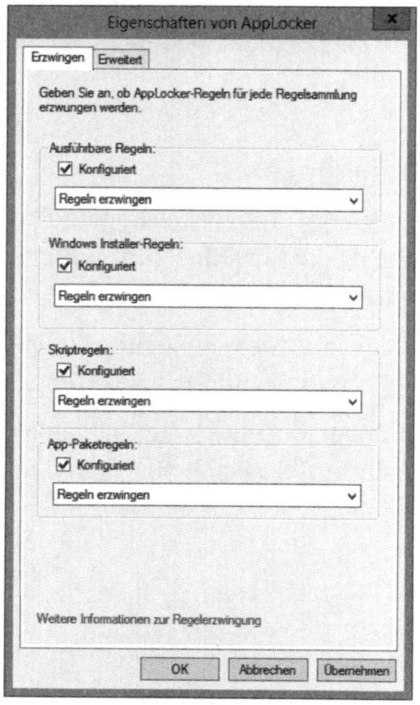

Bild 6.45 Erzwingen der Regelsammlungen von AppLocker

DLL-Regelsammlungen sind normalerweise nicht konfiguriert, sondern müssen erst über die erweiterten Eigenschaften von AppLocker zugewiesen werden.

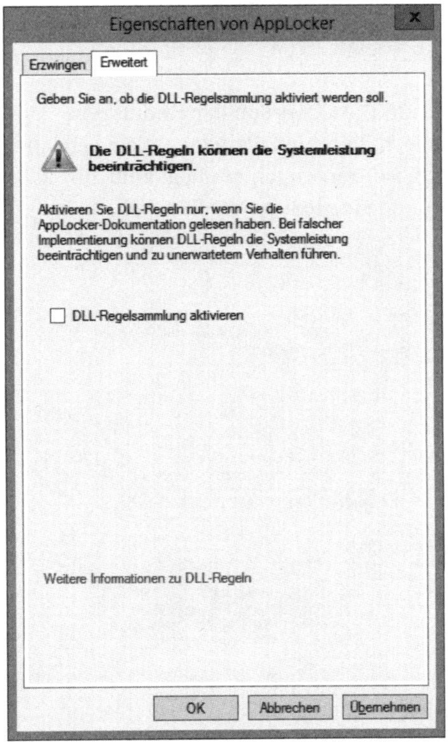

Bild 6.46 Warnung vor den Folgen des Aktivierens der DLL-Regelsammlung

HINWEIS: Seien Sie besonders im Umgang mit DLL-Regelsammlungen vorsichtig. Nicht umsonst werden diese getrennt von den anderen Regelsammlungen verwaltet. Wenn Sie fehlerhafte DLL-Regeln erstellen, können Sie die Systemstabilität gefährden. Daneben wird durch DLL-Regeln die Systemleistung massiv gefordert. Jede einzelne DLL, die von einer Anwendung benötigt wird, muss von AppLocker geprüft werden.

Tabelle 6.8 zeigt auf, welche Dateitypen zu welcher Regelsammlung gehören.

Tabelle 6.8 Regelsammlungen

Regelsammlung	Dateitypen
Ausführbare Dateien	EXE, COM
Skripts	PS1, BAT, CMD, VBS, JS
Installer-Dateien	MSI, MSP, MST (erst seit Server 2012)
App-Paketregeln	APPX
DLL-Dateien	DLL, OCX

Regelbedingungen

Die Regelbedingungen sind in drei primären Typen zusammengefasst. Geprüft werden kann nach Herausgeber, nach Pfadbedingungen oder nach Dateihash.

Herausgeberregeln

Herausgeber werden über digitale Signaturen geprüft. Dabei werden der Herausgeber, das Produkt, der Dateiname und die Version erfasst, sofern diese im Zertifikat angegeben sind. Wenn eine Versionsnummer angegeben ist, können Sie steuern, ob die Regel nur für diese Version, für diese und jede höhere, oder für diese und jede niedrigere gelten soll.

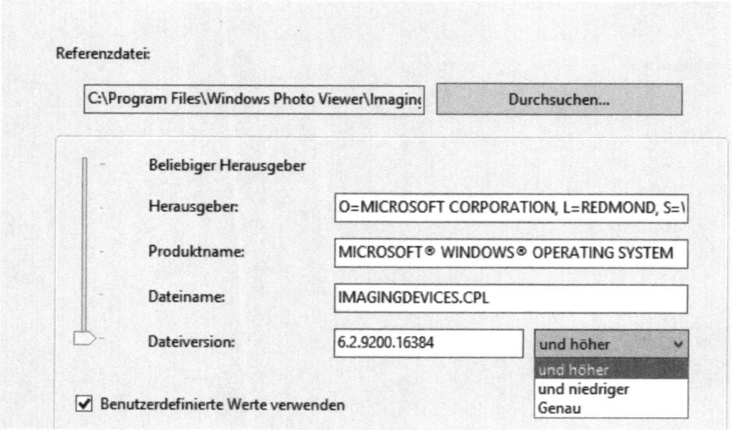

Bild 6.47 Festlegen, welche Versionen einer Datei erlaubt werden

Für ausführliche Informationen zu den Herausgeberregeln können Sie die AppLocker-Dokumentation aufrufen, indem Sie den Link unter ERSTE SCHRITTE IN KONSOLENFENSTER bei AppLocker aufrufen.

Pfadregeln

Über Pfadregeln kann festgelegt werden, dass bestimmte Speicherorte im Dateisystem erlaubt werden sollen. Dabei erstellt der Assistent Variablen für Verzeichnisse in Windows, die Sie vorher mit DATEIEN DURCHSUCHEN aufrufen können.

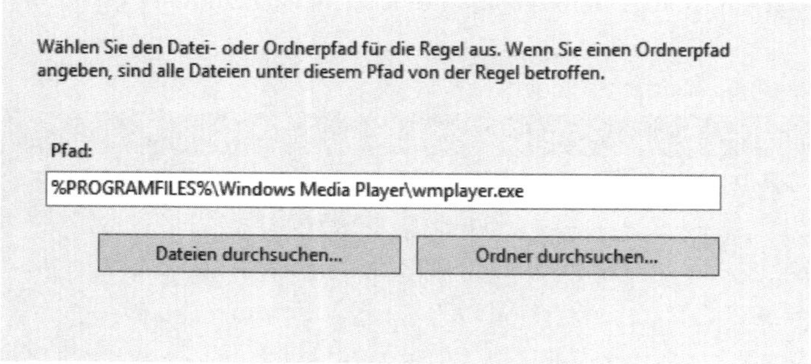

Bild 6.48 Pfadregel mit AppLocker erstellen

Die Variablen entsprechen leider nicht den Standardsystemvariablen, sondern verwenden ein eigenes Format. Tabelle 6.9 gibt eine Übersicht über die Formate.

Tabelle 6.9 Pfadvariablen mit AppLocker

Variable	Speicherort
%WINDIR%	Windows
%SYSTEM32%	System32
%OSDRIVE%	Windows-Installationsverzeichnis
%PROGRAMFILES%	Programme und Programme (x86)
%REMOVABLE%	Optische Laufwerke
%HOT%	USB

HINWEIS: Seien Sie vorsichtig bei Einsatz von Pfadregeln. Wenn ein Benutzer auf einen Speicherort Schreibzugriff besitzt, der über eine Pfadregel definiert ist, kann er Software dadurch aufrufen, dass er sie an den Speicherort kopiert. ■

Dateihash-Regeln

Bei Dateihash-Bedingungen berechnet das Betriebssystem einen kryptografischen Hash, um die Datei eindeutig zu identifizieren. So kann jede Veränderung der Datei erkannt werden. Diese Methode ist sicherlich die einfachste, allerdings müssen für jede neuere oder veränderte Version der Software auch neue Regeln erstellt werden.

6.9.8.3 Standardregeln von AppLocker

AppLocker stellt für jede der fünf Regelsammlungen vordefinierte Standardregeln bereit. Diese erlauben lokalen Administratoren, alles auszuführen, schränken die lokale Gruppe Benutzer jedoch auf ausführbare Dateien, Skripten, und DLLs ein, die sich im Ordner Windows oder Programme befinden. Windows-Installer-Dateien werden für die lokale Gruppe Benutzer einerseits auf den Ordner Windows/Installer und andererseits auf digital von Microsoft signierte Software beschränkt.

6.9.8.4 Regelverhalten von AppLocker

Wenn Sie eine Regel für einen bestimmten Dateityp erstellen, wird nur noch den Dateien dieses Typs die Ausführung gestattet, die der Bedingung entsprechen. Wenn Sie also z. B. zusätzlich zu den Standardregeln eine Pfadregel erstellen, die auf die Sammlung Ausführbare Dateien beschränkt ist und den Pfad `%PROGRAMFILES%\Windows Media Player\wmplayer.exe` nur für die Gruppe „LG-MediaplayerUser" erlaubt, können auch nur die Mitglieder dieser Gruppe den Mediaplayer aufrufen. Beim Versuch, eine andere ausführbare Datei zu verwenden, werden damit allerdings alle Benutzer gehindert.

Erzwingungsregeln

Erzwingungsregeln können für das Zulassen oder für das Verweigern konfiguriert werden. Wenn auf ein Objekt jedoch zwei Regeln wirken – eine, die zulässt, und eine, die verweigert, – gewinnt die verweigernde Regel.

Überwachungsregeln

Sie können entweder Erzwingungsregeln oder Regeln definieren, die nur zum Überwachen von Aktivitäten verwendet werden. Dies geschieht indem Sie in den Eigenschaften von AppLocker für eine Regelsammlung nur Überwachen konfigurieren.

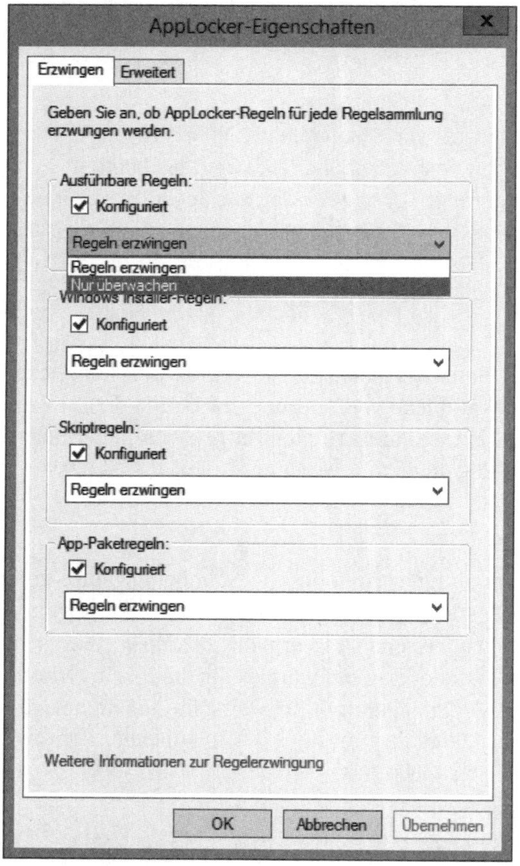

Bild 6.49
AppLocker für Überwachung konfigurieren

6.9.8.5 Dienst Anwendungsidentität starten

Damit AppLocker die Anwendungen steuern kann, muss als Erstes auf dem Client der Dienst „Anwendungsidentität" gestartet werden. Dieser ist standardmäßig auf den Starttyp „Manuell" festgelegt.

Sie können die Startart entweder wie gewohnt über START – VERWALTUNG – DIENSTE konfigurieren (unter Windows 8/Server 2012 einfach „Dienste" auf dem Startbildschirm eintippen) oder Sie verwenden gleich das GPO, indem Sie die AppLocker-Richtlinien definieren. Öffnen

Sie den Gruppenrichtlinienobjekt-Editor für die Richtlinie, mit der Sie Anwendungsrichtlinien konfigurieren möchten, und setzen Sie dort unter COMPUTERVERWALTUNG – RICHTLINIEN – WINDOWS EINSTELLUNGEN – SICHERHEITSEINSTELLUNGEN – SYSTEMDIENSTE die Startart für Anwendungsidentitätsdienst auf AUTOMATISCH. Damit der Dienst anschließend auch startet, muss der Rechner neu gestartet werden.

Bild 6.50
Startart über Gruppenrichtlinie festlegen

6.9.8.6 AppLocker aktivieren

Öffnen Sie den Gruppenrichtlinienobjekt-Editor für die Richtlinie, mit der Sie Anwendungsrichtlinien konfigurieren möchten, und erweitern Sie dort unter COMPUTERVERWALTUNG – RICHTLINIEN – WINDOWS EINSTELLUNGEN – SICHERHEITSEINSTELLUNGEN – ANWENDUNGSSTEUERUNGSRICHTLINIEN die Ansicht.

Klicken Sie nun im rechten Fenster auf REGELERZWINGUNG KONFIGURIEREN und aktivieren Sie in den Eigenschaften von AppLocker unter Ausführbare Regeln AUSFÜHRBARE REGELN. Belassen Sie die Einstellung auf „Regeln erzwingen" und bestätigen Sie mit OK.

6.9.8.7 Standardregeln erstellen

Erweitern Sie den Knoten „AppLocker", navigieren Sie zum Knoten „Ausführbare Regeln" und wählen Sie im Kontextmenü STANDARDREGELN AKTIVIEREN.

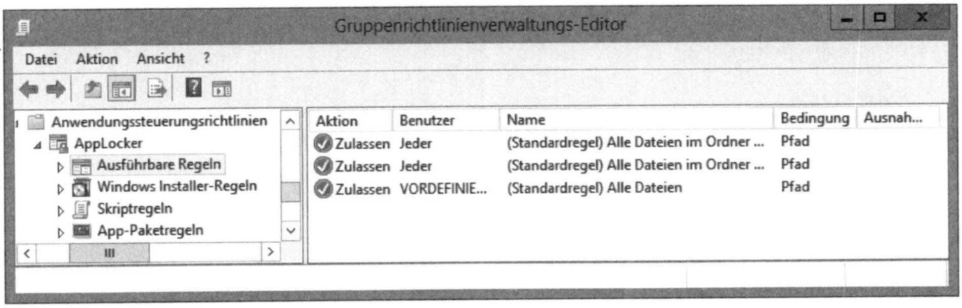

Bild 6.51 Standardregeln für Ausführbare Regeln aktivieren

Durch die Standardregeln darf nun die Standardgruppe „Jeder“ nur noch ausführbare Dateien aufrufen, die sich unter „Programme“, „Programme (x86)“ oder „Windows“ befinden.

6.9.8.8 Zusatzregel definieren

Als Nächstes definieren Sie eine zusätzliche Regel, um den Mediaplayer zu verweigern. Klicken Sie dazu im Kontextmenü von „Ausführbare Regeln“ auf NEUE REGEL ERSTELLEN. Es öffnet sich der Assistent „Ausführbare Regeln erstellen“. Klicken Sie im Fenster „Vorbereitung“ auf WEITER. Konfigurieren Sie nun die Aktion auf VERWEIGERN.

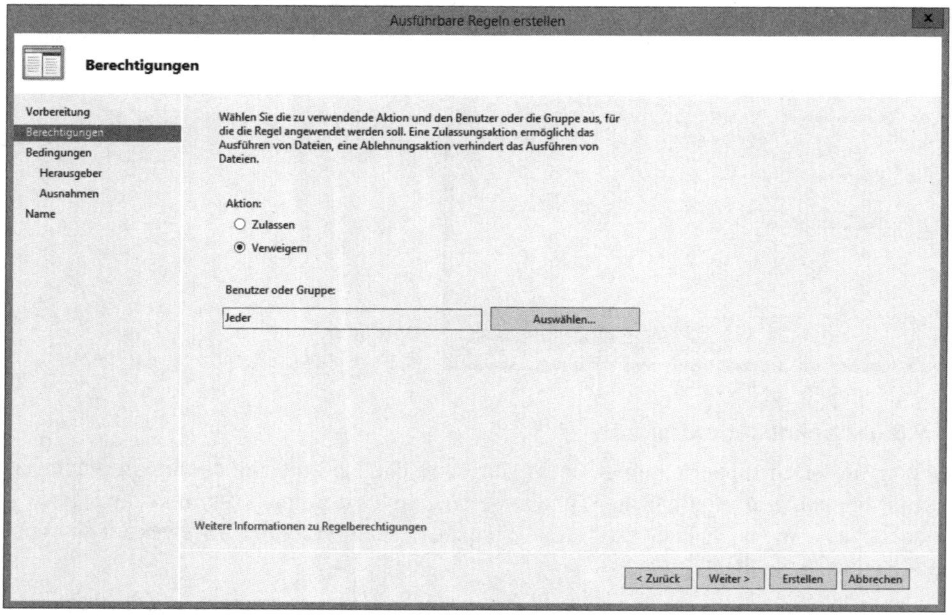

Bild 6.52 Ausführbare Regeln erstellen

Sie können die Gruppe oder den Benutzer definieren, für die Sie eine Berechtigung verweigern wollen. Für diese Übung können Sie aber darauf verzichten.

PRAXISTIPP: Konfigurieren Sie nie Regeln für einzelne Benutzer, sondern verwenden Sie stets und ausschließlich Gruppen. Wenn Sie ein Konto kopieren, werden andernfalls für den neuen Benutzer nicht die gleichen Beschränkungen gelten.

Klicken Sie auf WEITER. Unter „Bedingungen“ wählen Sie HERAUSGEBER und klicken WEITER. Unter „Herausgeber“ navigieren Sie mittels der Schaltfläche DURCHSUCHEN zum WINDOWS MEDIA PLAYER und bestätigen Ihre Auswahl mit OK. Da dieser von Microsoft zertifiziert ist, können Sie für ihn eine Herausgeberregel erstellen.

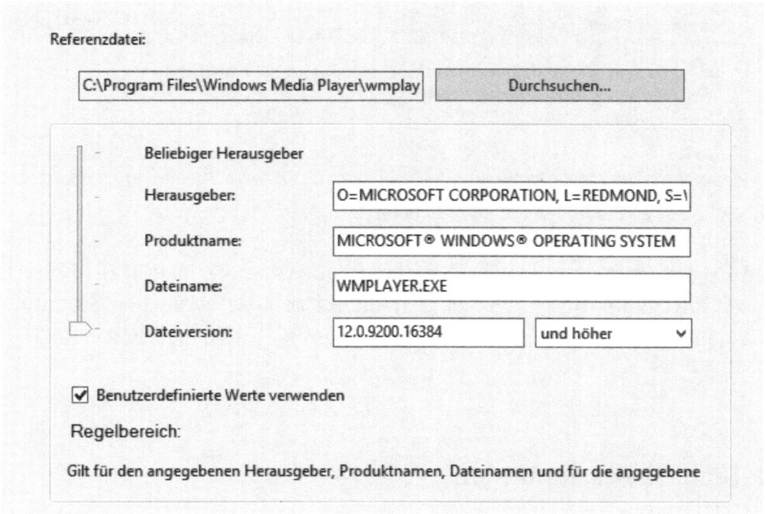

Bild 6.53 WMPLAYER.EXE verbieten

Wenn Sie BENUTZERDEFINIERTE WERTE VERWENDEN aktivieren, können Sie festlegen, ob sich Ihre Regel nur auf die angegebene Dateiversion beziehen soll oder ob Sie auch höhere Versionen verbieten möchten. Bestätigen Sie Ihre Konfiguration mit ERSTELLEN.

Sie könnten Ausnahmen definieren, da die Auswahl „Verweigern" bei „Jeder" alle Benutzer betrifft. Doch dies ist weitgehend selbsterklärend und soll die Übung nicht übermäßig verkomplizieren.

Nun haben Sie eine Regel für die Verweigerung erstellt.

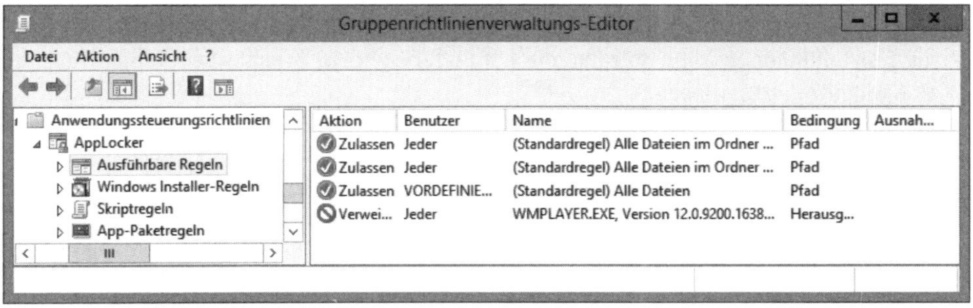

Bild 6.54 Standardregeln und Benutzerdefinierte Regeln

6.9.8.9 Anwendungssteuerungsrichtlinien testen

Melden Sie sich nun mit einem normalen Benutzerkonto bei einem Rechner an, auf dem z. B. Windows 7 Enterprise oder Ultimate läuft. Rufen Sie `gpupdate.exe` auf und starten Sie den Rechner anschließend neu. Kopieren Sie nun den „Rechner" (`%systemroot%\system32\calc.exe`) in ein neues Verzeichnis „C:\testordner". Versuchen Sie, den kopierten Rechner zu öffnen.

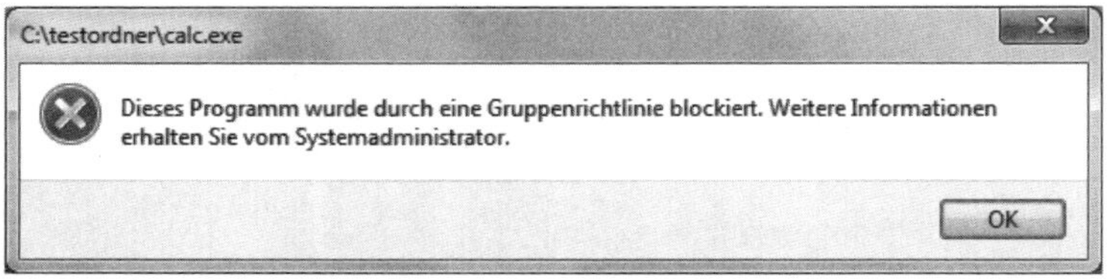

Bild 6.55 `calc.exe` ist durch die Standard-Pfadregel gesperrt

Versuchen Sie den Rechner unter START – ALLE PROGRAMME – ZUBEHÖR zu öffnen. Dies funktioniert, weil die Standardregel den Pfad Windows zulässt. Versuchen Sie nun, den Windows Media Player zu öffnen. Hier greift die „Benutzerdefinierte Regel für den Herausgeber“.

6.9.9 IP-Sicherheitsrichtlinien

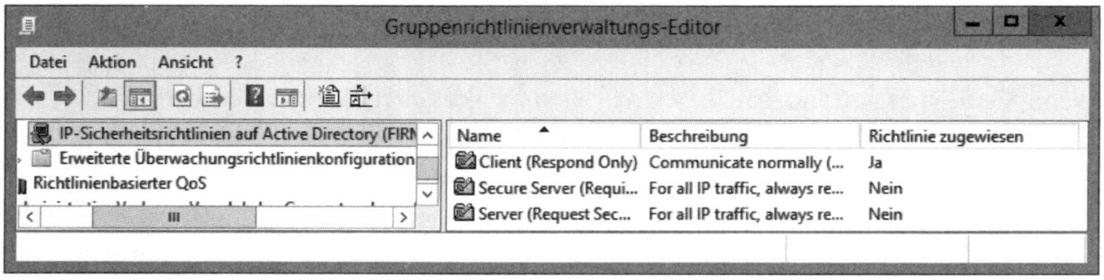

Bild 6.56 IP-Sicherheitsrichtlinien mit zugewiesener Client-Richtlinie

IP-Sicherheitsrichtlinien dienen zur Steuerung der Verwendung von IPsec-Verschlüsselung eines Rechners im Netzwerk. Dabei kann zwischen keiner Einstellung und drei konfigurierbaren Einstellungen gewählt werden, die ich in Tabelle 6.10 beschreibe. Standardwert ist „Keine Richtlinie zugewiesen“.

Tabelle 6.10 Einstellungen für IPsec-Verschlüsselung

Einstellung	Auswirkung
Keine Richtlinie zugewiesen	Wenn keine Richtlinie zugewiesen wird, sind Systeme nicht in der Lage, IPsec zu verwenden.
Client (Respond Only) zugewiesen	Wenn die Gegenseite nicht darum ersucht, mit IPSec zu verschlüsseln, wird unverschlüsselt kommuniziert. Wenn die Gegenseite verschlüsselt kommunizieren will (weil diese als Server oder Secure Server konfiguriert ist), wird verschlüsselt kommuniziert.
Server (Request Security) zugewiesen	Das System versucht, verschlüsselt zu kommunizieren, und nur wenn die Gegenseite nicht in der Lage ist zu verschlüsseln (keine Richtlinie zugewiesen), wird unverschlüsselt kommuniziert.
Secure Server (Require Security) zugewiesen	Das System weigert sich, unverschlüsselt zu kommunizieren.

HINWEIS: Verwenden Sie die Richtlinie Secure Server nur, wenn Sie sicher sind, dass alle Systeme auch in der Lage sind IPsec zu verwenden. Dafür müssen u.a. auch Zertifikate für IPsec verteilt werden. Andernfalls müssen Sie die Richtlinieneinstellungen lokal auf allen Rechnern wieder deaktivieren, denn eine Richtlinie, die IPsec aufhebt, wird nicht mehr über das Netzwerk angenommen. Sie wird ja nicht verschlüsselt übertragen!

6.9.10 Erweiterte Überwachungsrichtlinienkonfiguration

Ab Windows Server 2008 R2 und Windows 7 haben Sie erstmals die Möglichkeit, zusätzlich eine sehr differenzierte Überwachung auf den Systemen einzurichten.

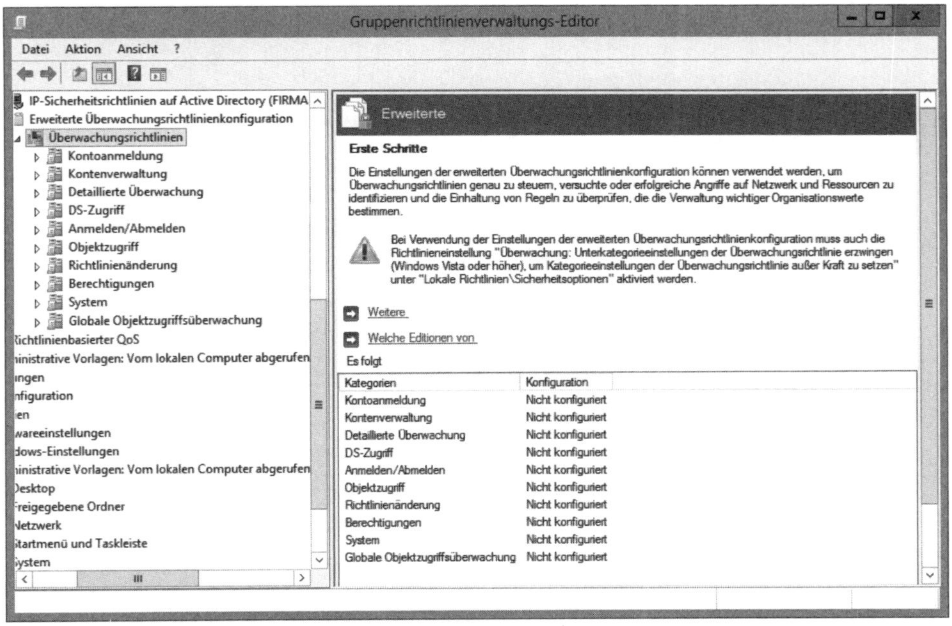

Bild 6.57 Erweiterte Überwachungsrichtlinienkonfiguration

Sie können nun jede Überwachungskonfiguration viel exakter planen.

PRAXISTIPP: Ob dies in der Praxis wirklich Sinn ergibt, ist insofern fraglich, als Sie in der Regel im Vorfeld nicht genau wissen, was Sie überwachen möchten.

7 Administrative Vorlagen der Computerverwaltung

In diesem Kapitel:

- Wie sind ADMX- und ADML-Dateien aufgebaut und wie kann ich zusätzliche hinzufügen?
- Den zentralen Speicher für administrative Vorlagen einrichten
- Praktische Beispiele für häufig verwendete administrative Vorlagen (z. B. Einsatz von BranchCache)

7.1 Einführung

Administrative Vorlagen sind Sammlungen von Einstellungen, die sich auf ein bestimmtes Softwareprodukt beziehen. Je nach installierter Software kann man auch zusätzliche administrative Vorlagen in eine Gruppenrichtlinie integrieren, um diese den eigenen Erfordernissen anzupassen. So lassen sich z. B. administrative Vorlagen für Office integrieren, um Einstellungen für das Verhalten von Office mittels Gruppenrichtlinien zu steuern.

Eine ganze Reihe von Vorlagen für verschiedene Systemkomponenten ist standardmäßig in die Gruppenrichtlinienobjekte integriert. So bietet Windows Server 2012 bereits in der Standardinstallation allein für die Computerverwaltung 1867 mögliche Einstellungen.

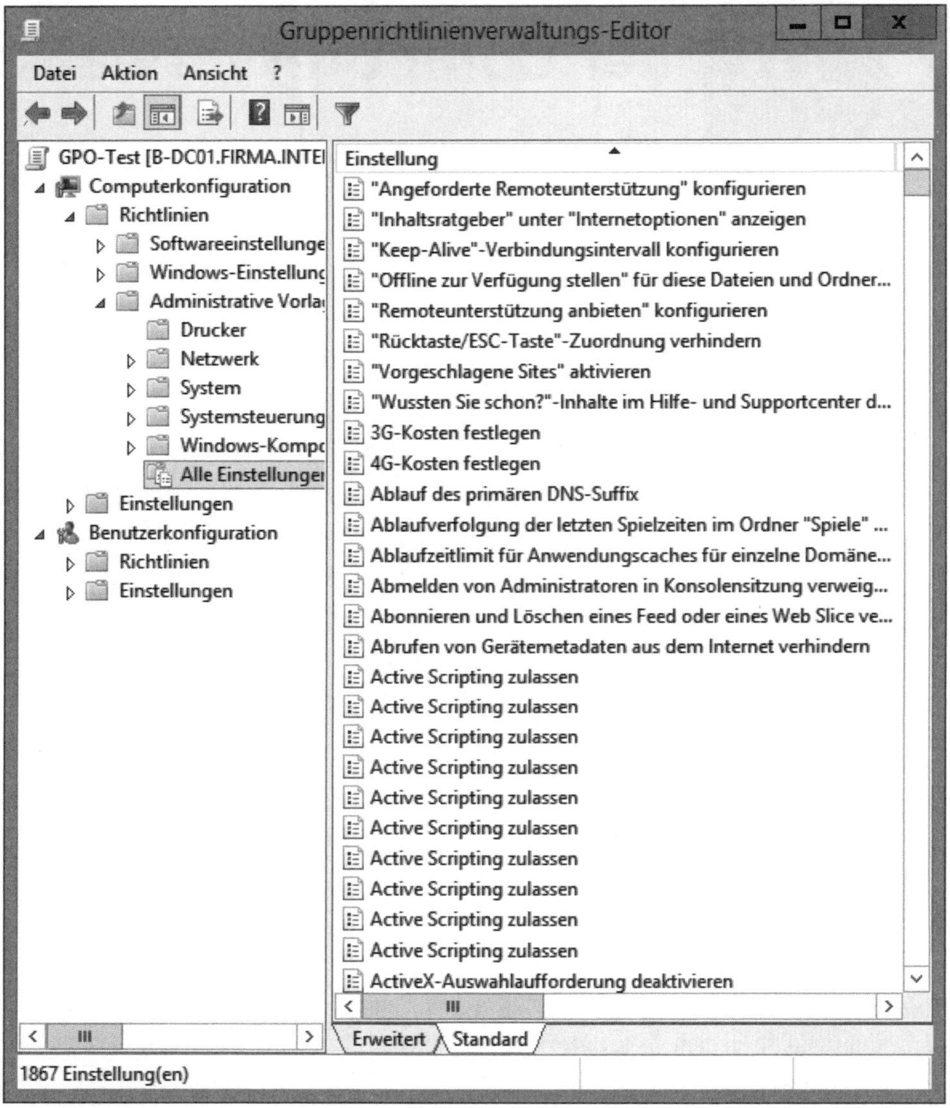

Bild 7.1 Alle Einstellungen der administrativen Vorlagen der Computerverwaltung

7.2 ADMX und ADML

Administrative Vorlagen werden in Form von ADMX- und ADML-Dateien vom System verwaltet. ADMX-Dateien enthalten die Registrierungsschlüssel, die Sie setzen können, wenn Sie in einer Richtlinie eine Einstellung vornehmen. Diesen sind Variable zugeordnet, die in der ADML-Datei gleichen Namens für die Anzeige ausgewertet werden. So ist es möglich, mit einer ADMX-Datei mehrere ADML-Dateien für die Anzeige in unterschiedlichen Sprachen zu verknüpfen.

Wie Sie ADMX- und ADML-Dateien anpassen, erfahren Sie in Kapitel 13, „Erweitern von administrativen Vorlagen“.

Die ADMX-Dateien sind standardmäßig in dem Ordner %systemroot%\PolicyDefinitions gespeichert. In einem Unterordner finden Sie außerdem die zugehörigen ADML-Dateien für die installierten Sprachen und Englisch.

PRAXISTIPP: Früher waren die administrativen Vorlagen als ADM-Dateien gespeichert, was jedoch von Nachteil bei der Verarbeitung auf mehrsprachigen Rechnern war. Da Einstellungen und Anzeigeinformationen in einer einzigen Datei gespeichert waren, musste diese komplett getauscht werden, um die Anzeige in einer anderen Sprache zu ermöglichen. Sie können ADM-Dateien nach wie vor in Kombination mit ADMX und ADML einsetzen.

Wenn Sie zusätzliche ADM-, ADMX- oder ADML-Dateien verwenden möchten, sollten Sie diese entweder ebenfalls unter %systemroot%\PolicyDefinitions abspeichern, oder Sie verwenden den zentralen Speicher.

7.3 Zentraler Speicher

Normalerweise sind auf jedem Domänencontroller der Domäne die Administrativen Vorlagen lokal unter %systemroot%\PolicyDefinitions abgelegt. Dies bedeutet aber, dass bei Änderungen an den Dateien, oder wenn zusätzliche ADM-Dateien hinzugefügt werden, diese Änderungen von Hand auf alle Domänencontroller übertragen werden müssen.

Wenn Sie den lokalen Speicher verwenden, können Sie dies erkennen, indem Sie im Gruppenrichtlinienobjekt-Editor auf Administrative Vorlagen klicken.

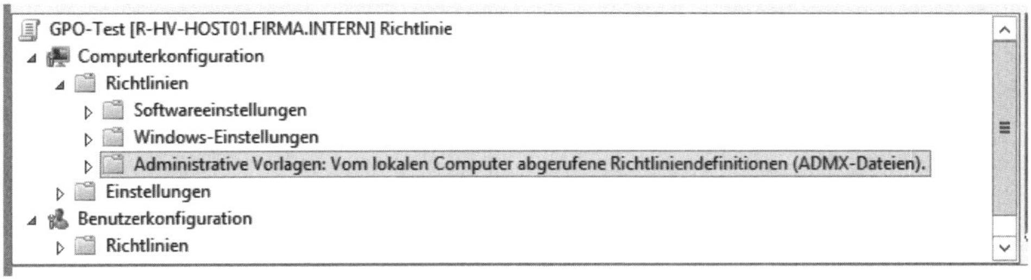

Bild 7.2 Lokalen Speicher abfragen

Darum hat Microsoft mit Server 2008 erstmalig den zentralen Speicher eingeführt. Nun können Sie eine Kopie von %systemroot%\PolicyDefinitions unterhalb von %systemroot%\SYSVOL\domain\Policies abspeichern. Der Name muss aber PolicyDefinitions bleiben.

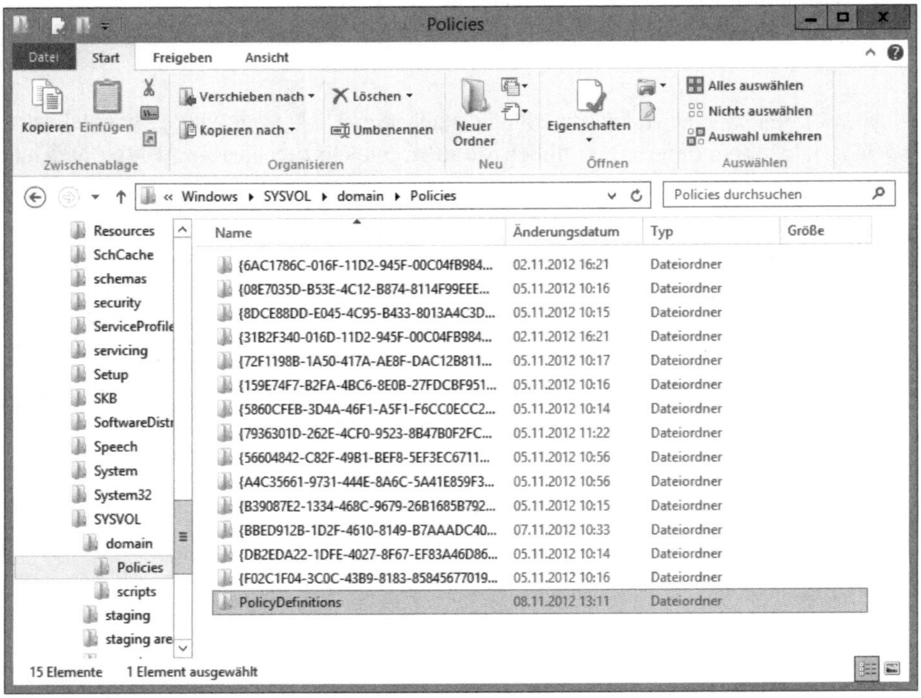

Bild 7.3 Zentralen Speicher einrichten

So werden die Richtliniendefinitionen über die Replikation der Domäne an alle Domänencontroller verteilt. Nun können Sie Änderungen oder Ergänzungen auf einem beliebigen Domänencontroller vornehmen. Bevor Sie die Vorlagen aber aus dem zentralen Speicher abfragen, müssen Sie den Gruppenrichtlinienobjekt-Editor schließen und neu öffnen.

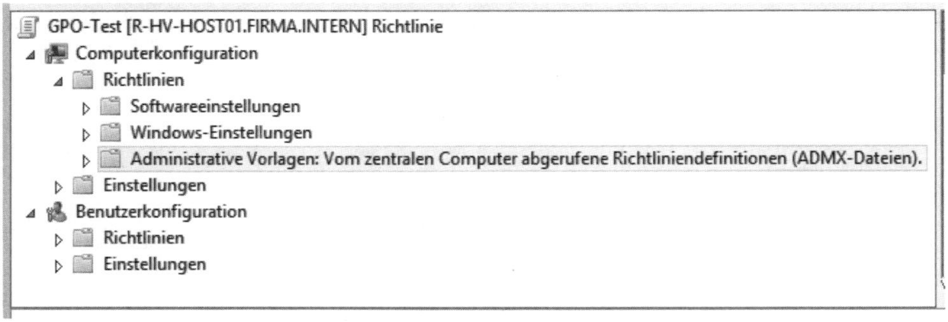

Bild 7.4 Administrative Vorlagen aus dem zentralen Speicher abfragen

Auf Clientcomputern wird Sysvol nicht repliziert, daher sollten Sie auf einem Windows 7-Rechner angepasste ADMX- und ADML-Dateien von Hand in den zentralen Speicher verschieben, um diese lokal zu bearbeiten.

7.4 ADM-Vorlagen hinzufügen

Wenn Sie z. B. die Einstellungen für Office mit Gruppenrichtlinien konfigurieren möchten, können Sie die entsprechende ADM-Datei von Microsoft herunterladen. Anschließend navigieren Sie im Gruppenrichtlinienobjekt-Editor auf den Knoten Administrative Vorlagen und wählen im Kontextmenü den Befehl VORLAGEN HINZUFÜGEN/ENTFERNEN… Im Assistenten zum Hinzufügen und Entfernen von Administrativen Vorlagen erhalten Sie nun die Möglichkeit, durch Klicken auf die entsprechenden Schaltflächen die verfügbaren Vorlagen zu verwalten.

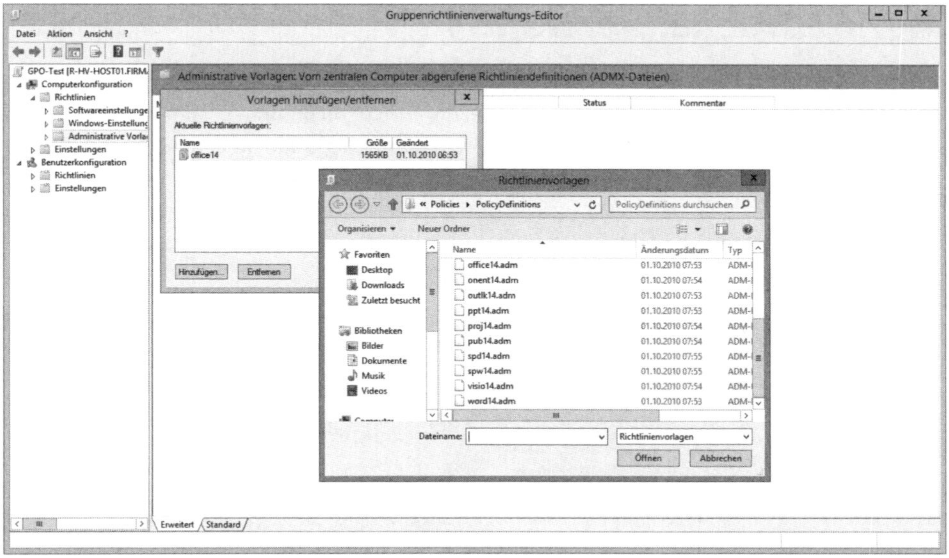

Bild 7.5 Vorlagen für Office hinzufügen

Die von Ihnen hinzugefügten ADM-Dateien werden nun im Knoten „Klassische administrative Vorlage (ADM)" angezeigt.

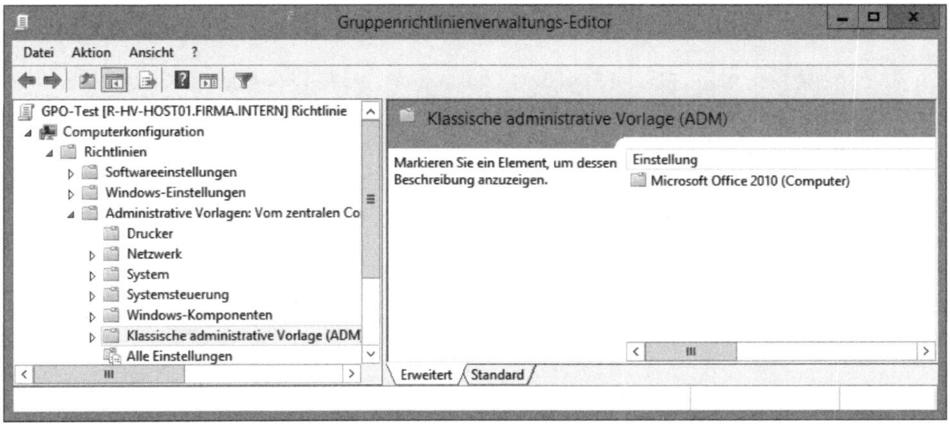

Bild 7.6 Klassische administrative Vorlagen anzeigen

7.5 Praktische Beispiele für administrative Vorlagen

Im Folgenden werde ich Ihnen einige administrative Vorlagen vorstellen, mit denen Sie häufig vorkommende Aufgaben aus der Praxis lösen können. Bei über 1800 Einstellungen ist es nicht sinnvoll, diese komplett zu beschreiben.

7.6 Drucker verwalten

Neu in 2012

Wenn Sie in Ihrem Unternehmensnetzwerk sowohl Clientcomputer unter Windows 7 als auch unter Windows 8 verwenden, sollten Sie unbedingt darauf achten, dass Sie die Computer unter Windows 8 für die Verwendung von XPS anstelle von OpenXPS umkonfigurieren, da der XPS-Viewer von Windows 7 nicht in der Lage ist, OpenXPS-Dokumente zu öffnen. Aktivieren Sie hierzu die entsprechende Einstellung unter COMPUTERKONFIGURATION - RICHTLINIEN - ADMINISTRATIVE VORLAGEN - DRUCKER.

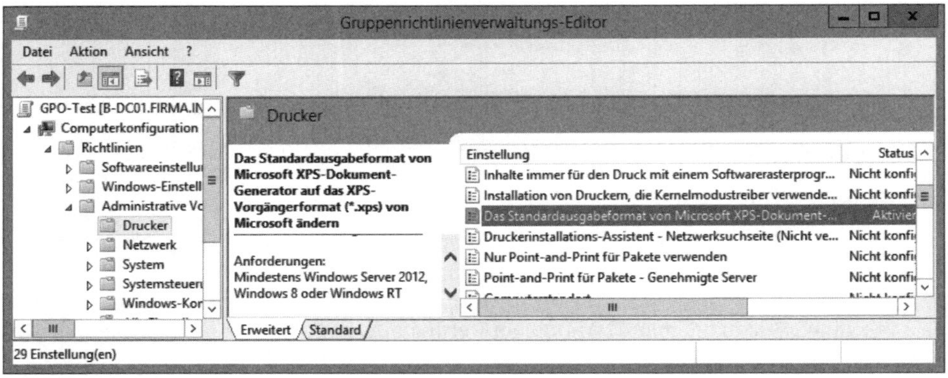

Bild 7.7 Standardausgabeformat anpassen

HINWEIS: Wenn Sie die Erweiterte Ansicht im rechten Fenster des Gruppenrichtlinienverwaltungs-Editors verwenden, wird Ihnen unterhalb des Titels aufgelistet, für welche Betriebssysteme die entsprechende Einstellung gilt. Dies sollten Sie beachten, um sich unnötigen Konfigurationsaufwand zu ersparen.

7.6.1 BranchCache verwalten

BranchCache wurde mit Windows Server 2008 R2 und Windows 7 eingeführt und unter Windows 8 und Server 2012 um einige nützliche Funktionen erweitert. BranchCache dient dazu, den Zugriff auf Dokumente zu beschleunigen, die sich auf entfernten Dateiservern befinden. Zu diesem Zweck erfragen Sie vor der Dateiübertragung vom Remote-Server die aktuelle Version des Dokuments. In einem zweiten Schritt wird das lokale Netzwerk befragt, ob ein anderer Rechner dieses Dokument bereits im Cache hat. So kann das Dokument über das LAN abgerufen werden, und die WAN-Verbindung wird entlastet. Zur Verdeutlichung der Arbeitsweise von BranchCache folgt nun ein praktisches Beispiel.

7.6.1.1 Szenario: BranchCache

Ein Unternehmen unterhält drei Standorte. Standort A verfügt über ein großes Rechenzentrum und viele Clients, Standort B verwendet nur einen lokalen Server und 50 Clients, und Standort C hat keine Server und nur 12 Clients. Die Standorte sind über langsame WAN-Leitungen miteinander verbunden.

Gehosteter Cache

An Standort B wird BranchCache mit gehostetem Cache eingerichtet. Dieser muss auf einem Windows Server 2008 R2 oder Windows Server 2012 liegen. Auch die Server in der Zentrale müssen für die Verwendung von BranchCache konfiguriert werden.

Ein Client von Standort B versucht, auf eine Datei auf einem Server A1 von Standort A zuzugreifen. Er wird authentifiziert und autorisiert und erhält Metadaten der angeforderten Datei (einen Hash der Datei, den hier zu erklären den Rahmen sprengen würde). Mithilfe Letzterer fragt er beim lokalen Server B1 nach, ob die Datei schon im BranchCache vorliegt. Da aber noch kein Client die Daten angefordert hatte, sind sie noch nicht verfügbar.

Nun fordert der Client die Datei von Server A1 an, der sie zum Client überträgt. Der Client seinerseits sendet die Datei in Kopie an Server B1. Wenn nun der nächste Client die Datei von Server A1 anfordert und mit den Metadaten bei Server B1 nachfragt, kann dieser die Datei übermitteln.

Verteilter Cache

An Standort C ist kein Server verfügbar, der den gehosteten Cache bereitstellen könnte. Daher muss hier der verteilte Cache verwendet werden.

Wenn ein Client C bei Server A1 eine Datei herunterladen möchte, erhält er ebenfalls Metadaten. Mit diesen fragt er in seinem Netzwerksegment, ob ein anderer Client die Daten schon hat, und lädt sie gegebenenfalls von dem Client herunter.

7.6.1.2 BranchCache steuern

BranchCache wird über Gruppenrichtlinien gesteuert.

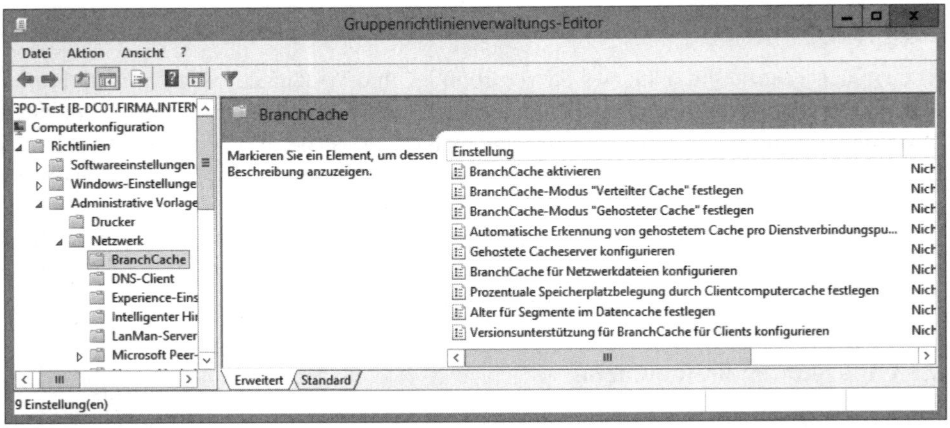

Bild 7.8 BranchCache konfigurieren

Tabelle 7.1 Einstellungen für BranchCache

Richtlinie	Erklärung
BranchCache aktivieren	Schaltet BranchCache für Rechner ein. Voraussetzung ist mindestens Server 2008 R2 oder Windows 7. Standardmäßig ist BranchCache deaktiviert.
BranchCache-Modus „Verteilter Cache" festlegen	Damit wird das lokale Zwischenspeichern auf Clientcomputern aktiviert.
BranchCache „Gehosteter Cache" festlegen	Damit wird das lokale Zwischenspeichern auf einem Zweigstellenserver aktiviert.
Automatisches Erkennen von gehostetem Cache pro Dienstverbindungspunkt aktivieren	Mit dieser neuen Einstellung können Clients unter Windows 8 für die automatische Suche nach gehostetem Cache an ihrem Standort konfiguriert werden. Sollten sie keinen Hostserver finden, werden sie im Modus „Verteilter Cache" betrieben. Diese Einstellung gilt nicht für Windows 7-Clients.
Gehostete Cacheserver konfigurieren	Zusätzlich zur Verwendung von gehosteten Cacheservern können Clients unter Windows 8 mit den Namen von gehosteten Cacheservern des Standorts konfiguriert werden. Diese Einstellung bleibt für Computer unter Windows 7 und Server 2008 R2 ohne Auswirkung.
BranchCache für Netzwerkdateien konfigurieren	Über die Verzögerung bei der Netzwerkübertragung erkennen Clients, dass Daten auf einem entfernten Server liegen. Die Schwelle, ab der BranchCache aktiviert wird, liegt bei 80 ms. Wenn Sie alles zwischenspeichern wollen, können Sie diesen Wert auf 0 setzen, wenn Sie nur bei sehr langsamen Verbindungen zwischenspeichern möchten, können Sie einen hohen Wert angeben.
Prozentuale Speicherplatzbelegung durch Clientcomputercache festlegen	Normalerweise werden bis zu 5 % des Festplattenspeichers von Clients für BranchCache verwendet.
Alter für Segmente im Datencache festlegen	Standardmäßig werden Daten aus dem Cache nach 28 Tagen verworfen. Wenn Sie unter den neuen Betriebssystemen eine Abweichung von diesem Standard wünschen, konfigurieren Sie die Einstellung.

Neu in 2012

Richtlinie	Erklärung
Versionsunterstützung für BranchCache für Clients konfigurieren	Legen Sie fest, ob Sie die Unterstützung auf die Funktionen für Windows 7 oder für Windows 8 beschränken wollen. Wenn Sie die Einstellung nicht festlegen (nicht konfiguriert oder deaktiviert), werden Betriebssysteme ihre jeweilige Version von BranchCache verwenden.

7.7 Administrative Vorlagen – Netzwerk – Intelligenter Hintergrundübertragungsdienst

Es werden zunehmend tragbare Computer mit integrierten Breitbandfunkmodulen (3G, 4G, LTE) eingesetzt. Diese können erhebliche Kosten verursachen, wenn zusätzlich zu den vom Benutzer gewünschten Datenübertragungen Hintergrunddienste automatische Synchronisationen durchführen.

Unter COMPUTERVERWALTUNG – RICHTLINIEN – ADMINISTRATIVE VORLAGEN – NETZWERK – INTELLIGENTER HINTERGRUNDÜBERTRAGUNGSDIENST finden Sie eine neue Einstellung, mit der Sie das Verhalten von Computern unter den neuen Betriebssystemen oder mit installierten BITS 5 steuern können. Konfigurieren Sie hierzu die Einstellungen unter STANDARDDOWNLOADVERHALTEN FÜR BITS-AUFTRÄGE IN NETZWERKEN MIT KALKULIERTEN KOSTEN. Dabei stehen unterschiedliche Einstellungen für die verschiedenen Übertragungsprioritäten „Vordergrund“, „Hoch“, „Normal“ und „Niedrig“ zur Verfügung.

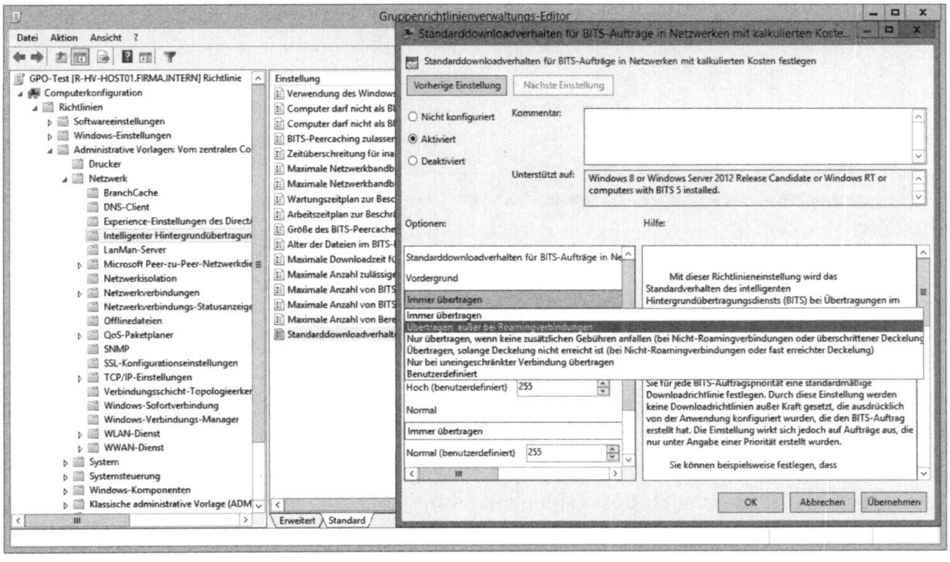

Bild 7.9 Standarddownloadverhalten anpassen

Damit das System die Kosten von 3G und 4G-Verbindungen erkennen kann, müssen Sie zusätzlich die Einstellungen unter COMPUTERVERWALTUNG - RICHTLINIEN - ADMINISTRATIVE VORLAGEN - NETZWERK WWAN-DIENST - KOSTEN VON WWAN-MEDIEN für 3G und 4G festlegen. Dabei können Sie definieren, ob die Kosten

- Uneingeschränkt (d. h. ohne Nutzungsgebühren und Limit),
- Fixiert (d. h. ohne Nutzungsgebühren bis zu einem gewissen Limit) oder
- Variabel (d. h. Kosten pro Byte)

sind. Leider lassen sich keine Limits definieren, sondern es geht nur um das generelle Verhalten des Systems.

7.8 Administrative Vorlagen – Netzwerk – Netzwerkisolation

Neu in 2012

Die Netzwerkisolation definiert, wie sich Windows 8 und Server 2012-Systeme bezüglich der Kommunikation von Windows Apps (ehemals Metro-Apps) verhalten sollen, und mit welchen Netzwerken diese Apps kommunizieren sollen. Mehr Informationen hierzu finden Sie unter *http://msdn.microsoft.com/en-us/library/windows/apps/hh770532.aspx*.

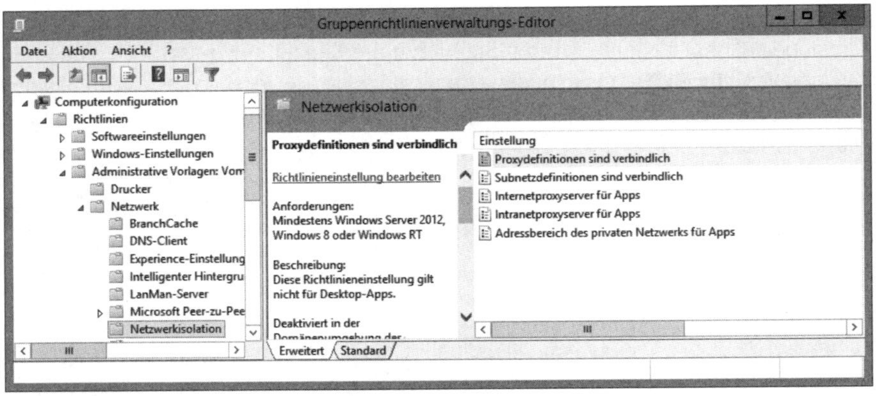

Bild 7.10 Netzwerkisolation konfigurieren

7.8.1 Administrative Vorlagen – System

Die Vorlagen für „System“ enthalten eine ganze Reihe praktischer Einstellungen. Einige im Unternehmensalltag bewährte stelle ich Ihnen im Folgenden vor. Betrachten Sie dies als Anregung, um sich in einer ruhigen Stunde einen Block vorzunehmen und die Auswirkungen in der Testumgebung zu überprüfen. So können Sie sich langfristig einen guten Überblick über die Richtlinien erarbeiten.

7.8.1.1 Administrative Vorlagen – System – Anmelden

Neu in 2012

In diesem Abschnitt werden Ihnen einige Einstellungen vorgestellt. Unter Windows 8 und Server 2012 können Sie Bildcodes verwenden, um sich anzumelden. Dies ist tatsächlich sicherer als jedes Kennwort, da die Kombination aus Gesten und Bildern eindeutig ist. Die Idee, statt eines Kennworts eine PIN zu verwenden, erscheint mir jedoch mehr als fraglich. Mehr zur Bildcode-Anmeldung finden Sie unter *http://windows.microsoft.com/de-DE/windows-8/picture-passwords#1TC=t1*.

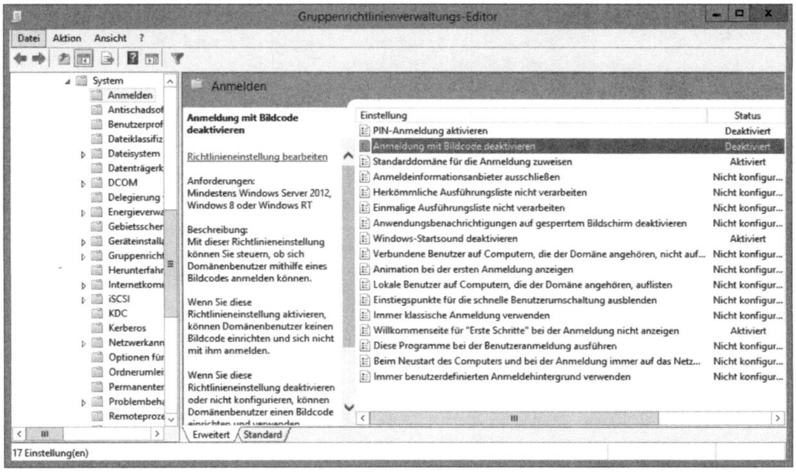

Bild 7.11 Anmeldemethoden festlegen

Sie können verhindern, dass Benutzer sich versehentlich lokal anmelden, indem Sie die Standarddomäne für die Anmeldung festlegen.

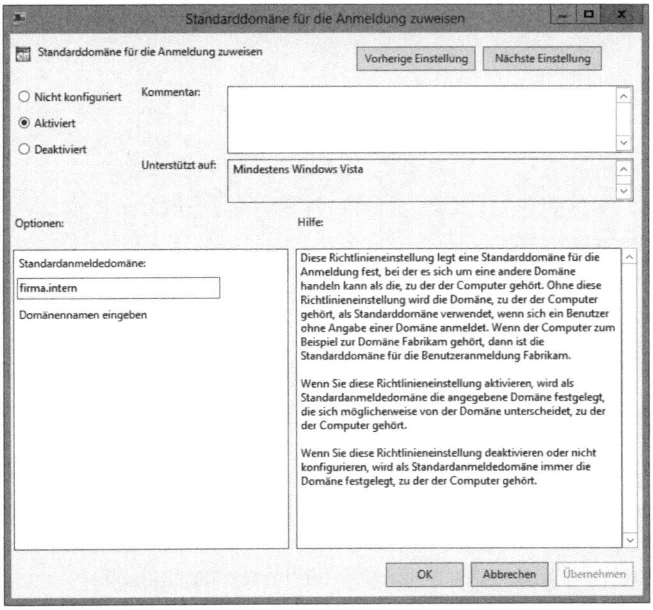

Bild 7.12 Standard-Anmeldedomäne auf testnetz.intern festlegen

Gerade in Großraumbüros kann der Startsound von Computern sehr störend sein. Sie können diesen ganz einfach mit einer Gruppenrichtlinie deaktivieren.

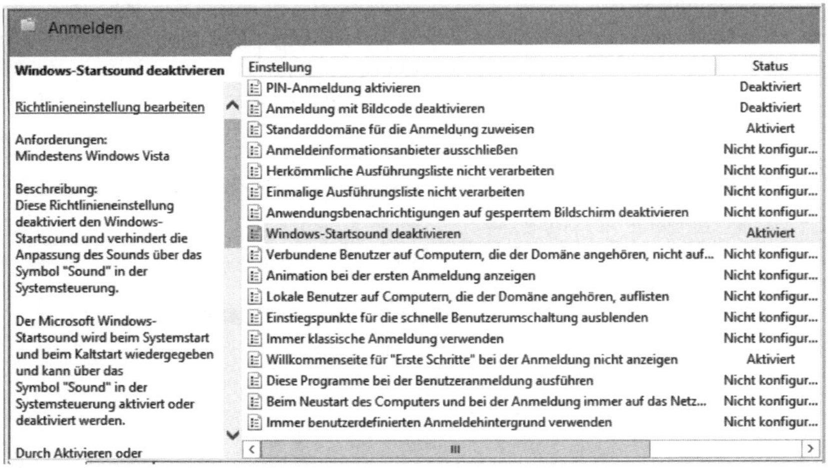

Bild 7.13 Startsound deaktivieren

Die Animation „bei der ersten Anmeldung" ist ein Ärgernis, das normalen Benutzern erspart werden kann. Deaktivieren Sie diese mit der entsprechenden Einstellung.

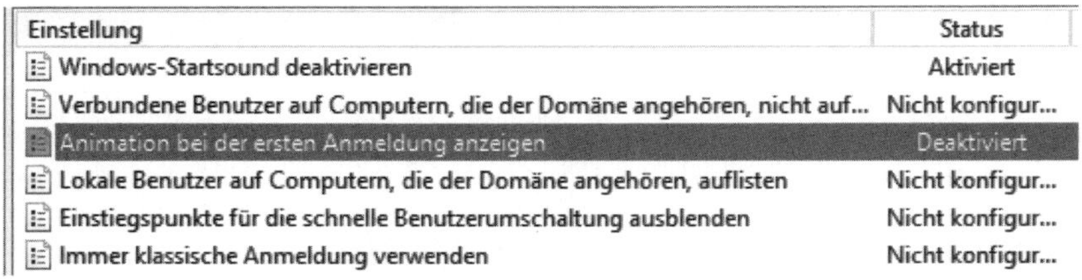

Bild 7.14 Animation ausblenden

7.9 Administrative Vorlagen – System – Gruppenrichtlinie

Wenn mobile Benutzer sich in das Netzwerk einwählen, kann es zu erheblichen Verzögerungen bei der Gruppenrichtlinienverarbeitung kommen. Darum können Sie die Gruppenrichtlinienverarbeitung bei langsamen Verbindungen steuern. Erhöhen Sie den Wert für die Schwelle. Dieser ist normalerweise auf 500 kbps gesetzt.

Neu in 2012

Manchmal kann das System die Bandbreitengeschwindigkeit von DirectAccess-Verbindungen nicht ermitteln und wertet diese entsprechend als langsame Verbindungen aus, was zur Folge hat, dass die Gruppenrichtlinienverarbeitung nur teilweise erfolgt. Um dies zu verhindern, können Sie das System anweisen, nicht erkannte Bandbreitengeschwindigkeiten stattdessen wie schnelle Verbindungen zu behandeln.

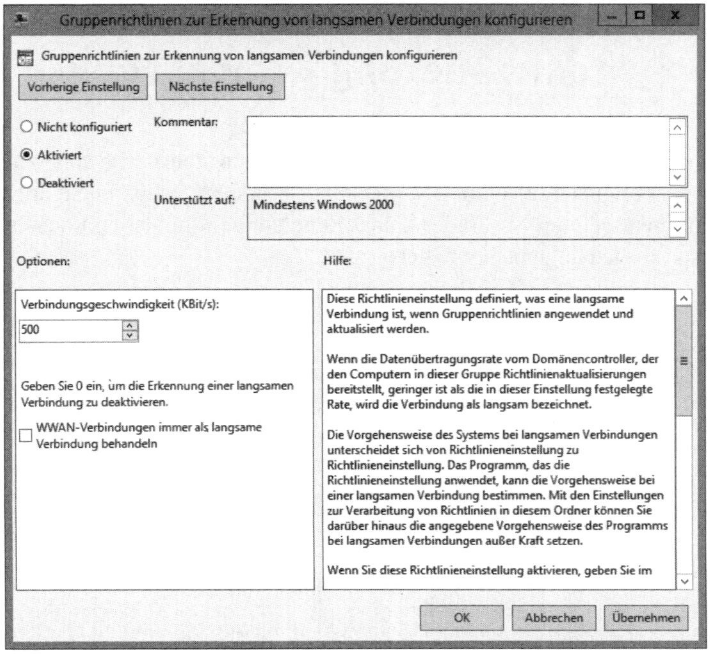

Bild 7.15 Langsame Verbindungen erkennen

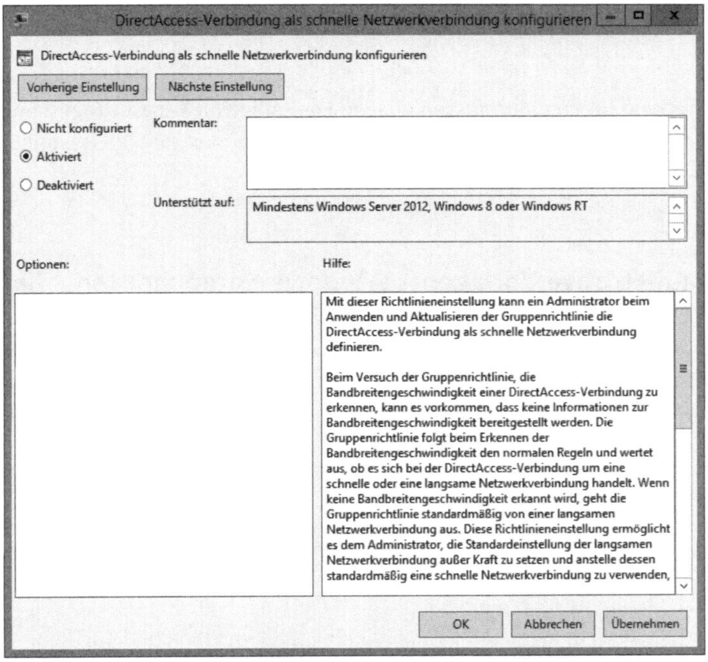

Bild 7.16 DirectAccess als schnelle Verbindung konfigurieren

Der Loopback-Verarbeitungsmodus wurde bereits in Abschnitt 3.7, „Loopbackverarbeitungsmodus“, beschrieben. An dieser Stelle soll er nur kurz erwähnt werden.

7.10 Administrative Vorlagen – Systemsteuerung – Anpassung

Neu in 2012

Um die Eigenschaften des Sperrbildschirms auf der neuen Oberfläche von Windows 8 und Server 2012 zu konfigurieren, können Sie die entsprechenden neuen Einstellungen verwenden. Dies kann insbesondere verhindern, dass Benutzer den Inhalt von Kacheln sehen können, ohne dass sie sich angemeldet haben.

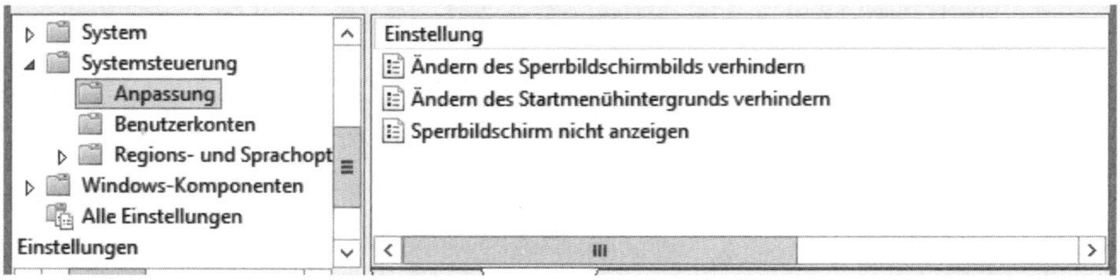

Bild 7.17 Sperrbildschirm konfigurieren

7.11 Administrative Vorlagen – Windows-Komponenten

Die administrativen Vorlagen umfassen eine ganze Reihe von Verwaltungsschnittstellen für eine Vielzahl von Komponenten, Modulen und Diensten des Betriebssystems. Diese sind unter Windows-Komponenten zusammengefasst.

7.11.1 Administrative Vorlagen – Windows-Komponenten – Biometrie

Viele Notebooks der jüngeren Generation verwenden integrierte Fingerabdruckleser. Mit diesen ist eine bequeme und sichere Authentifizierung von Benutzern möglich. Bisher waren diese jedoch nicht über eine standardisierte Softwareunterstützung in die Domäne einbindbar, sondern die Hersteller mussten proprietäre Lösungen entwickeln. Seit Windows 7 und Server 2008 R2 ist es möglich, sich sowohl lokal als auch in der Domäne mithilfe biometrischer Daten anzumelden.

Um die biometrische Anmeldung zu aktivieren, müssen Sie die entsprechenden Richtlinien aktivieren.

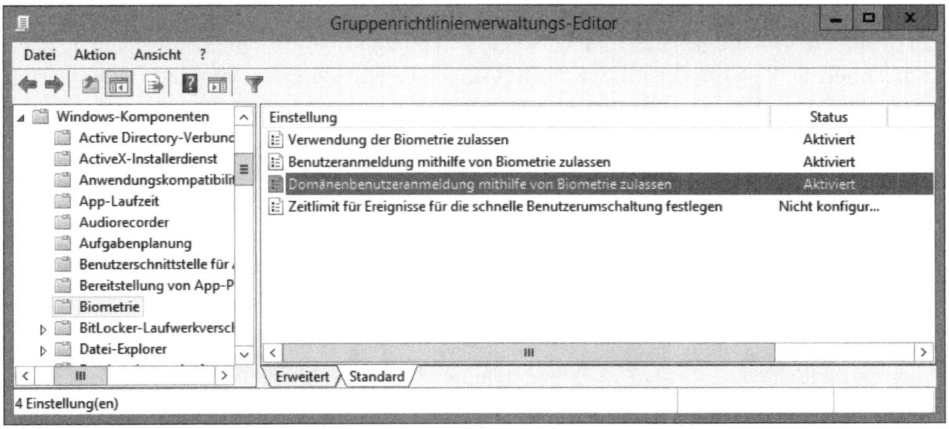

Bild 7.18 Biometrie aktivieren und Anmeldung zulassen

PRAXISTIPP: Beachten Sie, dass Benutzer, die sich biometrisch anmelden, ihre Kennwörter lange Zeit nicht verwenden. Da die Gefahr besteht, dass sie sie vergessen, sollte für sie eine Kennwortrücksetzdiskette erstellt werden. (Diese wird von Microsoft nach wie vor als Kennwortrücksetzdiskette bezeichnet, auch wenn es sich in der Praxis in aller Regel um einen USB-Stick handeln wird.)

7.11.1.1 Administrative Vorlagen – Windows-Komponenten – Desktopminianwendungen/Desktopgadgets

Minianwendungen wurden mit Windows Vista für die Sidebar eingeführt. Unter Windows 7 wird die Sidebar nicht mehr unterstützt, aber die Minianwendungen sind geblieben. Bei Windows 8 sind sie wieder verschwunden. Da jedoch in den meisten Firmennetzwerken Clients unter Windows 7 verwendet werden, soll hier ihre Verwaltung mittels Gruppenrichtlinie weiterhin erläutert werden. Die Desktopminianwendungen (in den neuen Gruppenrichtlinien als Desktopgadgets bezeichnet) stellen verschiedene Unterhaltungs- und Informationsfunktionen für Privatanwender bereit.

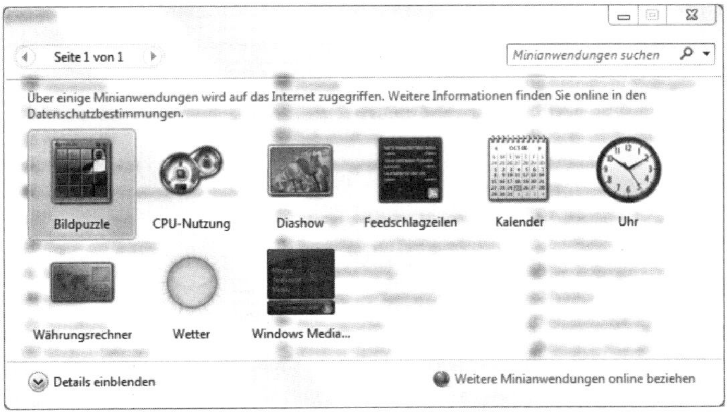

Bild 7.19 Desktopminianwendungen unter Windows 7 Ultimate

Desktopminianwendungen werden nur selten für produktives Arbeiten benötigt. Sie beinhalten jedoch ein beachtliches Ablenkungspotenzial und übermitteln teilweise auch Daten an das Internet. So wird z. B. für das Wetter-Applet der Standort des Benutzers ausgewertet, wenn sein Computer über ein GPS-Interface verfügt.

Darum sollten Sie Benutzern die Installation von Minianwendungen verbieten. Dies gilt insbesondere für zusätzlich herunterladbare Minianwendungen, die nicht signiert sind. Verwenden Sie dazu die entsprechenden Richtlinieneinstellungen.

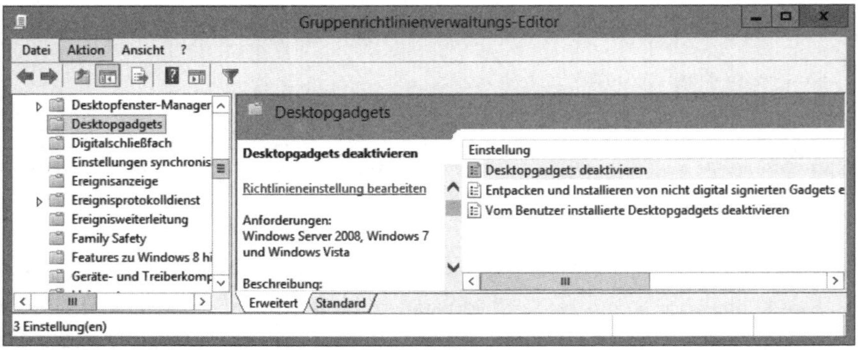

Bild 7.20 Desktopminianwendungen deaktivieren

7.11.1.2 Administrative Vorlagen – Windows-Komponenten – Digitalschließfach

Beim Digitalschließfach (Microsoft Digital Locker) handelt es sich um eine Funktion, die mit Windows Vista eingeführt wurde. Mit ihr lassen sich Programme und Hardware herunterladen, die online im Microsoft Store erworben wurden.

Wenn Sie nicht möchten, dass Benutzer auf Funktionen von Microsoft Store zugreifen, deaktivieren Sie das Digitalschließfach, indem Sie die entsprechende Richtlinieneinstellung aktivieren.

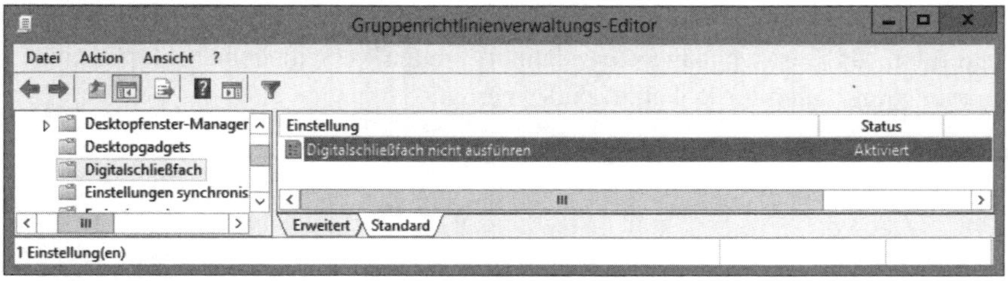

Bild 7.21 Digitalschließfach deaktivieren

7.11.2 Administrative Vorlagen – Windows-Komponenten – Einstellungen synchronisieren

Neu in 2012

Windows 8 und Server 2012 sind in der Lage, mithilfe der Windows Live ID Einstellungen, installierte Apps und deren Konfigurationsdaten, oder etwa gespeicherte Kennwörter, Anmeldeinformationen oder Favoriten des Internet Explorers zwischen verschiedenen

Computern zu synchronisieren. Diese Synchronisation kann mittels Gruppenrichtlinie gesteuert werden.

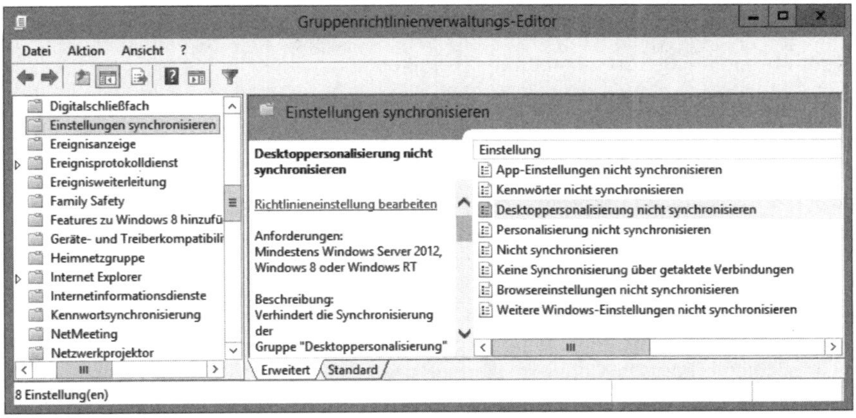

Bild 7.22 Einstellungen synchronisieren

7.11.2.1 Administrative Vorlagen – Windows-Komponenten – Optionen für das Herunterfahren

Hier finden sich zwei nützliche Einstellungen. Unter LEGACYSCHNITTSTELLE FÜR DAS REMOTEHERUNTERFAHREN DEAKTIVIEREN können Sie verhindern, dass Rechner über das Netzwerk heruntergefahren werden. Unter „Zeitlimit für nicht mehr reagierende Sitzungen beim Herunterfahren" können Sie konfigurieren, wie lange das System warten soll, bevor ein Benutzer gewaltsam abgemeldet wird, wenn die Sitzung nicht mehr reagiert.

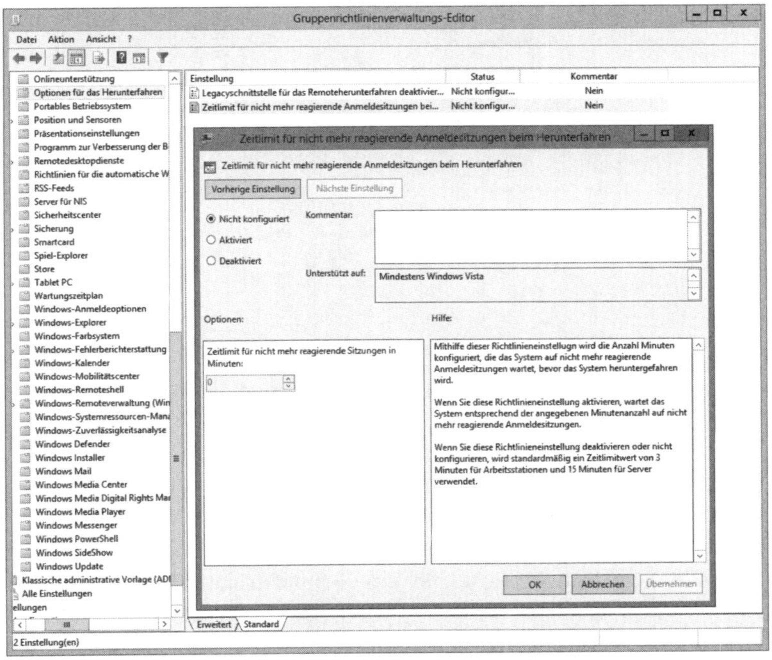

Bild 7.23 Sitzungen, die nicht mehr reagieren, nach einer Minute beenden

7.11.2.2 Administrative Vorlagen – Windows-Komponenten – Family Safety (Parental Controls)

Der Jugendschutz (Parental Controls) ist eine Neuerung, die mit Windows Vista eingeführt wurde. Mit ihr lassen sich unter Windows Vista und Windows 7 Zeiten, Spiele und ausführbare Programme für Benutzerkonten beschränken.

Neu in 2012

Unter Windows 8 und Server 2012 wurde diese Funktion in Family Safety umbenannt, sie steht jedoch standardmäßig nur in Arbeitsgruppen zur Verfügung. Da die Einschränkungen nur für lokale Benutzer zur Verfügung stehen, spielt der Jugendschutz vor allem im privaten Bereich eine Rolle. Im Unternehmensnetzwerk werden in der Regel keine lokalen Benutzerkonten verwendet.

HINWEIS: Wenngleich in den Beschreibungen und der Gruppenrichtlinie der Ausdruck „Jugendschutz“ durch „Family Safety“ ersetzt wurde, müssen Sie in der Suche „Parental Controls“ eingeben, um die Funktion auf einem Windows 8 Computer aufrufen zu können. In der Systemsteuerung erscheint sie dagegen als „Family Safety“.

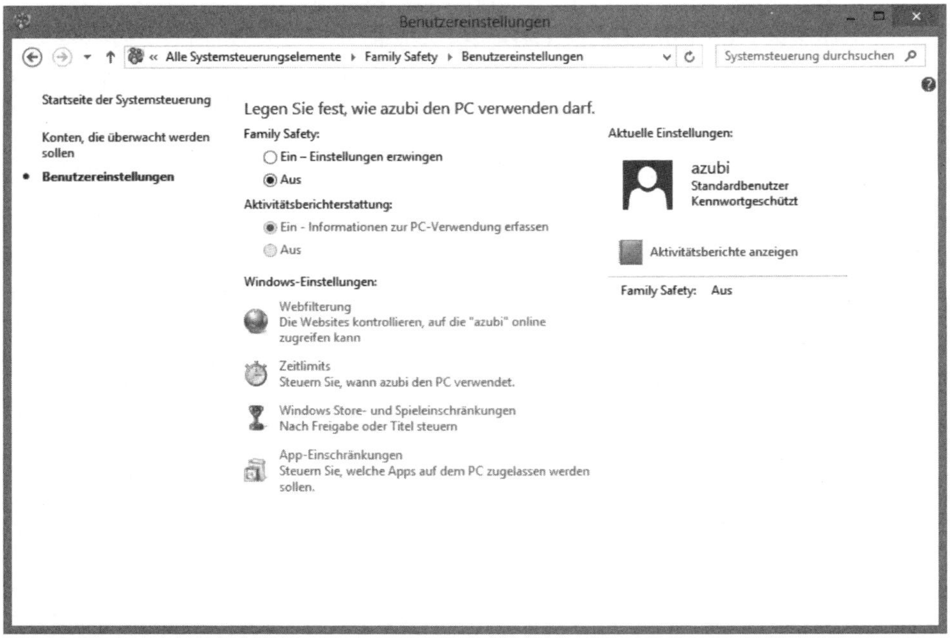

Bild 7.24 Jugendschutz konfigurieren

Auf Mitgliedsrechnern in Domänen ist die Funktionalität des Jugendschutzes für lokale Benutzer standardmäßig deaktiviert. Wenn Sie diese Funktion verwenden möchten (z. B. wenn Sie den Rechner auch zu Hause verwenden wollen oder Auszubildende an dem Rechner arbeiten sollen), müssen Sie diese über eine Gruppenrichtlinie aktivieren.

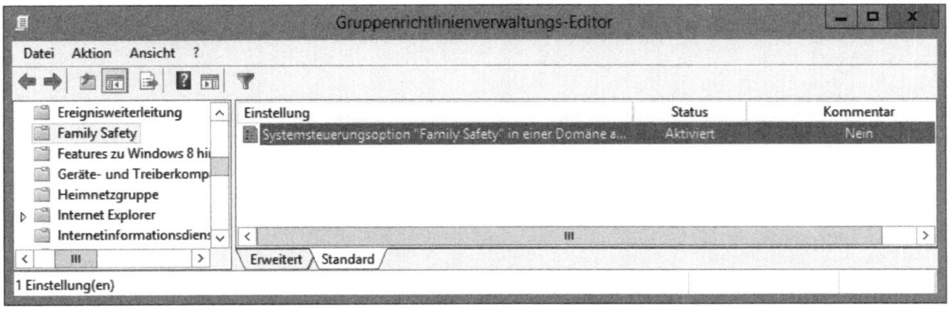

Bild 7.25 Jugendschutz in der Systemsteuerung verfügbar machen

7.11.3 Administrative Vorlagen – Windows-Komponenten – Portables Betriebssystem

Neu in 2012

Mit Windows To Go hat Microsoft für Windows 8 die Möglichkeit geschaffen, das Betriebssystem auf einem externen Medium (USB-Stick der externe Festplatte) zu installieren, und so auf einem beliebigen Computer zu starten. Mithilfe der hier vorgestellten Einstellungen können Sie das Startverhalten eines Windows To Go-Computers festzulegen.

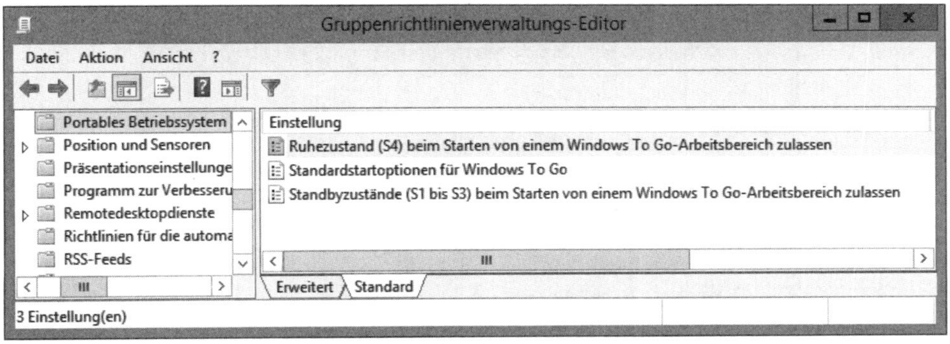

Bild 7.26 Startoptionen für Windows To Go

7.11.3.1 Administrative Vorlagen – Windows-Komponenten – Speicherorte und Sensoren

Die Unterstützung von Sensoren stellt eine Neuerung seit Windows 7 dar. Sie ist gedacht für verschiedenste Arten von Sensoren. So sind unter anderem Helligkeitssensoren für die Steuerung der Bildschirmhelligkeit, Bewegungssensoren und Kompass zusammen mit GPS-Sensoren für die Positionsbestimmung und Navigation sowie Wetter- oder Temperatursensoren für Informationen geplant.

Bei der zugehörigen Richtlinie liegt ein Übersetzungsfehler vor. Es handelt sich nicht um Speicherorte, sondern um die Auswertung von Informationen eines GPS-Sensors.

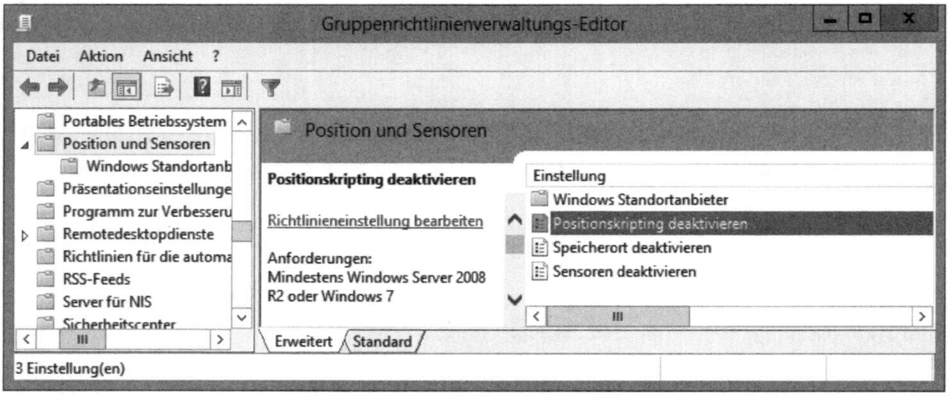

Bild 7.27 Solche „Speicherorte" sind keine Speicherorte

7.11.3.2 Administrative Vorlagen – Windows-Komponenten – Tablet PC

Tablet PCs und Touchscreens werden immer beliebter. Da sie über eine ganze Reihe zusätzlicher Funktionen verfügen, werden nun neue Richtlinien für die Tablet-PC-Steuerung angeboten. Mit ihrer Hilfe können Sie z. B. festlegen, wie bestimmte Arten der Stifterkennung, Eingabebereich und Autovervollständigung funktionieren sollen, oder welche zusätzlichen Tools für das Erlernen von Bedienungsfunktionen verfügbar sein sollen.

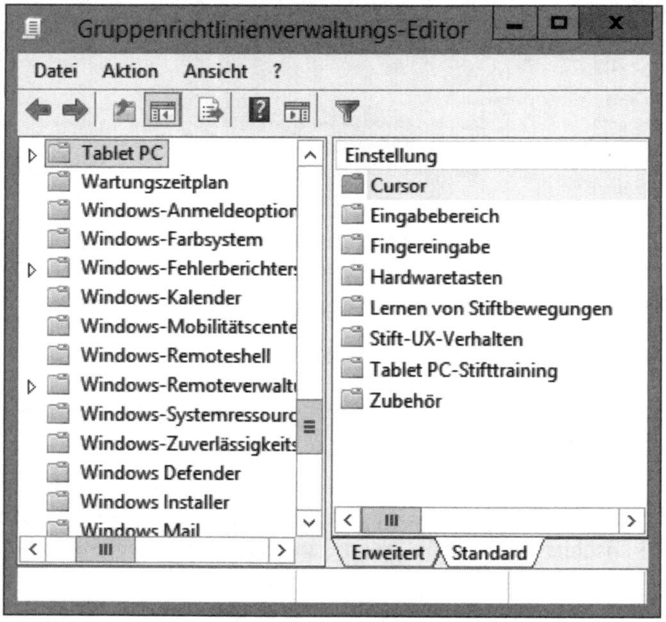

Bild 7.28 Gruppen von Einstellungen für Tablet-PCs

7.11.3.3 Administrative Vorlagen – Windows-Komponenten – Windows-Anmeldung

Clients können ab Windows Vista Informationen zu der letzten erfolgreichen und den letzten erfolglosen Anmeldungen bei der Anmeldung anzeigen. Dies stellt eine nützliche Erweiterung der Sicherheit dar. Zu diesem Zwecke werden vier Attribute des Benutzerobjekts abgefragt, die mit Windows 2008 ins Schema aufgenommen wurden. Diese speichern die im Folgenden aufgeführten Informationen.

msDS-FailedInteraktiveLogonCount: Anzahl der gescheiterten Anmeldeversuche

- msDS-FailedInteractiveLogonCountAtLastSuccessfulLogon
  Anzahl der fehlgeschlagenen Anmeldeversuche zum Zeitpunkt der letzten erfolgreichen Anmeldung
- msDS-LastFailedInteractiveLogonTime
  Zeitpunkt des letzten fehlgeschlagenen Anmeldeversuchs
- msDS-LastSuccessfulInteractiveLogon
  Zeitpunkt des letzten erfolgreichen Anmeldeversuchs

Diese Attribute können Sie auch mit dem Attribut-Editor in den Eigenschaften eines Benutzerkontos einsehen, wenn Sie die erweiterten Features unter ACTIVE DIRECTORY – BENUTZER UND COMPUTER aktiviert haben.

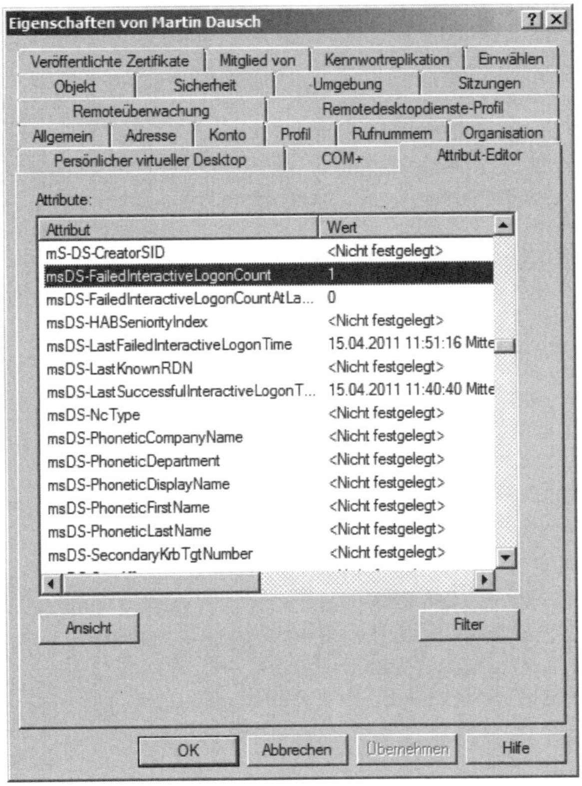

Bild 7.29
Neue Attribute mit Informationen über letzte Anmeldungen

PRAXISTIPP: Damit diese Informationen verarbeitet werden können, muss eine Reihe von Bedingungen erfüllt sein. Sollte eine dieser Bedingungen nicht erfüllt sein, wird die Anmeldung verweigert. Setzen Sie daher die Richtlinie erst nach einem vorsichtigen Test in Ihrer Produktivumgebung ein.

Tabelle 7.2 listet die Bedingungen auf, die erfüllt sein müssen, um eine erfolgreiche Verarbeitung der Richtlinie zu ermöglichen.

Tabelle 7.2 Bedingungen für die Anzeige vorheriger Anmeldungen und fehlgeschlagenen Anmeldeversuche

Bedingung	Erläuterung
Mindestens Domänenfunktionsebene 2008	Da die neuen Attribute erst mit den Schema-Erweiterungen für 2008 eingeführt wurden, sind Domänen mit niedrigeren Funktionsebenen nicht in der Lage, sie auszuwerten. Da es sich bei den Anmeldeinformationen um wichtige Sicherheitsinformationen handelt, wird die Anmeldung verweigert, wenn diese nicht zur Verfügung steht.
Clients mit Betriebssystem Vista oder höher	Clients mit älteren Betriebssystemen sind nicht in der Lage, die Anmeldeinformationen anzuzeigen. Daher wird auf ihnen die Verarbeitung der Informationen nicht ausgeführt. Achten Sie darauf, dass Rechnerkonten mit älteren Betriebssystemen nicht von einer Gruppenrichtlinie betroffen sind, die die Anmeldeinformationen auswertet.
Gruppenrichtlinie gilt für den Speicherort der Computerkonten	Nur wenn die Computerkonten von der Richtlinie betroffen sind, kann diese ausgewertet werden.
Gruppenrichtlinie gilt für Domänencontroller	Damit die Domänencontroller die Anforderung der Clients unterstützen können, die Anmeldeinformationen auszuwerten, muss für sie eine Richtlinie mit den entsprechenden Einstellungen angewendet werden.

ÜBUNG: Gehen Sie folgendermaßen vor, um die Richtlinieneinstellungen zu testen:

- Stellen Sie sicher, dass die Domänenfunktionsebene 2008 oder höher ist.
- Erstellen Sie eine Gruppenrichtlinie (z. B. GPO-Anmeldeinformationen), verknüpfen Sie diese mit einer Organisationseinheit, und öffnen Sie diese im Gruppenrichtlinienobjekt-Editor.
- Erweitern Sie den Knoten COMPUTERKONFIGURATION EN EDITOR.INIENOBJEKT-EDITOR.ENTS UNTERSTÜTZEN KÖNNEN, DIE ANMELDEINFORMATIONEN A.
- Aktivieren Sie die folgenden Einstellungen: INFORMATIONEN ZU VORIGEN ANMELDUNGEN BEI BENUTZERANMELDUNG ANZEIGEN und MELDEN, WENN DER ANMELDESERVER BEI DER BENUTZERANMELDUNG NICHT VERFÜGBAR IST.

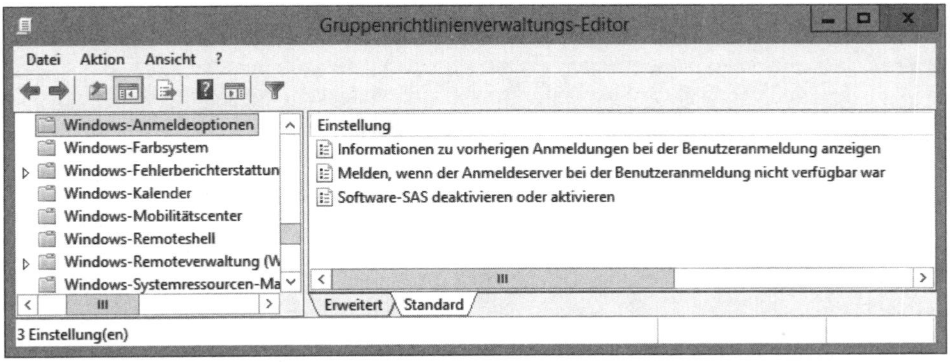

Bild 7.30 Einstellungen zum Testen der Anmeldeoptionen

ÜBUNG:

- Verknüpfen Sie die Gruppenrichtlinie mit einer Organisationseinheit, in der sich ein Testclient mit Windows Vista oder höher befindet.
- Verknüpfen Sie die Gruppenrichtlinie mit der Organisationseinheit Domain Controllers.
- Rufen Sie nun am Testclient und am Domänencontroller `dcpromo.exe` auf.
- Melden Sie sich beim Testclient ab und wieder an.

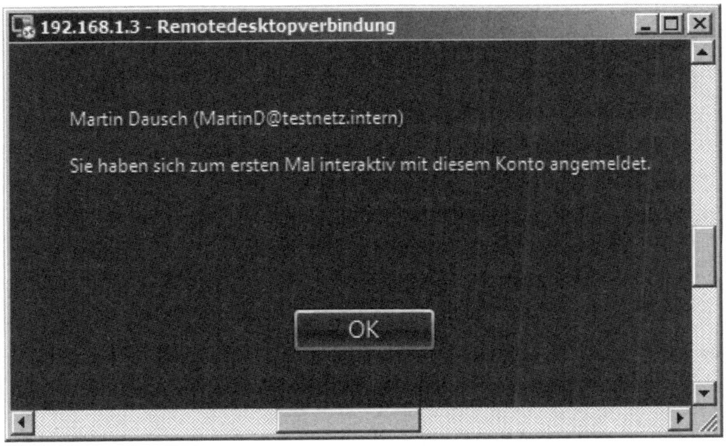

Bild 7.31 Anmeldeinformation bei erster Anmeldung nach Richtlinienanwendung

ÜBUNG:

- Bestätigen Sie mit OK und melden Sie sich anschließend ab.
- Provozieren Sie nun einen fehlerhaften Anmeldeversuch mit einem falschen Kennwort.
- Melden Sie sich anschließend mit dem korrekten Kennwort wieder an.

Sie erhalten nun die in Bild 7.32 dargestellten Informationen.

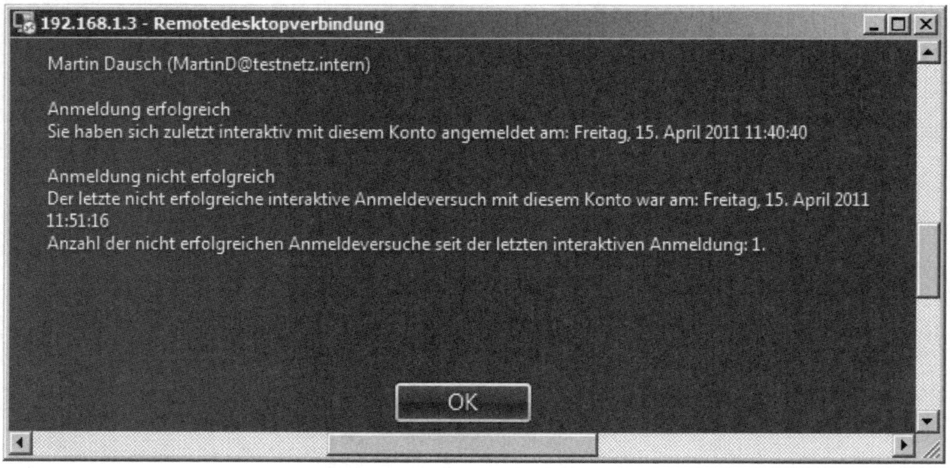

Bild 7.32 Information über gescheiterten Anmeldeversuch

PRAXISTIPP: Die Anmeldeinformationen können hilfreich sein, um Angriffsversuche auf Konten zu erkennen. Achten Sie jedoch auf die eingangs erwähnten Hinweise, da eine fehlerhafte Konfiguration Anmeldungen unmöglich machen kann.

7.11.3.4 Administrative Vorlagen – Windows-Komponenten – Windows-Fehlerberichterstattung

Die Windows-Fehlerberichterstattung soll helfen, Ursachen für Programmfehler zu ermitteln. Sie bietet nach jedem Programmabsturz an, einen Fehlerbericht an Microsoft zu senden, der unter anderem einen Auszug aus dem Hauptspeicher enthält.

Diese Funktion ist hilfreich für Microsoft, jedoch können dabei Daten übermittelt werden, die Sie vielleicht nicht an Microsoft weitergeben möchten. Daher empfehle ich Ihnen, die Funktion zu deaktivieren.

Achten Sie in diesem Zusammenhang besonders darauf, welche Einstellung für welches Betriebssystem gültig ist. So ist etwa die „Fehlerberichterstattung“ nur für Windows XP und Server 2003 gültig, während die „Windows-Fehlerberichterstattung“ für alle Betriebssysteme ab Windows Vista gilt.

Neu in 2012

Ab Windows 8 und Server 2012 können Sie darüber hinaus festlegen, ob bestimmte Funktionen der Windows-Fehlerberichterstattung auch gesendet werden sollen, wenn sich das System im Akkubetrieb befindet oder über kostenpflichtige Breitbandfunkverbindung mit dem Netzwerk verbunden ist. Diese sollten in jedem Fall deaktiviert bleiben.

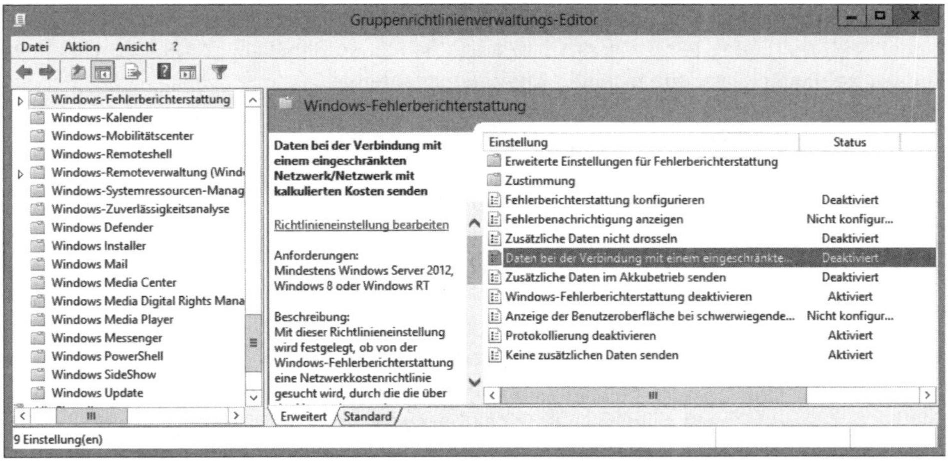

Bild 7.33 Fehlerberichterstattung und Fehlerbenachrichtigungen deaktivieren

PRAXISTIPP: Im Anschluss können Sie auch den Dienst auf deaktiviert setzen. In Abschnitt 6.8, „Systemdienste, Registrierung und Dateisystem“, haben Sie bereits gelernt, wie man Dienste mithilfe der Windows-Sicherheitseinstellungen deaktiviert.

7.11.3.5 Administrative Vorlagen – Windows-Komponenten – Windows-Systemressourcen-Manager

Der Windows-Systemressourcen-Manager (WSRM) bietet die Möglichkeit, bestimmten Prozessen zeitgesteuert Speicher oder Prozessorkapazitäten zuzuweisen. Auf diese Weise können Sie die Serverauslastung optimieren.

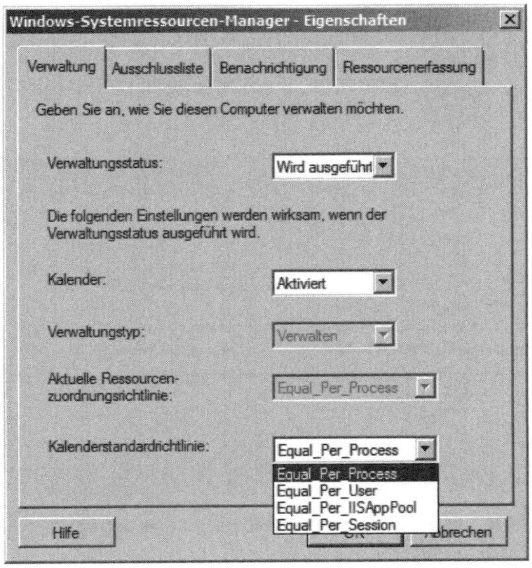

Bild 7.34 Verhalten des Windows-Systemressourcen-Managers steuern

Sie können z. B. auf einem Terminalserver die Einstellung Equal_Per_User statt der Standardeinstellung Equal_Per_Process verwenden. So stellen Sie sicher, dass kein einzelner Benutzer einen anderen durch seine Aktivitäten ausbremst.

Diese Standards lassen sich nicht mit Richtlinien steuern. Einstellungen für die Benachrichtigung mittels E-Mail, das Intervall, in dem Sie Nachrichten senden wollen und ob die Kalenderfunktion aktiviert sein soll, können Sie hingegen über Richtlinien steuern.

PRAXISTIPP: Im ersten Moment scheint es überflüssig, Einstellungen für den Windows-Systemressourcen-Manager mittels Gruppenrichtlinien zu verteilen. Der Großteil der Eigenschaften muss lokal verwaltet werden. Da aber die E-Mail-Adressen und der SMTP-Server zumeist für das ganze Netzwerk gelten, Einstellungen hingegen von der Serverrolle abhängig sind, kann es durchaus hilfreich sein, diese über das Netzwerk zu verwalten.

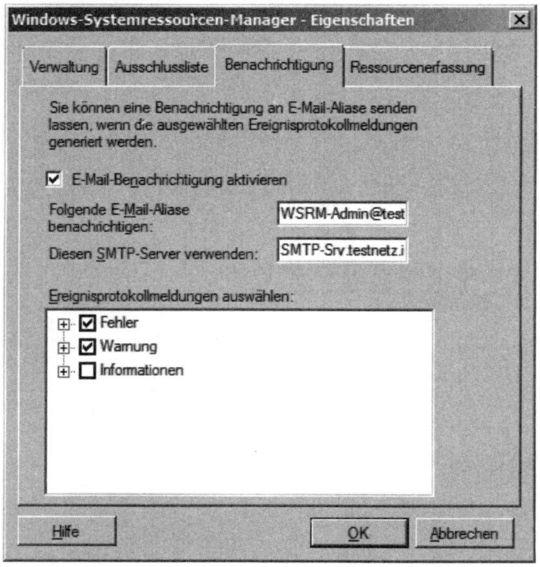

Bild 7.35 Benachrichtigungsadresse und SMTP-Server festlegen

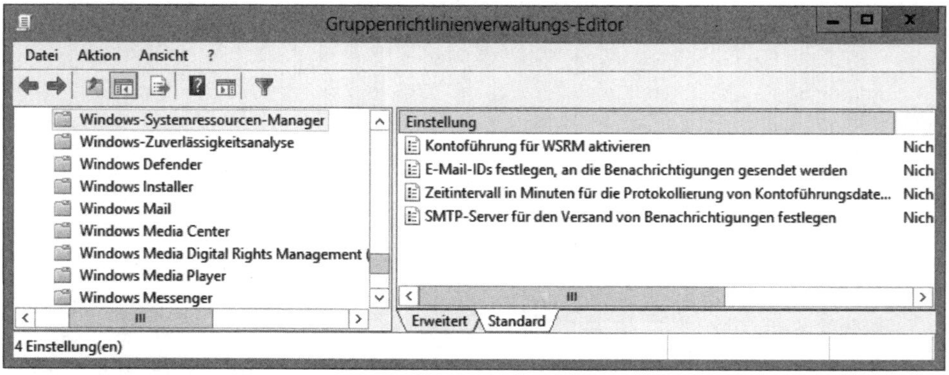

Bild 7.36 Windows-Systemressourcen-Manager konfigurieren

PRAXISTIPP: Standardmäßig erfolgt die Protokollierung der Kontoführung alle 10 Minuten. Sie können diesen Wert zwischen 2 und 60 000 Minuten festlegen. Das Intervall für die Protokollierung des WSRM sollte in großen Netzen erhöht werden. Andernfalls werden Sie eine erhöhte Netzwerklast feststellen.

7.11.3.6 Administrative Vorlagen – Windows-Komponenten – Windows Anytime Upgrade

Windows Anytime Upgrade ist eine Funktion von Windows 7 und Windows Server 2008 R2. Mit Windows Anytime Upgrade kann eine Betriebssystemversion online gegen Zahlung in eine höhere Version umgewandelt werden. Standardmäßig ist diese Funktion aktiviert. Deaktivieren Sie Windows Anytime Upgrade. Unter Windows Server 2012 scheint diese Einstellung nicht mehr verfügbar zu sein.

Neu in 2012

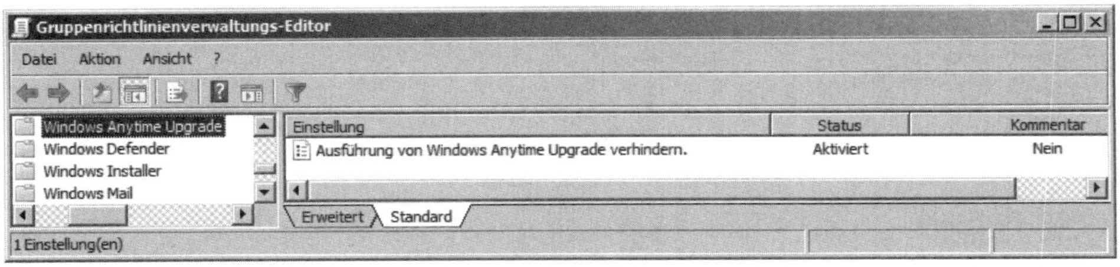

Bild 7.37 Windows Anytime Upgrade deaktivieren

7.11.3.7 Administrative Vorlagen – Windows-Komponenten – Windows Defender

Windows Defender stellt eine der Neuerungen dar, die mit Windows Vista eingeführt wurden. Mit den dazugehörigen Richtlinien können Sie das Verhalten von Windows Defender anpassen. Die Standardeinstellungen definieren, dass beispielsweise Updates standardmäßig vom lokalen WSUS-Server geladen werden. Wenn dieser nicht erreichbar ist, erfolgt Zugriff auf Windows Update im Internet. Die Einstellungen für den Windows Defender sind in aller Regel zufriedenstellend und sollten nur im begründeten Einzelfall angepasst werden.

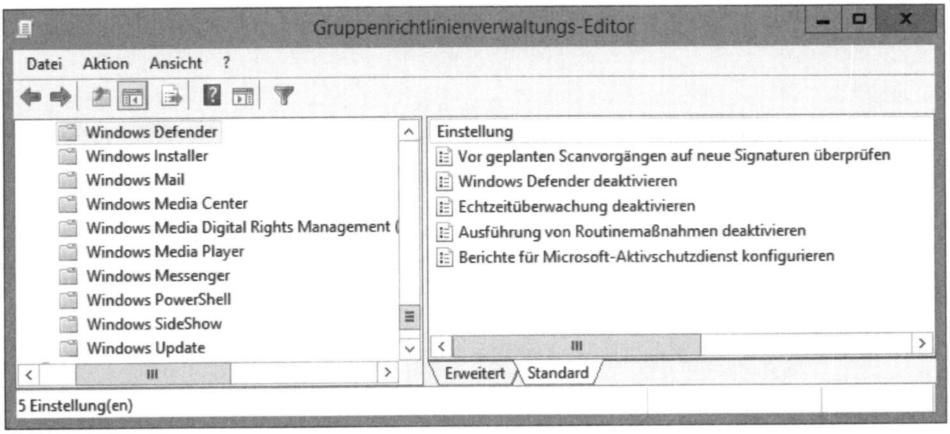

Bild 7.38 Einstellungen für Windows Defender belassen

> **PRAXISTIPP:** Beachten Sie, dass Microsoft Security Essentials und der Defender nicht auf demselben System ausgeführt werden dürfen. Sollten Sie die Microsoft Security Essentials einsetzen, müssen Sie vorher den Defender deinstallieren.

7.11.3.8 Administrative Vorlagen – Windows-Komponenten – Windows Update

In den meisten Netzwerken werden Updates unter Verwendung von Windows Server Update Service (WSUS) lokal verwaltet und verteilt. Damit Clients ihre Updates von der lokalen Instanz des WSUS beziehen, müssen Sie entsprechende Einstellungen über Gruppenrichtlinien vornehmen.

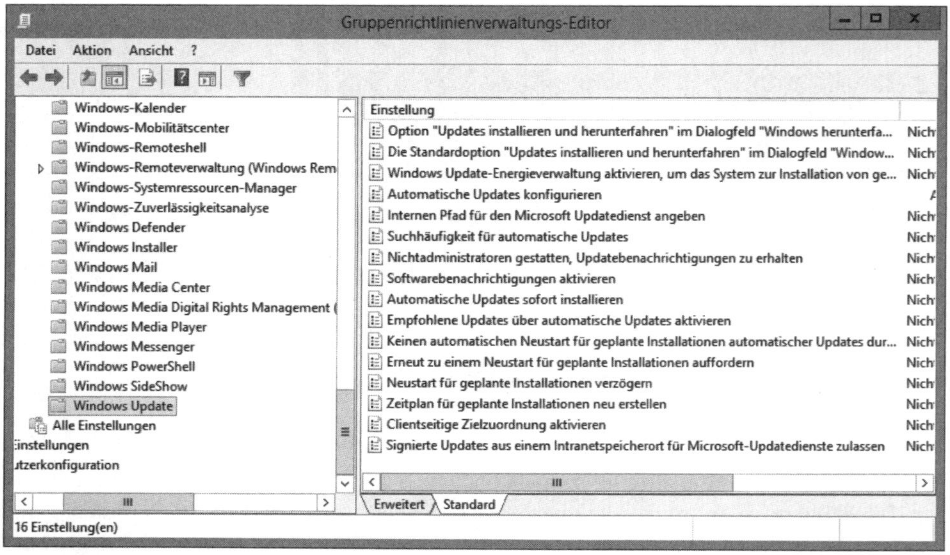

Bild 7.39 Einstellungen für Windows Update

Tabelle 7.3 gibt Ihnen eine Übersicht über die verfügbaren Einstellungen unter Windows Update und Empfehlungen für die zu verwendenden Einstellungen.

Tabelle 7.3 Einstellungen für Windows Update

Einstellung	Erläuterung	Empfohlene Einstellung
Option „Updates installieren und herunterfahren" im Dialogfeld „Windows herunterfahren" nicht anzeigen	Diese Richtlinie steuert das Verhalten des Systems, wenn Benutzer auf START – HERUNTERFAHREN klicken. Wenn Sie die Richtlinie nicht konfigurieren oder deaktivieren, wird standardmäßig vorgeschlagen, Updates zu installieren und den Rechner herunterzufahren, wenn Updates verfügbar sind. Wenn Sie diese Richtlinie aktivieren, wird dies nicht vorgeschlagen.	Nicht konfiguriert oder deaktiviert

Einstellung	Erläuterung	Empfohlene Einstellung
Die Standardoption „Updates installieren und herunterfahren" im Dialogfeld „Windows Herunterfahren" nicht anpassen	Wenn Benutzer auf START – HERUNTERFAHREN klicken, wird normalerweise der zuletzt verwendete Befehl als Standardoption angezeigt. Wenn Sie die Richtlinie nicht konfigurieren oder deaktivieren, wird standardmäßig vorgeschlagen, Updates zu installieren und den Rechner herunterzufahren, wenn Updates verfügbar sind. Wenn Sie diese Richtlinie aktivieren, wird die vorherige Standardaktion beibehalten.	Nicht konfiguriert oder deaktiviert
Windows Update-Energieverwaltung aktivieren, um das System zur Installation von geplanten Updates automatisch zu reaktivieren	Wenn Updates nach Zeitplan installiert werden sollen, kann es passieren, dass sich das System zum Zeitpunkt der geplanten Installation im Energiesparmodus befindet. Ob der Windows Update-Dienst das System reaktivieren kann, wird über diese Einstellung festgelegt. Sollte sich ein Computer zum geplanten Installationszeitpunkt im Akkubetrieb befinden, wird nach zwei Minuten der Windows-Update-Dienst beendet. Die Richtlinie spielt nur dann eine Rolle, wenn Sie den Windows-Update-Dienst für die geplante Installation von Updates nach Zeitplan konfigurieren.	Aktivieren
Automatische Updates konfigurieren	Mit dieser Einstellung legen Sie fest, wie das System mit automatischen Updates verfahren soll. Ihnen stehen bei aktivierten automatischen Updates vier Optionen zur Verfügung: 2 – Vor Herunterladen und Installation benachrichtigen 3 – Automatisch Herunterladen, aber vor Installation benachrichtigen 4 – Automatisch Herunterladen und laut Zeitplan installieren 5 – Lokalen Administratoren ermöglichen, Einstellungen auszuwählen	Wenn die Rechner außerhalb der Arbeitszeiten im Modus „Energie sparen" betrieben werden, bietet sich Option 4 an.

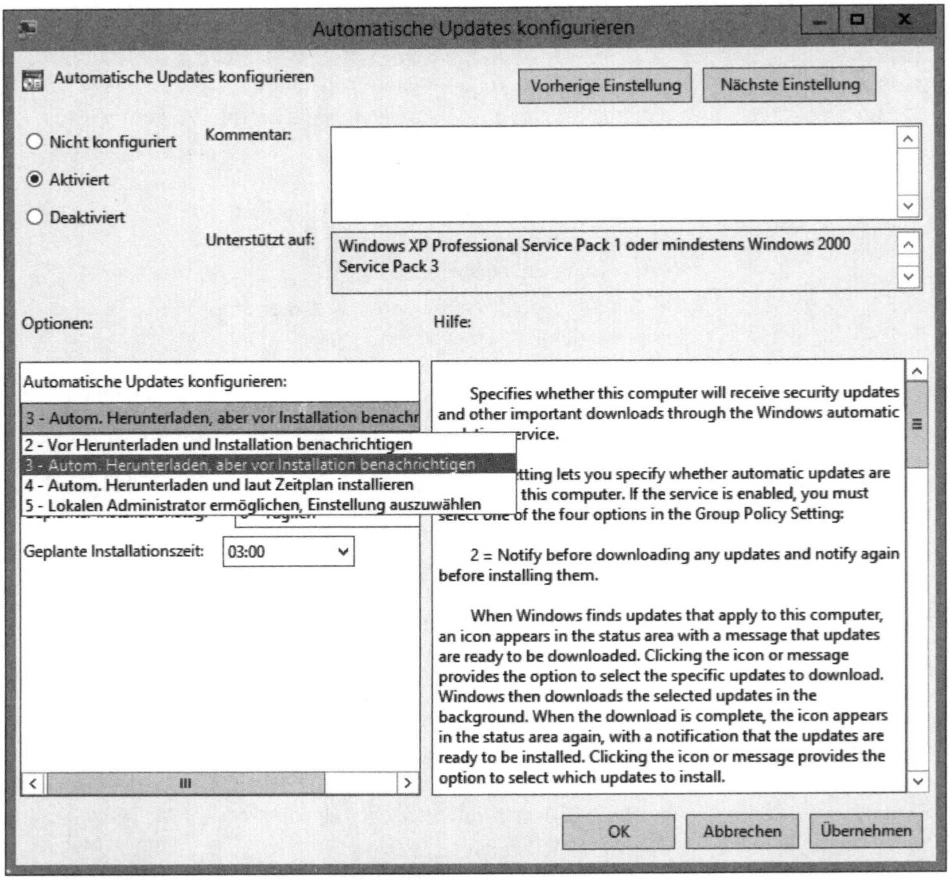

Bild 7.40 Automatische Updates nach Zeitplan aktivieren

Einstellung	Erläuterung	Empfohlene Einstellung
Internen Pfad für den Microsoft Updatedienst angeben	Hier können Sie konfigurieren, von welchem WSUS-Server die Clients ihre Updates beziehen sollen. Daneben können Sie den Server definieren, auf dem die Statistiken zu den verteilten Updates verwaltet werden sollen. Dies kann entweder derselbe Server sein, auf dem die Updates verwaltet und verteilt werden, oder Sie verwenden einen SQL-Server, der eine zentralisierte Verwaltung der Statistiken ermöglicht. Achten Sie dabei auf das Format, in dem die Informationen anzugeben sind.	Aktiviert

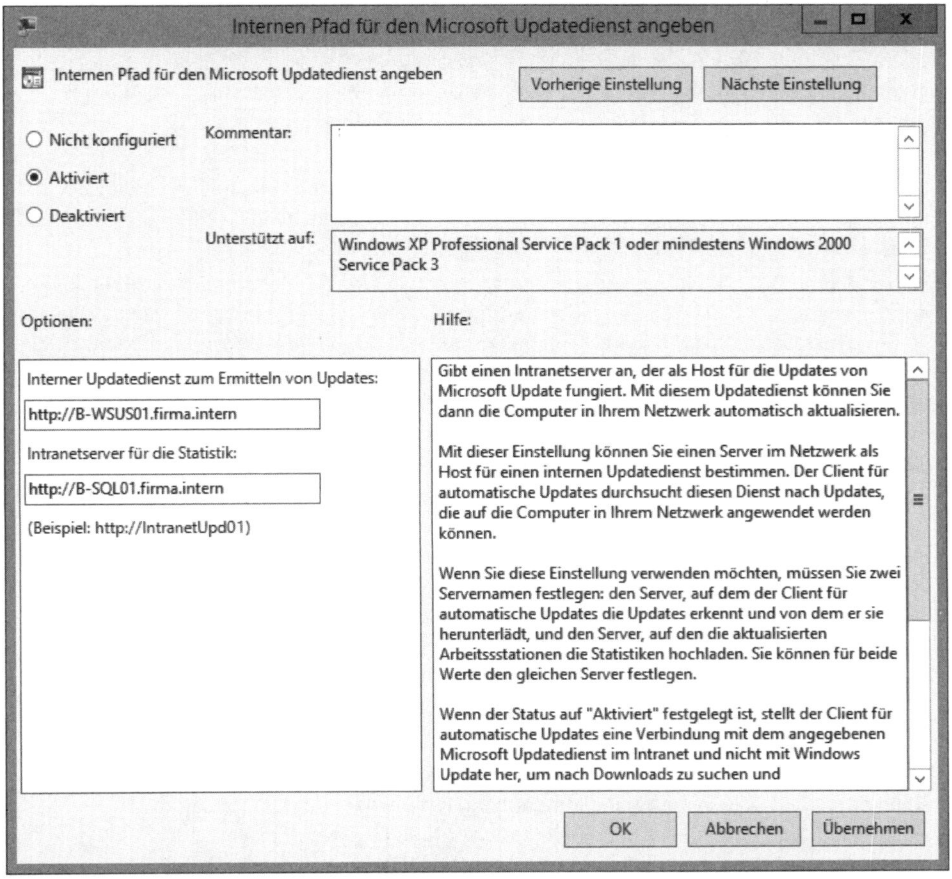

Bild 7.41 Pfade für WSUS konfigurieren

Einstellung	Erläuterung	Empfohlene Einstellung
Suchhäufigkeit für automatische Updates	Intervall, in dem bei aktivierten automatischen Updates der WSUS-Server befragt wird. Defaultwert sind 22 Stunden mit einer Abweichung von +/– 20 %.	Nicht konfiguriert
Nichtadministratoren gestatten, Update-Benachrichtigungen zu erhalten	Wenn Sie die automatischen Updates für Benachrichtigungen konfiguriert haben, können Sie hier festlegen, ob Nichtadministratoren diese Nachrichten erhalten sollen. Wenn Nichtadministratoren benachrichtigt werden, können Sie automatisch auch Updates installieren, ohne erhöhte Rechte anfordern zu müssen. Zu den Details bei verschiedenen Betriebssystemen lesen Sie gegebenenfalls bitte die Hilfe.	Nicht konfiguriert
Software-Benachrichtigungen aktivieren	Wenn Sie Software-Benachrichtigungen aktivieren, werden Benutzer über optional von Microsoft Update angebotene Erweiterungen ausführlich informiert. Dies ist im Unternehmensnetzwerk in aller Regel nicht gewünscht.	Nicht konfiguriert oder deaktiviert

Einstellung	Erläuterung	Empfohlene Einstellung
Automatische Updates sofort installieren	Hier geht es um automatische Updates, die keine Dienste anhalten müssen und keinen Neustart des Systems benötigen.	Aktiviert
Empfohlene Updates über automatische Updates aktivieren	Wenn zusätzlich zu wichtigen Updates auch empfohlene automatisch verteilt werden sollen, können Sie diese Einstellung aktivieren	Aktiviert
Keinen automatischen Neustart für geplante Installationen automatischer Updates durchführen, wenn Benutzer angemeldet sind	Normalerweise werden Benutzer gewarnt, dass in fünf Minuten ein Neustart erfolgt, wenn geplante Updates nach Zeitplan installiert wurden und ein Neustart ansteht. Sie können diese Richtlinie aktivieren, um Benutzern zu ermöglichen, ohne Hinweis weiterzuarbeiten. Die Installation wird erst abgeschlossen, wenn der Rechner das nächste Mal neu gestartet wird.	Nicht konfiguriert oder Deaktiviert
Erneut zu einem Neustart für geplante Installationen auffordern	Wenn ein Benutzer für die Beendigung einer geplanten Update-Installation zu einem Neustart aufgefordert wurde und diesen ablehnt, wird er standardmäßig nach 10 Minuten erneut aufgefordert. Hier können Sie ein abweichendes Intervall angeben.	Nicht konfiguriert
Neustart für geplante Installationen verzögern	Standardmäßig wartet das System nach einer geplanten Update-Installation 15 Minuten, ehe es zum Neustart auffordert. Dieses Intervall können Sie beeinflussen.	Nicht konfiguriert
Zeitplan für geplante Installationen neu erstellen	Wenn eine Installation zu einem geplanten Zeitpunkt nicht möglich war, kann nach dem nächsten Neustart eine Verzögerung konfiguriert werden. Der Grund: Der Benutzer soll erst mit der Arbeit beginnen können, wenn das System durch Installationen weiter belastet wird. In manchen Fällen ist das System nach dem Start relativ stark ausgelastet, bis alle Dienste laufen und die Netzwerkverbindungen aufgebaut sind. In der Regel reicht hier aber das Standardintervall von einer Minute.	Nicht konfiguriert
Clientseitige Zielzuordnung aktivieren	Sie können im WSUS unterschiedliche Updates für unterschiedliche Zielgruppen konfigurieren. Normalerweise werden hierzu auch die Gruppen im WSUS verwaltet. Wenn Sie stattdessen die Einstellungen für die Clients mit GPOs verwalten möchten, können Sie hier Zielgruppennamen definieren und die Richtlinie aktivieren.	Nicht konfiguriert
Signierte Updates aus einem Intranet-Speicherort für Microsoft-Updatedienste zulassen	Normalerweise werden nur von Microsoft signierte Updates über den WSUS verteilt. Wenn Sie auch Updates verteilen möchten, die von anderen Herstellern signiert sind, müssen Sie diese Einstellung aktivieren und das Zertifizierungsstellenzertifikat des Herstellers der Liste der vertrauenswürdigen Herausgeber hinzufügen.	Nicht konfiguriert

8 Windows-Einstellungen Benutzerkonfiguration

In diesem Kapitel:

- Welche Windows-Einstellungen im Bereich „Benutzerkonfiguration" sind sinnvoll?
- Die Verwendung von Anmeldeskripten
- Was muss ich beim Umgang mit Softwarebeschränkungen auf Benutzerebene beachten?
- Die Arbeit mit servergespeicherten Profilen im Überblick
- Wie beeinflusse ich die Netzwerkleistung und Anmeldegeschwindigkeit mit Ordnerumleitungen positiv?
- Internet Explorer-Wartung mit dem Internet Explorer Administration-Kit

8.1 Einführung

Im Bereich Windows-Einstellungen der Benutzerkonfiguration werden viel weniger Richtlinien angeboten als unter Windows-Einstellungen der Computerkonfiguration. Dies liegt daran, dass die meisten Sicherheitseinstellungen systemweit gelten und daher unabhängig vom angemeldeten Benutzer auf dem Computer angewendet werden.

Bild 8.1 Übersicht über Windows-Einstellungen im Bereich Benutzerkonfiguration

Anmeldeeinstellungen und die Profilverwaltung sind hingegen benutzerspezifisch und können über die Windows-Einstellungen der Benutzerkonfiguration beeinflusst werden.

Auch Einschränkungen bezüglich Software und Richtlinien für öffentliche Zertifikate, QoS (Quality of Service, Einschränkung der Bandbreite für bestimmte Arten von Netzwerkverkehr) und Einstellungen für die Internet Explorer-Wartung können unter Windows-Einstellungen der Benutzerkonfiguration vorgenommen werden.

■ 8.2 An- und Abmeldeskripts

Seit den Zeiten von Windows NT können Sie bei der Anmeldung Netzlaufwerke und Drucker über Skripte zuweisen. Dies wird auch unter Windows Server 2012 und Windows 8 unterstützt, wenngleich mit den Einstellungen der Gruppenrichtlinien hier neue Möglichkeiten eingeführt wurden. Diese neuen Möglichkeiten erläutere ich in Kapitel 10, „Einstellungen“.

Weil viele Administratoren aber nach wie vor mit Skripten arbeiten, finden Sie im Folgenden einige Beispiele mit Erläuterungen.

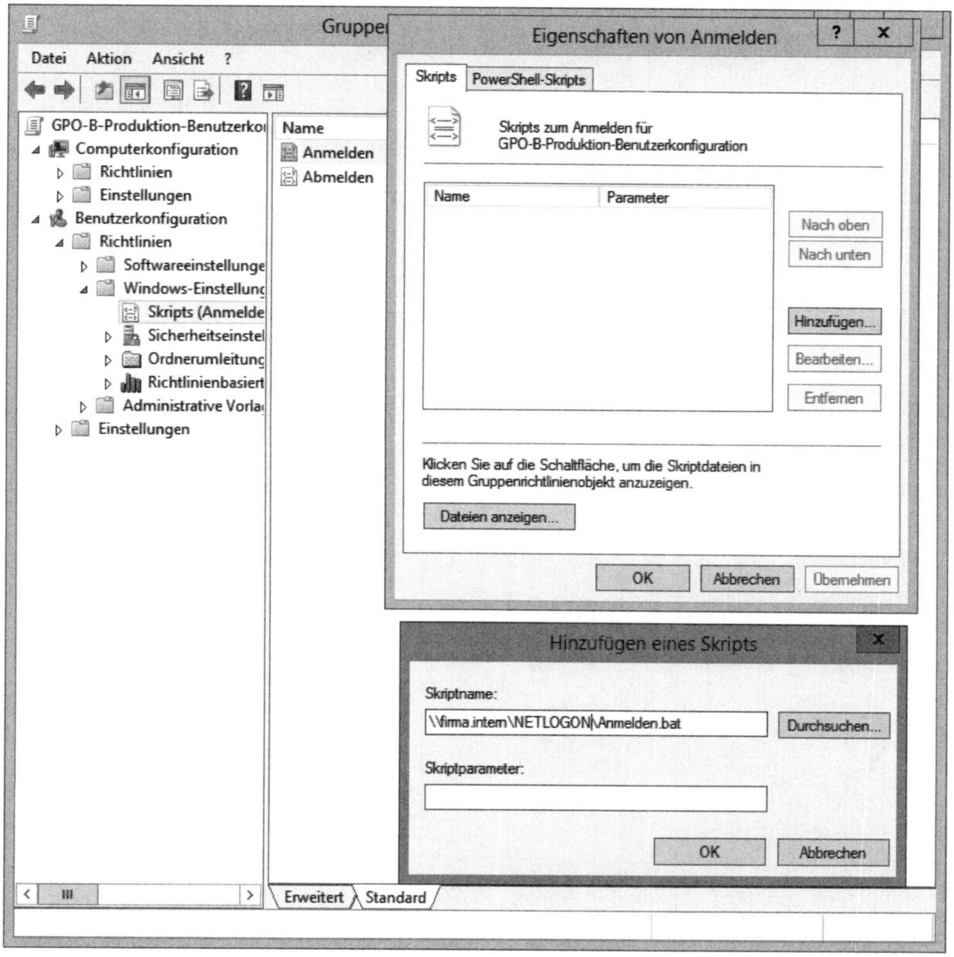

Bild 8.2 Einbinden eines Anmelde-Skripts per Gruppenrichtlinienverwaltungs-Editor

8.2.1 Beispiel: Anmelden.bat

```
@ECHO OFF
REM Aus- und Einschalten der Bildschirmausgabe

REM con2prt war Bestandteil des Windows NT 4.0 Zero Administration Kit und wird
von Microsoft nicht mehr zum Download angeboten
REM Download deshalb bitte per Suchmaschine und „con2prt.exe download“
REM Alle Optionen anzeigen lassen mit „con2prt /?“ oder „con2prt /h“

REM Damit Con2Prt von der Batchdatei verarbeitet werden kann, muss es im
REM Netlogon-Verzeichnis, in dem die Skripten liegen, gespeichert werden.
```

```
REM ifmember ist Bestandteil des Windows Server 2003 Resource Kit Tools
REM Download unter
http://www.microsoft.com/downloads/en/
details.aspx?familyid=9d467a69-57ff-4ae7-96ee-b18c4790cffd&displaylang=en

REM Damit ifmemember von der Batchdatei verarbeitet werden kann, muss es im
REM Netlogon-Verzeichnis, in dem die Skripten liegen, gespeichert werden.

REM Trennen aller verbundenen Netzwerkdrucker
con2prt /f

REM Zuweisen eines Netzwerkdruckers
con2prt /c \\192.168.178.100\HP2055dn

REM Zuweisen eines Netzwerkdruckers als Standarddrucker
con2prt /cd \\JetDirect\HP4015x

REM Trennen aller gemappten Laufwerke
REM Alle Optionen anzeigen lassen mit z.B. „net use /help“
net use * /delete

REM Verbinden mit Freigaben ohne Gruppenbeschränkung
net use m: \\192.168.178.10\Organisation /persistent:no

REM Verbinden mit Freigaben nach Gruppenzugehörigkeit - Gruppe Administratoren
ifmember Administratoren
if not errorlevel 1 goto weiter
net use n: \\HP_Proliant\Software /persistent:no
:weiter

REM Verbinden mit Freigaben nach Gruppenzugehörigkeit - Gruppe Lektorat
ifmember Lektorat
if not errorlevel 1 goto weiter
net use o: \\TerraStation\Lektorat /persistent:no

:weiter
@ECHO ON
```

8.2.2 Beispiel: Abmelden.bat

```
@ECHO OFF
REM Aus- und Einschalten der Bildschirmausgabe

REM con2prt war Bestandteil des Windows NT 4.0 Zero Administration Kit und
wird von Microsoft nicht mehr zum Download angeboten
REM Download deshalb bitte per Suchmaschine und „con2prt.exe download“
REM Alle Optionen anzeigen lassen mit „con2prt /?“ oder „con2prt /h“

REM Trennen aller verbundenen Netzwerkdrucker
con2prt /f

REM Trennen aller gemappten Laufwerke
REM Alle Optionen anzeigen lassen mit z.B. „net use /help“
net use * /delete

@ECHO ON
```

8.3 Software-Einschränkungen

Software-Einschränkungen können sowohl für Benutzer als auch für Computer konfiguriert werden. Sie müssen nun entscheiden, wo eine Software-Einschränkung gelten soll oder ob Sie AppLocker verwenden möchten. Einige Anregungen können Sie der Tabelle 8.1 entnehmen.

Tabelle 8.1 Entscheidungshilfen für Software-Einschränkungen

Software-Einschränkung für Computer	Die Einschränkung soll gelten, weil sich das System an einem besonderen Ort befindet (z. B. eine Hotel-Lobby, ein Internet-Cafe oder ein Hochsicherheitsbereich).
Software-Einschränkung für Benutzer	Die Einschränkung wird benötigt, weil unterschiedliche Benutzer an einem System arbeiten müssen (z. B. ein Rechner, an dem Ausbilder und Praktikanten abwechselnd arbeiten).
AppLocker (nur für Computer anwendbar)	Mit Software-Einschränkungen werden Anwendungen generell für alle Benutzer eines Computers oder für alle Rechner, an denen sich ein Benutzer anmeldet, gesteuert. Mit AppLocker werden jedoch quasi Anwendungsberechtigungen vergeben. Man legt etwa fest, dass Benutzer A Anwendung X verwenden darf, Benutzer B aber am gleichen Rechner nicht. Benutzer B darf Anwendung X hingegen an Rechner 2 verwenden. Applocker kann als Ersatz für Software-Einschränkungen verwendet werden, wenn die Betriebssysteme mindestens Windows 7 oder Server 2008 R2 sind. Wenn AppLocker für einen Computer unter Windows 7 oder Server 2008 R2 definiert ist, werden Software-Einschränkungen von diesem System nicht mehr verarbeitet.

HINWEIS: Als Sonderweg besteht die Möglichkeit, eine Einschränkung für Benutzer zu konfigurieren und dann mittels Loopback-Verarbeitungsmodus der Richtlinie auf den Computer anzuwenden. Da im Fall von Software-Einschränkungen aber eine direkte Einstellung im Bereich Computerkonfiguration möglich ist, ergibt dies keinen Sinn.

Weitere Informationen zur Konfiguration von Software-Einschränkungen finden Sie in Abschnitt 6.9.6, „Softwareeinschränkungen“.

8.4 Profile und Ordnerumleitungen

8.4.1 Aus der Praxis

Im Unternehmensnetzwerk werden die Server im zentralen Backup gesichert, die Arbeitsstationen nur sporadisch von den Benutzern selber. Obwohl es eine Anweisung gibt, die Datenablage nur auf den Netzlaufwerken zu betreiben, gehen immer wieder Daten verloren, die lokal unter „Eigene Dateien“ gespeichert wurden.

Daraufhin entscheidet die IT-Leitung, auf servergespeicherte Profile umzusteigen. Damit soll die Datenverfügbarkeit erhöht werden. Es werden zwei zusätzliche Server für die Niederlassungen in Berlin und München angeschafft, auf denen die Benutzerprofile der jeweiligen Standort-Benutzer gespeichert werden. Allerdings beklagen sich nun die Mitarbeiter über extrem lange Wartezeiten bei der Anmeldung. Insbesondere mobile Mitarbeiter beklagen, dass der Anmeldevorgang unzumutbar lange dauert und ihnen danach nicht immer alle benötigten Verzeichnisse und Dateien zur Verfügung stehen.

Sie lösen dieses Problem, um Datenverfügbarkeit auf der einen sowie akzeptable Anmeldezeiten auf der anderen Seite gewährleisten zu können.

8.4.2 Einführung

Das Grundproblem des beschriebenen Szenarios betrifft die Art und Weise, wie Windows mit Profilen arbeitet. Entweder man verwendet lokale Profile, dann ist der Zugriff schnell, während die dezentrale Datensicherung ein Problem darstellt. Verwendet man stattdessen servergespeicherte Profile, lässt sich zwar die Datensicherung zentralisieren, doch sind dafür bei jeder An- und Abmeldung langwierige Datenübertragungen nötig. Genau an dieser Stelle greift mit den Ordnerumleitungen ein Werkzeug der Gruppenrichtlinien.

8.4.3 Ordnerumleitungen

Ordnerumleitungen dienen dazu, den Anmeldeprozess bei servergespeicherten Profilen deutlich zu beschleunigen. Eine ganze Reihe von Informationen muss normalerweise für den Anmeldeprozess vom servergespeicherten Profil auf das lokale System übertragen werden. Dazu zählen unter anderem eigene Dateien, temporäre Internetdateien, Anwendungsdaten und das Startmenü.

Von all diesen Dateien benötigt man für die eigentliche Benutzersitzung nur einen kleinen Teil. Wie löst man dieses Problem? Wenn man auf ein Netzlaufwerk zugreift, muss ja auch nicht der gesamte Inhalt übertragen werden. Es genügt, das Inhaltsverzeichnis zu übertragen. Die eigentliche Datenübertragung erfolgt erst, wenn die Daten auch wirklich aufgerufen werden.

Genau so arbeiten Ordnerumleitungen. Die eigenen Dateien werden aus dem Profil entfernt. An ihrer Stelle wird ein Netzlaufwerk verknüpft und dadurch der Anmeldeprozess deutlich beschleunigt sowie das Netzwerk entlastet.

8.4.3.1 Ordnerumleitung vorbereiten

Bevor Sie die eigentlichen Ordnerumleitungen konfigurieren, sind einige Vorbereitungen nötig. Sie müssen:

- Freigaben für Profile und Basisordner erstellen
- Benutzerkonten für servergespeicherte Profile konfigurieren
- Benutzerkonten Basisordner zuweisen

Legen Sie zunächst zwei Ordner auf einem Server an, und geben Sie diese frei. Vergeben Sie dabei für die Gruppe „Jeder" die Freigabeberechtigung „Vollzugriff". Öffnen Sie nun die Eigenschaften eines Benutzerkontos, und klicken Sie auf das Register PROFIL. Geben Sie unter Profilpfad den UNC-Pfad der Freigabe an, die Sie im ersten Schritt erstellt haben, z. B. \\Fileserver\Profile. Ergänzen Sie diesen um die Variable %username%. Diese wird vom System in den Benutzernamen umgewandelt und beim Kopieren des Benutzers werden in den Kopien die Pfade für die neuen Benutzer entsprechend individualisiert.

PRAXISTIPP: Manche Eigenschaften lassen sich auch für Mehrfachobjekte konfigurieren. Profilpfad und Basisordner zählen zu diesen. Markieren Sie hierzu mehrere Benutzer und klicken Sie im Kontextmenü auf EIGENSCHAFTEN. Gehen Sie zum Register PROFIL und konfigurieren Sie die Eigenschaften wie gehabt.

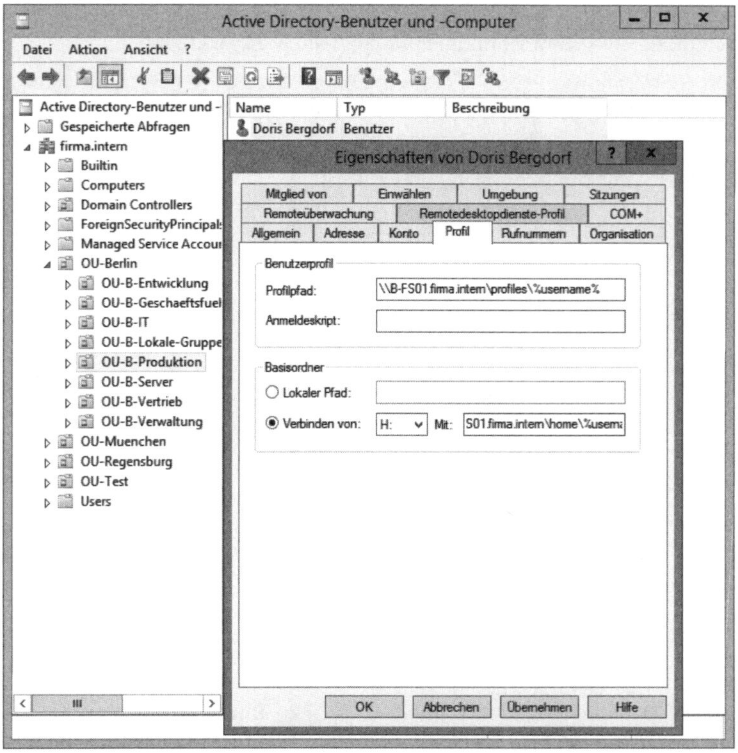

Bild 8.3 Profilpfad und Basisordner konfigurieren

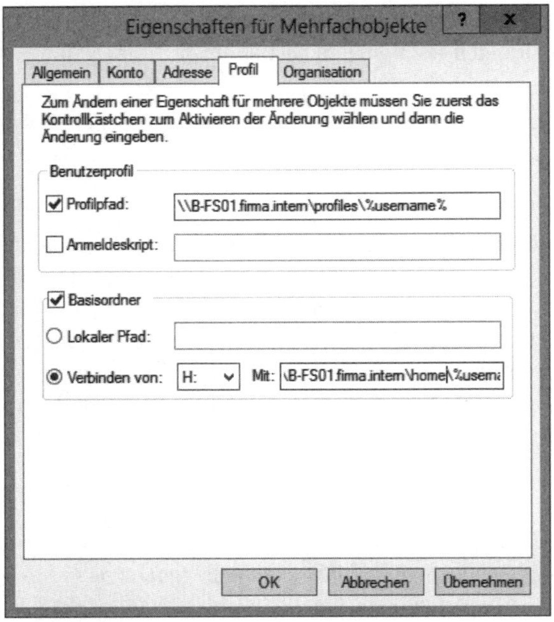

Bild 8.4
Eigenschaften von Mehrfachobjekten bearbeiten

8.4.3.2 Ordnerumleitungen konfigurieren

Erweitern Sie im Gruppenrichtlinienverwaltungs-Editor den Knoten BENUTZERKONFIGURATION - RICHTLINIEN - WINDOWS-EINSTELLUNGEN - ORDNERUMLEITUNG.

Markieren Sie den Datentyp, den Sie umleiten möchten, z. B. APPDATA (ROAMING) und rufen Sie im Kontextmenü EIGENSCHAFTEN auf.

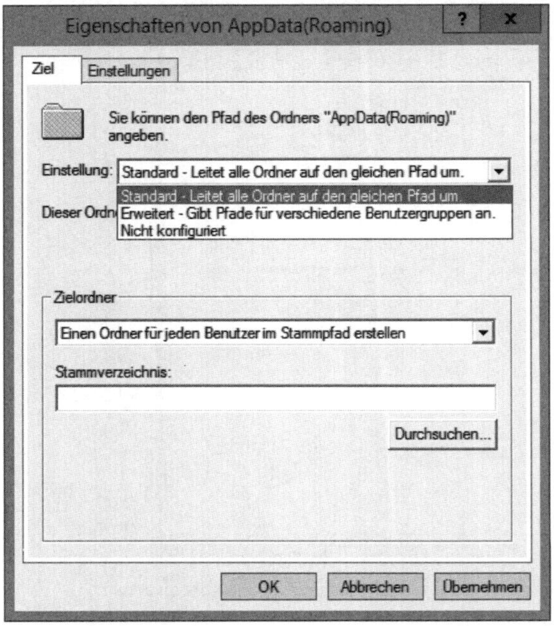

Bild 8.5
Ordnerumleitung für alle Benutzer einrichten

Wählen Sie nun im Rollfeld unter EINSTELLUNGEN, ob unterschiedliche Pfade für verschiedene Benutzergruppen verwendet werden sollen oder ob Sie für alle Benutzer einen gemeinsamen Pfad wollen.

PRAXISTIPP: In aller Regel bietet sich die Verwendung eines gemeinsamen Pfades an. Unterschiedliche Pfade für Benutzer sollten auf standortspezifischen Organisationseinheiten über eigene GPOs definiert werden. Alternativ können Sie auch Standort-Richtlinien verwenden, in denen Sie über Loopback-Verarbeitungsmodus den Bereich Benutzerkonfiguration zuweisen.

Bedenken Sie auch, dass Benutzer dann nicht den Standort wechseln dürfen, ohne dass vorher die umgeleiteten Ordner am anderen Standort verfügbar gemacht werden. Daher bietet es sich an, mobile Benutzer von Ordnerumleitungen auszuschließen. Verwenden Sie in diesem Fall lokale Profile.

Zielordner definieren

Legen Sie unter ZIELORDNER fest, ob der Ordner unterhalb des Stammpfades erstellt, an einen bestimmten Pfad oder an das lokale Benutzerprofil umgeleitet werden soll.

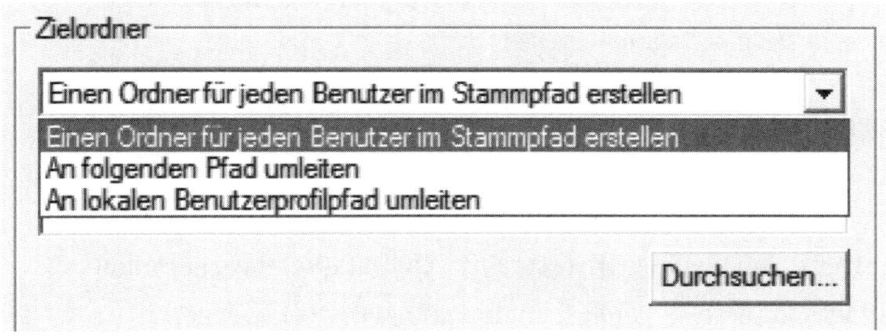

Bild 8.6 Zielordner für Ordnerumleitung auswählen

In den meisten Fällen bietet es sich an, die Standardeinstellung EINEN ORDNER FÜR JEDEN BENUTZER IM STAMMPFAD ERSTELLEN zu verwenden.

Stammverzeichnis festlegen

Geben Sie nun unter STAMMVERZEICHNIS den UNC-Pfad für das Stammverzeichnis an (= Basisverzeichnis, Microsoft verwendet hier zwei Begriffe synonym). Das System ergänzt automatisch den Benutzernamen und das passende Unterverzeichnis.

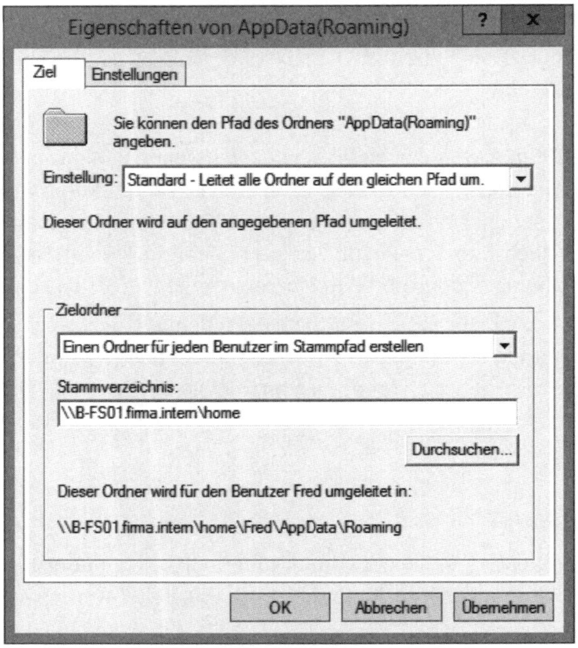

Bild 8.7 Ordner in Stammverzeichnis umleiten

Einstellungen festlegen

Klicken Sie nun auf das Register EINSTELLUNGEN. Stellen Sie sicher, dass die folgenden Kontrollkästchen aktiviert sind:

- Dem Benutzer exklusive Zugriffsrechte für AppData(Roaming) erteilen
- Den Inhalt von AppData(Roaming) an den neuen Ort verschieben

Dies sind Standardeinstellungen, die Sie nur im Ausnahmefall ändern sollten. Ob Sie die Umleitungsrichtlinie auch für ältere Betriebssysteme verwenden wollen, liegt in Ihrem Ermessen.

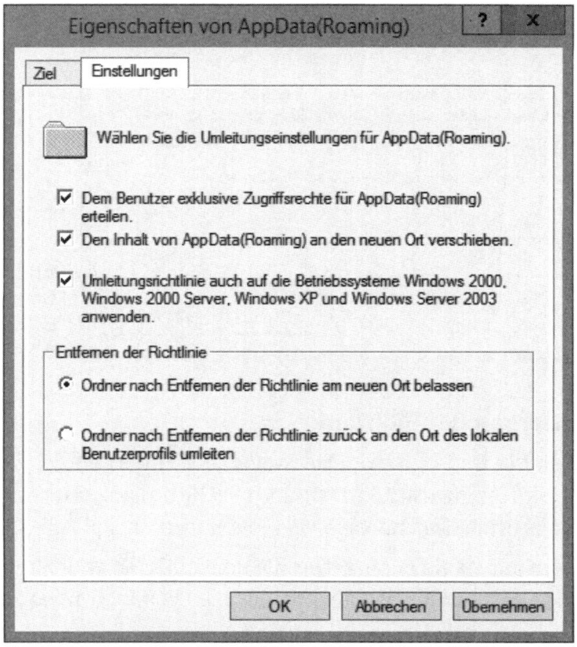

Bild 8.8 Einstellungen von Ordnerumleitung konfigurieren

Wenn Sie die Richtlinie nicht für ältere Betriebssysteme anwenden wollen, erhalten Sie die in Bild 8.9 dargestellte Warnung.

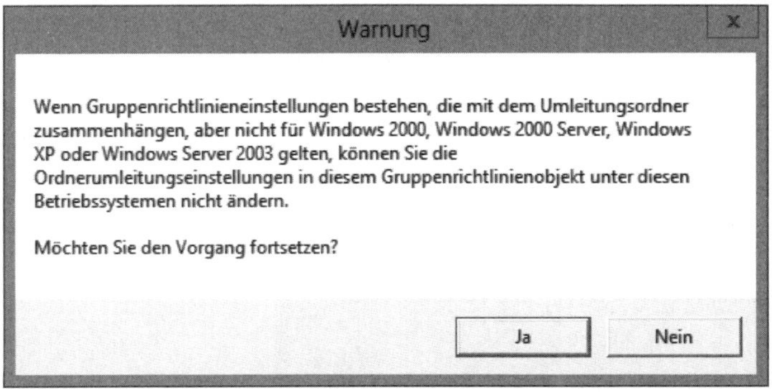

Bild 8.9 Warnung, wenn Ordnerumleitungen nicht für ältere Betriebssysteme konfiguriert werden

Wenden Sie stattdessen die Einstellungen auch auf ältere Betriebssysteme an, so erhalten Sie die in Bild 8.10 dargestellte Warnung.

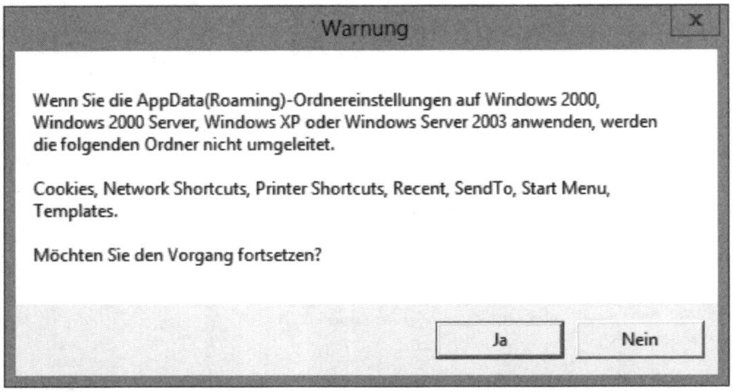

Bild 8.10
Ordner, die für ältere Betriebssysteme nicht umgeleitet werden können

Verhalten bei Entfernen der Richtlinie

Abschließend können Sie festlegen, wie das System bei Entfernen der Richtlinie verfahren soll. Konfigurieren Sie ORDNER BEI ENTFERNEN DER RICHTLINIE AM NEUEN ORT BELASSEN, wenn weiterhin eine zentrale Datenablage verwendet werden soll.

Wollen Sie stattdessen auf lokale Benutzerprofile umstellen, so aktivieren Sie ORDNER NACH ENTFERNEN DER RICHTLINIE ZURÜCK AN DEN ORT DES LOKALEN BENUTZERPROFILS UMLEITEN.

8.4.3.3 Bilder, Musik und Videos

Es ist nicht möglich, für mehrere Ordner gleichzeitig eine Umleitung zu definieren. Um Zeit zu sparen, können Sie aber die Ordner Bilder, Musik und Videos dem Ordner Dokumente folgen lassen. Wählen Sie hierzu in den Eigenschaften unter Einstellungen DEM ORDNER DOKUMENTE FOLGEN.

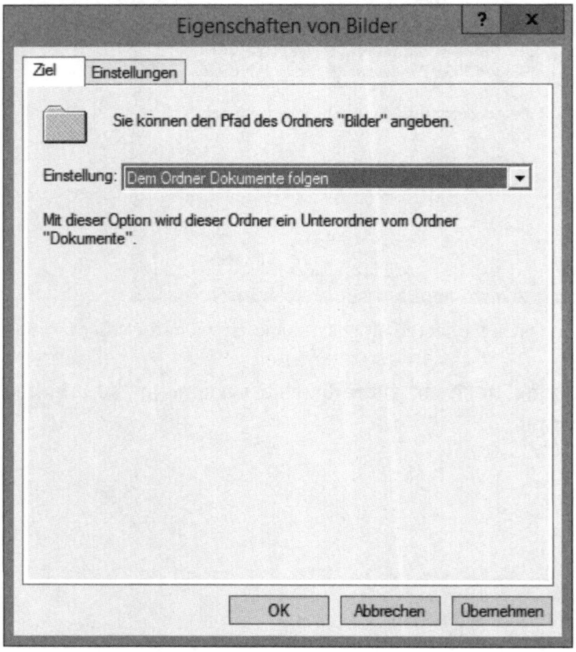

Bild 8.11
Bilder auf denselben Pfad wie Dokumente umleiten

8.5 Richtlinienbasierter QoS (Quality of Service)

QoS (Quality of Service, Dienstgüte) ist eine Funktionalität, um festzulegen, wie viel Bandbreite bestimmten Anwendungen und Verbindungen maximal eingeräumt werden darf. Auf diese Weise stellen Sie sicher, dass dringend benötigte Dienste stets über ausreichende Bandbreiten verfügen.

Mit QoS können Sie entweder bestimmten Datenverkehr drosseln, indem Sie diesem eine maximale Übertragungsrate zuweisen, oder Sie können DSCP konfigurieren. DSCP (Differentiated Services Codepoint) ist ein Verfahren zur Klassifizierung von bestimmtem Datenverkehr. In einem weiteren Schritt muss anschließend definiert werden, wie mit bestimmten Klassen zu verfahren ist. Das Thema QoS geht über Richtlinien weit hinaus und soll hier nur der Vollständigkeit halber angeschnitten werden.

Im folgenden Beispiel erstellen Sie eine QoS-Richtlinie, damit der IIS mit einer maximalen Bandbreite von 500 KB/Sek. antwortet.

Erweitern Sie im Gruppenrichtlinienverwaltungs-Editor den Knoten BENUTZERKONFIGURATION – RICHTLINIEN – WINDOWS-EINSTELLUNGEN – RICHTLINIENBASIERTER QOS., und wählen Sie im Kontextmenü den Befehl NEUE RICHTLINIE ERSTELLEN..., um den Assistenten Richtlinienbasierter QoS zu öffnen.

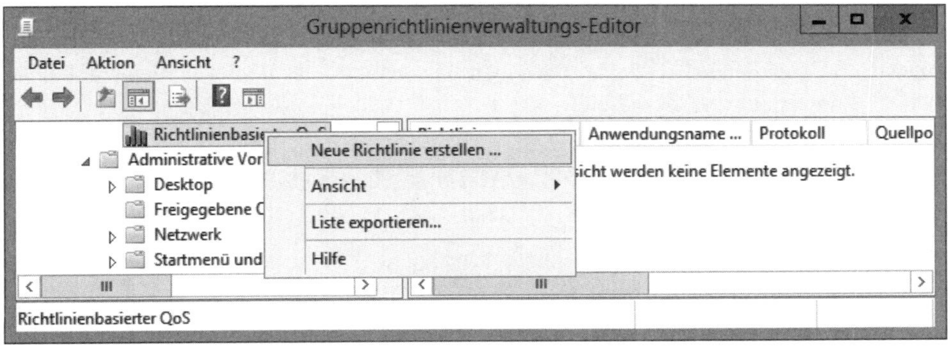

Bild 8.12 Neue Richtlinie für QoS erstellen

Im Assistenten für neue Richtlinien müssen Sie zunächst einen Namen für die neue Richtlinie vergeben. Unter DSCP könnten Sie einen Wert zwischen 0 und 63 definieren. Lassen Sie dieses Feld bitte leer. Definieren Sie stattdessen eine ausgehende Drosselungsrate von 500 KB/Sek. Klicken Sie anschließend auf WEITER.

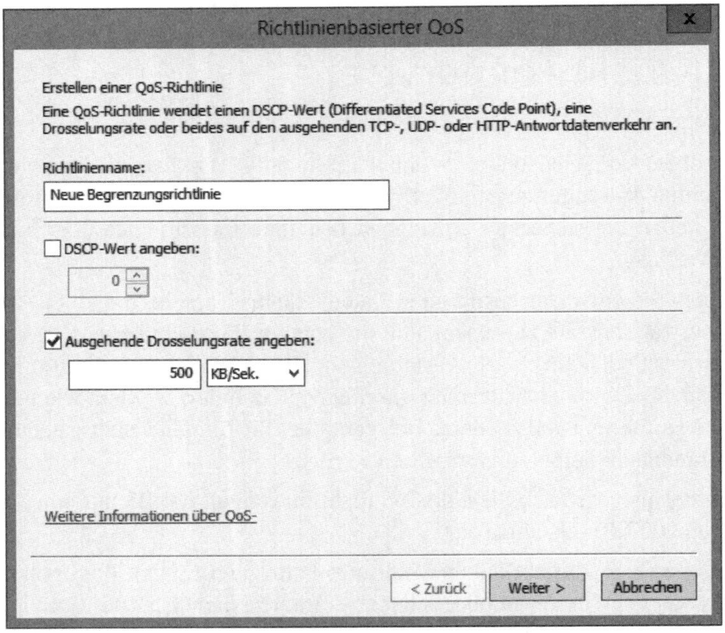

Bild 8.13 Namen und Drosselungsrate festlegen

Im nächsten Fenster können Sie definieren, ob es sich bei der Richtlinie um eine allgemeine Beschränkung handeln und ob bestimmte Anwendungen oder ein bestimmter Serverdienst eingeschränkt werden sollen. Im vorliegenden Beispiel wird der IIS-Serverdienst auf allen Ports und Anwendungen gedrosselt.

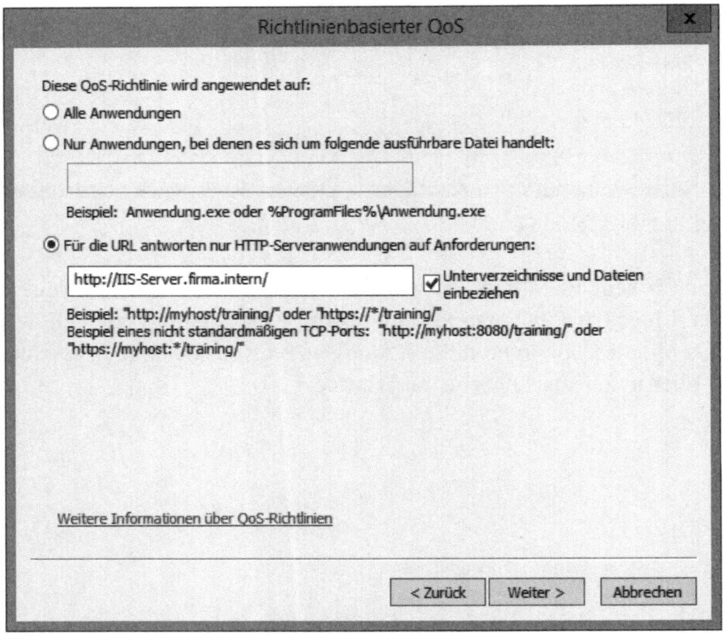

Bild 8.14 IIS-Server für QoS auswählen

Legen Sie nun fest, ob beliebige Quell- und Ziel-Adressen von der Einschränkung betroffen sein sollen oder nur ein bestimmter Verkehr gedrosselt werden soll. Im vorliegenden Beispiel soll der gesamte ausgehende Verkehr eingeschränkt werden. Klicken Sie anschließend auf FERTIG STELLEN, um den Assistenten zu beenden.

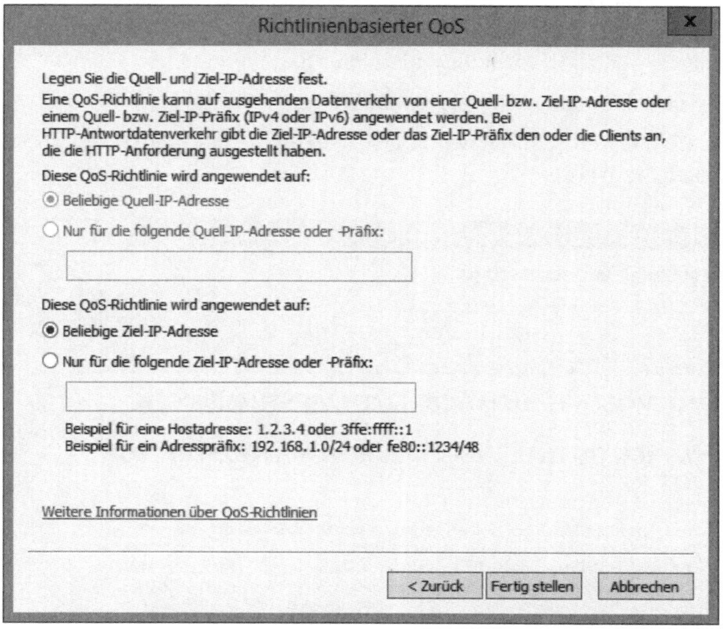

Bild 8.15 Beliebige Ziel-IP-Adresse als Ziel des zu beschränkenden Datenverkehrs definieren

8.6 Internet Explorer-Wartung

Die Internet Explorer-Wartung ist sehr aufwendig, wenn Sie sie mit Gruppenrichtlinien durchführen wollen. Stattdessen stelle ich Ihnen die Wartung mit dem Internet Explorer Administration Kit (IEAK) von Microsoft vor, das sich in der Praxis zu diesem Zwecke bewährt hat. Wenn Sie anschließend einzelne Änderungen vornehmen möchten, können Sie dazu die entsprechenden Einträge mit einer Gruppenrichtlinie verändern.

Der vorangegangene Absatz aus der ersten Auflage des Buches erübrigt sich insofern, als dass Microsoft im aktuellen Gruppenrichtlinienverwaltungs-Editor der Knoten Internet Explorer-Wartung entfernt hat. Die folgende Anleitung zur Verwendung des IEAK ist jedoch meines Erachtens immer noch ein guter Leitfaden, und wurde daher beibehalten.

Laden Sie zunächst das IEAK von Microsoft herunter. Dies wird in unterschiedlichen Versionen und Sprachen für die verschiedenen Versionen des Internet Explorers angeboten. Eine Bezugsquelle ist z. B. *http://technet.microsoft.com/en-us/ie/bb219517*.

8.6.1 Internet Explorer Administration Kit (IEAK) installieren

Nachdem Sie das IEAK für die passende Version des Internet Explorers heruntergeladen haben, können Sie die IEAK.msi aufrufen. Im ersten Schritt überprüft das Installationsprogramm, ob Sie auch wirklich die passende Version des Internet Explorers installiert haben. Sollte dies nicht der Fall sein, wird die Installation abgebrochen. Im Folgenden beschreibe ich die Installation von IEAK für Internet Explorer 8.

- Klicken Sie im Willkommen-Bildschirm auf WEITER.
- Aktivieren Sie das Kontrollkästchen ICH STIMME DEN BEDINGUNGEN DES LIZENZVERTRAGS ZU und klicken Sie WEITER.

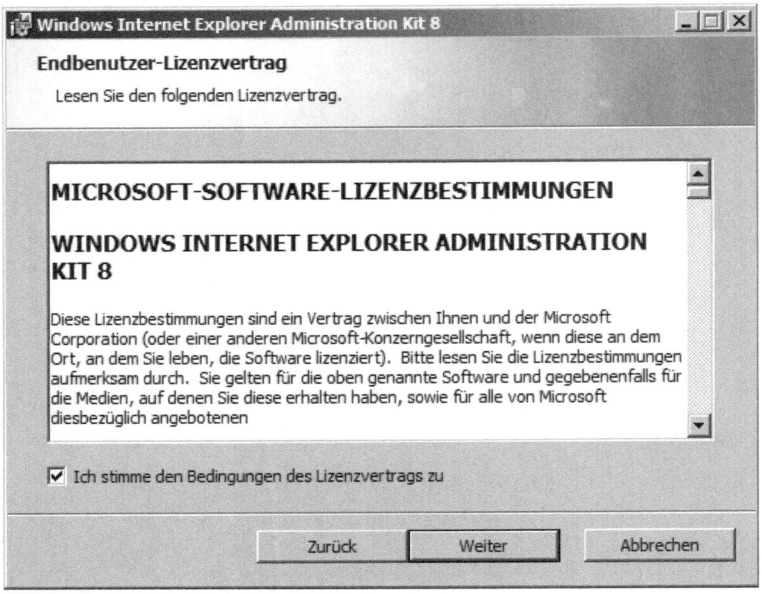

Bild 8.16 Lizenzbedingungen akzeptieren

- Wählen Sie den Lizenztyp entsprechend dem Einsatzgebiet, das Sie für IEAK planen. In aller Regel werden Sie INTERNER VERTRIEB ÜBER EIN UNTERNEHMENSINTRANET auswählen.
- Überprüfen Sie den Installationspfad und passen Sie diesen gegebenenfalls an. Bestätigen Sie mit WEITER.

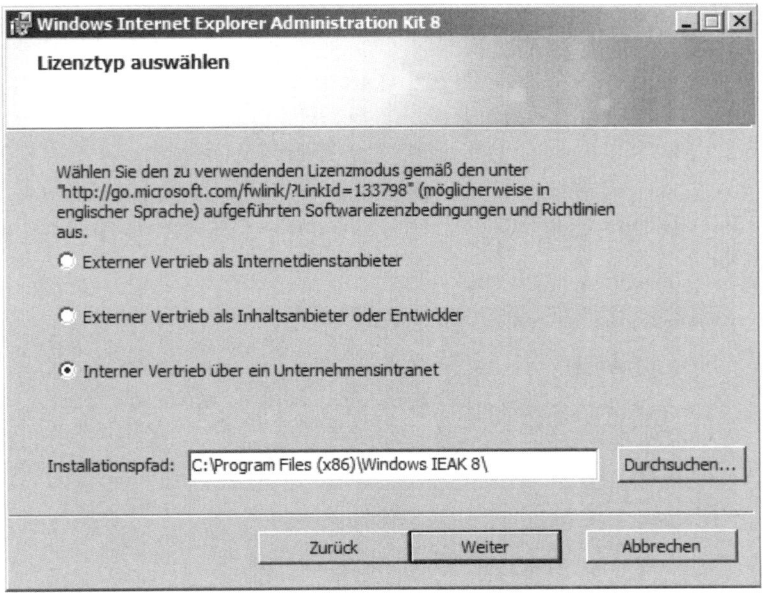

Bild 8.17 Lizenztyp auswählen

- Geben Sie nun den Namen Ihrer Organisation ein und bestätigen Sie mit WEITER.

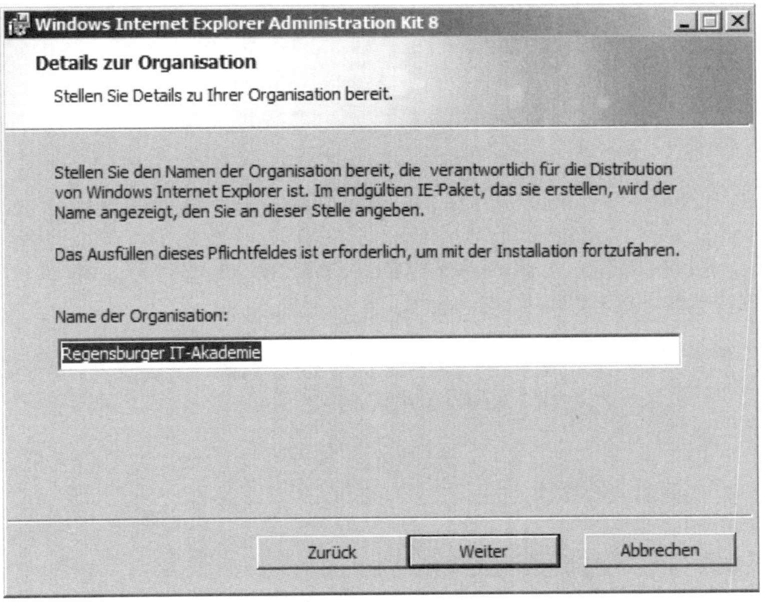

Bild 8.18 Namen eingeben

- Klicken Sie auf INSTALLIEREN, um die Installation anzustoßen, und bestätigen Sie schließlich das Installationsergebnis mit FERTIG STELLEN.

8.6.2 IEAK verwenden

- Klicken Sie auf START – ASSISTENTEN ZUM ANPASSEN VON INTERNET EXPLORER 8, um den Assistenten aufzurufen.
- Betätigen Sie im Willkommen-Fenster die Schaltfläche WEITER.
- Geben Sie unter Zielordner den Ordner ein, in dem die benutzerdefinierten Versionen gespeichert werden sollen. Sie können auch DURCHSUCHEN verwenden, um einen Ordner auszuwählen.

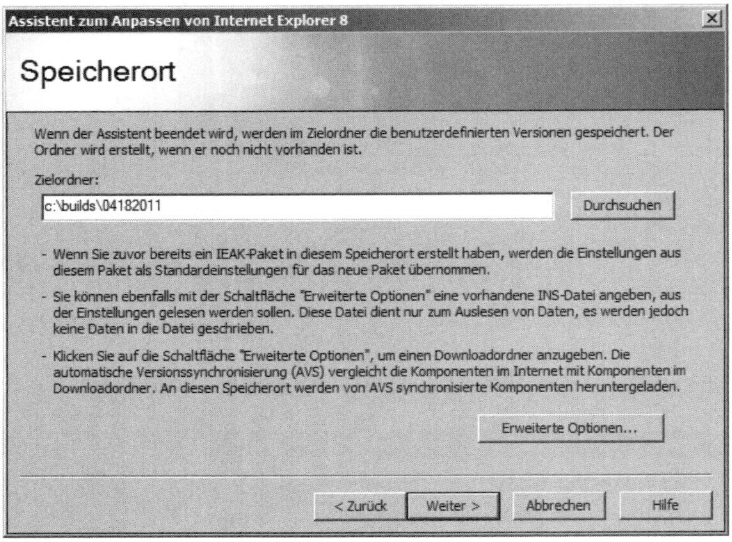

Bild 8.19 Zielordner angeben

- Unter ERWEITERTE OPTIONEN können Sie einen Downloadordner definieren, den IEAK für die Automatische Versionssynchronisierung (AVS) verwenden soll. Dabei werden die installierten Komponenten von Internet Explorer mit den Versionen im Internet verglichen und gegebenenfalls synchronisiert.

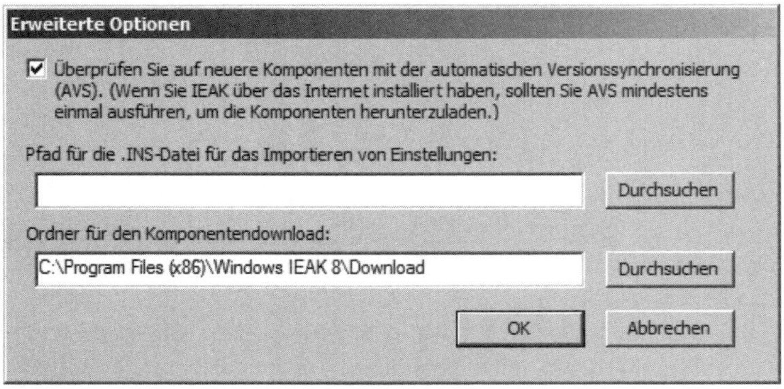

Bild 8.20 AVS konfigurieren

- Bestätigen Sie Ihre Konfiguration mit OK und klicken Sie anschließend WEITER.

- Im Fenster Sprachauswahl muss das System eine Verbindung zum Internet herstellen und die Daten bezüglich der verfügbaren Sprachversionen herunterladen. Wählen Sie hier z. B. Deutsch aus und bestätigen Sie mit Weiter.

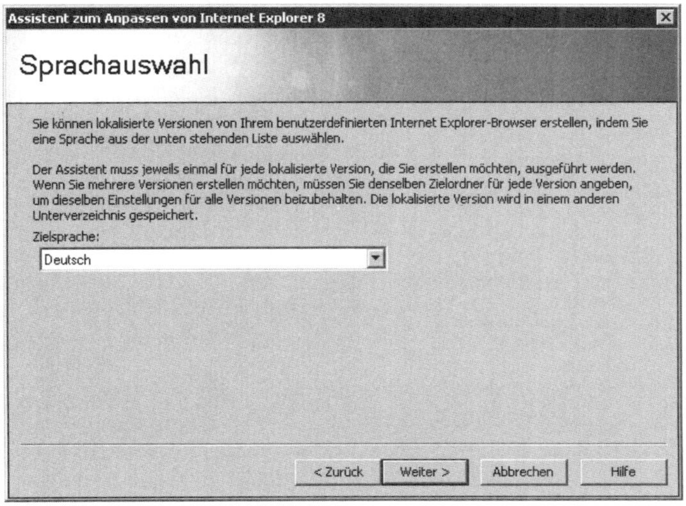

Bild 8.21 Zielsprache auswählen

Im Fenster Medienauswahl können Sie festlegen, wie Sie Internet Explorer bereitstellen möchten. Zur Auswahl stehen:

- CD-ROM (mit CD-AutoAusführen)
- Datei
- Nur-Konfigurationspaket

- Aktivieren Sie die Kontrollkästchen für Datei und Nur-Konfigurationspaket, und bestätigen Sie mit Weiter.

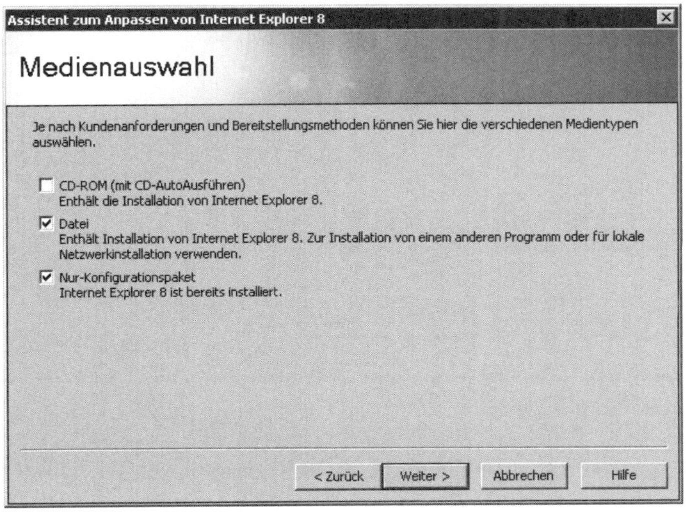

Bild 8.22 Medien für Internet Explorer wählen

- Wählen Sie nun die Features, die Sie anpassen möchten, oder betätigen Sie die Schaltfläche ALLE AUSWÄHLEN und klicken auf WEITER.

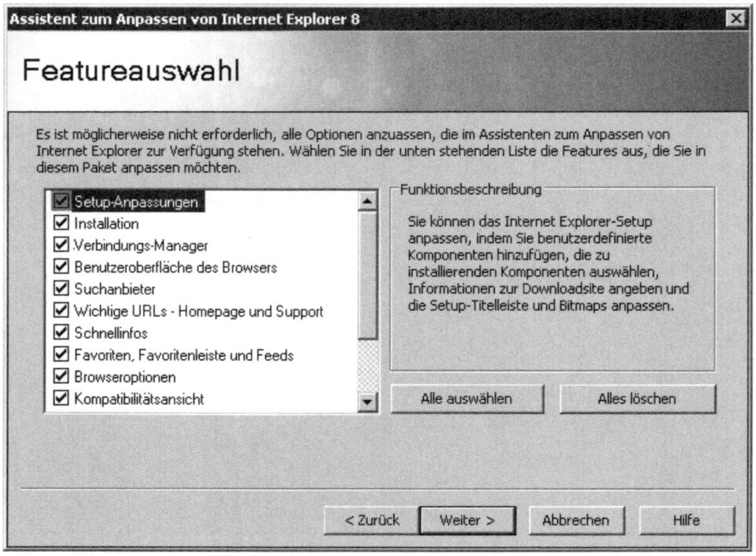

Bild 8.23 Features für die Anpassung auswählen

- Betätigen Sie gegebenenfalls die Schaltfläche SYNCHRONISIEREN, um aus dem Internet die benötigten Daten für AVS zu laden. Klicken Sie anschließend WEITER.

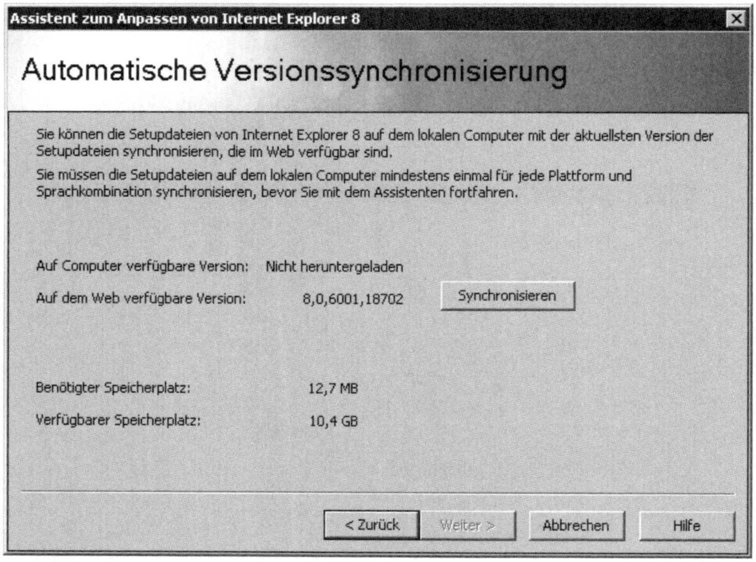

Bild 8.24 Version synchronisieren

Benutzerdefinierte Komponenten erlauben weitere Anpassungen Ihres Systems. Diese werden nach der eigentlichen Installation von Internet Explorer installiert. Sie müssen von einem vertrauenswürdigen Herausgeber digital signiert werden, damit Benutzer sie installieren können. Wie Sie dabei vorgehen, entnehmen Sie dem entsprechenden Artikel in der TechNet unter *http://technet.microsoft.com/de-de/library/cc817489.aspx*.

- Klicken Sie HINZUFÜGEN, wenn Sie benutzerdefinierte Komponenten verwenden wollen, oder klicken Sie WEITER an.

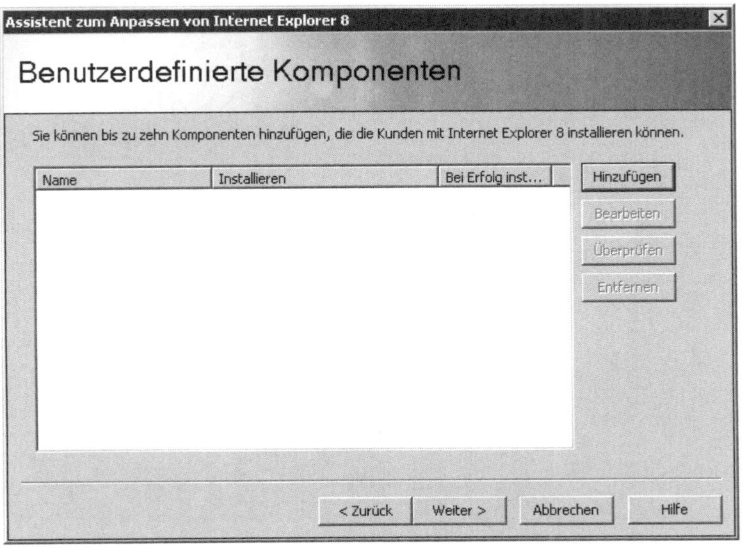

Bild 8.25 Keine Komponenten hinzugefügt

- Legen Sie fest, ob Updates für Internet Explorer bei der Installation eingespielt und das Tool zum Entfernen bösartiger Software ausgeführt werden sollen.
- Entscheiden Sie, ob Benutzer den Standardbrowser wählen dürfen oder nicht. Klicken Sie anschließend auf WEITER.

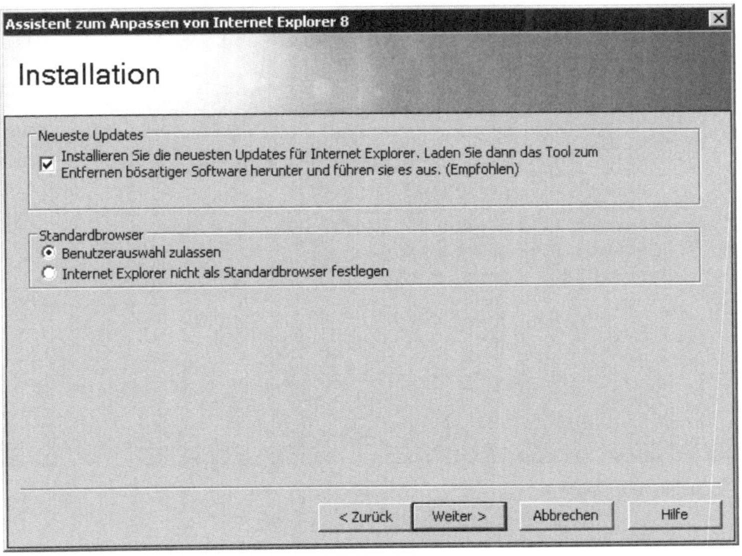

Bild 8.26 Updates ausführen

- Legen Sie fest, ob Benutzer bei der Installation interagieren dürfen und ob ein Neustart erzwungen werden soll.
- Bestätigen Sie Ihre Auswahl mit WEITER.

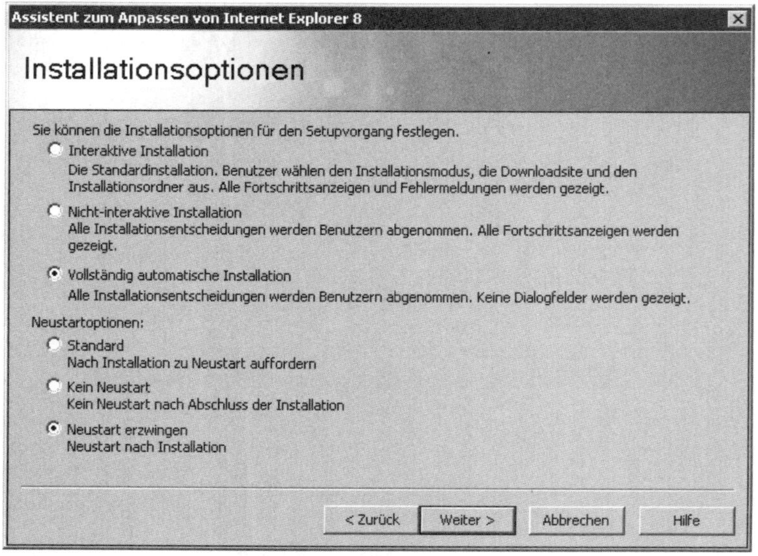

Bild 8.27 Automatische Installation mit erzwungenem Neustart

- Sie können die Titelleiste des Browsers anpassen und Symbolleistenschaltflächen löschen oder hinzufügen. Bestätigen Sie mit WEITER.

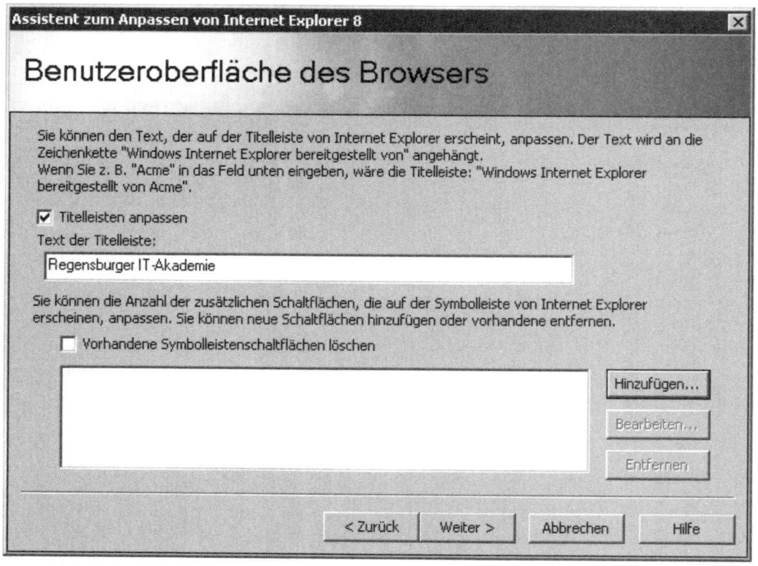

Bild 8.28 Titelleiste anpassen

- Definieren Sie nun die Suchanbieter. Klicken Sie dafür auf IMPORTIEREN, um die Einstellungen des Rechners zu verwenden, an dem Sie arbeiten.
- Mit HINZUFÜGEN können Sie zusätzliche Suchanbieter definieren, und mit ALS STANDARD legen Sie den Standardsuchanbieter fest. Bestätigen Sie mit WEITER.

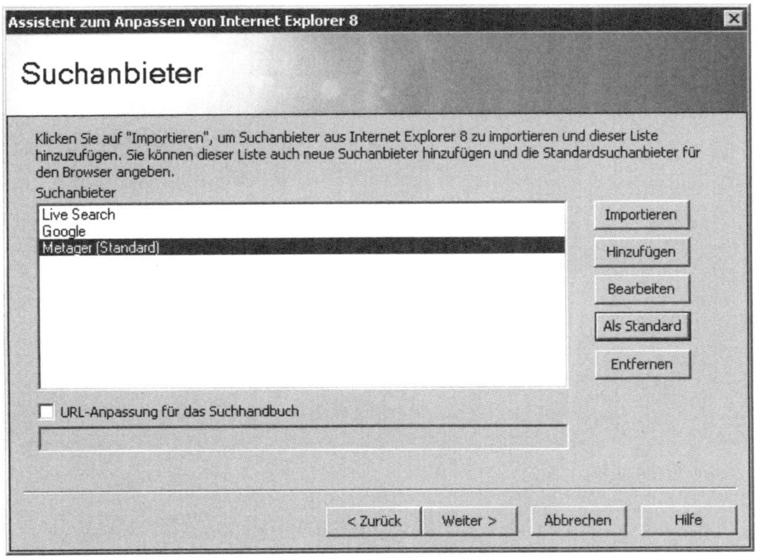

Bild 8.29 Suchanbieter konfigurieren

- Legen Sie die Homepage und den Supportanbieter fest und klicken Sie WEITER.

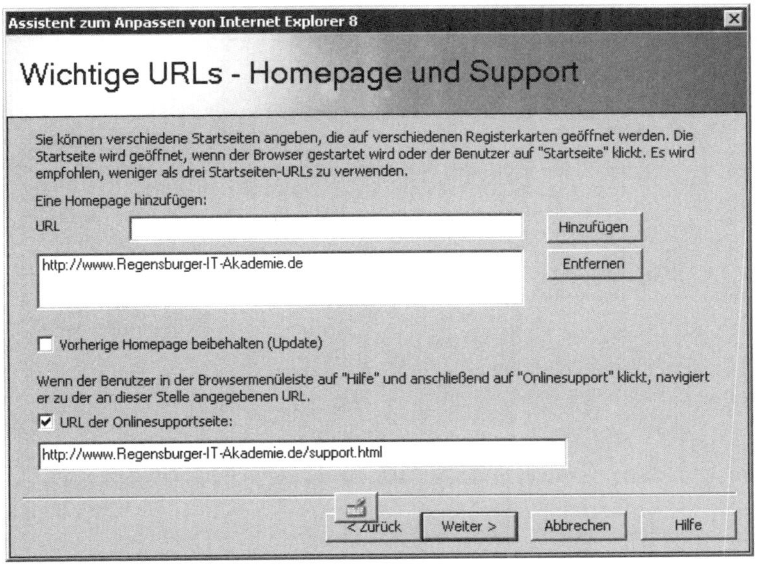

Bild 8.30 Homepage und Support definieren

- Sie können zusätzliche Schnellinfos hinzufügen, importieren, bearbeiten und entfernen.

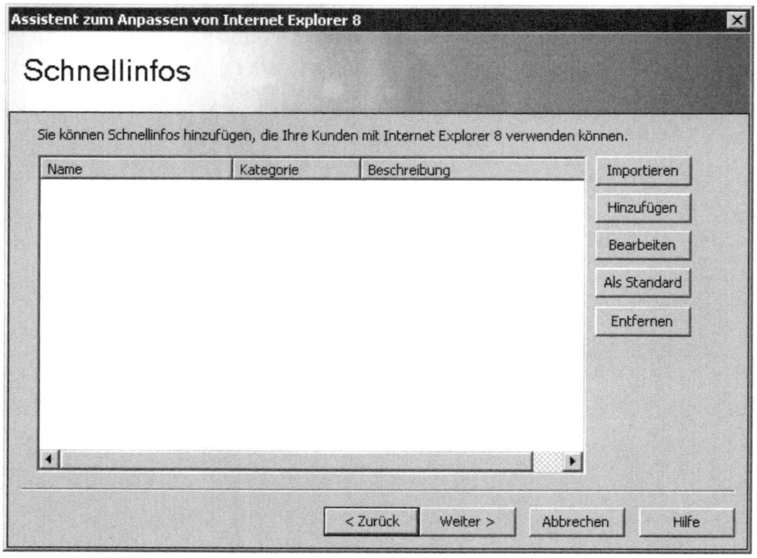

Bild 8.31 Schnellinfos bearbeiten

- Favoriten können Sie z. B. aus den eigenen Favoriten importieren und anschließend bearbeiten.

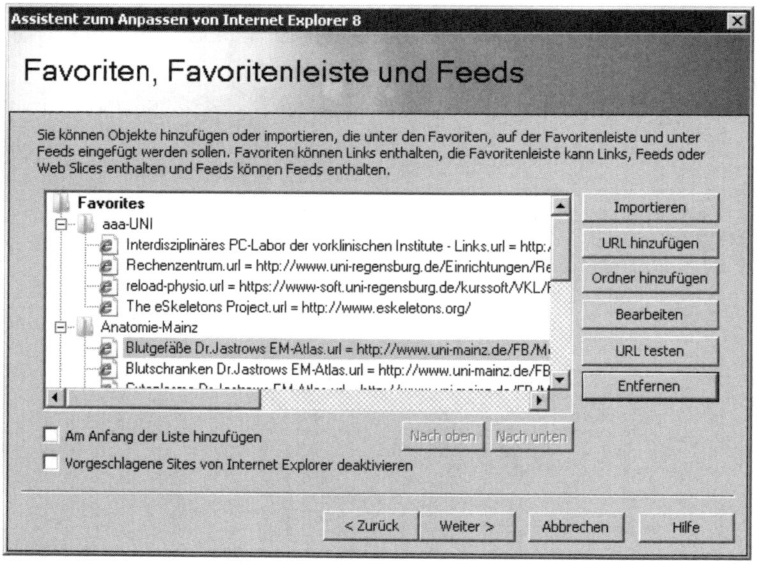

Bild 8.32 Favoriten konfigurieren

Die weiteren Konfigurationsschritte werden nur noch kurz aufgelistet, sie sind jeweils mit WEITER zu beenden.

- Legen Sie nun die Browseroptionen fest.
- Bestimmen Sie Anpassungsoptionen und legen Sie die Willkommenseite fest.
- Definieren Sie den Kompatibilitätsmodus.
- Sie können mit dem Verbindungs-Manager Verwaltungskit (Connection Manager Administration Kit, CMAK) Verbindungen erstellen, Adressbücher verwalten usw. und dieses Profil in den Internet Explorer importieren.
- Legen Sie die Verbindungseinstellungen nach Bedarf fest.
- Definieren Sie eine automatische Konfiguration und Proxy-Ermittlung, wenn Sie diese verwenden wollen.
- Geben Sie die Proxyeinstellungen andernfalls von Hand ein.
- Importieren Sie die Einstellungen zu Internetzonen, Datenschutz und Inhaltsfiltern oder passen Sie diese an.
- Importieren Sie die Einstellungen für HTML-Editor, E-Mail und andere Programme.
- Nehmen Sie schließlich zusätzliche Einstellungen vor und stellen Sie letztlich das Paket fertig.

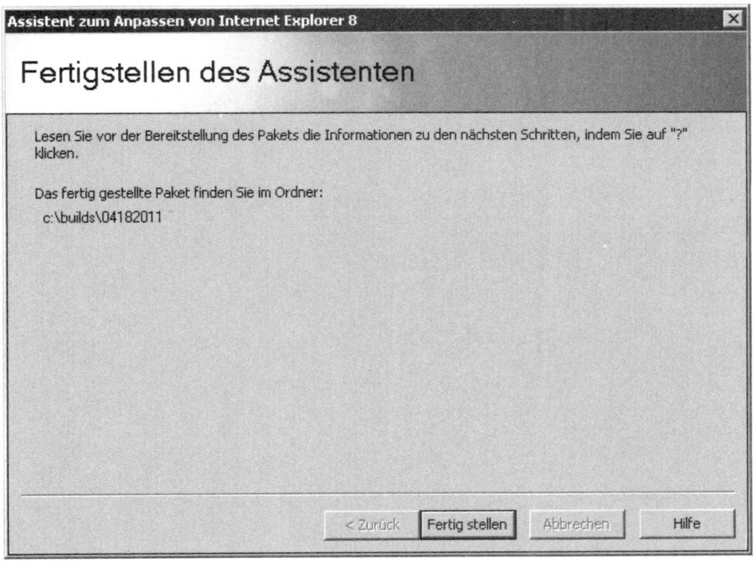

Bild 8.33 Speicherort des Pakets für Internet Explorer mit Einstellungen

9 Administrative Vorlagen der Benutzerkonfiguration

In diesem Kapitel:

- Das Betriebssystem an die Erfordernisse des Netzwerks anpassen
- Konfigurieren von Anwendungen mittels Gruppenrichtlinienobjekten
- Erhöhung der Systemsicherheit mit administrativen Vorlagen

9.1 Einführung

Im Bereich BENUTZERKONFIGURATION – RICHTLINIEN – ADMINISTRATIVE VORLAGEN finden Sie in der Standardinstallation von Windows Server 2012 bereits 1561 Einstellungen, mehr als einhundert zusätzliche im Vergleich zur Vorläuferversion. Sich in diesen zurechtzufinden, ist auch für erfahrene Administratoren eine Herausforderung. Darum stelle ich Ihnen in diesem Kapitel die wichtigsten Einstellungen vor und erörtere anhand einiger Beispiele typische Konfigurationen. Unser Ziel kann nicht sein, alle Richtlinien und Einstellungen zu beschreiben. Stattdessen geht es darum, dass Sie ein Gefühl dafür erlangen, wo welche Einstellungen stehen könnten.

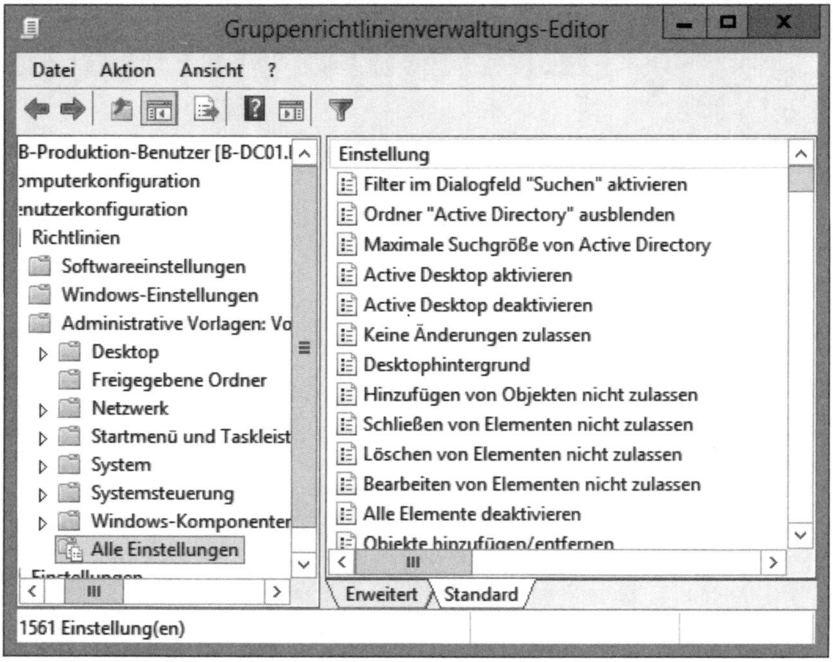

Bild 9.1 Einstellungen der Administrativen Vorlagen im Bereich Benutzerkonfiguration

9.2 Administrative Vorlagen – Desktop

Unter Desktop finden Sie eine Reihe von Einstellungen, die vor allem die klassische Ansicht beeinflussen. Sie können hier z. B. festlegen, welche Desktopsymbole angezeigt werden dürfen und ob deren Eigenschaften für Benutzer aufrufbar sein sollen. Daneben können Sie bestimmen, ob Benutzer die Desktopsymbolleisten anpassen und Symbolleisten der Taskleiste ändern dürfen oder Einstellungen beim Beenden der Sitzung gespeichert werden sollen. Auch die Aero Shake-Mausbewegung, mit der alle Fenster außer dem geschüttelten minimiert werden, können Sie hier steuern.

PRAXISTIPP: Eine Einstellung, die nicht so ganz zu der Kategorie passt, ist MANUELLE UMLEITUNG DER PROFILORDNER DURCH BENUTZER VERHINDERN. Diese sollten Sie nach Möglichkeit aktivieren, da sonst die Pflege von Profilen erheblich erschwert werden kann.

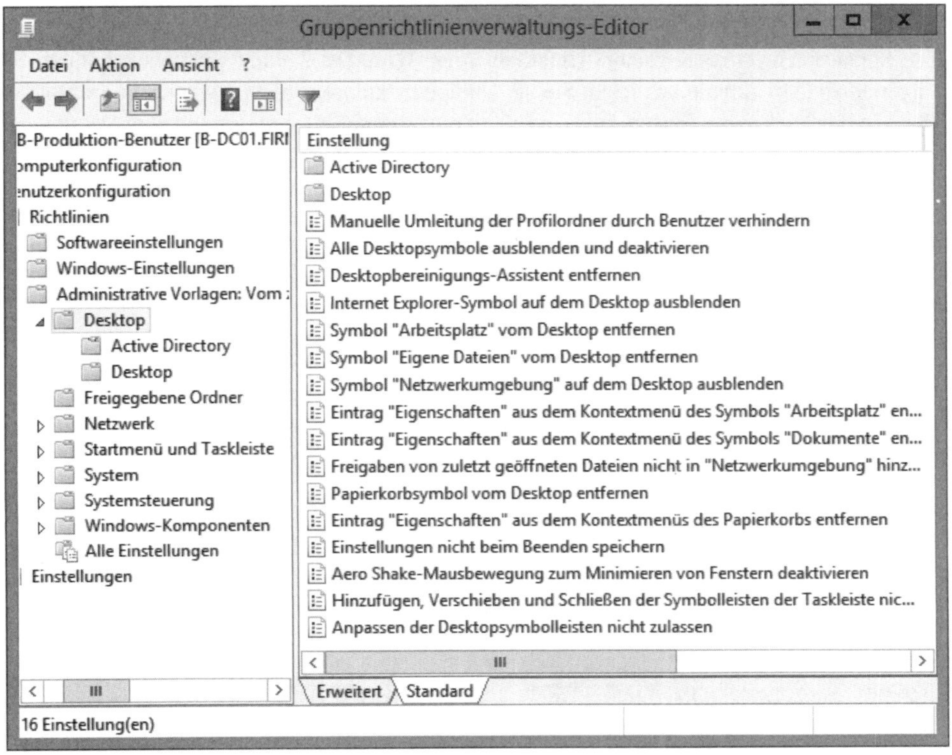

Bild 9.2 Einstellungen unter Administrative Vorlagen – Desktop

9.2.1 Administrative Vorlagen – Desktop – Active Directory

Unter Windows 2000 wurde erstmalig die Funktion Suche um die Möglichkeit ergänzt, eine Suche nach Personen durchzuführen. Dabei konnte als einer der möglichen Suchpfade das Active Directory ausgewählt werden. Die Funktion existiert in dieser Form auch unter Windows XP und Server 2003.

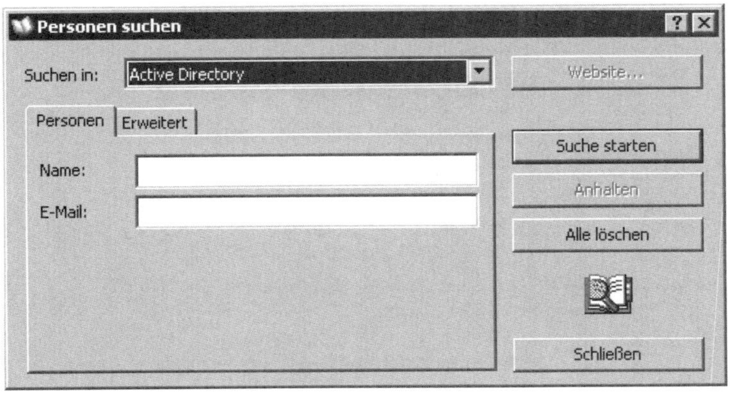

Bild 9.3 Personensuche unter Windows XP

Active Directory-Suche unter Windows 7 und Windows 8

Die Suche nach Active Directory-Objekten unter Windows 7 und Windows 8 können Sie folgendermaßen aufrufen: Klicken Sie im Windows Explorer auf NETZWERK und wählen Sie dann in der Menüleiste ACTIVE DIRECTORY DURCHSUCHEN. Sie können nun unter SUCHEN den Objekttyp, den Sie suchen möchten, definieren und angeben, ob Sie ihn im gesamten Verzeichnis suchen möchten oder mit DURCHSUCHEN den Speicherort spezifizieren. Legen Sie anschließend Eigenschaften fest, nach denen Sie suchen möchten, oder suchen Sie alle Objekte einer Kategorie in einem definierten Speicherort. Klicken Sie auf JETZT SUCHEN und betrachten Sie das Ergebnis.

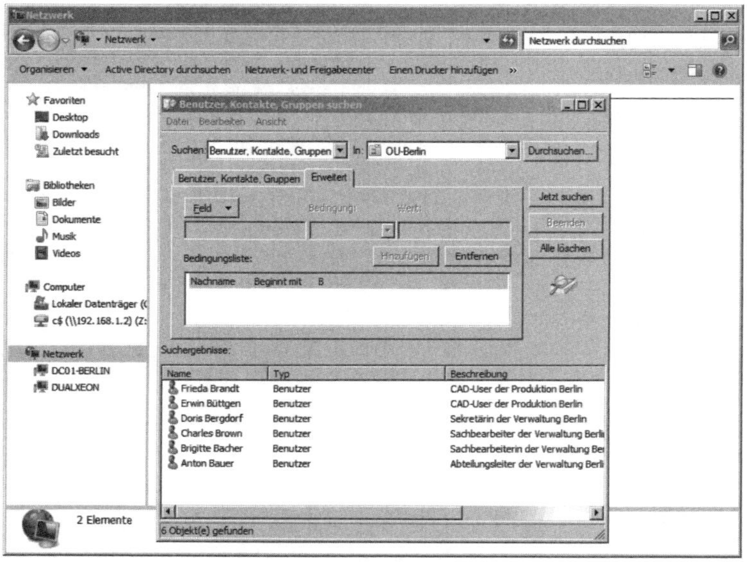

Bild 9.4 Suche nach Benutzerobjekten im Active Directory unter Windows 7

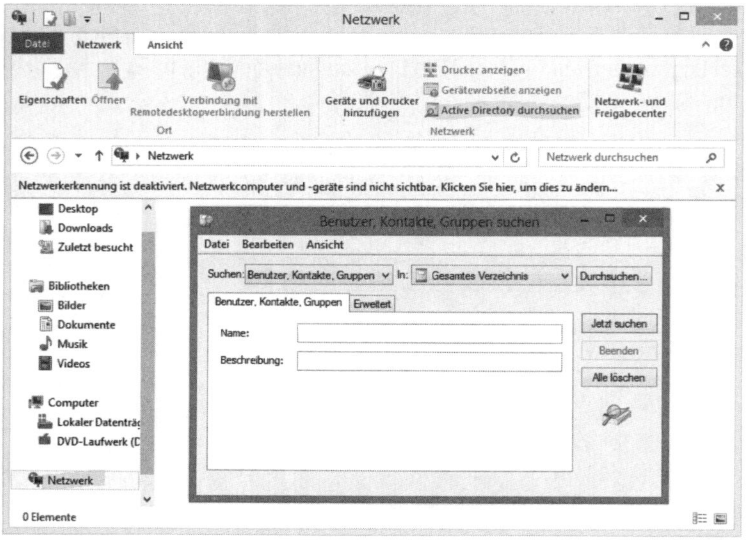

Bild 9.5 Benutzersuche unter Windows 8

Active Directory-Suche unter Windows Server 2012

Neu in 2012

Die Suche nach Active Directory-Objekten unter Windows Server 2012 funktioniert ähnlich. Klicken Sie im Windows Explorer auf NETZWERK und wählen Sie in der Menüleiste nochmals NETZWERK. Erst dann erscheint im Zusatzmenü ACTIVE DIRECTORY DURCHSUCHEN. Alternativ können Sie auf dem Startbildschirm `dsquery` eingeben, um die Suche aufzurufen. Sie müssen den Befehl jedoch ausschreiben, um ein Ergebnis zu erhalten.

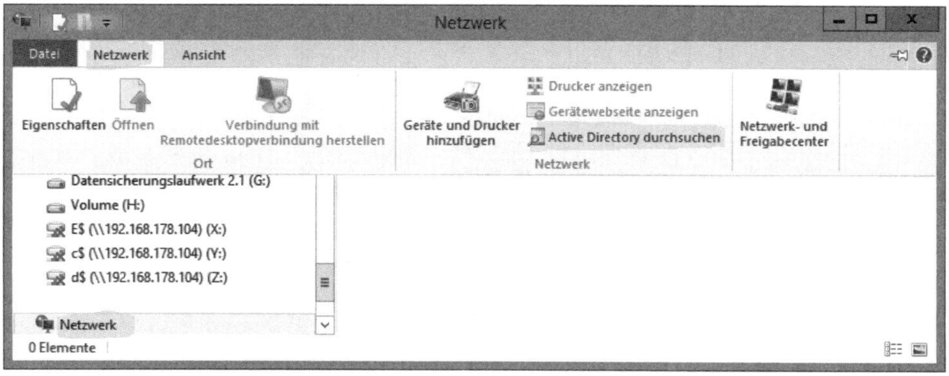

Bild 9.6 AD-Suche unter Server 2012 aufrufen

Der Unterknoten Active Directory erlaubt Ihnen festzulegen, ob die Suchfunktion von Windows auch das Active Directory durchsuchen soll. Daneben können Sie steuern, ob bei der Suche im Active Directory Filteroptionen verwendet werden können und wie viele Objekte als Antwort auf eine Suche im Active Directory angezeigt werden dürfen. Standardmäßig werden bis zu 10.000 Ergebnisse angezeigt. Dies belegt ca. 2 MB Speicherplatz. Sie können den Wert verringern, um die Suche zu beschleunigen. In sehr großen Umgebungen können Sie den Wert auch erhöhen, um vollständige Ergebnissätze anzuzeigen.

Die Option, den Ordner Active Directory auszublenden, steht nur für Windows 2000 zur Verfügung.

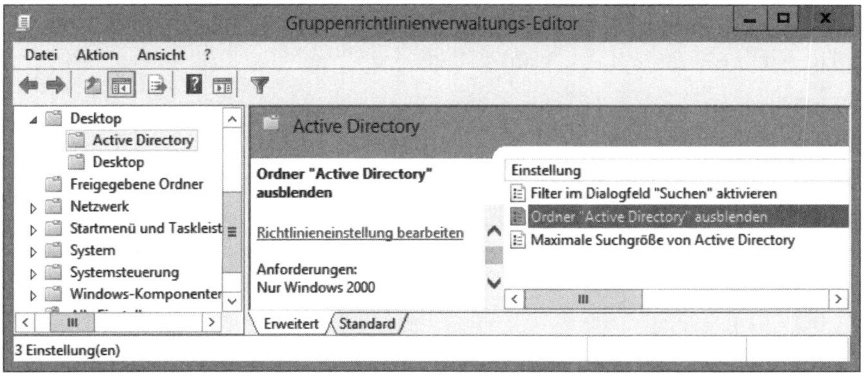

Bild 9.7 Suche im Active Directory konfigurieren

9.2.2 Administrative Vorlagen – Desktop – Desktop

Die Bezeichnung dieses Knotens ist im ersten Moment verwirrend. Es geht dabei um den Active Desktop von Windows 2000, XP und Server 2003. Gemeint ist der Active Desktop. Dieser kann aktiviert, deaktiviert oder konfiguriert werden.

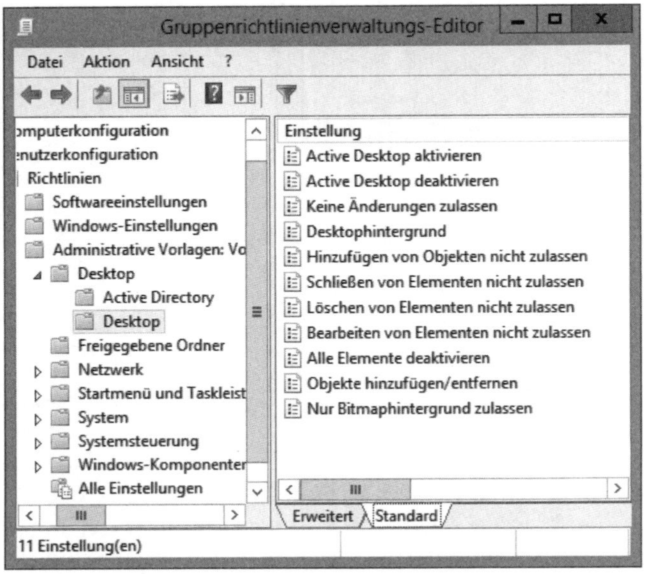

Bild 9.8
Active Desktop konfigurieren

Die folgende Einstellung gilt als einzige dieses Knotens auch für Windows Vista und höher.

Mit der Einstellung „Desktophintergrund" können Sie einen Bildschirmhintergrund für alle Rechner vorgeben. Dies eignet sich z. B., um das Firmenlogo auf allen Rechnern als Hintergrund zu verwenden. Klicken Sie hierzu auf AKTIVIERT, konfigurieren Sie anschließend entweder einen UNC-Pfad, unter dem Sie das Desktopbild bereitstellen, oder geben Sie einen lokalen Pfad an und verteilen die Datei auf die lokalen Rechner (z. B. mit Einstellungen in einer Gruppenrichtlinie). Legen Sie nun im Rollfeld unter HINTERGRUNDSTIL fest, wie das Bild dargestellt werden soll. Zur Wahl stehen:

- Anpassen
- Ausfüllen
- Nebeneinander
- Strecken
- Zentriert

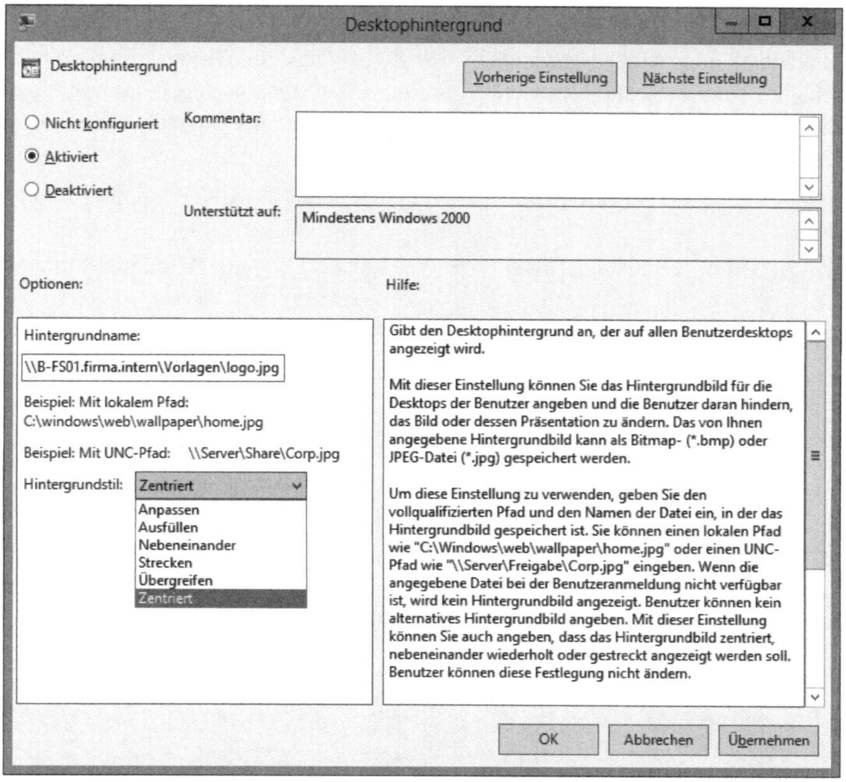

Bild 9.9 Hintergrundbild festlegen

9.3 Freigegebene Ordner

Unter Freigegebene Ordner können Sie festlegen, ob es Benutzern erlaubt sein soll, DFS-Stämme oder Freigaben im Active Directory zu veröffentlichen.

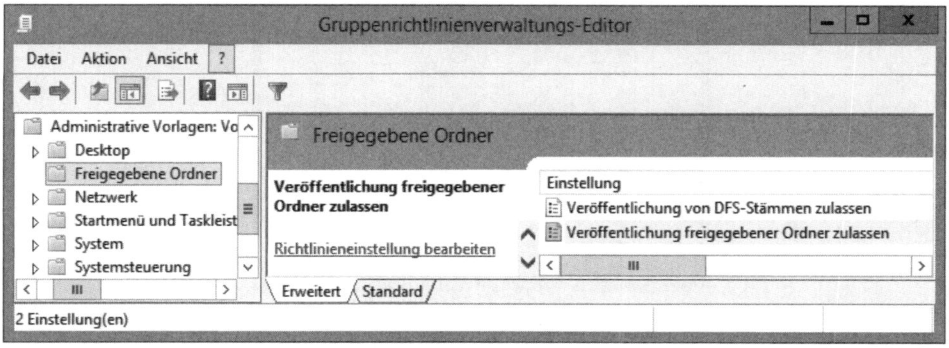

Bild 9.10 Veröffentlichen von Freigaben

Freigaben veröffentlichen

Unter älteren Windows-Betriebssystemen war es möglich, im Windows Explorer in den Eigenschaften einer Freigabe Letztere zu veröffentlichen. Dies ist seit Windows 7 und Server 2008 R2 nicht mehr möglich. Verwenden Sie stattdessen die Computerverwaltung, um Freigaben im Active Directory zu veröffentlichen.

- Klicken Sie auf START – VERWALTUNG – COMPUTERVERWALTUNG (für Windows 7 und Server 2008 R2)
- Tippen Sie auf dem Startbildschirm `Computerverwaltung` ein (Windows 8 und Server 2012).
- Erweitern Sie in der Computerverwaltung den Knoten FREIGEGEBENE ORDNER in der Konsolenansicht und öffnen Sie den Knoten FREIGABEN.
- Rufen Sie die EIGENSCHAFTEN der Freigabe im Kontextmenü auf und öffnen Sie das Register VERÖFFENTLICHEN.
- Aktivieren Sie das Kontrollkästchen DIESE FREIGABE IN ACTIVE DIRECTORY VERÖFFENTLICHEN.

Sie können eine Beschreibung der Freigabe eingeben und Schlüsselwörter für die Suche im Active Directory festlegen. Zusätzlich können Sie einen verantwortlichen Benutzer definieren, an den sich Mitarbeiter wenden, die Zugriff auf die Freigabe benötigen.

- Bestätigen Sie Ihre Eingaben wie gewohnt.

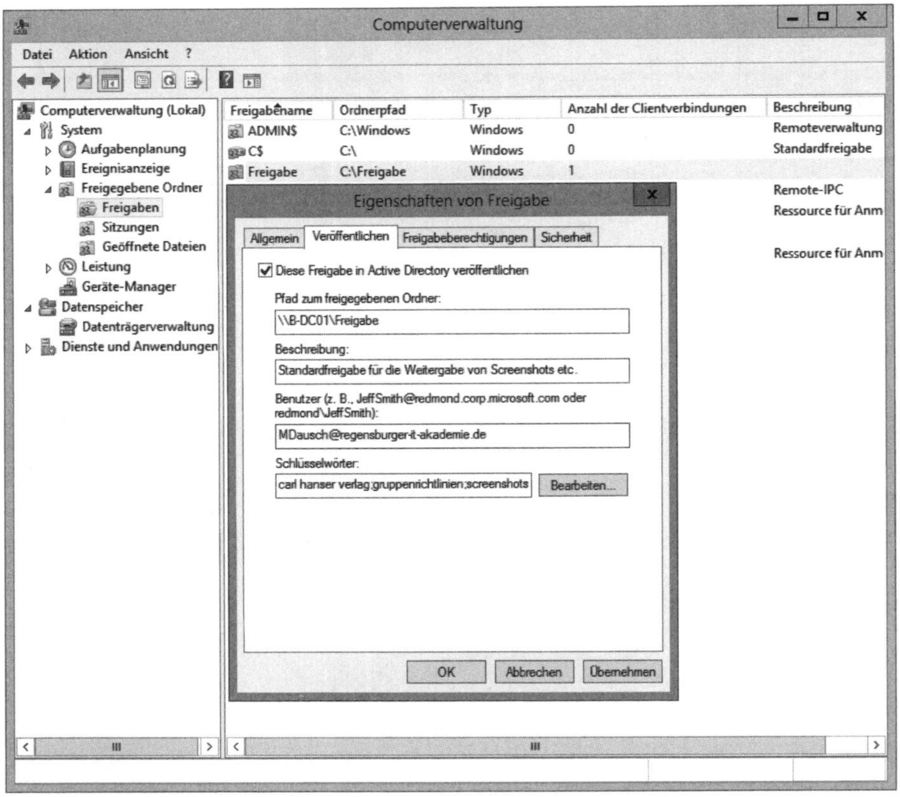

Bild 9.11 Freigabe veröffentlichen

PRAXISTIPP: Viele Administratoren verzichten darauf, Freigaben im Active Directory zu veröffentlichen. Mit den Gruppenrichtlinien seit Windows 7 und Server 2008 R2 können Sie nun Netzlaufwerke zuweisen. Um diese neue Funktion der Einstellungen in Gruppenrichtlinien einsetzen zu können, sollten Sie Freigaben im Active Directory veröffentlichen. Dann lassen sich diese mit DURCHSUCHEN auswählen.

9.4 Netzwerk

Im Knoten Netzwerk finden Sie eine ganze Reihe von Einstellungen, die nur für bestimmte Betriebssysteme gelten. Achten Sie hier besonders genau auf die Beschreibungen. In diesen steht im ersten Absatz, für welche Betriebssysteme mit welchen Service Packs die Einstellungen gelten.

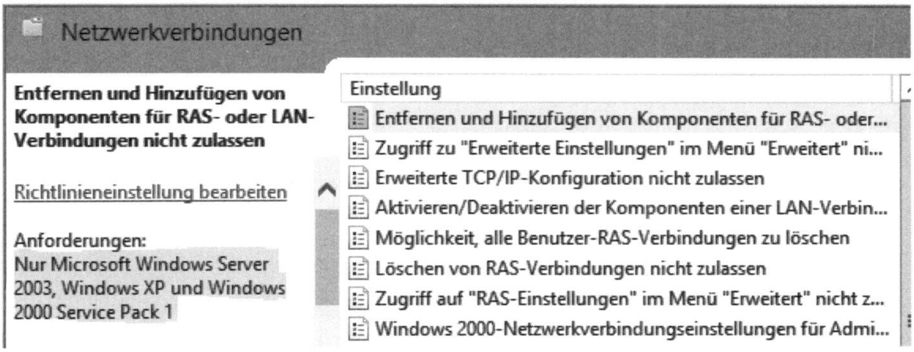

Bild 9.12 Einstellung gilt nur für bestimmte Betriebssysteme

9.4.1 Netzwerkverbindungen

Im Knoten Netzwerkverbindungen sind vor allem Einstellungen zusammengefasst, die die RAS- und LAN-Verbindungssteuerung durch Benutzer beeinflussen. Die meisten dieser Richtlinien gelten nur für ältere Betriebssysteme. Im Folgenden sind einige der Einstellungen aufgeführt, die auch für die aktuellen Betriebssysteme gelten. Diese enthalten z. T. Besonderheiten und sind hier nur zum besseren Verständnis aufgeführt. Sie werden in aller Regel keine Einstellungen in diesem Bereich definieren müssen.

Löschen von RAS-Verbindungen nicht zulassen

Verhindert, dass Benutzer RAS-Verbindungen löschen. Dies betrifft auch RAS-Verbindungen, die der Benutzer selbst erstellt hat.

Wenn Sie die Beschreibung lesen, finden Sie Verweise auf eine Einstellung „Netzwerkverbindungseinstellungen für Administratoren aktivieren“. Der korrekte Name lautet „Windows 2000-Netzwerkverbindungseinstellungen…“. Die Einstellung gilt nur für Windows XP und Windows Server 2003.

Zugriff auf „RAS-Einstellungen“ im Menü Erweitert nicht zulassen

Unter Netzwerkverbindungen – Erweitert – Benutzerdefinierte RAS-Einstellungen… können Benutzer die Standortinformationen wie Ortskennzahl, Amtskennziffer oder Wählverfahren anpassen. Um dies zu verhindern, können Sie die entsprechende Einstellung aktivieren.

HINWEIS: Diese Einstellungen werden nur angezeigt, wenn Sie zuvor unter Optionen – Layout Menüleiste die Menüleiste einschalten. Alternativ können Sie die Alt-Taste betätigen, um die Menüleiste einmalig einzublenden.

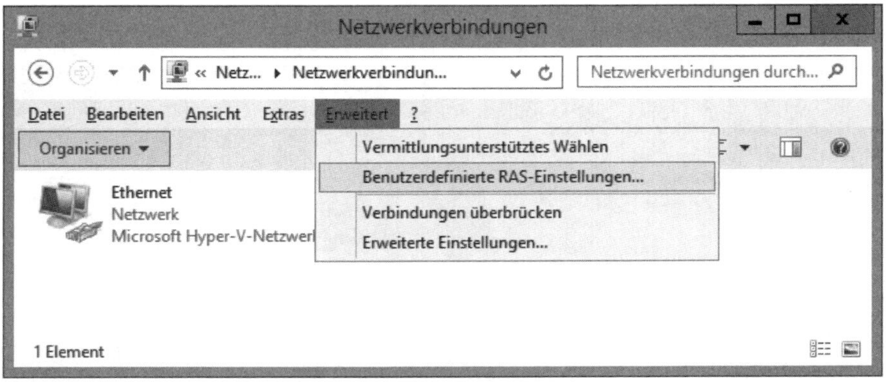

Bild 9.13 Benutzerdefinierte RAS-Einstellungen aufrufen

Zugriff auf Eigenschaften einer LAN-Verbindung nicht zulassen

Wenn Sie verhindern wollen, dass Benutzer Zugriff auf LAN-Eigenschaften haben, können Sie dies über eine Einstellung in der Gruppenrichtlinie festlegen. Standardmäßig benötigen Sie diese Einstellung unter Betriebssystemen ab Windows 7 und Server 2008 R2 jedoch nicht, da die Benutzerkontensteuerung erhöhte Anmeldeinformationen für Standardbenutzer anfordert.

9.4.2 Offlinedateien

In diesem Knoten finden Sie Richtlinieneinstellungen, um das Verhalten von Offline-Dateien und deren Synchronisierung zu steuern. Daneben können Sie z. B. bestimmte Offline-Dateien zuweisen oder bestimmte Dateien und Ordner für die Offline-Verfügbarkeit sperren. Achten Sie darauf, welche Einstellungen für welche Betriebssysteme möglich sind.

Neu in 2012

Den Befehl „Offline arbeiten“ können Sie im Windows Explorer für Windows 8 und Server 2012 deaktivieren. Dies bietet sich vor allem an, wenn mehrere Benutzer mit denselben Dokumenten arbeiten sollen, um Versionskonflikte zu verhindern.

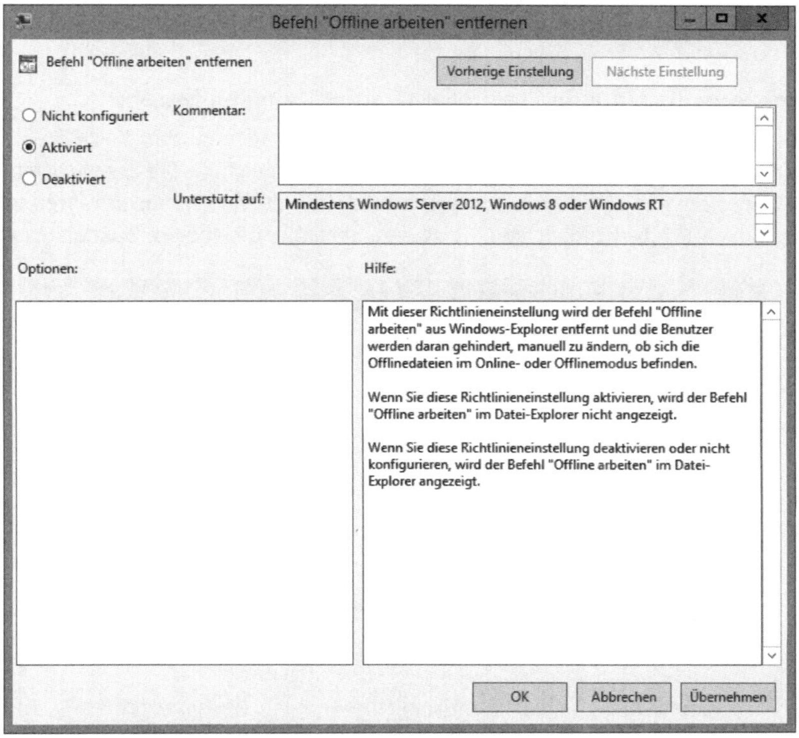

Bild 9.14 Befehl „Offline arbeiten“ entfernen

9.4.3 Windows-Sofortverbindungen

Die Windows-Sofortverbindung wurde mit Windows Vista eingeführt und ist ein Feature für das Einrichten von WLAN-Netzwerken ohne tiefer gehende Netzwerkkenntnisse. Für den Heimbereich mag es seine Rechtfertigung haben, im Unternehmensnetzwerk sollten Sie es in der Regel deaktivieren.

9.5 Startmenü und Taskleiste

Hier finden Sie 81 Einstellungen, die teilweise nur für bestimmte Betriebssystemversionen von Windows gelten. Diese im Einzelnen zu erläutern, würde den Rahmen sprengen. Im Folgenden beschreibe ich einige Einstellungen, die nach meiner Erfahrung häufig verwendet werden.

Obwohl Windows 8 und Server 2012 nicht mehr über das klassische Startmenü verfügen, haben einige dieser Einstellungen dennoch Auswirkungen auf die genannten Betriebssysteme. So wird z. B. mit der Einstellung „Befehle HERUNTERFAHREN, NEU STARTEN etc. ENTFERNEN…“ nicht nur das entsprechende Befehlspaket aus dem Startmenü entfernt, sondern auch der Zugriff auf diese Befehle (z. B. aus dem Startbildschirm von Windows 8) gesperrt.

Beim Beenden die Liste der Kachelbenachrichtigungen leeren

Neu in 2012

Wenn ein Benutzer Kacheln mit Benachrichtigungen verwendet, werden die zuletzt angezeigten Benachrichtigungen standardmäßig beim Beenden gespeichert. Bei der nächsten Anmeldung werden diese dann weiterhin angezeigt. Dies kann zu Verwirrungen führen und auch Datenschutzrechtlich bedenklich sein. Aktivieren Sie daher die entsprechende Einstellung.

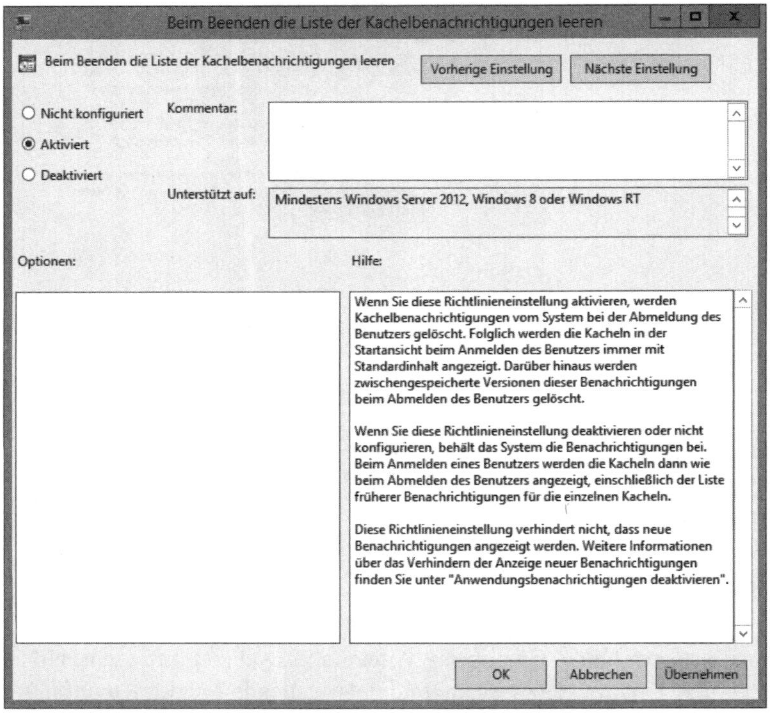

Bild 9.15 Kachelbenachrichtigungen löschen

Befehle HERUNTERFAHREN, NEU STARTEN, ENERGIE SPAREN und RUHEZUSTAND entfernen und den Zugriff darauf verweigern

Aktivieren Sie diese Einstellung für Computer, die an öffentlich zugänglichen Orten stehen (z. B. Hotel-Lobby, Internet-Cafe).

HINWEIS: Wenn Sie diese Einstellung aktivieren, sollten Sie auch die Abmeldung deaktivieren und unter BENUTZERKONFIGURATION – RICHTLINIEN – ADMINISTRATIVE VORLAGEN – SYSTEM – STRG+ALT+ENTF (OPTIONEN) die entsprechenden Funktionen deaktivieren.

Menüeintrag SPIELE aus dem Menü START entfernen

Standardmäßig sind Spiele auch auf Domänenclients im Startmenü verfügbar. Diese sollten Sie per Richtlinie entfernen.

Menüeintrag AUSFÜHREN aus dem Menü START entfernen

Mit „Ausführen“ lassen sich Befehle aufrufen, die zum Teil erhebliche Systemeingriffe erlauben. Dies sollte in aller Regel verhindert werden. Aktivieren Sie hierzu die Richtlinie. So werden die folgenden Einstellungen konfiguriert:

- Der Befehl AUSFÜHREN wird entfernt.
- Im Task-Manager wird „Neuer Task“ entfernt.
- In der Adressleiste des Internet Explorers werden die Funktionen für UNC-Pfade, lokale Laufwerke und lokale Ordner deaktiviert.
- Die Tastenkombination Windows-Taste + R wird deaktiviert.

Deinstallation von Anwendungen aus „Start“ durch Benutzer verhindern

Standardmäßig können Benutzer Apps vom Startbildschirm deinstallieren. Um dies zu verhindern, sollten Sie die entsprechende Einstellung konfigurieren.

Neu in 2012

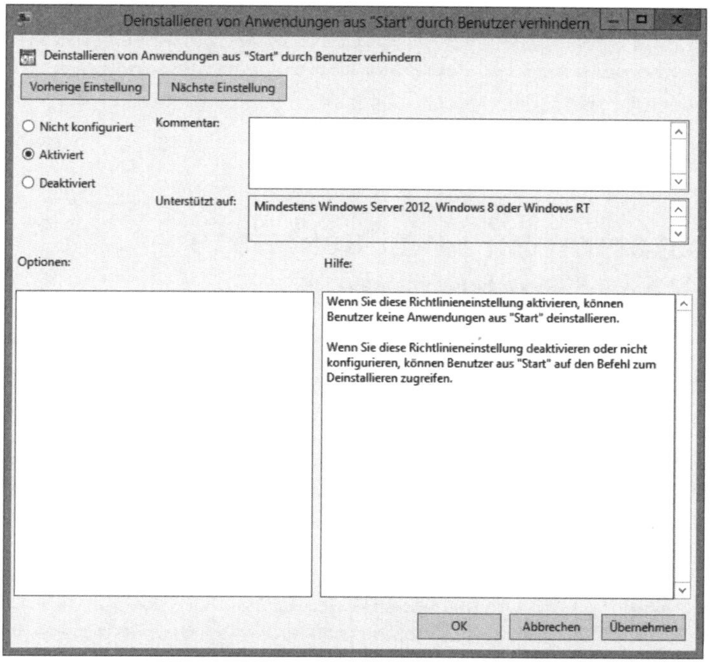

Bild 9.16 Deinstallation von Apps verhindern

Ein-/Aus-Schalter im Startmenü ändern

Über diese Einstellungen können Sie festlegen, wie das System bei Betätigen des Schaltersymbols im Startmenü reagieren soll. Aktivieren Sie hierzu die Einstellung und wählen Sie das Standardverhalten im Rollfenster.

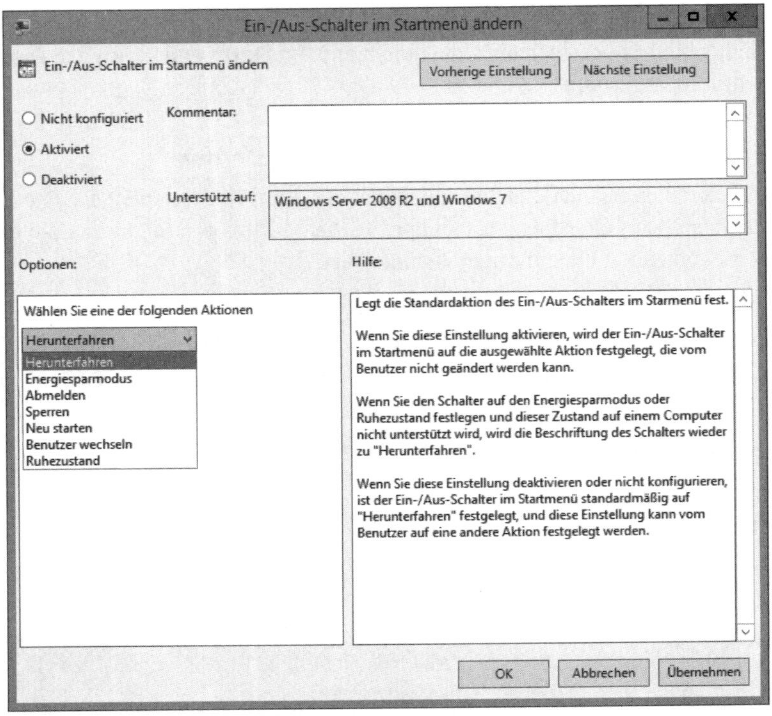

Bild 9.17 Optionen für das Schaltersymbol im Startmenü

■ 9.6 Startmenü und Taskleiste – Benachrichtigungen

Neu in 2012

Hier verstecken sich eine Reihe von Einstellungen, die speziell für die Benachrichtigungsfunktionen von Windows 8 und Server 2012 entwickelt wurden.

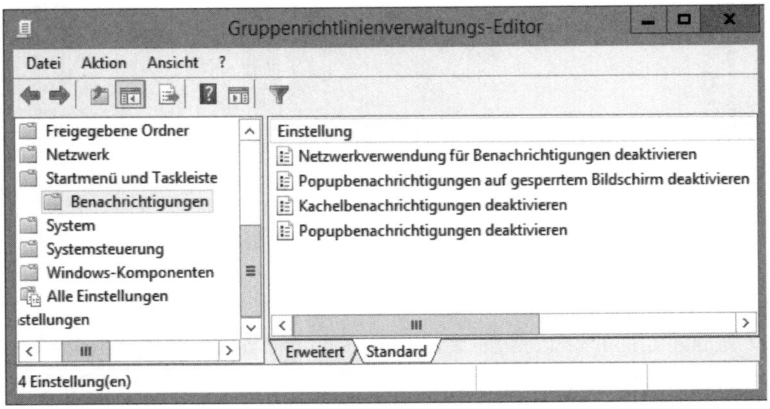

Bild 9.18 Benachrichtigungsoptionen von Windows 8 und Server 2012

9.7 System

Im Knoten „System“ finden Sie eine ganze Reihe sicherheitsrelevanter Einstellungen. Die folgenden Einstellungen können Sie in Erwägung ziehen:

- Willkommenseite für „Erste Schritte“ bei der Anmeldung nicht anzeigen: Aktiviert
- Zugriff auf Eingabeaufforderung verhindern: Aktiviert
- Zugriff auf Programme zum Bearbeiten der Registrierung verhindern: Aktiviert

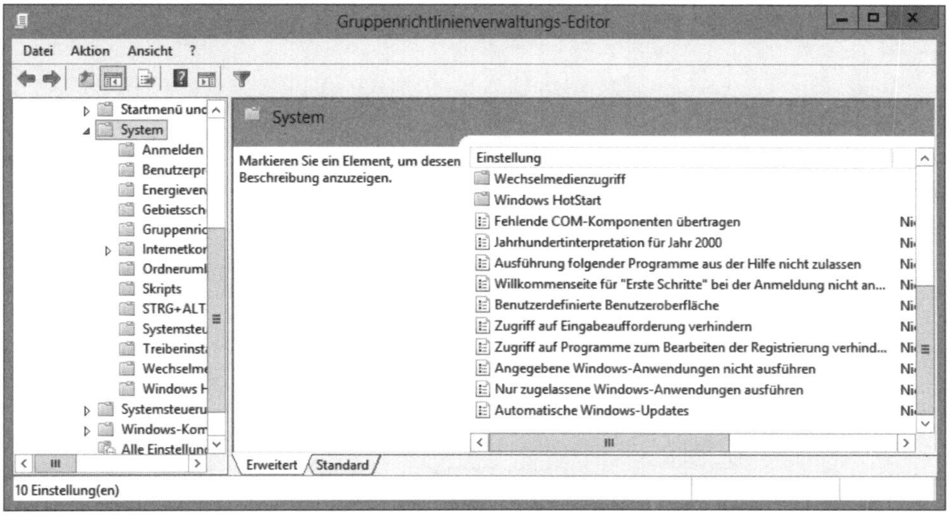

Bild 9.19 Einstellungen im Knoten „System“

PRAXISTIPP: Sie können in diesem Knoten zusätzliche Einschränkungen für Windows-Anwendungen konfigurieren. Zusammen mit Richtlinien für Softwareeinschränkungen aus der Computer- und der Benutzerkonfiguration und AppLocker haben Sie die vierte Stelle, an der Sie Software einschränken können. Überlegen Sie sich im Vorfeld, welchen Weg der Softwarebeschränkung Sie verwenden möchten. Wenn Sie an allen vier möglichen Stellen Einschränkungen vornehmen, könnte es schwierig werden, den Überblick zu behalten (beispielsweise, welche Einschränkung von welcher Einstellung herrührt).

9.7.1 Anmelden

Sie können hier definieren, dass bestimmte Programme bei der Anmeldung eines Benutzers abgearbeitet werden sollen, oder dies verhindern.

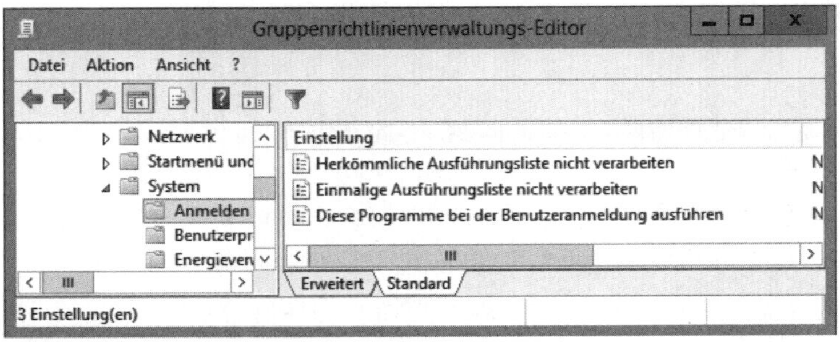

Bild 9.20 Einstellungen für die Anmeldung

9.7.2 Benutzerprofile

Hier lassen sich z. B. Größenbeschränkungen für Benutzerprofile definieren oder Verzeichnisse aus servergespeicherten Benutzerprofilen ausschließen.

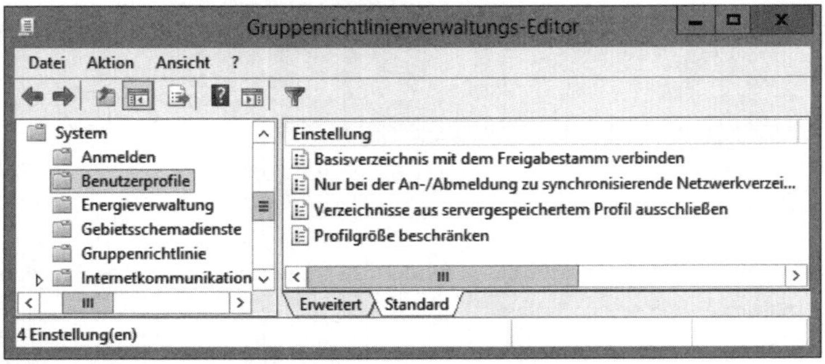

Bild 9.21 Einstellungen für Benutzerprofile

9.7.3 Energieverwaltung

Aktivieren Sie nach Möglichkeit die Kennworteingabe bei der Wiederaufnahme aus dem Ruhezustand bzw. Energiesparmodus. Standardmäßig können das die jeweiligen Benutzer festlegen. Dies führt bei gestohlenen tragbaren Rechnern häufig zu Sicherheitsproblemen.

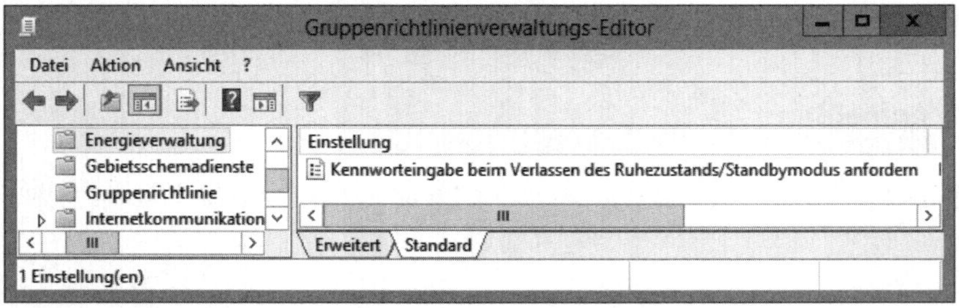

Bild 9.22 Kennworteingabe aktivieren

9.7.4 Gebietsschemadienste

Hier können Sie verschiedene Einstellungen deaktivieren, die es Benutzern erlauben, das Gebietsschema zu verändern. Diese Einstellungen gelten ab Windows Vista. Wenn Sie sie verwenden, müssen Sie teilweise zusätzlich Anpassungen im Dateisystem vornehmen. Lesen Sie gegebenenfalls die Beschreibung genau.

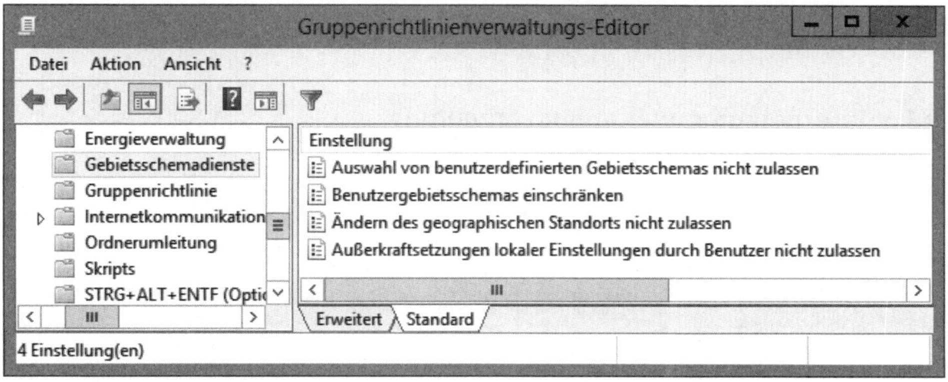

Bild 9.23 Einstellungen für Gebietsschemas

9.7.5 Gruppenrichtlinie

Unter Gruppenrichtlinie lassen sich verschiedene Einstellungen zur Richtlinienverarbeitung definieren. So können Sie z. B. festlegen, bis zu welcher Geschwindigkeit eine Verbindung als langsam definiert werden soll, um die Richtlinienverarbeitung auf schnelle Verbindungen zu begrenzen. Das System definiert standardmäßig jede Verbindung unter 500 Kbit/s als langsam. So wird verhindert, dass z. B. Softwareverteilung bei mobilen Benutzern die Leitung blockiert.

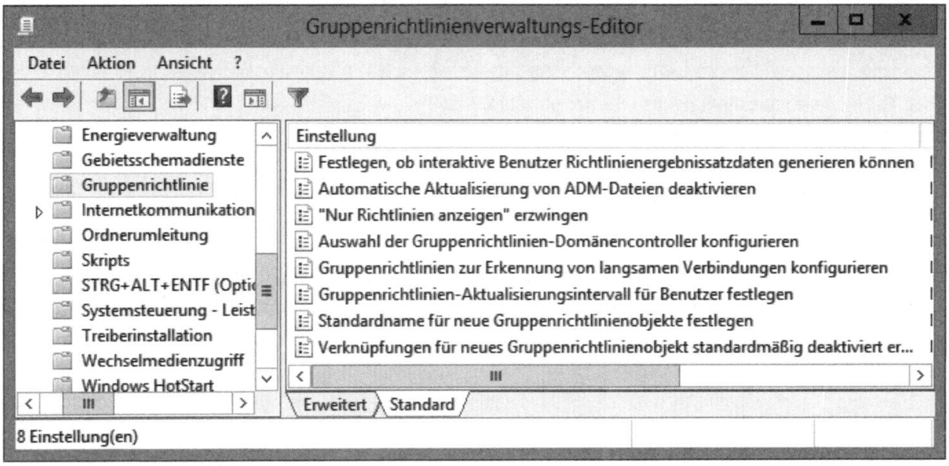

Bild 9.24 Einstellungen für Gruppenrichtlinien

Außerdem können Sie hier bestimmen, von welchem Domänencontroller ein Gruppenrichtlinienobjekt-Editor die Einstellungen abfragen soll, der auf einem Client läuft. Damit ist gewährleistet, dass Sie die korrekten ADM-, ADMX- und AMDL-Dateien verwenden. Wählen Sie aus folgenden Optionen:

- Den primären Domänencontroller verwenden
- Von Active-Directory-Snap-Ins erben
- Verfügbarer Domänencontroller

9.7.6 Internetkommunikationsverwaltung

Hier ist es möglich, höchst differenziert verschiedene Sonderfunktionen des Internet Explorers zu steuern. Insbesondere können Sie verhindern, dass Informationen zur Verbesserung der Benutzerfreundlichkeit an Microsoft übermittelt werden.

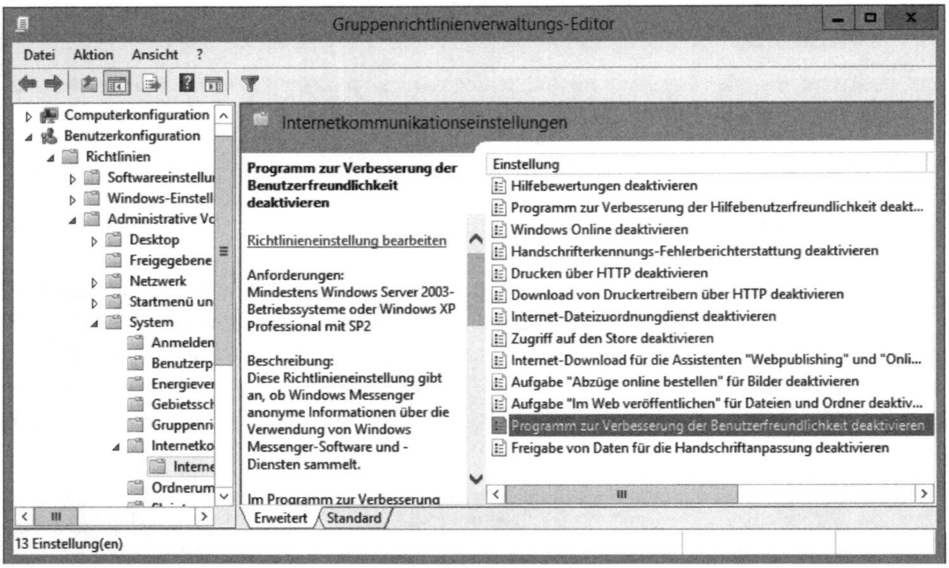

Bild 9.25 Datenübermittlung ins Internet einschränken

9.7.7 STRG+ALT+ENTF (Optionen)

Wie schon unter Startmenü und Taskleiste erwähnt, definieren Sie in diesem Knoten, ob Elemente, die normalerweise über STRG+ALT+ENTF aufgerufen werden können, deaktiviert werden sollen.

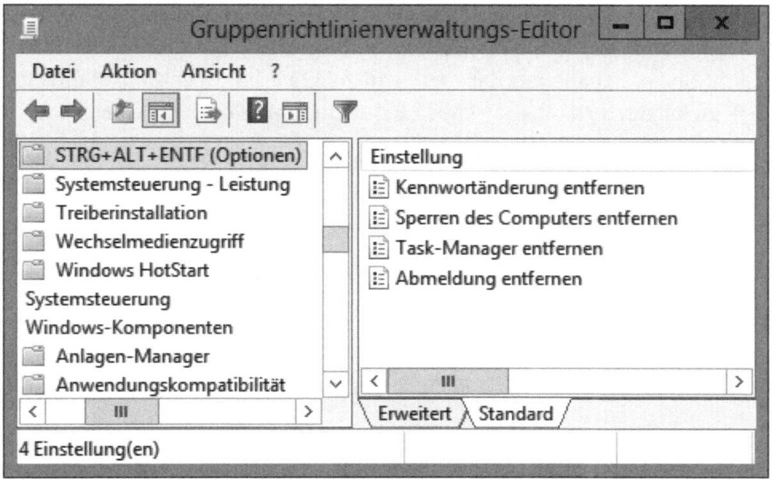

Bild 9.26 Elemente aus STRG+ALT+ENTF entfernen

9.7.8 Wechselmedienzugriffe

Die Richtlinien in diesem Bereich ermöglichen es Administratoren, sehr differenziert festzulegen, auf welche Arten von externen Datenträgern unter welchen Bedingungen zugegriffen werden darf.

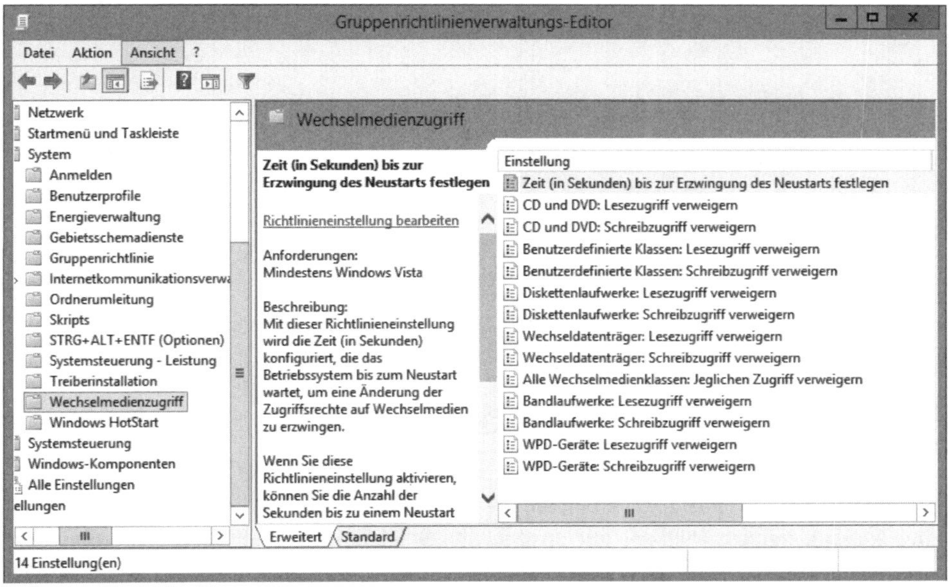

Bild 9.27 Einstellungen für Wechselmedien

Neben den Standardwechselmedien wie CD und DVD, Disketten- und Bandlaufwerken können auch eigene Benutzerdefinierte Klassen mittels GUID des Gerätes definiert werden (z. B. für USB-Sticks). Schade ist, dass es nicht möglich ist, über Einstellungen zunächst jeden Zugriff zu verweigern, und anschließend Ausnahmen zu definieren.

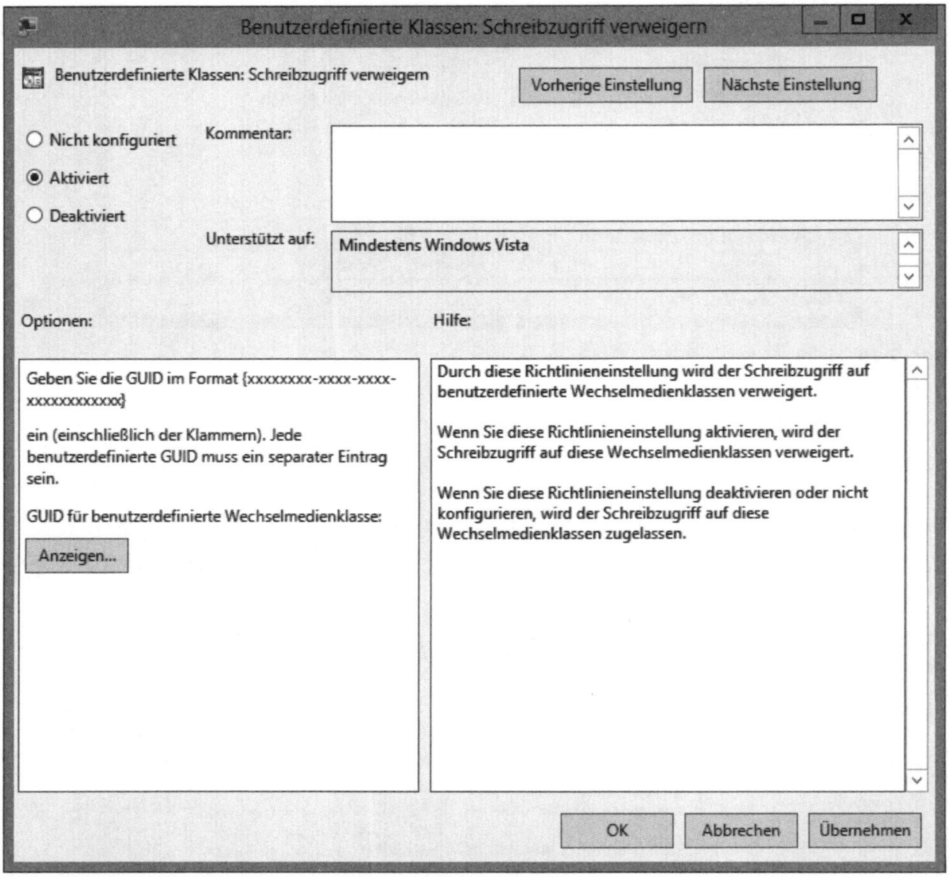

Bild 9.28 Benutzerdefinierte Klassen für Wechselmedien erstellen

■ 9.8 Systemsteuerung

Im Knoten „Systemsteuerung" haben Sie die Möglichkeit, den Zugriff auf die Systemsteuerung generell einzuschränken, nur angegebene Symbole anzuzeigen bzw. auszublenden oder die Ansicht für alle Elemente zu aktivieren. Für Benutzer sollten Sie nur benötigte Symbole anzeigen. Für Administratoren sollten alle Elemente angezeigt werden.

Daneben können Sie in einer Reihe von Unterknoten Details zu einzelnen Elementen der Systemsteuerung vorgeben. Diese werden im Folgenden beschrieben, wobei ich Ihnen Empfehlungen zur Konfiguration gebe.

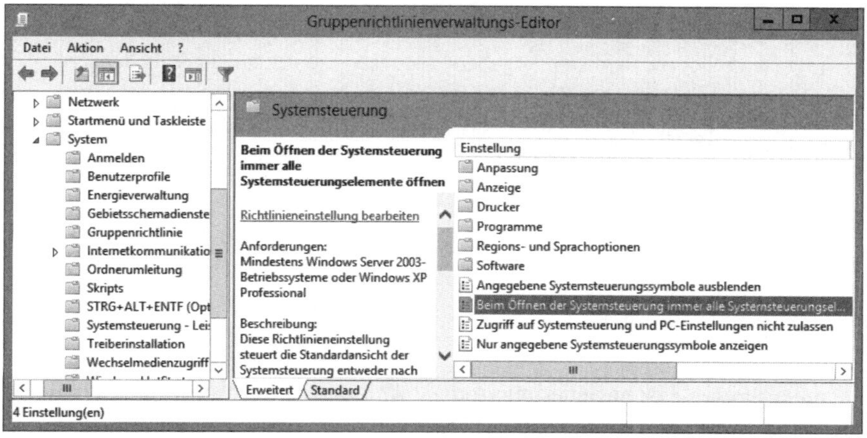

Bild 9.29 Alle Systemsteuerungselemente für Administratoren anzeigen

9.8.1 Anpassung

Die Bezeichnung „Anpassung“ ist etwas unglücklich gewählt, gemeint ist „Anpassung der Bildschirmanzeige“. Hier haben Sie insbesondere die Möglichkeit, den Bildschirmschoner zu konfigurieren. Aus Sicherheitsgründen sollte dieser für alle Benutzer konfiguriert werden. Konfigurieren Sie hierfür die folgenden Einstellungen:

- Bildschirmschoner aktivieren = aktiviert
- Ändern des Bildschirmschoners verhindern = aktiviert
- Kennwortschutz für den Bildschirmschoner verwenden = aktiviert
- Zeitlimit für Bildschirmschoner = aktiviert, z. B. 600 Sekunden
- Bestimmten Bildschirmschoner erzwingen = aktiviert, z. B. scrnsave.scr

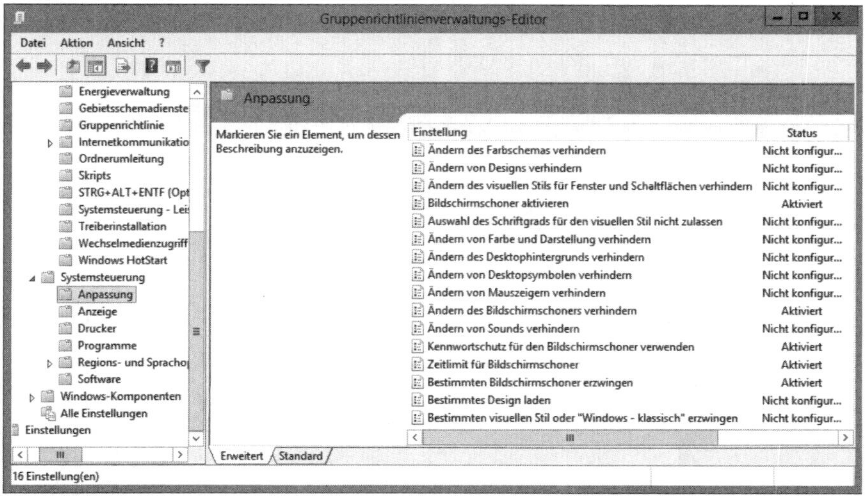

Bild 9.30 Bildschirmschoner konfigurieren

PRAXISTIPP: Sie können auch Einstellungen vornehmen, die z. B. das Corporate Design für die Benutzer vorgeben. Bedenken Sie jedoch, dass die Benutzer auf sehr rigide Vorgaben unter Umständen mit wenig Verständnis reagieren. Lassen Sie ihnen nach Möglichkeit etwas Freiheit in der Arbeitsplatzgestaltung. So erreichen Sie auf der anderen Seite eine bessere Kooperation in signifikanten Bereichen.

9.8.2 Anzeige

Hier können Sie die Systemsteuerungsoption „Anzeige" aktivieren/deaktivieren und die Registerkarte „Einstellungen" ein- oder ausblenden.

PRAXISTIPP: Bedenken Sie, dass Bildschirmauflösungen nicht im Profil von Benutzern gespeichert werden. Sollen mehrere Benutzer an einem Rechner arbeiten, so kann es nötig sein, dass diese unterschiedliche Bildschirmeinauflösungen verwenden. Dafür benötigen Sie die Systemsteuerungsoption „Anzeige".

9.8.3 Drucker

Im Unterknoten „Drucker" können Sie diverse Einstellungen vornehmen. Dies ist meine Empfehlung:

- Netzwerk nach Druckern durchsuchen = Deaktiviert
- Websites nach Druckern durchsuchen = Deaktiviert
- Hinzufügen von Druckern verhindern = Aktiviert
- Löschen von Druckern verhindern = Aktiviert

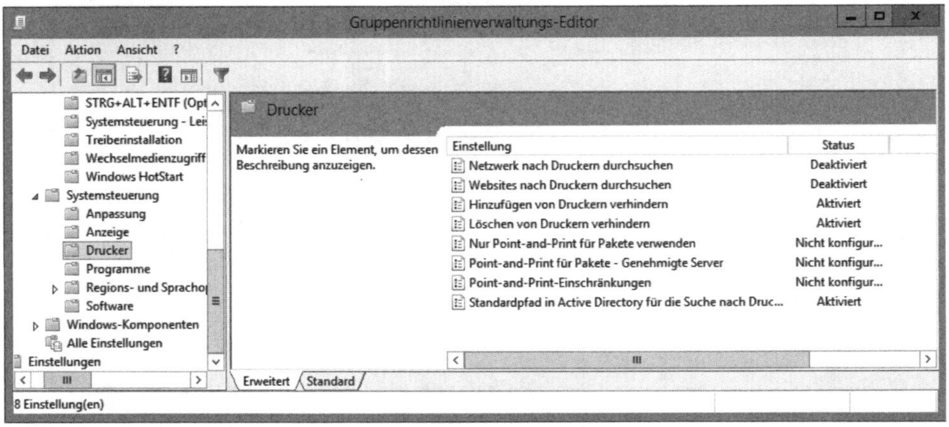

Bild 9.31 Systemsteuerungseinstellungen für Drucker

HINWEIS: Wenn Sie einen Standardpfad in Active Directory für die Suche nach Druckern definieren möchten, müssen Sie diesen im LDAP-Format angeben:

LDAP://OU=OU-B-Drucker,OU=OU-Berlin,DC=Testnetz,DC=Intern

9.8.4 Programme

Ab Windows Vista dürfen standardmäßig alle Benutzer auf Windows Marketplace zugreifen. Dies können Sie unter „Programme" deaktivieren.

Standardmäßig können Benutzer Programmzugriffe und Computerstandards festlegen, was dazu führen kann, dass durch fehlerhafte Zuweisungen die Funktion des Systems beeinträchtigt wird. Aktivieren Sie nach Möglichkeit die folgende Einstellung: SEITE „PROGRAMMZUGRIFF UND COMPUTERSTANDARDS FESTLEGEN" AUSBLENDEN.

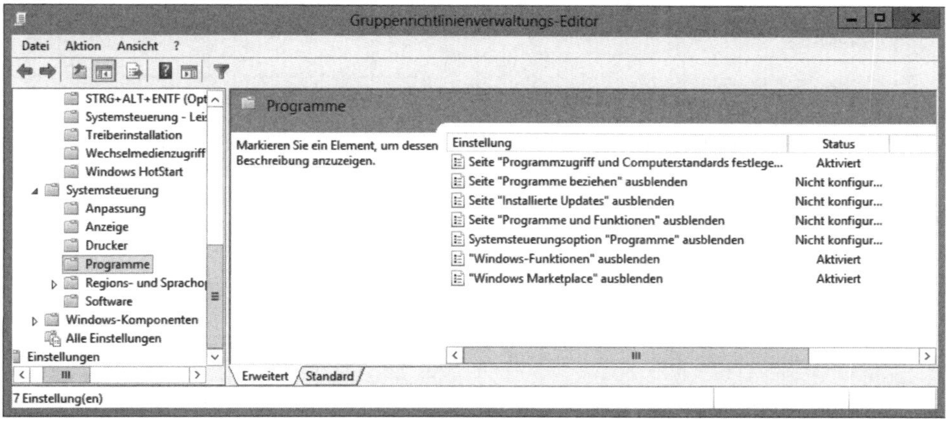

Bild 9.32 Einstellungen für Systemsteuerung – Programme

9.8.5 Software

Die Einstellungen unter Software betreffen nur die Betriebssysteme Windows 2000, XP und Server 2003. Seit Windows Vista und Server 2008 wurden diese durch den Knoten „Programme“ abgelöst.

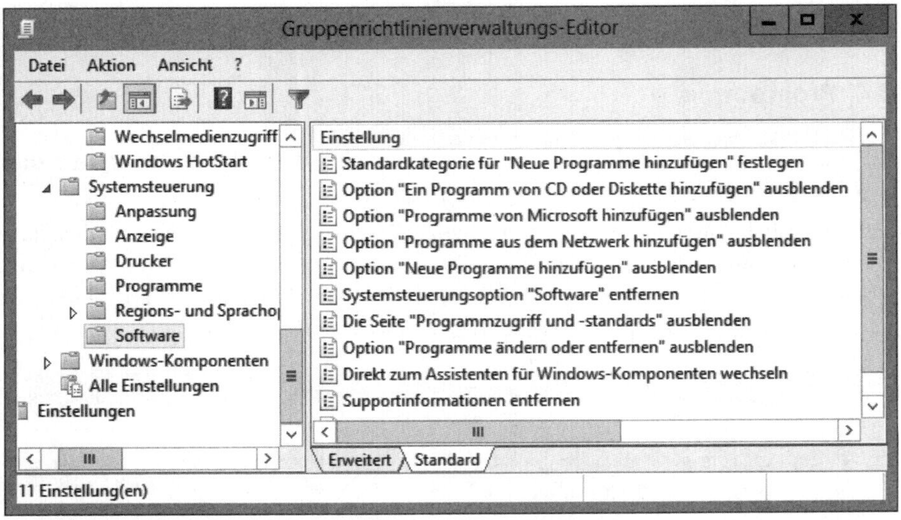

Bild 9.33 Einstellungen für ältere Betriebssysteme

9.9 Windows-Komponenten

Der Knoten Windows-Komponenten umfasst eine große Anzahl von Einstellungen. Entscheiden Sie selbst, ob es in Ihrem Unternehmen angebracht ist, Punkte wie z. B.

- RSS-Feeds
- Windows Messenger
- Windows Media Player

genauer unter die Lupe zu nehmen. Ich beschränke mich an dieser Stelle darauf, einige wichtige Einstellungen exemplarisch vorzustellen.

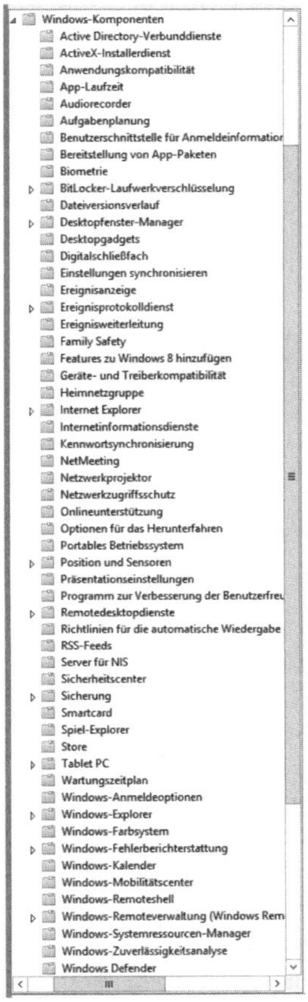

Bild 9.34 Übersicht der Knoten unter Windows-Komponenten

9.9.1 Anlagen-Manager

Sie sollten den Anlagen-Manager so konfigurieren, dass installierte Virenschutzsoftware Anlagen automatisch beim Öffnen überprüft.

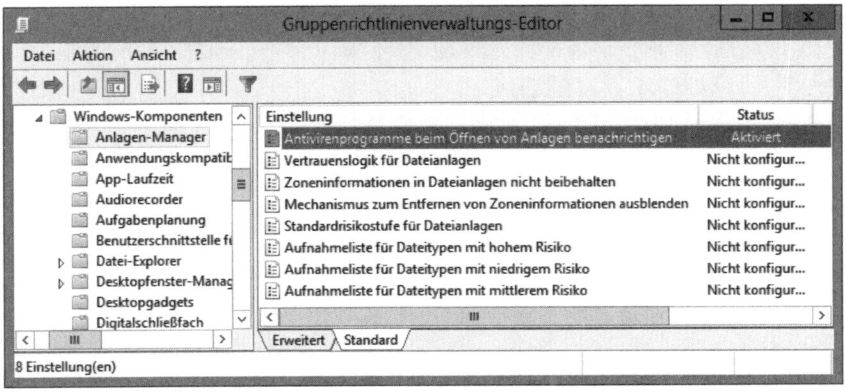

Bild 9.35 Virenschutz für Anlagen aktivieren

9.9.2 Anwendungskompatibilität

Auf Servern sollten Sie den Programmkompatibilitäts-Assistenten deaktivieren, da dieser die Leistung beeinträchtigt. Klären Sie im Vorfeld Kompatibilitätsfragen zu Anwendungen, die auf Servern installiert werden sollen. Aus historischen Gründen liegt diese Einstellung nach wie vor unter der Benutzerkonfiguration vor. Da sie aber nur über den Loopbackverarbeitungsmodus angewendet werden konnte, möchte ich an dieser Stelle darauf verweisen, dass die Einstellung unter der Computerkonfiguration vorzunehmen ist.

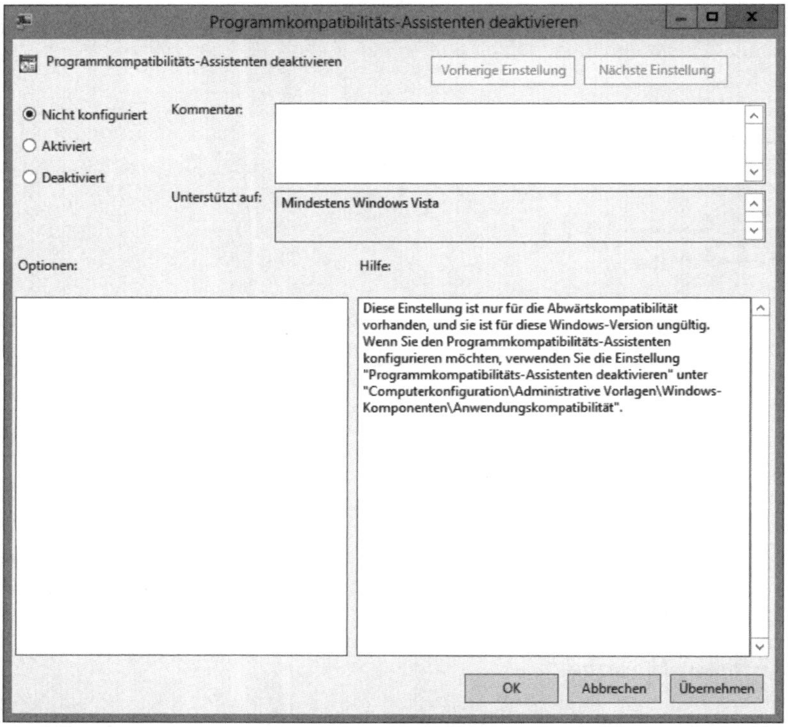

Bild 9.36 Programmkompatibilitätsassistenten unter Computerkonfiguration deaktivieren

■ 9.10 App-Laufzeit

Neu in 2012

Diese etwas verwirrenden Einstellungen legen einfach ausgedrückt fest, dass Windows Store-Apps nicht auf Desktop-Apps zugreifen können, mit denen Anwendungen gestartet werden könnten, die das System in seiner Stabilität gefährden würden. Zumindest für Server würde ich Ihnen die Aktivierung der Einstellungen empfehlen.

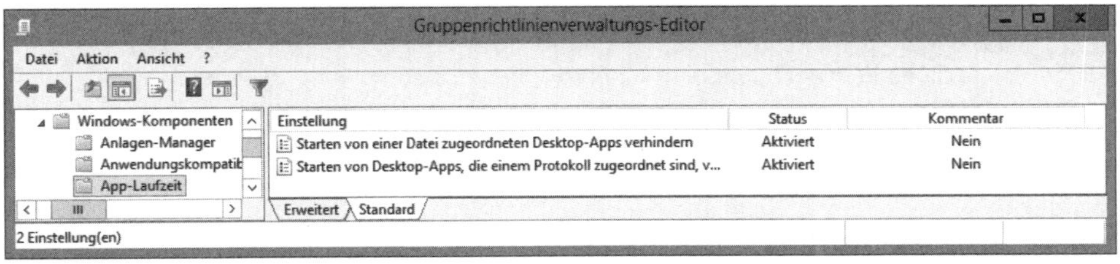

Bild 9.37 Dateien und Protokolle vor Apps schützen

9.10.1 Datei-Explorer (Windows Explorer)

Unter Datei-Explorer (die neue Bezeichnung für Windows Explorer) finden Sie eine Reihe interessanter Optionen, um das Netzwerk sicherer zu machen. Hier konfigurieren Sie unter anderem, dass Benutzer nicht in der Lage sind, auf bestimmte Laufwerke zuzugreifen, obwohl die Benutzer weiterhin Berechtigungen auf die Laufwerke behalten. Anwendungen können etwa auf die benötigten Daten zugreifen und Daten zwischenspeichern, ohne dass die Benutzer dort ihrerseits Daten ablegen können, die nicht vom zentralen Backup erfasst werden. Konfigurieren Sie dafür die folgenden Richtlinien:

- Diese angegebenen Datenträger im Fenster „Arbeitsplatz“ ausblenden
- Zugriff auf Laufwerke vom Arbeitsplatz nicht zulassen.

Sie können dabei aus verschiedenen Optionen auswählen, welche Laufwerke gesperrt werden sollen.

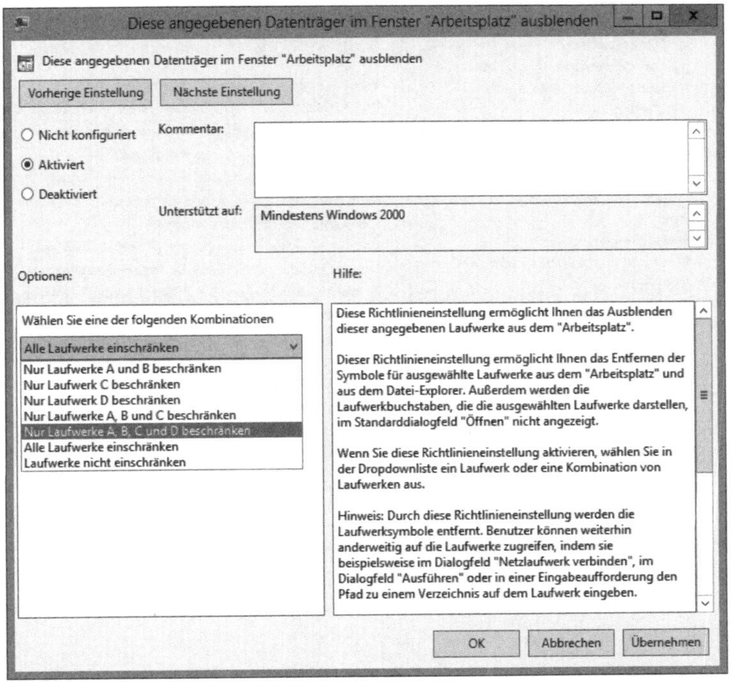

Bild 9.38 Laufwerke im Datei-Explorer ausblenden

In Kapitel 13, „Erweitern von administrativen Vorlagen“, erfahren Sie, wie Sie zusätzliche Laufwerkskombinationen für diese Einstellungen festlegen.

9.10.2 Internet Explorer

Im Knoten „Internet Explorer“ haben Sie die Möglichkeit, so gut wie jede Eigenschaft des Internet Explorers zu konfigurieren. In einer Standardrichtlinie stehen Ihnen hierfür 800 Einstellungen zur Verfügung. Wenn Sie zusätzlich ADM-, ADMX- und ADML-Dateien für verschiedene Versionen des Internet Explorers installieren, können mehrere Tausend Einstellungen zusammenkommen. So umfasst allein die ADMX-Datei für Internet Explorer 8 rund 1300 Einstellungen.

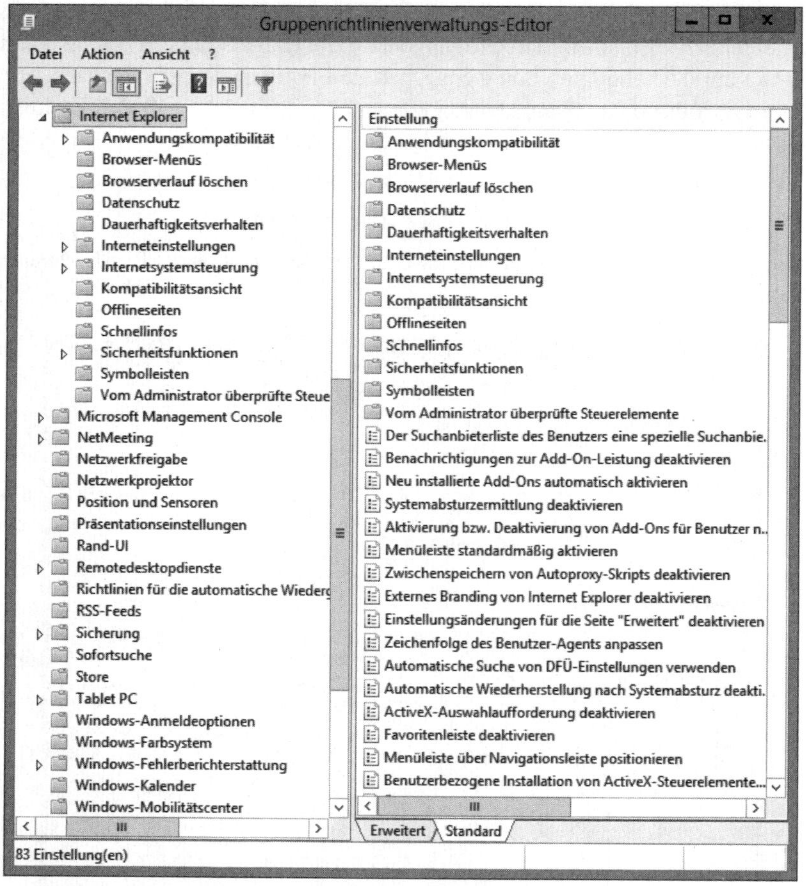

Bild 9.39 Bereits auf der obersten Ebene stehen Ihnen 74 Einstellungen für Internet Explorer zur Verfügung.

Diese werden Sie in aller Regel nicht mehr von Hand konfigurieren. Stattdessen können Sie mit dem IEAK (Internet Explorer Administration Kit) vorkonfigurierte Lösungen für typische Szenarien erstellen. Konsultieren Sie diesbezüglich bei Bedarf die entsprechenden Seiten der Microsoft TechNet unter *http://technet.microsoft.com/de-de/library/cc817584.aspx*.

9.10.3 Richtlinien für die automatische Wiedergabe

Normalerweise können Benutzer festlegen, ob eine bestimmte Aktion bei der Wiedergabe eines Datenträgers als Standard definiert werden soll. Manchmal definieren Benutzer dabei ungeeignete Standardaktionen. Dies können Sie durch eine Richtlinie verhindern, indem Sie die folgende Richtlinie aktivieren:

- Kein Kontrollkästchen „Vorgang immer durchführen“ festlegen

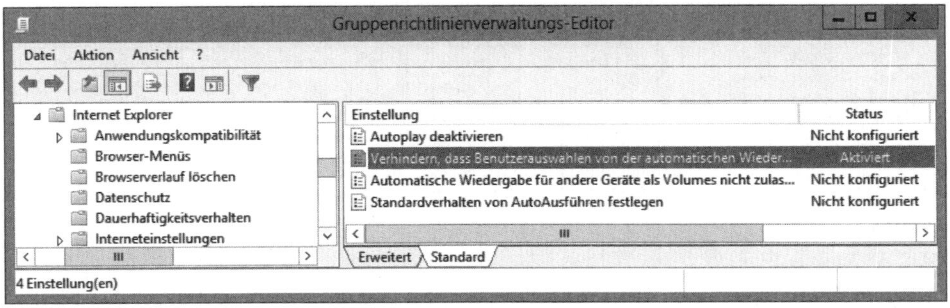

Bild 9.40 Fehlkonfiguration von Standardaktionen verhindern

9.10.4 Sicherungskopie

Mit den Einstellungen unter SICHERHEITSKOPIE – CLIENT können Sie eine Reihe von Einstellungen für Sicherung und Wiederherstellung vornehmen. So sollten Sie z. B. überlegen, die Sicherung an Netzwerkspeicherorten zu verbieten, da diese die Server und das Netzwerk erheblich belasten können.

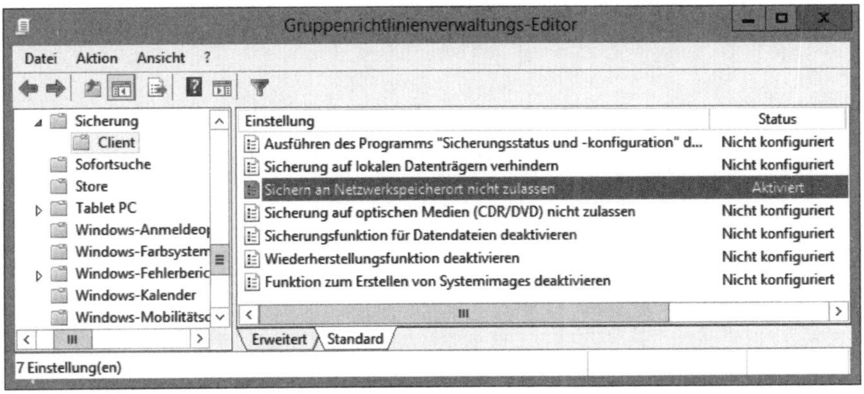

Bild 9.41 Sicherungen im Netzwerk verhindern

9.10.5 Windows-Anmeldeoptionen

Mit den Richtlinien unter Windows-Anmeldeoptionen steuern Sie das Verhalten des Systems, wenn die erlaubten Anmeldezeiten überschritten werden.

- Deaktivieren Sie WARNUNG ÜBER ABLAUF DER ANMELDESTUNDEN ENTFERNEN. (Wenn Sie diese Richtlinie aktivieren, werden Benutzer schlagartig von ihrer Sitzung getrennt oder abgemeldet bzw. die Sitzung wird gesperrt.)
- Aktivieren Sie AKTION FESTLEGEN, DIE BEI ABLAUF DER ANMELDESTUNDEN AUSGEFÜHRT WIRD und konfigurieren Sie die geeignete Aktion.

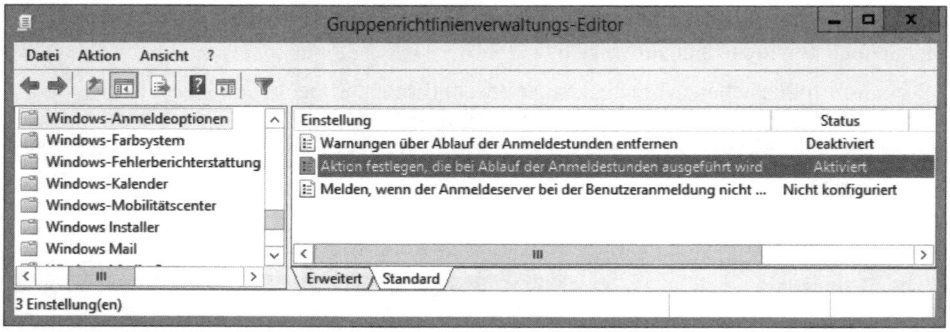

Bild 9.42 Anmeldeoptionen konfigurieren

PRAXISTIPP: Verwenden Sie in der Regel „Sperren“ (bei lokalen Sitzungen) oder „Trennen“ (bei Remote-Desktopsitzungen) als Aktion. Andernfalls kann die Arbeit von Benutzern verloren gehen.

10 Einstellungen

In diesem Kapitel:

- Wie verwende ich Gruppenrichtlinien-Einstellungen?
- Zielgruppenadressierung auf Elementebene: Wie kann ich Einstellungen auf bestimmte Rechner oder Benutzer anwenden?
- Variablen-Einsatz: Einstellungen auf eigene Dateien beliebiger Benutzer anwenden (Drucker im Netzwerk verteilen, Netzlaufwerke verbinden, Einstellungen der Systemsteuerung automatisieren etc.)

10.1 Einführung

Gruppenrichtlinien-Einstellungen stellen eine Erweiterung der Gruppenrichtlinien dar, die mit Windows Server 2008 eingeführt wurde. Sie erlauben es Administratoren, eine ganze Reihe von Aufgaben zu automatisieren, die vorher nur mittels Skripten ausgeführt werden konnten. So lassen sich z. B. Laufwerke verbinden und Drucker zuweisen, Dateien und Ordner anlegen und lokale Benutzer und Gruppen erstellen. Die Verarbeitung auf den Clients erfolgt über die Gruppenrichtlinien-Einstellungs-Clienterweiterungen (Group Policy Preferences Client Side Extensions, CSE). Diese sind ab Windows 7 und Server 2008 bereits enthalten.

10.2 Voraussetzungen

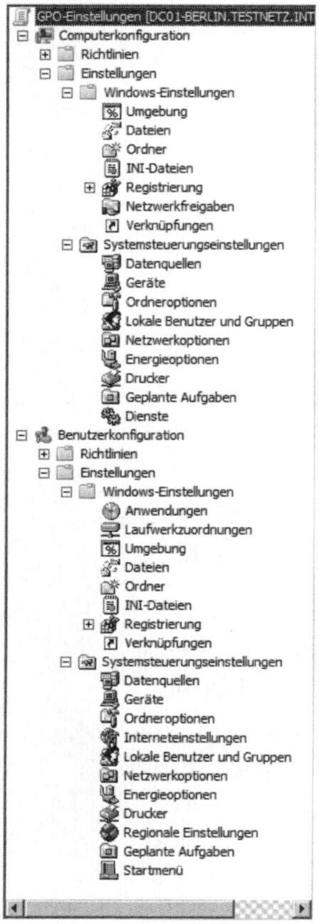

Bild 10.1 Gruppenrichtlinien-Einstellungen

Um die Gruppenrichtlinien-Einstellungen verwenden zu können, müssen eine Reihe von Bedingungen erfüllt werden. Diese betreffen Betriebssystem, Servicepack (SP) und zusätzliche Module. Dabei müssen CSEs und XmlLite in der entsprechenden 32- oder 64-Bit-Version installiert werden.

Unterstützte Betriebssysteme und Servicepacks ab

- Windows XP mit SP2
- Windows Server 2003 mit SP1
- Windows Vista

Client Side Extensions ab

- Windows XP mit SP2
- Windows Server 2003 mit SP1
- Windows Vista

Low-Level-XML-Parser XmlLite ab

- Windows XP mit SP2
- Windows Server 2003 mit SP1

10.3 Zielgruppenadressierung

Eine der Besonderheiten bei den Gruppenrichtlinien-Einstellungen ist die Tatsache, dass sie eine zusätzliche Filterung innerhalb einer Richtlinie erlauben. Diese wird als Zielgruppenadressierung auf Elementebene bezeichnet. Die Zielgruppenadressierung basiert auf WMI-Abfragen. Sie erlaubt es, bestimmte Bedingungen abzufragen und nur, wenn diese erfüllt sind, die Einstellung vorzunehmen.

Das folgende Beispiel soll verdeutlichen, wie die Zielgruppenadressierung funktioniert. Sie möchten den XP-Computern der Buchhaltungsabteilung Drucker zuweisen. Sie verwenden Drucker A, der nicht von 64-Bit-Betriebssystemen unterstützt wird, und Drucker B, der 64-Bit-Betriebssysteme unterstützt, dessen Kosten pro Seite aber höher sind.

Sie erstellen zwei Einstellungen. In der ersten wird Drucker A zugewiesen. Über die Zielgruppenadressierung auf Elementebene wird abgefragt, ob das Betriebssystem **nicht** Windows XP mit 64 Bit ist. In der zweiten wird Drucker B zugewiesen, wenn die Bedingung XP mit 64 Bit erfüllt ist.

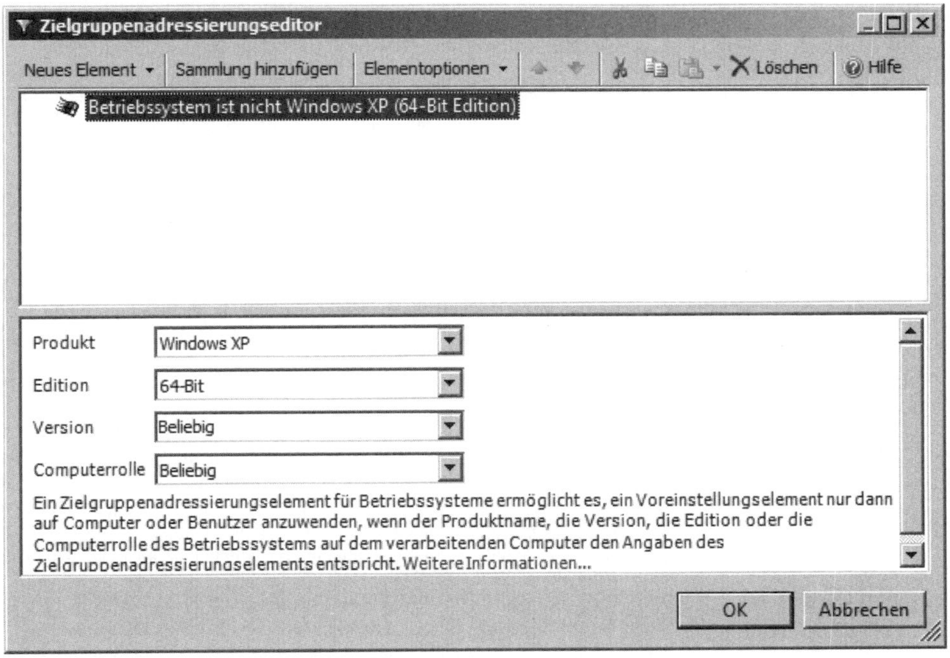

Bild 10.2 Betriebssystemabfrage im Zielgruppenadressierungseditor

Das Beispiel verdeutlicht, dass Sie mit einer negativen Bedingung arbeiten müssen, da es keine Abfrage gibt, die nur 32-Bit-Betriebssysteme erkennt.

Tabelle 10.1 erläutert, welche Abfragen Sie für die Zielgruppenadressierung auf Elementebene verwenden können.

Tabelle 10.1 Elemente der Zielgruppenadressierung

Element	Mögliche Einstellungen
Akku vorhanden	Akku ist (nicht) vorhanden
Computername	Computername ist (nicht) [NetBIOS-Name/DNS-Name]
CPU-Geschwindigkeit	CPU-Geschwindigkeit ist (nicht) größer oder gleich [Zahl] MHz
Datumsübereinstimmung	Hier können Sie einen Wochentag, einen Tag im Monat oder ein festes Datum eingeben.
Festplattenspeicher	Freier Festplattenspeicherplatz ist (nicht) größer oder gleich [Zahl] GB auf Festplatte [„System"/Buchstabe]
Domäne	Domäne/Benutzer ist in Domäne [NetBIOS-Domänenname]
Umgebungsvariable	Die [Umgebungsvariable] hat (nicht) den [Wert]
Dateiübereinstimmung	Datei vorhanden, Ordner vorhanden oder Dateiversion gleich für [Pfad]
IP-Adressbereich	IP-Adressbereich ist (nicht) zwischen [x.x.x.x] und [y.y.y.y]
Sprache	Die Sprache [Sprache] ist (nicht) für ▪ den Benutzer (Gebietsschema des Benutzers), ▪ das System (Gebietsschema des Betriebssystems) ▪ oder einheitlich (in der Datei ntdll.dll angegebenes Gebietsschema) definiert.
LDAP-Abfrage	Hier können Sie diverse LDAP-Filter programmieren. Für weitere Informationen konsultieren Sie bitte die Hilfe.
MAC-Adressbereich	MAC-Adressbereich liegt (nicht) zwischen [xx-xx-xx-xx-xx-xx] und [yy-yy-yy-yy-yy-yy]
MSI-Abfrage	Mit MSI-Abfragen können Sie eine ganze Reihe von Parametern zu installierter Software abfragen. Dazu gehören auch Versionsabfragen und Eigenschaften.
Betriebssystem	Hier können Betriebssysteme abgefragt werden: ▪ Von Windows XP bis Server 2012 Family ▪ Editionen wie Enterprise, Ultimate (64-Bit), Datacenter (64-Bit) ohne Hyper-V ▪ Versionen von Servicepacks ▪ Computerrollen wie Mitgliedsserver oder Domänencontroller
Organisationseinheit	Die Organisationseinheit des Benutzers oder Computers mit der zusätzlichen Möglichkeit der direkten Mitgliedschaft (also ohne Unter-OUs)
PCMCIA vorhanden	PCMCIA-Steckplatz ist (nicht) vorhanden

Element	Mögliche Einstellungen
Tragbarer Computer	Abfrage des Dockingstatus für ▪ Gedockt ▪ Ungedockt ▪ Unbekannt
Verarbeitungsmodus	Hier lassen sich Synchrone, Asynchrone oder Hintergrundverarbeitung in Kombination mit Verarbeitungsbedingungen wie Erzwungene Aktualisierung oder Langsame Verbindung verknüpfen.
RAM	RAM (gesamt) ist (nicht) größer oder gleich [Zahl] MB
Registrierungsübereinstimmung	Abgefragt werden: ▪ Übereinstimmungstyp: Schlüssel vorhanden Wert vorhanden Wertdaten vergleichen Wertdaten abrufen ▪ Struktur ▪ Schlüsselpfad und (je nach Übereinstimmungstyp) ▪ Name ▪ Werttyp oder Wertdaten Sie können zusätzlich festlegen, ob ein Standardname abgefragt werden soll.
Sicherheitsgruppe	Gruppe des Benutzers oder der Gruppe. Zusätzlich können Sie definieren, ob es eine Primäre Gruppe sein muss.
Standort	Standort ist (nicht) [Name des Standortes aus dem Active Directory]
Terminalsitzung	Hier können Sie definieren, dass eine Terminalsitzung den folgenden Einstellungen entsprechen muss: ▪ Typ oder Protokoll: Beliebig Remote-Desktopdienste ▪ Parameter: Beliebig Anwendungsname Clientname Startprogramm Sitzungsname Arbeitsverzeichnis TCP/IP-Adresse des Clients ▪ Parameterwert
Zeitbereich	Zeit liegt (nicht) zwischen [xx:xx:xx] und [yy:yy:yy].
WMI-Abfrage	Bei Bedarf können Sie hier zusätzliche WMI-Abfragen erstellen.

In den folgenden Beschreibungen der einzelnen Gruppenrichtlinien-Einstellungen werden Sie Anwendungsbeispiele für bestimmte Zielgruppenadressierungen sehen.

10.4 Computerkonfiguration – Einstellungen – Windows-Einstellungen

Mit den Windows-Einstellungen automatisieren Sie eine Reihe von Konfigurationseinstellungen auf Remotesystemen. So können z. B. Treiber in Abhängigkeit vom installierten Betriebssystem verteilt, Registrierungsschlüssel und -werte gesetzt oder Freigaben angelegt werden.

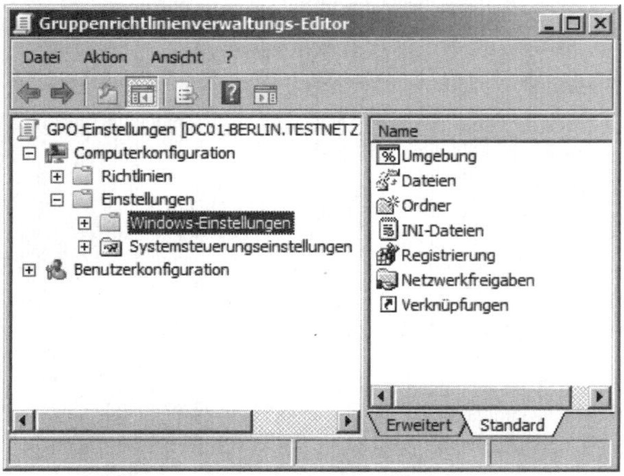

Bild 10.3 Windows-Einstellungen im Bereich Computerkonfiguration

10.4.1 Umgebung

Umgebungsvariablen lassen sich nun einfach verteilen, beispielsweise um dem temporären Verzeichnis einen neuen Pfad zuzuweisen. Gehen Sie folgendermaßen vor:

- Erweitern Sie im Gruppenrichtlinienverwaltungs-Editor - Computerkonfiguration - EINSTELLUNGEN - WINDOWS-EINSTELLUNGEN - UMGEBUNG und wählen Sie im Kontextmenü NEU - UMGEBUNGSVARIABLE.
- Wählen Sie im Rollfeld unter AKTION aus, was mit der Variablen passieren soll. Wählen Sie in diesem Fall AKTUALISIEREN.

Tabelle 10.2 Aktionen für neue Umgebungsvariablen

Aktion	Erläuterung
Erstellen	Generiert eine neue Variable oder ergänzt die PATH-Variablen um einen neuen Eintrag
Ersetzen	Löscht eine vorhandene Variable und erstellt sie neu. Wenn die Variable noch nicht vorhanden war, wird sie neu erstellt.
Aktualisieren	Ändert an einer vorhandenen Variablen nur die angegebenen Einstellungen. Wenn diese noch nicht vorhanden war, so wird sie neu generiert.
Löschen	Löscht die angegebene Variable

- Geben Sie unter Systemvariable `TEMP` ein.
- Geben Sie unter Wert `C:\temp` ein.

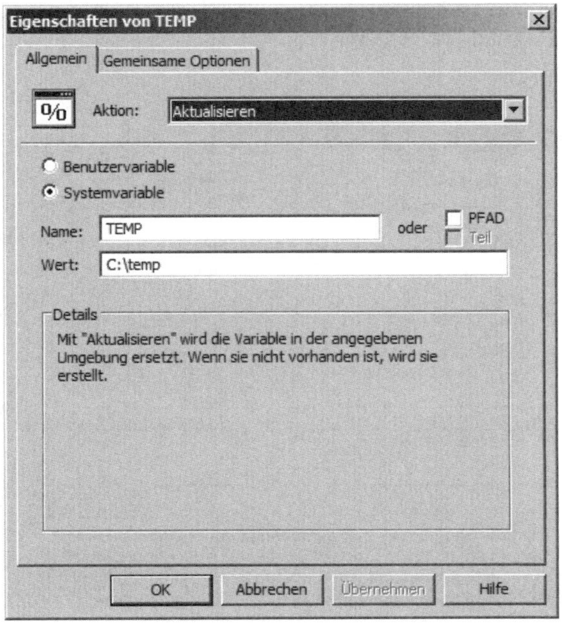

Bild 10.4 Variable definieren

- Bestätigen Sie mit ÜBERNEHMEN und wechseln Sie zum Register GEMEINSAME OPTIONEN.
- Aktivieren Sie das Kontrollkästchen ZIELGRUPPENADRESSIERUNG AUF ELEMENTEBENE und betätigen Sie die Schaltfläche ZIELGRUPPENADRESSIERUNG.

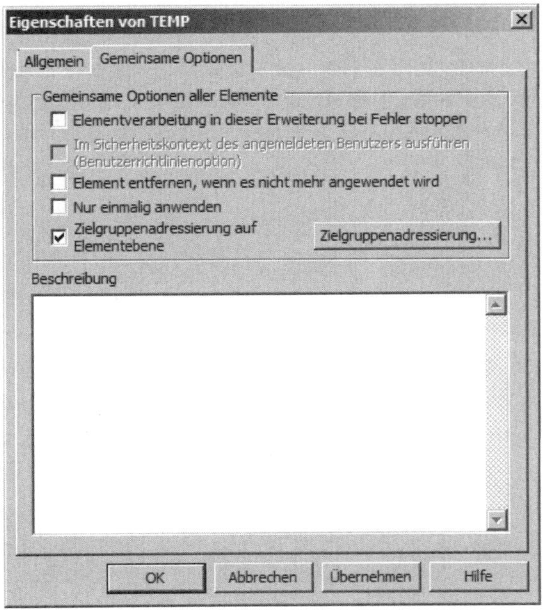

Bild 10.5
Zielgruppenadressierung auf Elementebene aktivieren

- Klicken Sie auf NEUES ELEMENT, und wählen Sie DATEIÜBEREINSTIMMUNG.
- Wählen Sie bei Übereinstimmungstyp ORDNER VORHANDEN.
- Sie können auf die Schaltfläche mit den drei Punkten klicken, um einen Pfad zu suchen, oder einen Pfad von Hand eingeben. Geben Sie `C:\temp` ein.
- Bestätigen Sie Ihre Konfiguration mit OK.

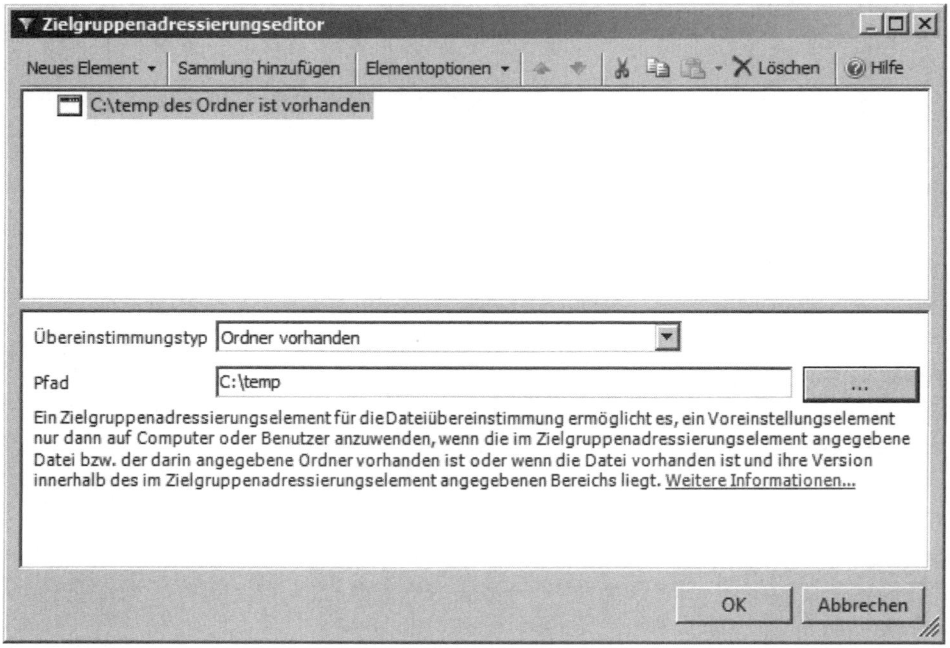

Bild 10.6 Ordner für Zielgruppenadressierung anlegen

Somit haben Sie eine Einstellung vorgenommen, die Folgendes bewirkt. Nur wenn der Ordner C:\temp existiert, wird der Systemvariablen %temp% der Wert für den Speicherort C:\temp zugewiesen. Im übernächsten Schritt lernen Sie, wie man einen Ordner C:\temp mittels Gruppenrichtlinien-Einstellung anlegt.

10.4.2 Dateien

Ein Beispiel für eine Datei, die mittels Gruppenrichtlinien-Einstellung verteilt werden soll, ist das Firmenlogo. Dies soll auf jedem Rechner in der Systempartition verfügbar sein, um es anschließend mittels BENUTZERKONFIGURATION – RICHTLINIEN – ADMINISTRATIVE VORLAGEN – DESKTOP – HINTERGRUNDBILD den Benutzern zuzuweisen.

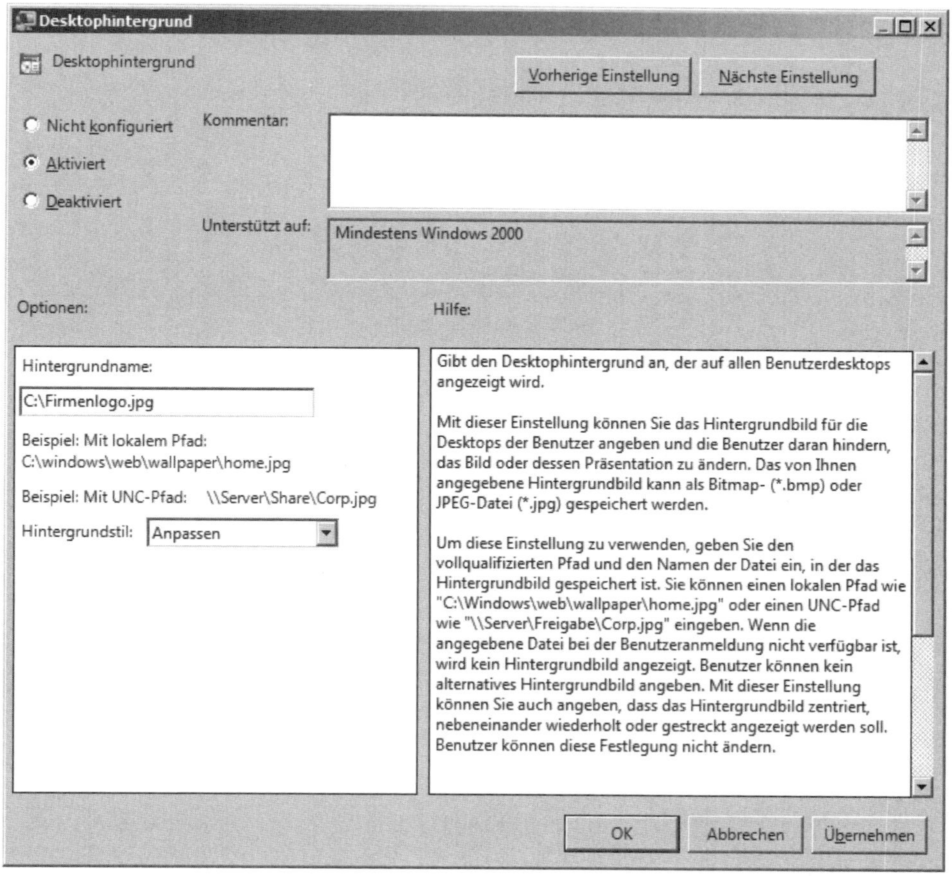

Bild 10.7 Hintergrundbild lokal zuweisen

Gehen Sie für die Verteilung der Datei folgendermaßen vor:

- Erweitern Sie im Gruppenrichtlinienverwaltungs-Editor – Computerkonfiguration – EINSTELLUNGEN – WINDOWS-EINSTELLUNGEN – DATEI und wählen Sie im Kontextmenü NEU – DATEI.
- Wählen Sie im Rollfeld unter AKTION aus, was mit der Variablen passieren soll. Wählen Sie in diesem Fall ERSETZEN.
- Geben Sie unter QUELLDATEI(EN) einen Pfad zu einem freigegebenen Verzeichnis ein, damit alle Clients die Datei beziehen können.
- Geben Sie unter ZIELDATEI den lokalen Speicherort ein, auf den die Clients zugreifen sollen.

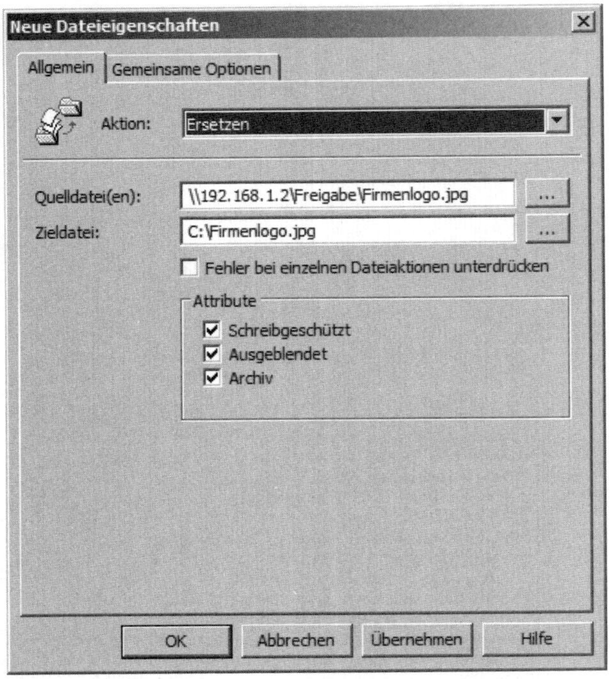

Bild 10.8 Firmenlogo verteilen

Sie können festlegen, ob die Datei schreibgeschützt, ausgeblendet und mit dem Archiv-Bit versehen werden soll.

10.4.3 Ordner

Im Folgenden wird erst der alte temporäre Ordner gelöscht und in einem zweiten Schritt ein neuer erstellt. Um einen Ordner auf den Clients zu löschen, gehen Sie folgendermaßen vor:

- Erweitern Sie im Gruppenrichtlinienverwaltungs-Editor Computerkonfiguration – Einstellungen – Windows-Einstellungen – Ordner und wählen Sie im Kontextmenü Neu – Ordner.
- Wählen Sie im Rollfeld unter Aktion aus, was mit der Variablen passieren soll. Wählen Sie in diesem Fall Löschen.
- Geben Sie unter Pfad den Pfad ein, z. B. `C:\temp`.
- Legen Sie mit den Kontrollkästchen Folgendes fest:
  - Ordner löschen (sofern gelehrt)
  - Alle Unterordner rekursiv löschen (sofern gelehrt)
  - Alle Dateien in den Ordnern löschen
  - Löschen schreibgeschützter Dateien/Ordner zulassen
  - Fehler für nicht löschbare Dateien/Ordner ignorieren
- Bestätigen Sie mit Übernehmen.

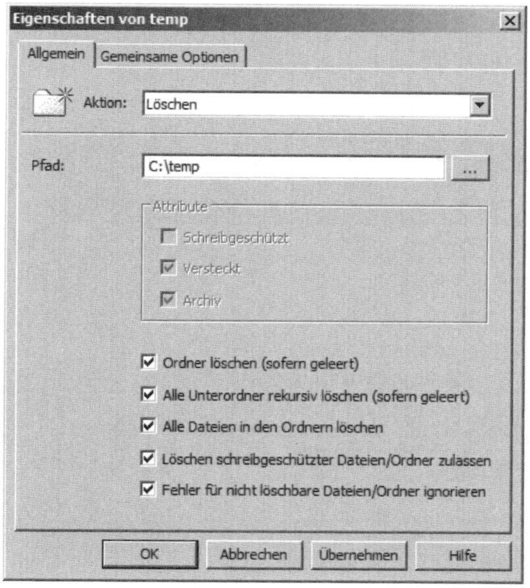

Bild 10.9 C:\temp löschen

Wenn Sie Software mit Richtlinien verteilen, kann es sein, dass diese noch in temporären Verzeichnissen zwischengespeichert ist. Als Nächstes müssen Sie verhindern, dass der temporäre Ordner gelöscht wird, bevor beispielsweise die Installation PROPLUS.MSI abgeschlossen ist. Dafür können Sie eine Zielgruppenadressierung konfigurieren.

- Klicken Sie auf das Register GEMEINSAME OPTIONEN.
- Geben Sie eine Beschreibung ein.
- Aktivieren Sie ZIELGRUPPENADRESSIERUNG AUF ELEMENTEBENE, und betätigen Sie die Schaltfläche ZIELGRUPPENADRESSIERUNG.

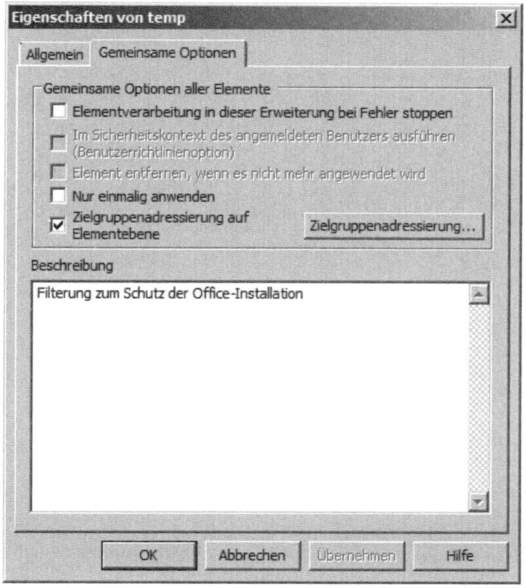

Bild 10.10 Zielgruppenadressierung vorbereiten und kommentieren

- Wählen Sie NEUES ELEMENT – MSI-ABFRAGE.
- Legen Sie den Abfragetyp auf ZIEL VORHANDEN fest.
- Definieren Sie den Zieltyp PRODUKT.

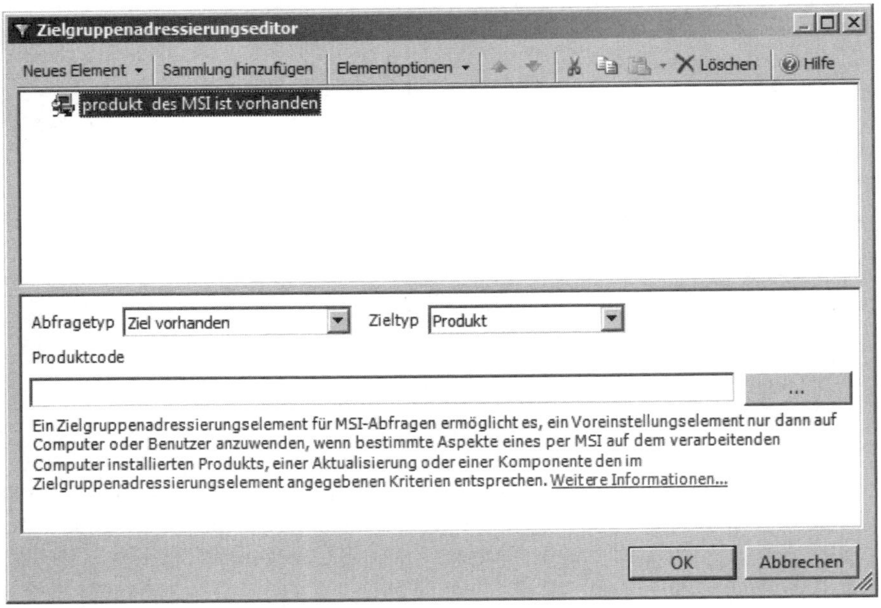

Bild 10.11 Abfragetyp und Zieltyp definieren

- Betätigen Sie nun die Schaltfläche ... zum Durchsuchen des Rechners nach mit MSI installierten Anwendungen.
- Wählen Sie aus der Liste die zu verteilende MSI.

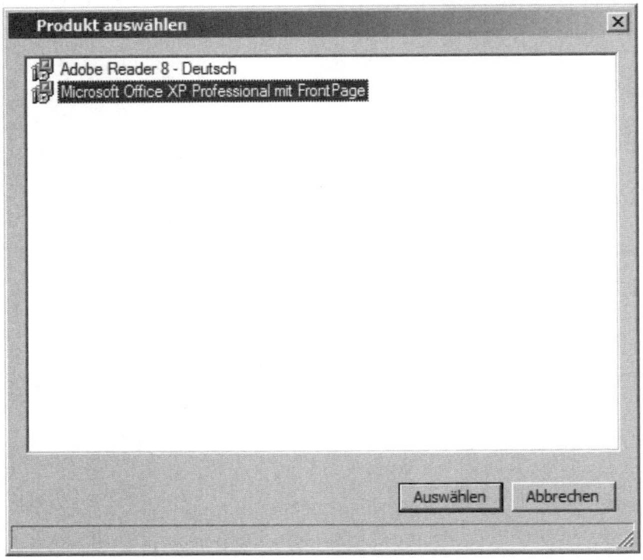

Bild 10.12 Produkt für MSI-Abfrage auswählen

- Bestätigen Sie Ihre Auswahl mit AUSWÄHLEN, überprüfen Sie Ihre Einstellungen und beenden Sie den Zielgruppenadressierungseditor mit OK.

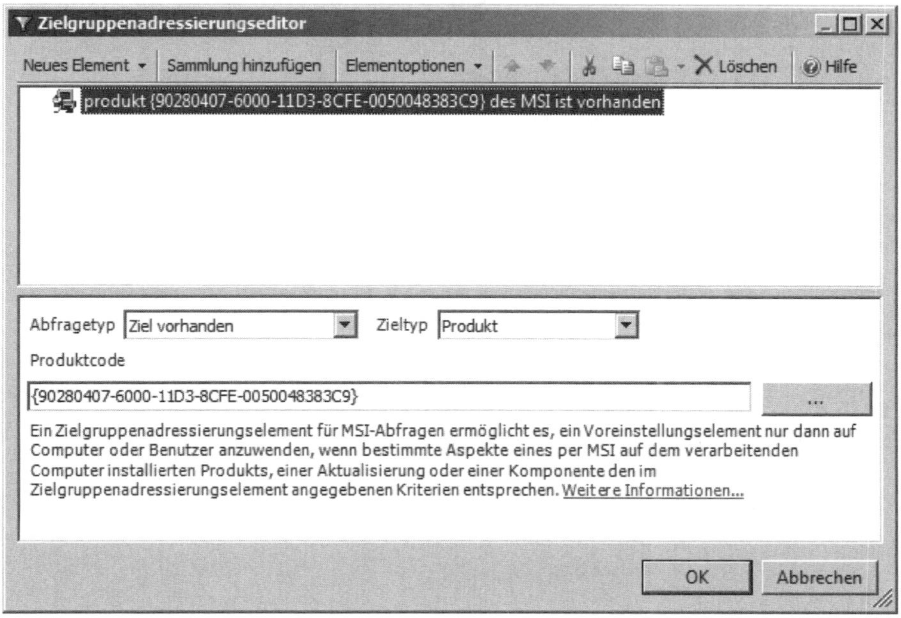

Bild 10.13 Zieladressierungseditor mit Produktcode

Verfahren Sie nun wie gewohnt, um einen Ordner zu erstellen. Sie haben zwei Einstellungen vorgenommen. An den Symbolen und in der Spalte Aktion erkennen Sie, dass die erste Einstellung den Ordner löscht und die zweite diesen wieder erstellt.

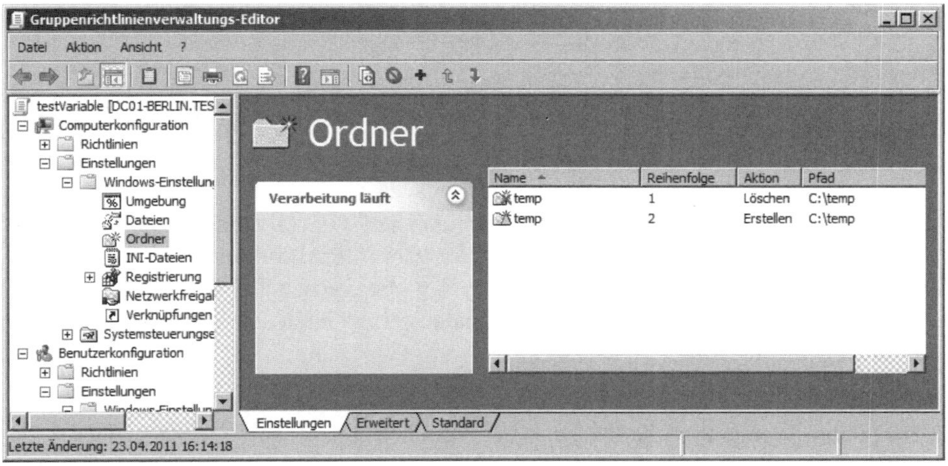

Bild 10.14 Ordner löschen und anschließend neu erstellen

Bei Bedarf können Sie die Reihenfolge mithilfe der Pfeiltasten oder im Kontextmenü mit ALLE AUFGABEN – NACH UNTEN/NACH OBEN verändern.

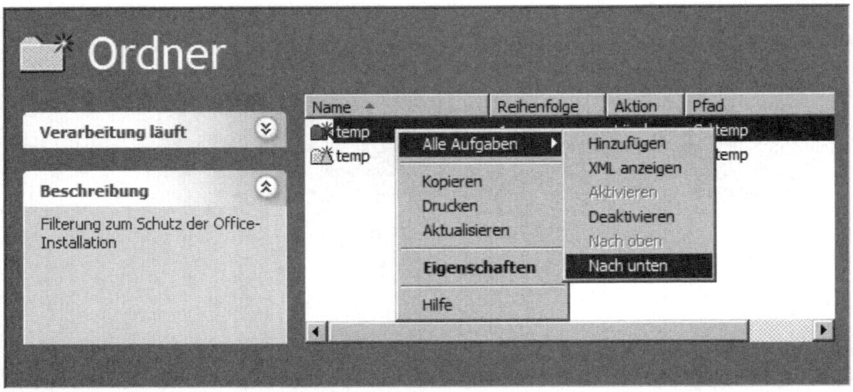

Bild 10.15 Reihenfolge der Einstellungen bearbeiten

10.4.4 INI-Dateien

INI- und Inf-Dateien enthalten Konfigurationseinstellungen oder Setup-Anweisungen für Software und Treiber. Diese lassen sich mit Gruppenrichtlinien-Einstellungen bearbeiten. Sie können Eigenschaften hinzufügen, ersetzen oder löschen, Abschnitte löschen oder komplette Dateien löschen.

```
[Startup]
RequireOS=Windows 2000
RequireMSI=3.0
RequireIE=6.0.2600.0

[Product]
msi=AcroRead.msi

[Windows 2000]
PlatformID=2
MajorVersion=5
ServicePackMajor=4

[MSI Updater]
Path=http://ardownload.adobe.com/pub/adobe/reader/win/8.x/8.0/misc/WindowsInstaller-KB893803-v2-x86.exe
```

Bild 10.16 Setup.ini für den Adobe Reader 8.0

Die Abschnitte in einer INI-Datei beginnen immer mit dem Abschnittsnamen in eckigen Klammern. Wenn Sie z. B. verhindern wollen, dass der Adobe Reader im Internet überprüft, ob eine neuere Version existiert, können Sie den entsprechenden Abschnitt unter [MSI-Updates] aus der Setup.ini vor der Installation entfernen. Erstellen Sie hierzu wie gehabt eine neue INI-Einstellung.

- Wählen Sie als Aktion LÖSCHEN.
- Navigieren Sie mit der Schaltfläche zu der INI-Datei, die Sie bearbeiten möchten.
- Geben Sie den Abschnittsnamen ein, den Sie löschen möchten, z. B. `MSI Updater`.
- Bestätigen Sie Ihre Änderung mit OK.

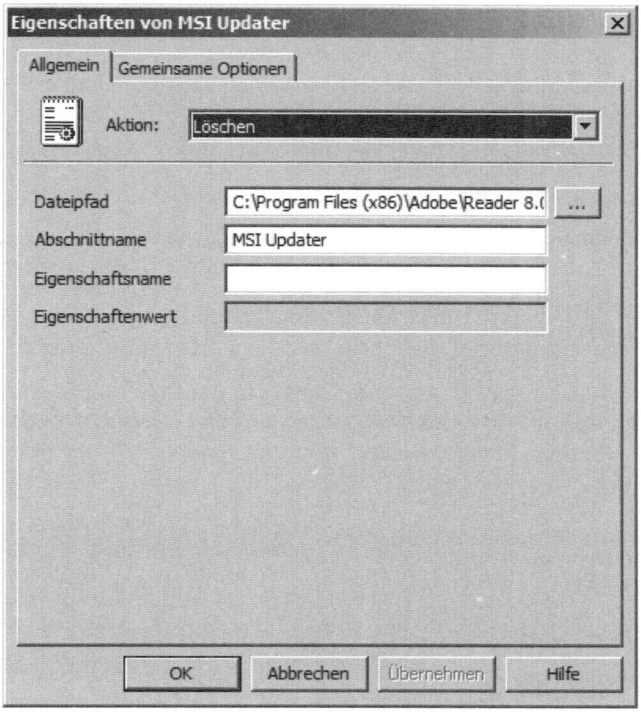

Bild 10.17 Abschnitt aus INI-Datei löschen

Wenden Sie nun die Richtlinie mittels `gpupdate.exe` an, und überprüfen Sie anschließend die Setup.ini.

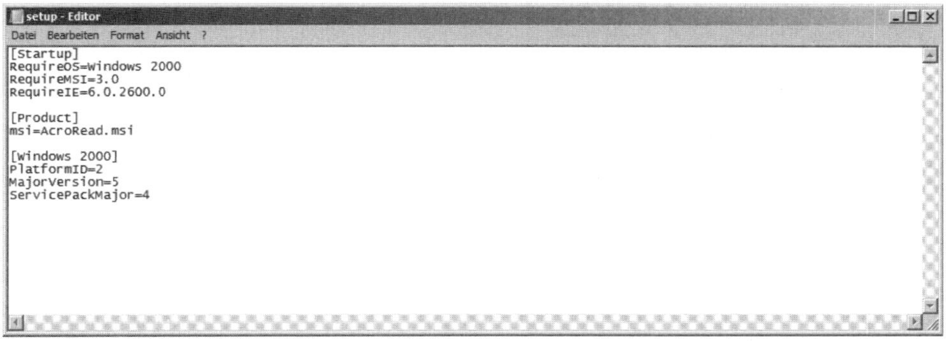

Bild 10.18 INI-Datei nach Anwendung der Einstellung

PRAXISTIPP: Überprüfen Sie die veränderte Setup.ini erst auf ihre Lauffähigkeit, bevor Sie die Änderung im Netzwerk mittels einer GPO verteilen.

10.4.5 Registrierung

Mit den Gruppenrichtlinieneinstellungen unter Registrierung können Sie die folgenden Aufgaben ausführen:

- Registrierungseinstellungen eines Computers auf andere Computer kopieren
- Erstellen, Ersetzen oder Löschen von Registrierungsschlüsseln und Werten
- Erstellen von Sammlungen, um mehrere Einstellungen zugleich auf Rechner anzuwenden

10.4.5.1 Registrierungseinstellungen kopieren

Um Registrierungseinstellungen von einem Rechner auf andere zu kopieren, gehen Sie wie folgt vor:

- Erweitern Sie im Gruppenrichtlinienverwaltungs-Editor - Computerkonfiguration - EINSTELLUNGEN - WINDOWS-EINSTELLUNGEN - REGISTRIERUNG und wählen Sie im Kontextmenü NEU - REGISTRIERUNGS-ASSSISTENT.

Bild 10.19 Registrierungs-Assistenten öffnen

- Sie können nun im Registrierungsbrowser den Computer auswählen, von dem Sie die Registrierungseinstellungen kopieren möchten. Klicken Sie anschließend auf WEITER.

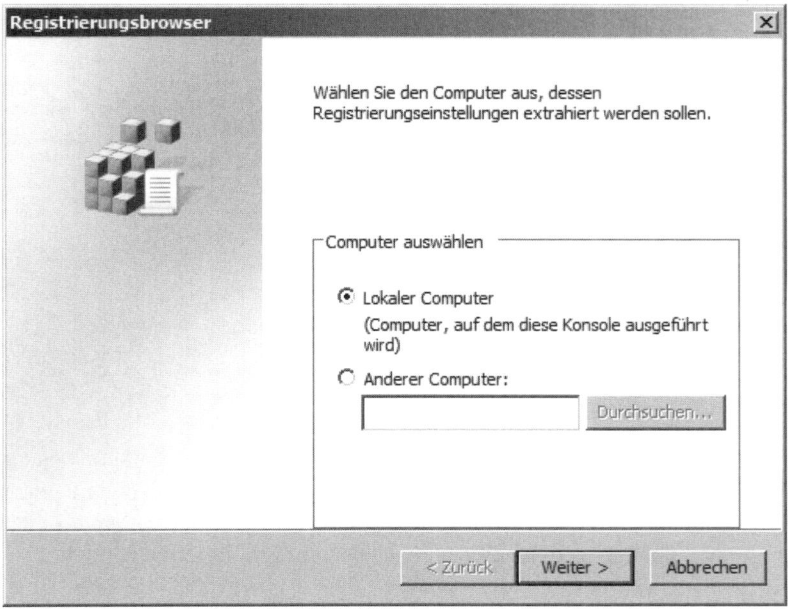

Bild 10.20 Computer auswählen

- Navigieren Sie nun in der oberen Hälfte des Browsers zu dem Schlüssel und wählen Sie gegebenenfalls die einzelnen Werte in der unteren Hälfte aus, die Sie auf andere Computer kopieren möchten.

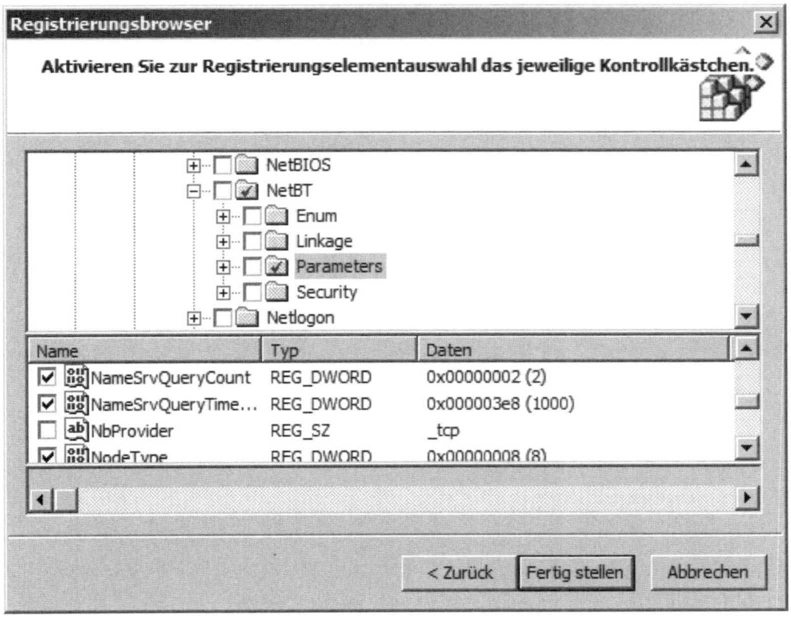

Bild 10.21 Werte zum Kopieren markieren

- Bestätigen Sie Ihre Auswahl mit FERTIG STELLEN.

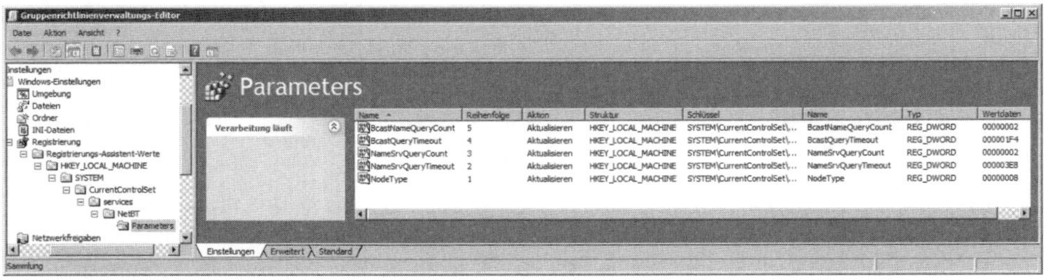

Bild 10.22 Mit dem Registrierungs-Assistenten erstellte Gruppenrichtlinieneinstellung

10.4.5.2 Sammlung erstellen

Um eine Sammlung zu erstellen, wählen Sie im Kontextmenü den entsprechenden Befehl. Eine Sammlung ist nichts anderes als ein Ordner, in dem Sie anschließend Registrierungsschlüssel zusammenfassen können. Dies hat den Vorteil, dass Sie mit einer einzigen Zielgruppenadressierung mehrere Registrierungseinstellungen verteilen können.

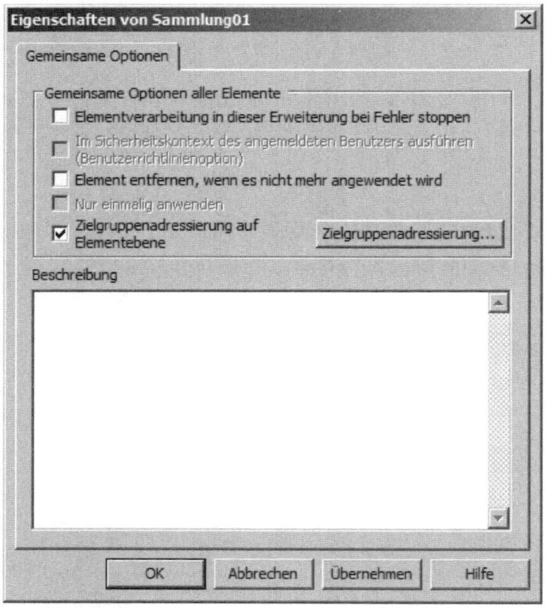

Bild 10.23
Eigenschaften einer Sammlung

10.4.6 Netzwerkfreigaben

Erstellen Sie Netzwerkfreigaben, indem Sie im Kontextmenü unter Netzwerkfreigabe den entsprechenden Befehl aufrufen.

- Wenn Sie unter Freigabename die Schaltfläche mit den drei Punkten betätigen, öffnet sich die Suche im Active Directory, und Sie können eine veröffentlichte Freigabe auswählen. Alternativ können Sie einen Freigabenamen von Hand erstellen.

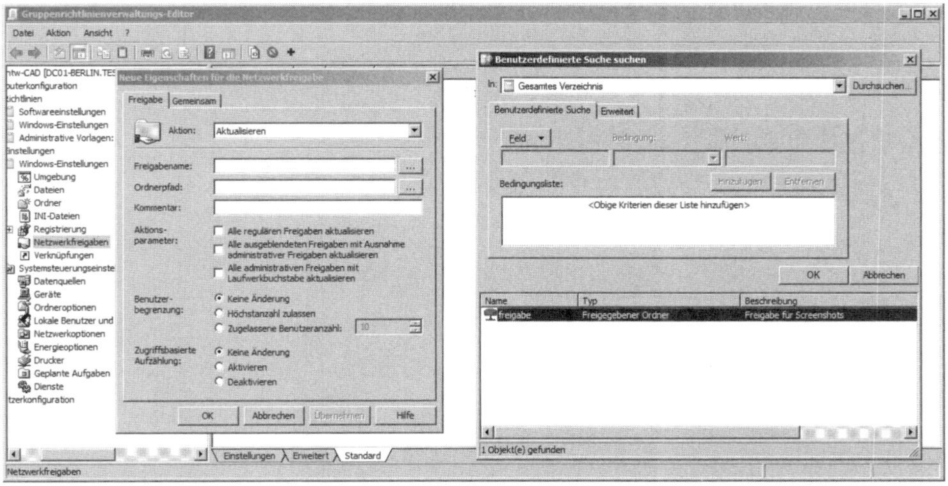

Bild 10.24 Freigabe für Gruppenrichtlinien-Einstellungen wählen

Wählen Sie eine Freigabe aus, und bestätigen Sie mit OK. Betätigen Sie nun die Schaltfläche neben Ordnerpfad, um das lokale Dateisystem zu durchsuchen.

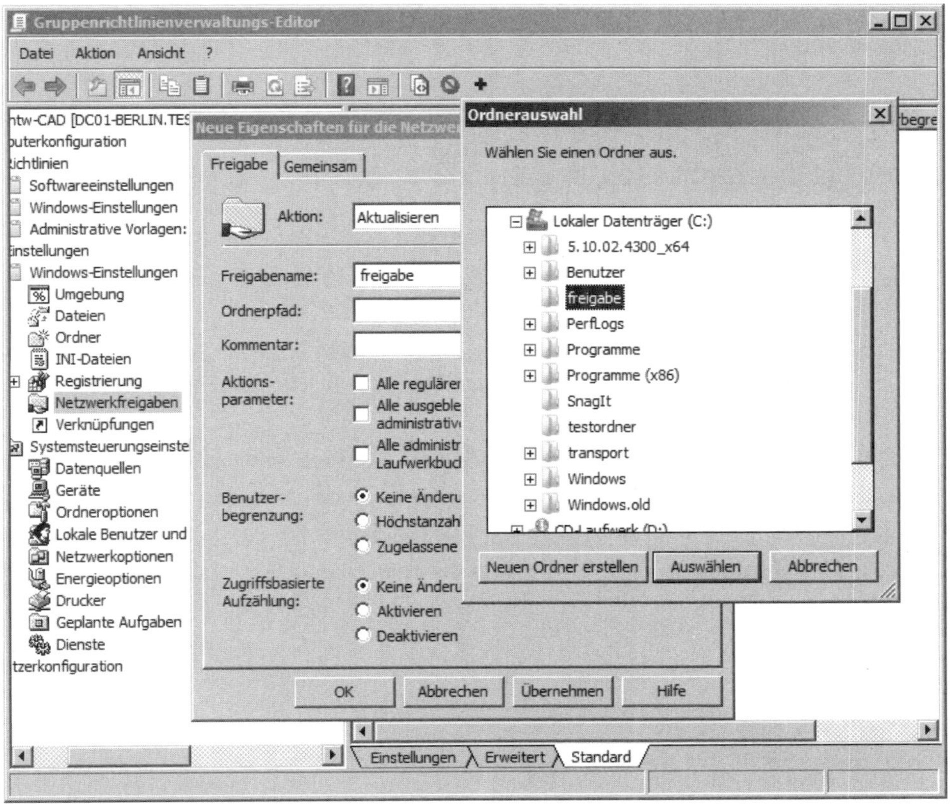

Bild 10.25 Ordner für Freigabe auswählen

- Legen Sie schließlich gegebenenfalls Aktionsparameter fest, konfigurieren Sie Benutzerbegrenzungen, oder steuern Sie die Zugriffsbasierte Aufzählung. Wenn Sie nichts konfigurieren, werden die Einstellungen der Originalfreigabe übernommen.

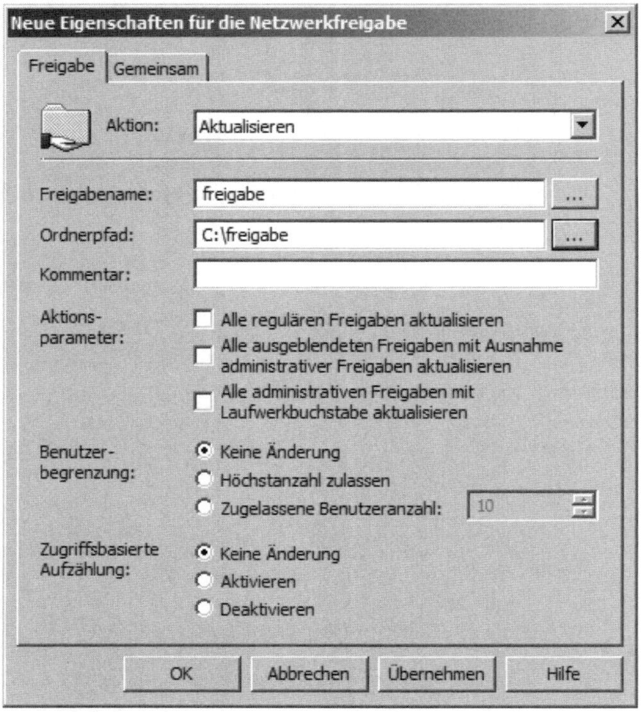

Bild 10.26
Freigabe für die Verteilung an Computer konfigurieren

10.4.7 Verknüpfungen

Die Gruppenrichtlinien-Einstellungen unter „Verknüpfung" erlauben Ihnen, Verknüpfungen zu Dateisystemobjekten, URLs oder Shellobjekten zu erstellen. Verfahren Sie zum Erstellen einer Verknüpfung wie folgt:

- Wählen Sie wie gewohnt im Kontextmenü den Befehl NEU – VERKNÜPFUNG.
- Klicken Sie neben Name auf die Schaltfläche, um zu einem Ordner zu navigieren.
- Bestätigen Sie den Ordner und geben Sie gegebenenfalls den Dateinamen von Hand im Ordnerpfad ein, um eine Verknüpfung auf eine Datei zu erstellen.

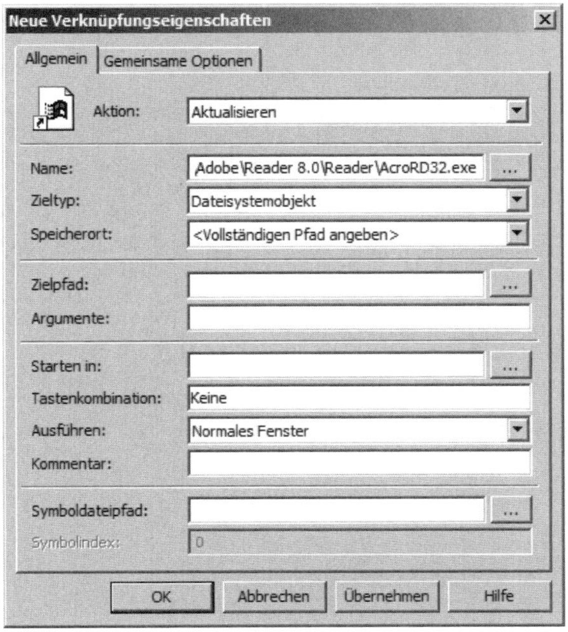

Bild 10.27 Dateinamen eingeben

Alternativ können Sie auch eine Variable für den Namen eingeben. Betätigen Sie dazu auf Ihrer Tastatur F3 und wählen Sie im Fenster die entsprechende Variable aus.

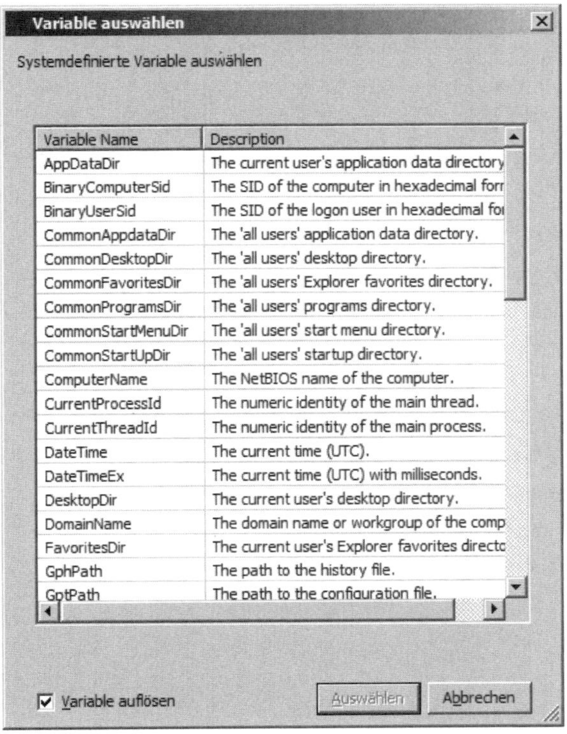

Bild 10.28 Variable auswählen

Die Bedeutung der Variablen entnehmen Sie der Tabelle 10.3.

Tabelle 10.3 Variablen für die Verwendung mit Verknüpfungen

Variablenname	Bedeutung
%AppDataDir%	Aktueller Benutzer – Verzeichnis „Anwendungsdaten"
%BinaryComputerSid%	Computer – SID (Hex)
%BinaryUserSid%	Aktueller Benutzer – SID (Hex)
%CommonAppdataDir%	Alle Benutzer – Verzeichnis „Anwendungsdaten"
%CommonDesktopDir%	Alle Benutzer – Desktopverzeichnis
%CommonFavoritesDir%	Alle Benutzer – Favoritenverzeichnis des Explorers
%CommonProgramsDir%	Alle Benutzer – Programmverzeichnis
%CommonStartMenuDir%	Alle Benutzer – Startmenüverzeichnis
%CommonStartUpDir%	Alle Benutzer – Startverzeichnis
%ComputerName%	Computer – NetBIOS-Name
%CurrentProcessId%	Hauptclientprozess – numerische Identität
%CurrentThreadId%	Hauptclientthread – numerische Identität
%DateTime%	Aktuelle Zeit (UTC)
%DateTimeEx%	Aktuelle Zeit (UTC) mit Millisekunden
%DesktopDir%	Aktueller Benutzer – Desktopverzeichnis
%DomainName%	Computer – Domänenname oder Arbeitsgruppe
%FavoritesDir%	Aktueller Benutzer – Favoritenverzeichnis des Explorers
%LastError%	Konfiguration – letzter aufgetretener Fehlercode
%LastErrorText%	Konfiguration – letzter aufgetretener Fehlercode – Textbeschreibung
%LdapComputerSid%	Computer – SID (LDAP-Binärformat mit Escape-Zeichen)
%LdapUserSid%	Aktueller Benutzer – SID (LDAP-Binärformat mit Escape-Zeichen)
%LocalTime%	Aktuelle lokale Zeit
%LocalTimeEx%	Aktuelle lokale Zeit mit Millisekunden
%LogonDomain%	Aktueller Benutzer – Domäne
%LogonServer%	Aktueller Benutzer – Domänencontroller (von dem der aktuelle Benutzer authentifiziert wurde)
%LogonUser%	Aktueller Benutzer – Benutzername
%LogonUserSid%	Aktueller Benutzer – SID
%MacAddress%	Computer – erste erkannte MAC-Adresse
%NetPlacesDir%	Aktueller Benutzer – Verzeichnis „Netzwerkumgebung"
%OsVersion%	Betriebssystem: ▪ Windows Server 2012 ▪ Windows 8 ▪ Windows Server 2008 R2 ▪ Windows 7 ▪ Windows Server 2008

Variablenname	Bedeutung
	▪ Windows Vista ▪ Windows Server 2003 ▪ Windows XP ▪ Unbekannt
%ProgramFilesDir%	Verzeichnis „Programme“
%ProgramsDir%	Aktueller Benutzer - Programmverzeichnis
%RecentDocumentsDir%	Aktueller Benutzer - Verzeichnis für die zuletzt verwendeten Dokumente
%ResultCode%	Client - Exitcode
%ResultText%	Client - Exitcode - Textbeschreibung
%ReversedComputerSid%	Computer - SID (Hex, umgekehrte Byte-Reihenfolge)
%ReversedUserSid%	Aktueller Benutzer - SID (Hex, umgekehrte Byte-Reihenfolge)
%SendToDir%	Aktueller Benutzer - Verzeichnis „Senden an“
%StartMenuDir%	Aktueller Benutzer - Startmenüverzeichnis
%StartUpDir%	Aktueller Benutzer - Startverzeichnis
%SystemDir%	Windows - Systemverzeichnis
%SystemDrive%	Windows - Systemverzeichnis - Laufwerksname
%TempDir%	Aktueller Benutzer - Verzeichnis „Temp“
%TimeStamp%	Konfiguration - Zeitstempel
%TraceFile%	Pfad/Name Ablaufverfolgungsdatei
%WindowsDir%	Windows - Verzeichnis

- Unter „Speicherort“ können Sie wählen, woher die Verknüpfung bezogen werden soll, wenn es sich dabei nicht um einen Standarddateipfad handelt.

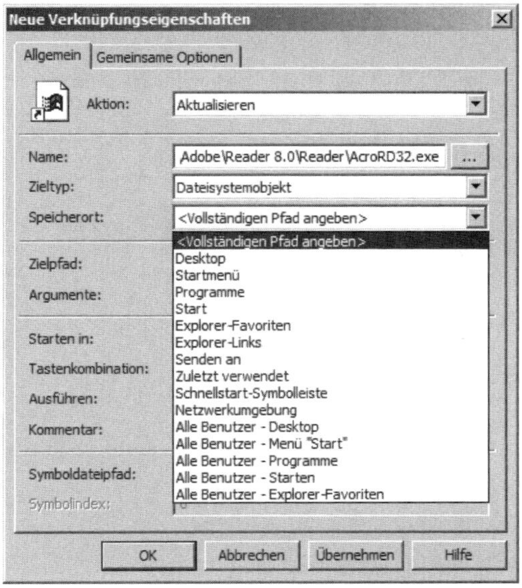

Bild 10.29 Speicherort auswählen

- Auch für den Zielpfad können Sie eine Systemvariable auswählen, indem Sie F3 wählen.
- Unter „Argumente“ können Sie gegebenenfalls zusätzliche Argumente eingeben, die aufgerufen werden sollen, wenn die Verknüpfung aktiviert wird.
- Für abweichende Startumgebungen konfigurieren Sie diese unter „Starten in“.
- Geben Sie gegebenenfalls eine Tastenkombination für die Verknüpfung an.
- Wählen Sie unter „Ausführen“, ob das verknüpfte Ziel in einem normalen Fenster, Minimiert oder Maximiert aufgerufen werden soll.
- Sie können einen Kommentar eingeben.
- Wählen Sie ein Symbol unter „Symboldateipfad“, wenn Sie die Verknüpfung mit einem besonderen Symbol aufrufen möchten. Das System erstellt daraufhin einen Symbolindex.

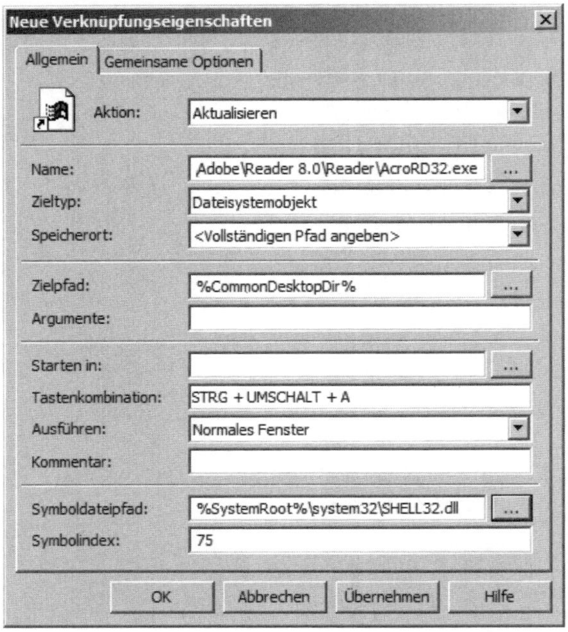

Bild 10.30 Verknüpfung konfiguriert

10.5 Computerkonfiguration – Einstellungen – Systemsteuerungseinstellungen

10.5.1 Datenquellen

Mit Datenquellen können Sie ODBC-Datenquellennamen für Computer konfigurieren. Gehen Sie hierzu wie folgt vor:

- Klicken Sie auf NEU – DATENQUELLE.
- Wählen Sie wie gewohnt eine Aktion für die Datenquelle aus.

- Durchsuchen Sie das System nach einer Datenquelle, wählen Sie einen Treiber und konfigurieren Sie gegebenenfalls Benutzernamen und Kennwort, unter denen die Verbindung hergestellt werden soll. Über F3 können Sie für den Datenquellennamen auch Variablen verwenden.

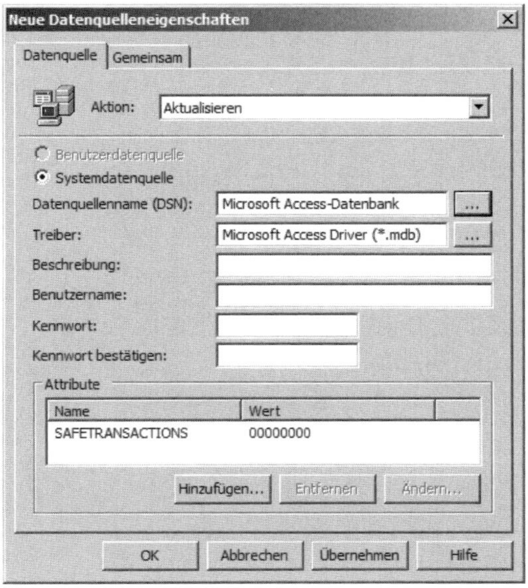

Bild 10.31 Datenquelle erstellen

10.5.2 Geräte

Mit „Geräte“ können Sie Geräte aktivieren oder deaktivieren.

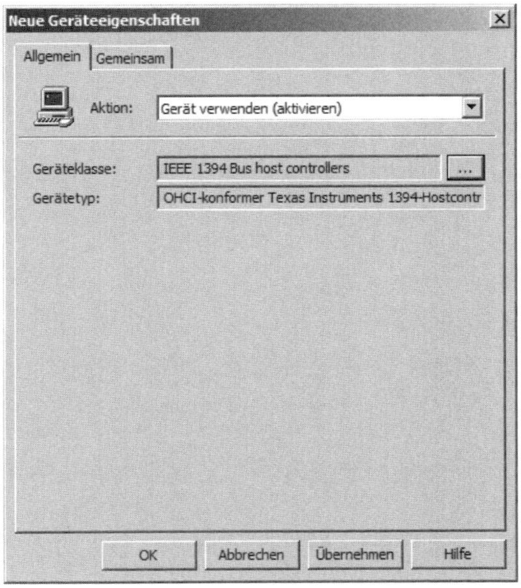

Bild 10.32 Firewire aktivieren

Hier bietet es sich an, eine Zielgruppenadressierung auf Elementebene mit einer WMI-Abfrage zu verwenden, die das Gerät nur aktiviert, wenn es auch installiert ist.

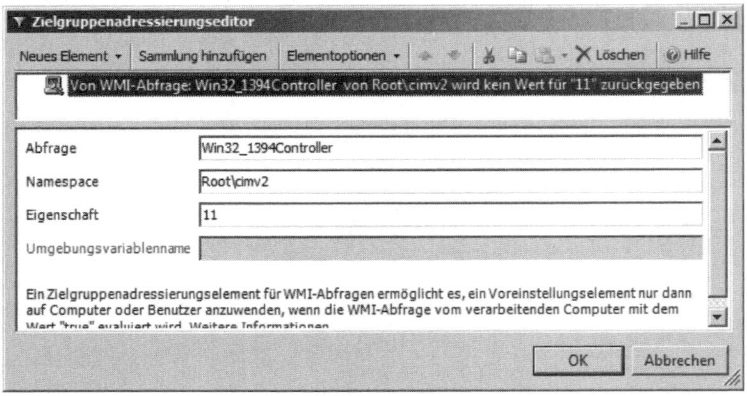

Bild 10.33 WMI-Abfrage an Firewire Controller nach Status „Nicht Installiert“

> Weitere Informationen zu WMI-Filtern erhalten Sie in Abschnitt 14.3, „ WMI-Filter“.

10.5.3 Ordneroptionen

Die Übersetzung ist nicht sonderlich gelungen. Es geht nicht um Ordner, sondern um Dateiendungen. Mit Ordneroptionen lassen sich MIME-Type-Zuordnungen vornehmen.

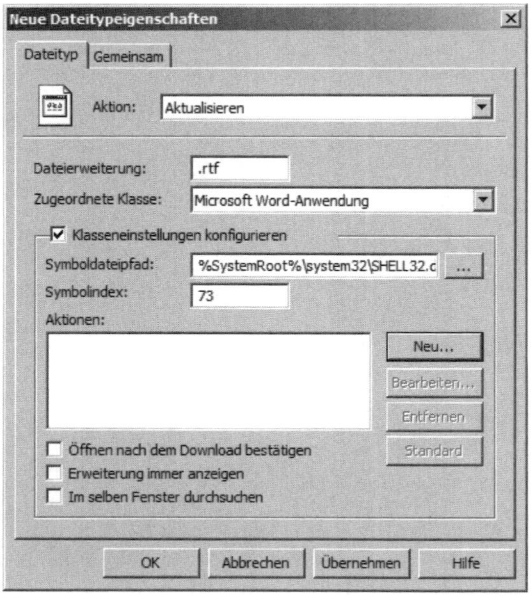

Bild 10.34
Dateiendung einer Anwendung zuordnen

10.5.4 Lokale Benutzer und Gruppen

Mit Lokale Benutzer und Gruppen können Sie ebendiese erstellen, umbenennen oder löschen. Daneben können Sie Gruppenmitgliedschaften verwalten.

Bild 10.35 Lokalen Benutzer erstellen

Bild 10.36 Gruppe mit Mitglied erstellen

10.5.5 Netzwerkoptionen

Verwalten Sie DFÜ- oder VPN-Verbindungen gruppenrichtliniengesteuert, indem Sie sie mit Netzwerkoptionen erstellen.

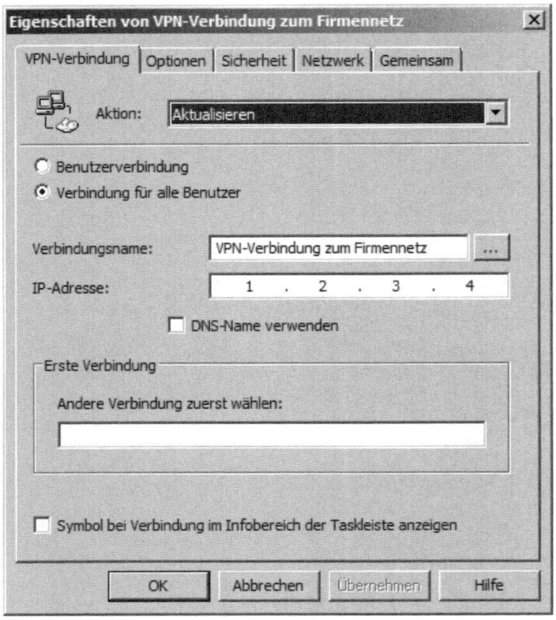

Bild 10.37
Neue VPN-Verbindung erstellen

10.5.6 Energieoptionen

Unter Energieoptionen können Sie betriebssystemabhängig Energieoptionen, Energieschemata oder Energiesparpläne erstellen.

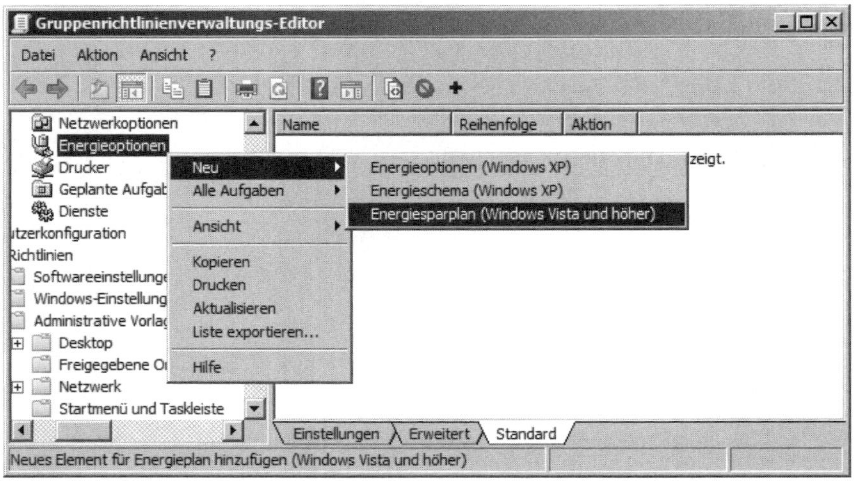

Bild 10.38 Energiesparplan für Windows Vista und höher erstellen

Sie können festlegen, welche Einstellungen in den einzelnen Modellen verwendet werden sollen und diese aktivieren.

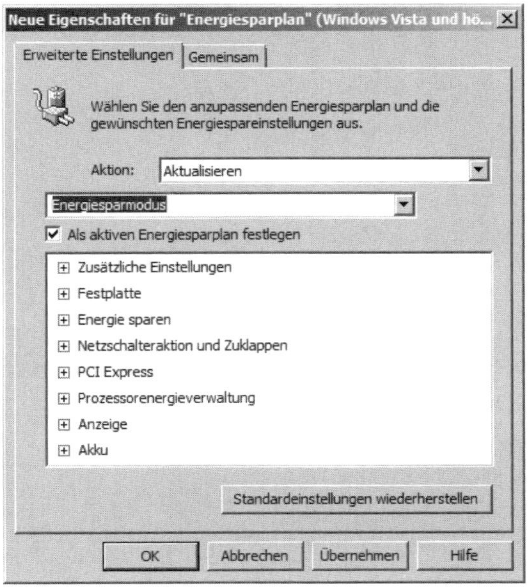

Bild 10.39
Energiesparplan erstellen und aktivieren

10.5.7 Drucker

Weisen Sie Rechnern gruppenrichtlinienbasiert Drucker zu. Sie können sie lokal oder als TCP/IP-Drucker zuweisen.

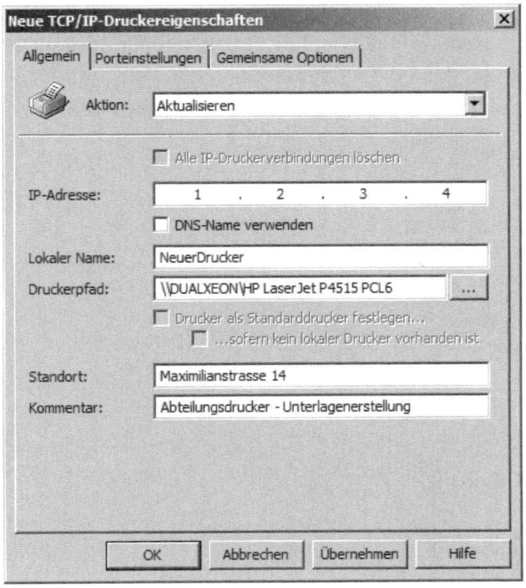

Bild 10.40 TCP/IP-Drucker zuweisen

10.5.8 Geplante Aufgaben

Verteilen Sie geplante Aufgaben über Gruppenrichtlinien, anstatt diese auf den Clients per Hand einzurichten. Zur Verfügung stehen Ihnen dabei vier Arten von Aufgaben:

- Geplante Aufgabe
- Sofortiger Task (Windows XP)
- Geplante Aufgabe (Windows Vista und höher)
- Sofortige Aufgabe (Windows Vista und höher)

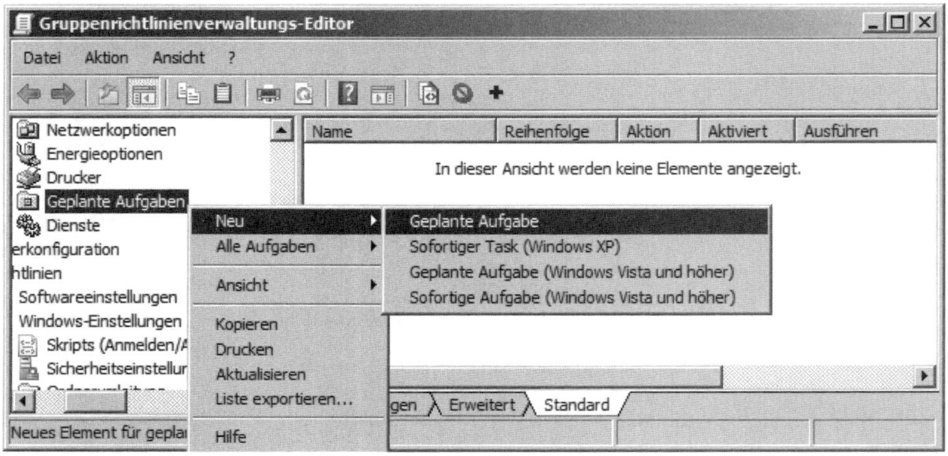

Bild 10.41 Geplante Aufgaben für Windows XP konfigurieren

10.5.8.1 Geplante Aufgaben für Windows XP

Legen Sie nun als Erstes eine geplante Aufgabe für Windows XP an.

- Geben Sie im Register „Aufgabe" einen Namen, unter „Ausführen" den Befehl und unter „Argumente" die benötigten Argumente ein. Alternativ können Sie auch die Schaltfläche DURCHSUCHEN (...) verwenden. Bestätigen Sie Ihre Konfiguration mit ÜBERNEHMEN.

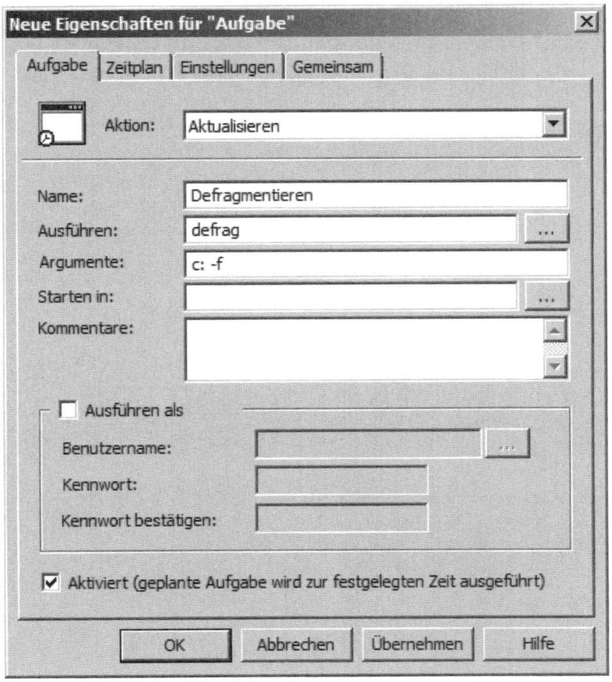

Bild 10.42 Befehl eingeben

- Legen Sie im Register ZEITPLAN fest, wann die Aufgabe ausgeführt werden soll.

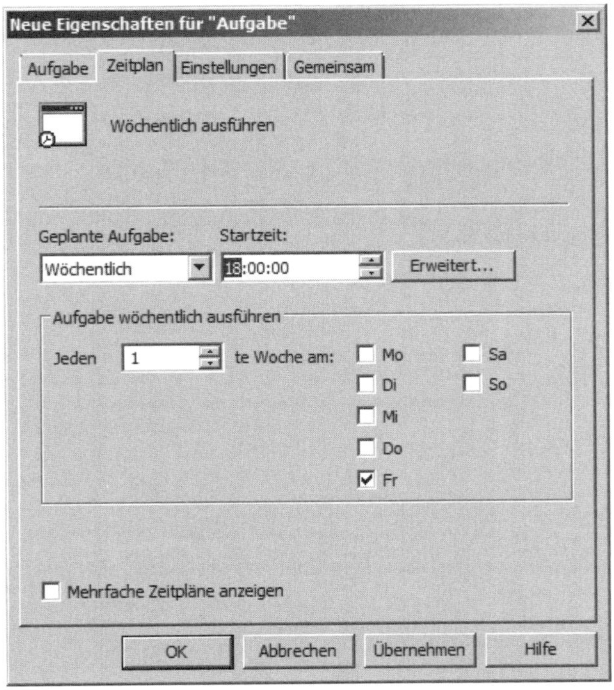

Bild 10.43 Zeitplan festlegen

- Im Register EINSTELLUNGEN legen Sie fest, dass die Aufgabe nur ausgeführt werden soll, wenn sich der Computer im Leerlauf befindet. Achten Sie auch darauf, dass bestimmte Aufgaben (wie z.B. Defragmentierung) nicht im Akkubetrieb ausgeführt werden sollten.

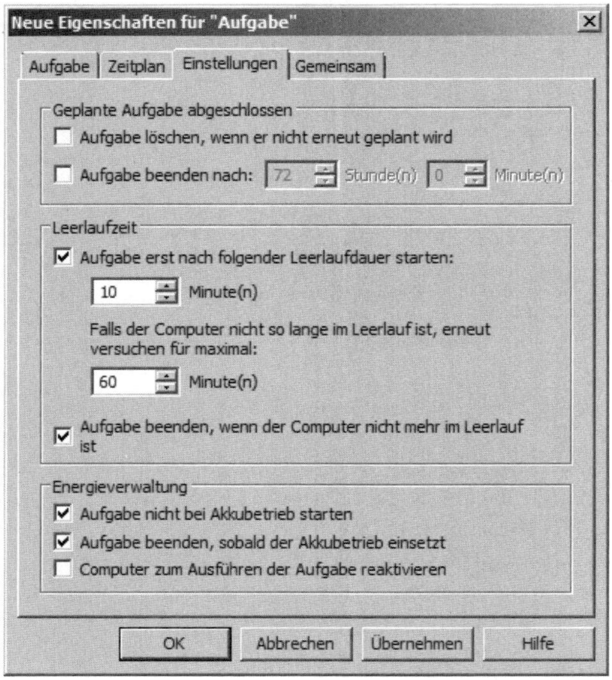

Bild 10.44
Leerlauf als Bedingung definieren

- Sie können zusätzlich Zielgruppenadressierung auf Elementebene verwenden, um z.B. tragbare Rechner nur in gedocktem Zustand zu defragmentieren.

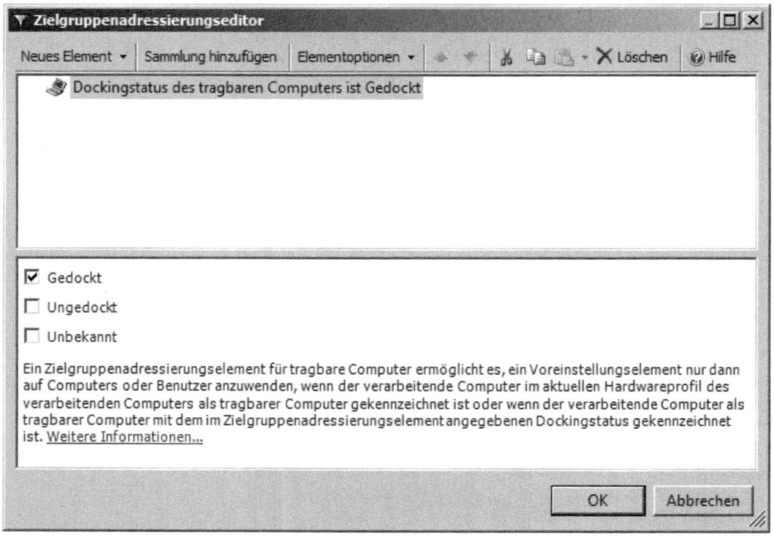

Bild 10.45 Dockingstatus abfragen

10.5.8.2 Geplante Aufgabe für Windows Vista und höher

Legen Sie nun eine geplante Aufgabe für Windows Vista und höher an.

- Geben Sie zunächst einen Namen für die Aufgabe ein.
- Klicken Sie unter Sicherheitsoptionen auf BENUTZER ODER GRUPPE ÄNDERN, und wählen Sie den Benutzer aus, der die Aufgabe ausführen soll.
- Legen Sie fest, ob die Aufgabe in Abhängigkeit vom angemeldeten Benutzer ausgeführt werden soll.
- Sie können weitere Optionen konfigurieren, klicken Sie anschließend auf ÜBERNEHMEN.

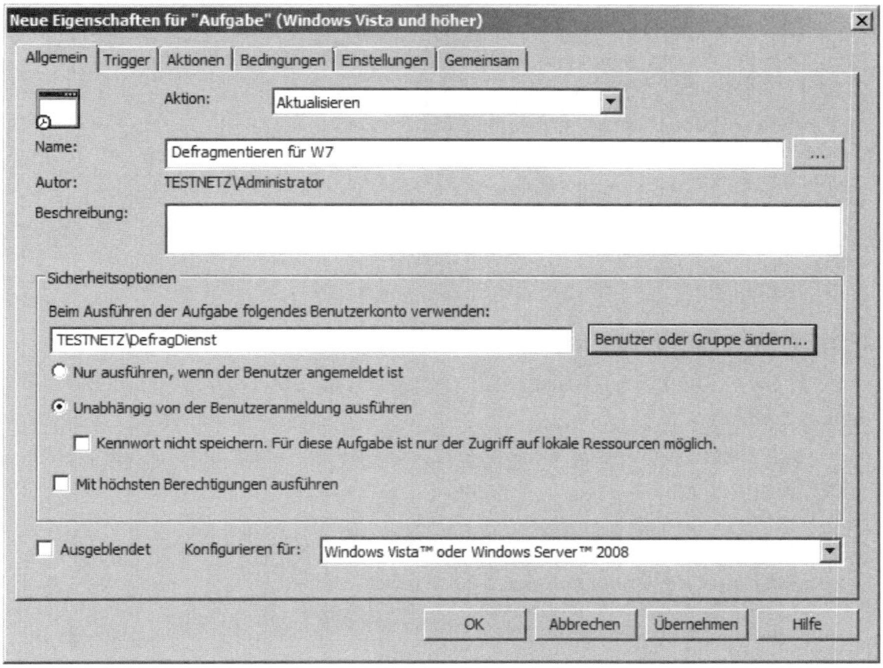

Bild 10.46 Neue Aufgabe für Windows Vista und höher

- Wechseln Sie nun zum Register TRIGGER und betätigen Sie die Schaltfläche NEU.
- Definieren Sie hier z. B. einen Zeitplan. Als Trigger stehen ebenfalls zur Verfügung:
  - Bei Anmeldung
  - Beim Start
  - Im Leerlauf
  - Bei einem Ereignis
  - Bei Aufgabenerstellung/-änderung
  - Bei Verbinden mit Benutzersitzung
  - Bei Trennen von Benutzersitzung
  - Bei Arbeitsstationssperre
  - Beim Aufheben der Arbeitsstationssperre

- Bestätigen Sie Ihre Konfiguration wie gewohnt.

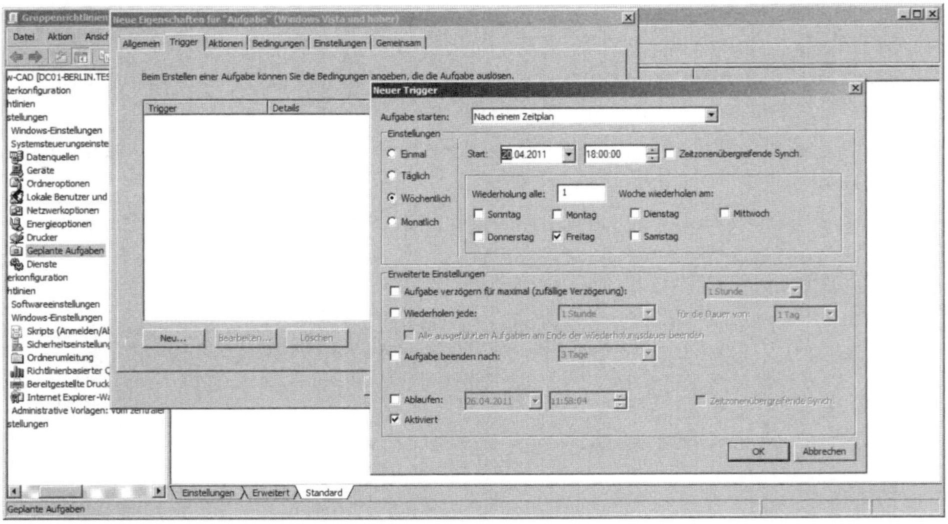

Bild 10.47 Trigger erstellen

- Klicken Sie nun auf das Register AKTIONEN und betätigen Sie die Schaltfläche NEU.
- Legen Sie die Aktion PROGRAMM STARTEN fest, geben Sie das Programm und die erforderlichen Argumente ein.

Alternativ zu einem Programmstart können Sie als Aktion auch eine E-Mail senden oder eine Meldung anzeigen.

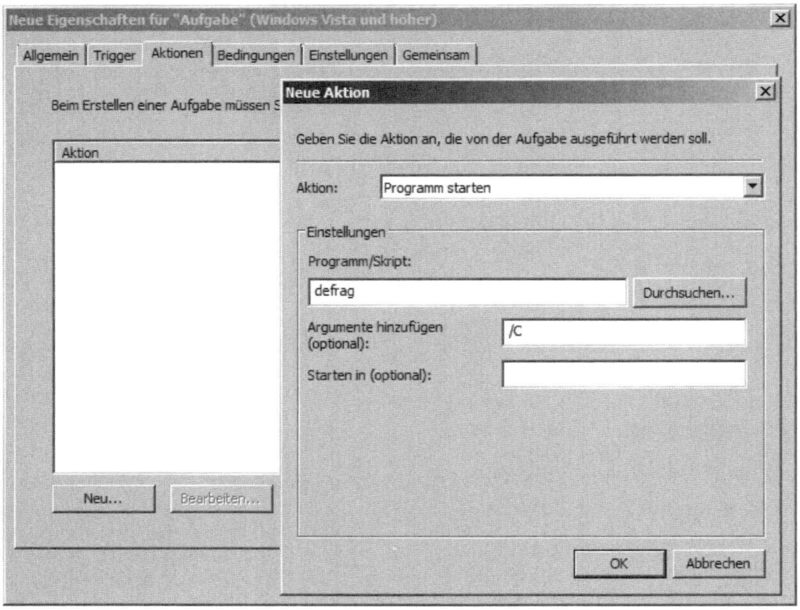

Bild 10.48 Neue Aktion festlegen

- Legen Sie im Register BEDINGUNGEN fest, unter welchen Umständen die Aufgabe ausgeführt werden darf.

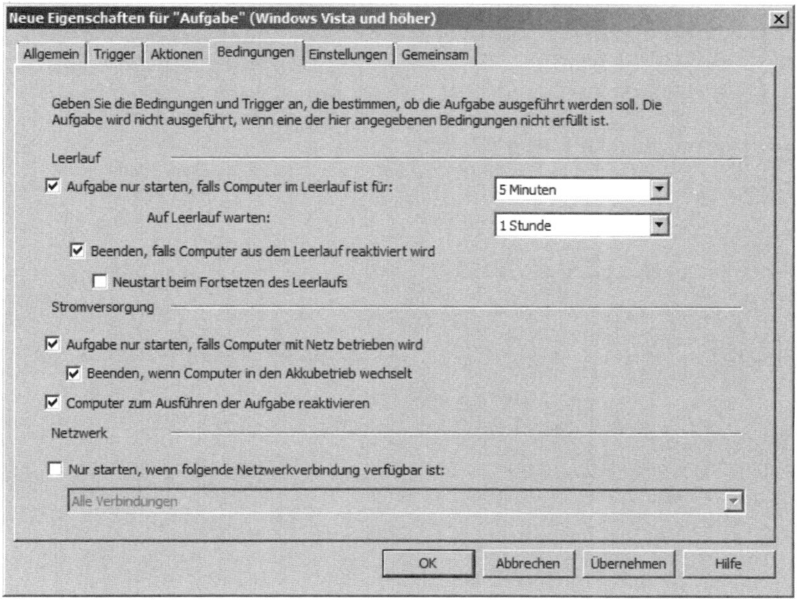

Bild 10.49 Bedingungen definieren

- Sie können im Register EINSTELLUNGEN weitere Bedingungen definieren, unter denen die Aufgabe aufgerufen oder abgebrochen werden soll.

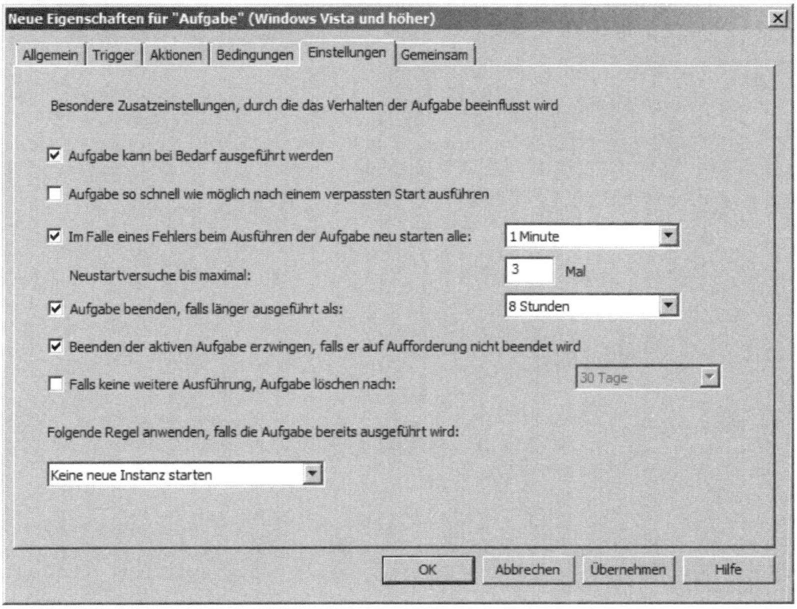

Bild 10.50 Einstellungen festlegen

10.5.9 Dienste

Unter „Dienste“ bestimmen Sie die Startart eines Dienstes. Daneben können Sie festlegen, ob ein Dienstkonto verwendet werden soll und wie lange der Dienst mit einer Dienstaktion wartet, wenn er gesperrt ist. Die Aktion „Dienst ggf. (gegebenenfalls) neu starten“ besagt, dass der Dienst zu Konfigurationszwecken durchgestartet werden darf.

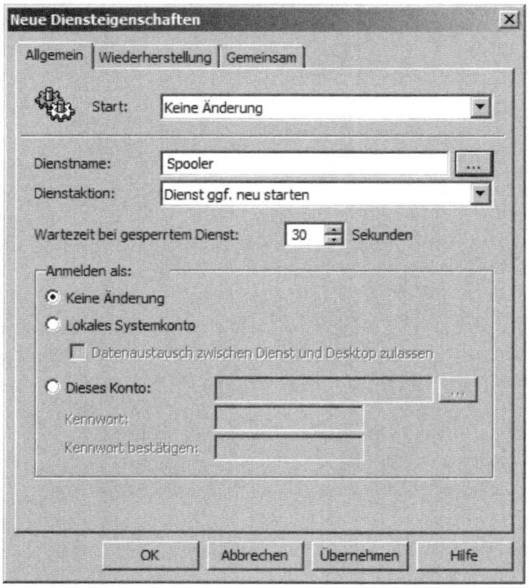

Bild 10.51
Spooler gegebenenfalls neu starten

Im Register WIEDERHERSTELLUNG können Sie festlegen, wie das System auf Dienstfehler reagieren soll.

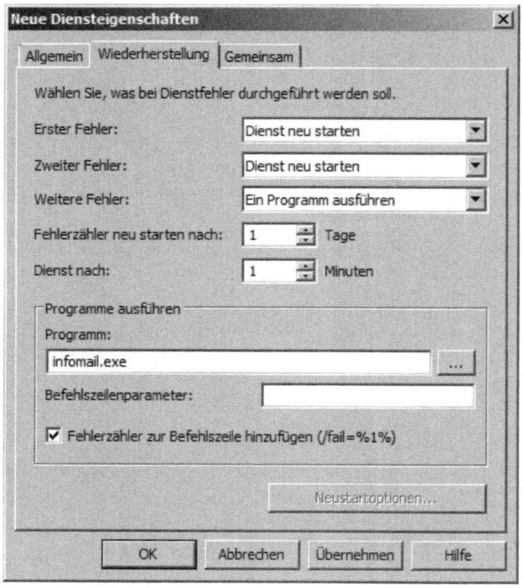

Bild 10.52
Wiederherstellungsoptionen für Dienst konfigurieren

10.6 Benutzerkonfiguration - Einstellungen - Windows-Einstellungen

Im Bereich „Benutzerkonfiguration“ finden Sie viele Einstellungen wieder, die Sie von der Computerkonfiguration her kennen. Sie unterscheiden sich insofern, als hier benutzerspezifische und nicht systemspezifische Einstellungen vorzunehmen sind. Im Folgenden beschreibe ich all jene, die sich von den Einstellungen der Computerkonfiguration unterscheiden.

Bild 10.53 Windows Einstellungen der Benutzerkonfiguration

10.6.1 Anwendungen

Microsoft stellt mit dem Microsoft Windows-Software-Development-Kit dem Anwendungsentwickler eine Schnittstelle zur Verfügung, die sich in Gruppenrichtlinien integrieren lässt; sie können unter ANWENDUNGEN - NEU - ANWENDUNG bereitgestellt werden.

10.6.2 Laufwerkszuordnungen

Mit Laufwerkszuordnungen können Sie Benutzern Netzlaufwerke zuordnen und dabei festlegen, ob die Laufwerkszuordnung persistent sein soll (VERBINDUNG WIEDERHERSTELLEN), welche Laufwerksbuchstaben Sie verwenden und ob die Verbindung unter einem anderen Benutzernamen erfolgt.

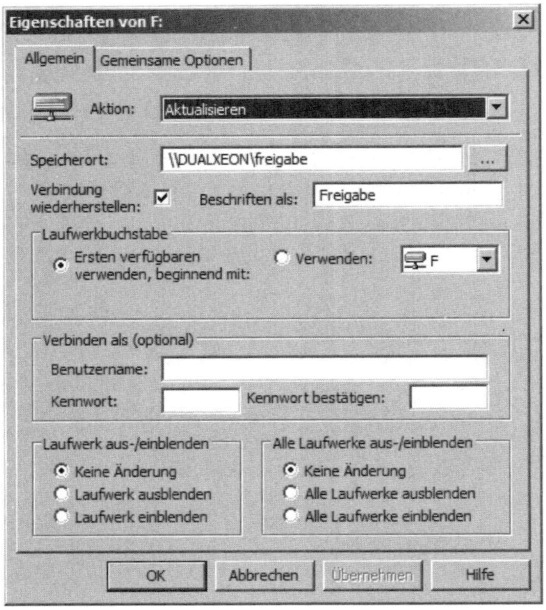

Bild 10.54
Netzlaufwerk für Benutzer bereitstellen

Laufwerkszuordnungen stellen ein typisches Beispiel für Zielgruppenadressierung auf Elementebene dar, bei dem Gruppenzugehörigkeiten abgefragt werden.

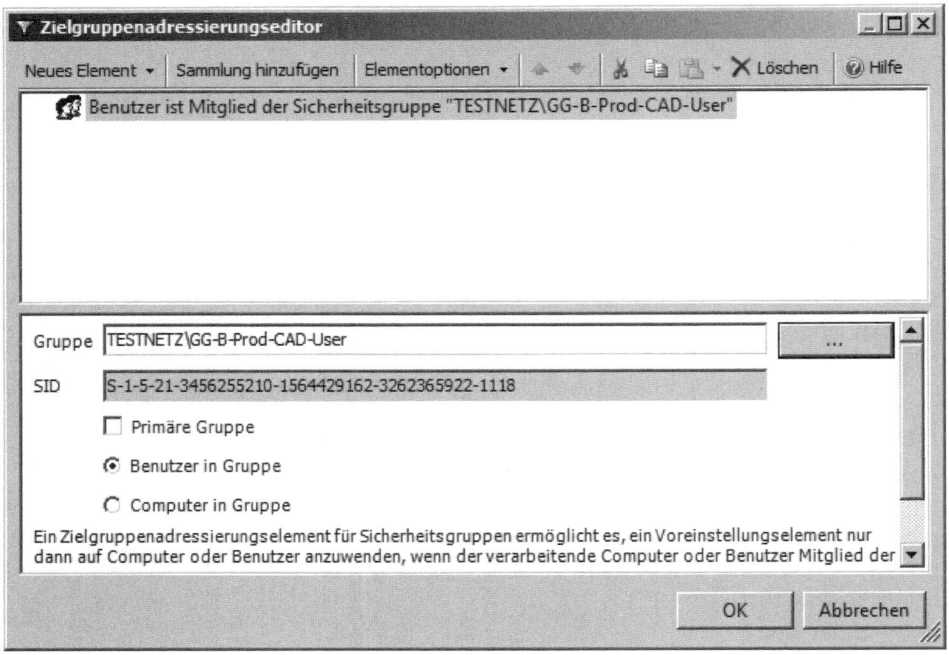

Bild 10.55 Zielgruppenadressierung für Benutzer auf Gruppenbasis

10.7 Benutzerkonfiguration – Einstellungen – Systemsteuerungseinstellungen

Unter „Benutzerkonfiguration" finden Sie ebenfalls viele Systemsteuerungseinstellungen wieder, die ich Ihnen unter „Computerkonfiguration" bereits vorgestellt habe. Im Folgenden erläutere ich die zusätzlich verfügbaren Einstellungen.

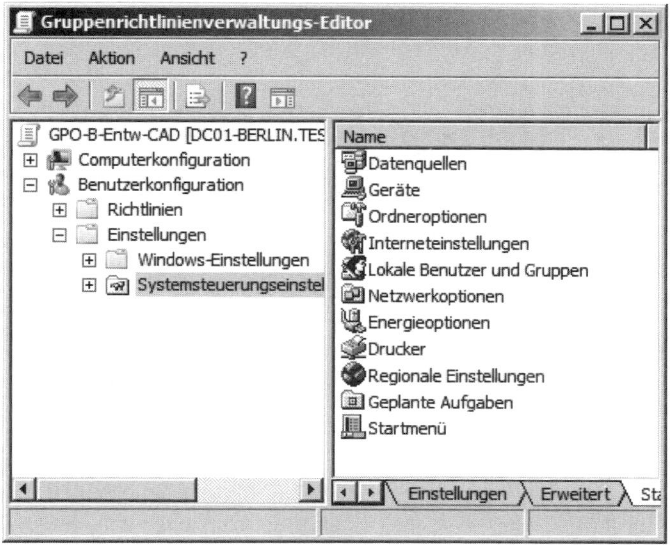

Bild 10.56 Systemsteuerungseinstellungen im Bereich Benutzerkonfiguration

10.7.1 Interneteinstellungen

Interneteinstellungen geben Ihnen die Möglichkeit, auf einfachstem Wege die Konfiguration des Internet Explorers über Gruppenrichtlinien zu verwalten. Gehen Sie dazu folgendermaßen vor:

- Navigieren Sie zum Knoten Interneteinstellungen und klicken Sie im Kontextmenü auf NEU – INTERNET EXPLORER X, wobei x für die Version steht, die Sie konfigurieren möchten.

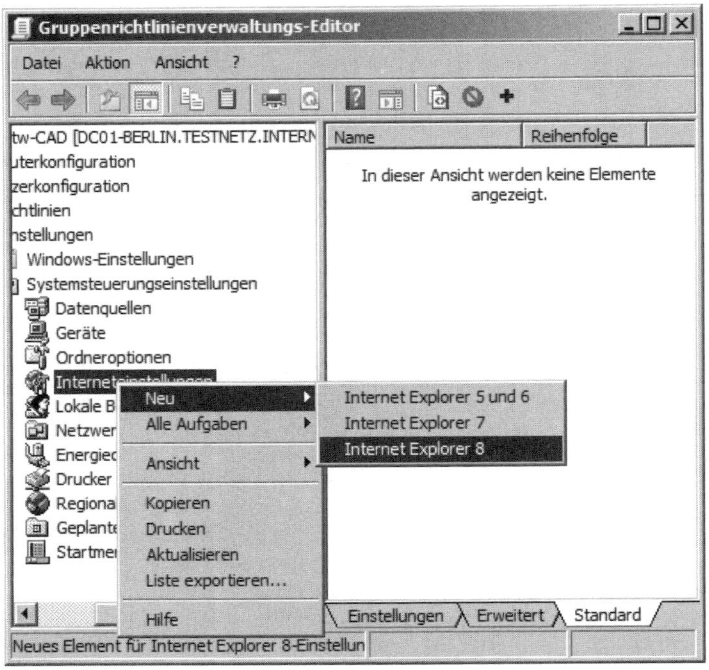

Bild 10.57 Internet Explorer-Version wählen

Nun erhalten Sie die gewohnten Fenster mit den Eigenschaften des Internet Explorers, die Sie konfigurieren können.

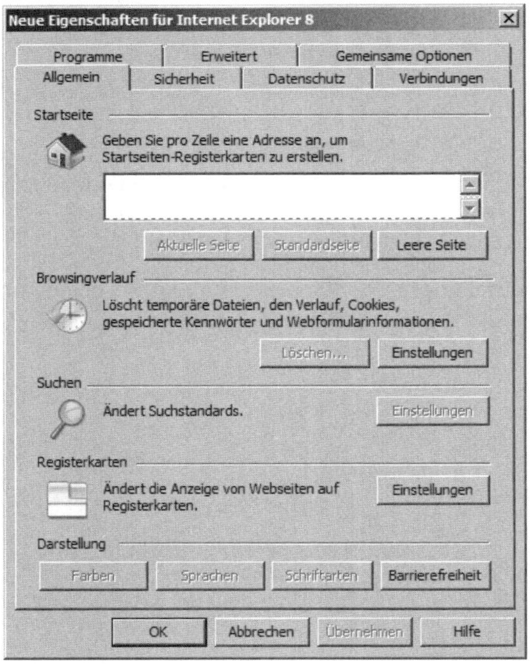

Bild 10.58 Eigenschaften von Internet Explorer 8 konfigurieren

10.7.2 Regionale Einstellungen

Regionale Einstellungen werden nicht für Computer, sondern für Benutzer vorgenommen. Die Konfiguration über Systemsteuerungseinstellungen erfolgt dabei wie in der normalen Systemsteuerung.

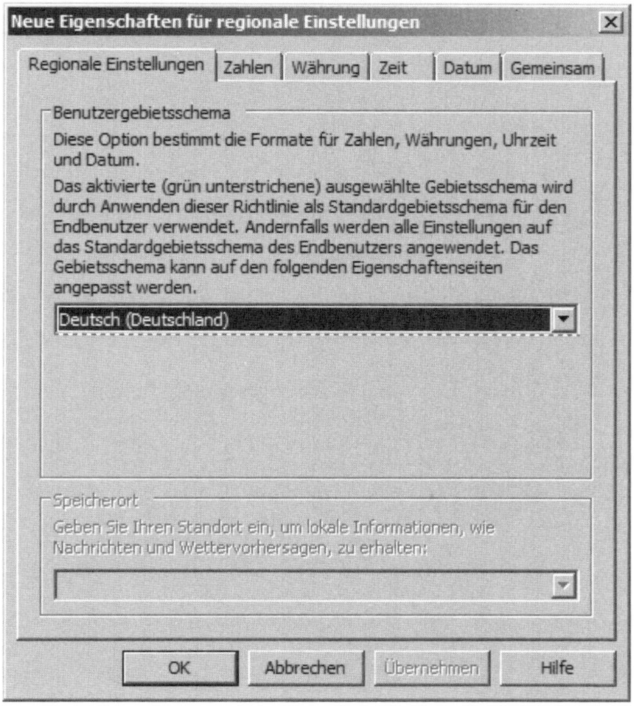

Bild 10.59
Regionale Einstellungen vornehmen

10.7.3 Startmenü

Das Startmenü kann ebenfalls wie in der Systemsteuerung konfiguriert werden. Es liegen zwei Versionen vor:

- für Windows XP
- für Windows Vista und höher

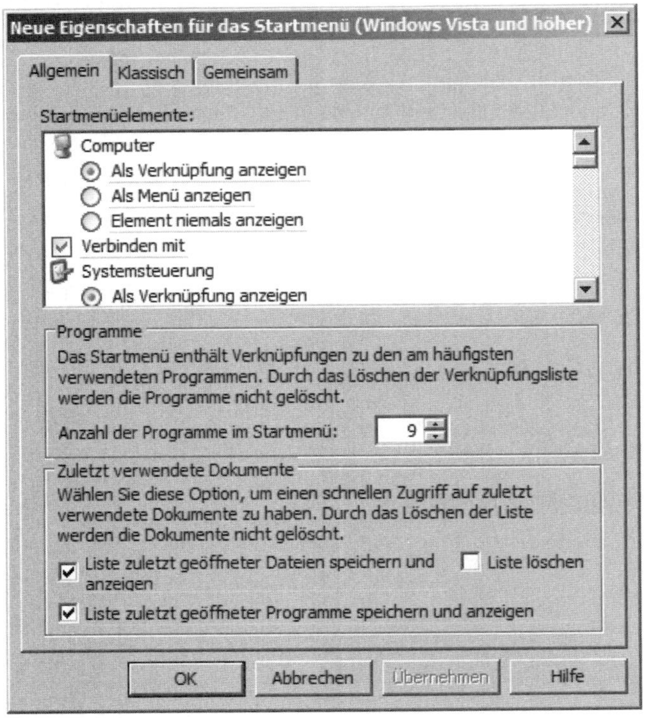

Bild 10.60
Startmenü konfigurieren

11 Verwalten von Gruppenrichtlinienobjekten

In diesem Kapitel:

- Gruppenrichtlinienobjekte sichern und wiederherstellen
- Wie importiere ich Einstellungen?
- Einstellungen mit Starter-Gruppenrichtlinien importieren

11.1 Einführung

Wie Sie in den letzten Kapiteln gesehen haben, ist das Erstellen von Gruppenrichtlinienobjekten eine extrem aufwendige Arbeit. Um sie zu vereinfachen, zeige ich Ihnen in diesem Kapitel einige Techniken, die es Ihnen ermöglichen, den Aufwand zu verringern.

11.2 Gruppenrichtlinienobjekte (GPOs) sichern und wiederherstellen

Wenn Sie ein Gruppenrichtlinienobjekt erstellt und konfiguriert haben, sollten Sie es sichern. So können Sie zu einem späteren Zeitpunkt stets zu den Einstellungen zurückkehren, die Sie in der Testumgebung als geeignet ermittelt hatten.

11.2.1 GPO sichern

- Öffnen Sie dazu die Gruppenrichtlinienverwaltungskonsole (GPMC).
- Navigieren Sie auf den Knoten GRUPPENRICHTLINIENOBJEKTE.
- Markieren Sie die Richtlinie, die Sie sichern möchten, und wählen Sie im Kontextmenü den Befehl SICHERN.

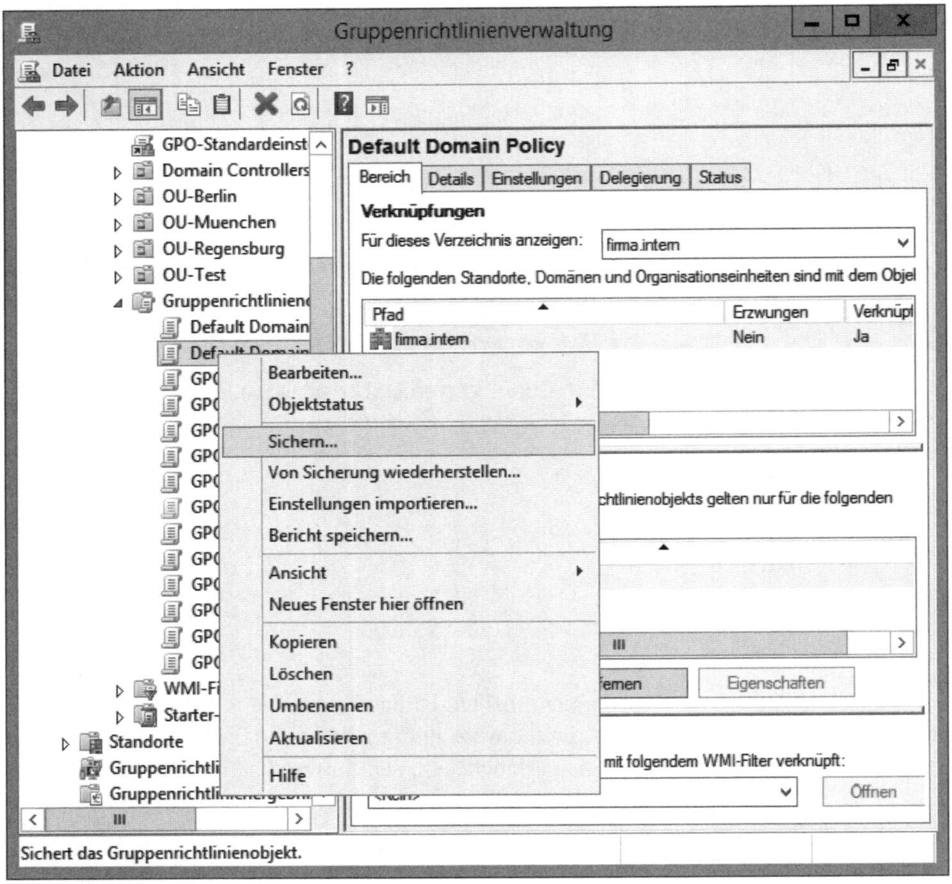

Bild 11.1 Gruppenrichtlinie sichern

- Geben Sie nun einen Speicherort sowie (optional) eine Beschreibung des Gruppenrichtlinienobjekts an.

HINWEIS: In dem Fenster funktionieren weder die Pfeiltasten noch Backspace. Wenn Sie Eingaben ändern wollen, müssen Sie mit der Maus den Text markieren und überschreiben.

Bild 11.2 GPO sichern

11.2.2 GPO wiederherstellen

- Klicken Sie im Kontextmenü des Gruppenrichtlinienobjekts auf VON SICHERUNG WIEDERHERSTELLEN, um den Assistenten zum Wiederherstellen von Gruppenrichtlinienobjekten aufzurufen.
- Betätigen Sie auf der Willkommenseite die Schaltfläche WEITER.
- Das System zeigt Ihnen im Fenster Sicherungsverzeichnis den Ordner, in dem zuletzt eine Sicherung durchgeführt wurde. Wenn Sie einen anderen Ordner wählen möchten, verwenden Sie die Schaltfläche DURCHSUCHEN. Klicken Sie anschließend auf WEITER.

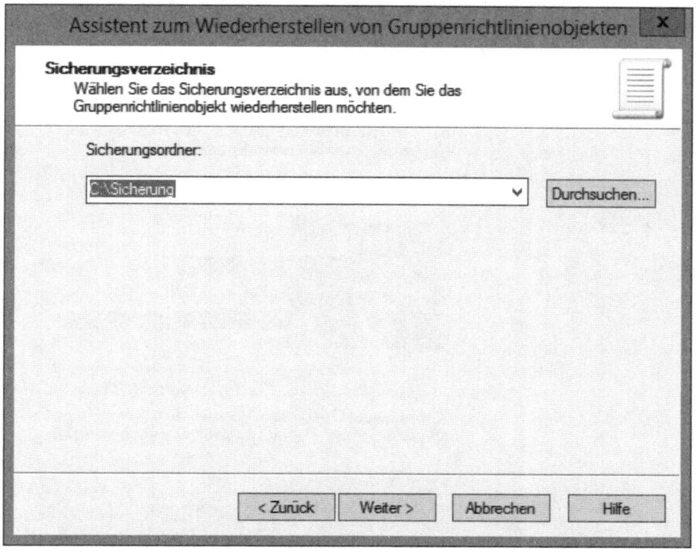

Bild 11.3 Sicherungsordner auswählen

- Wählen Sie aus der Liste mit den Sicherungen der Gruppenrichtlinie jene aus, die Sie wiederherstellen möchten. Wenn Sie sich nicht sicher sind, welche der aufgelisteten Sicherungen die benötigten Einstellungen enthält, können Sie sich die vorgenommene Konfiguration der Sicherungen mit der Schaltfläche EINSTELLUNGEN ANZEIGEN ansehen. Betätigen Sie anschließend WEITER.

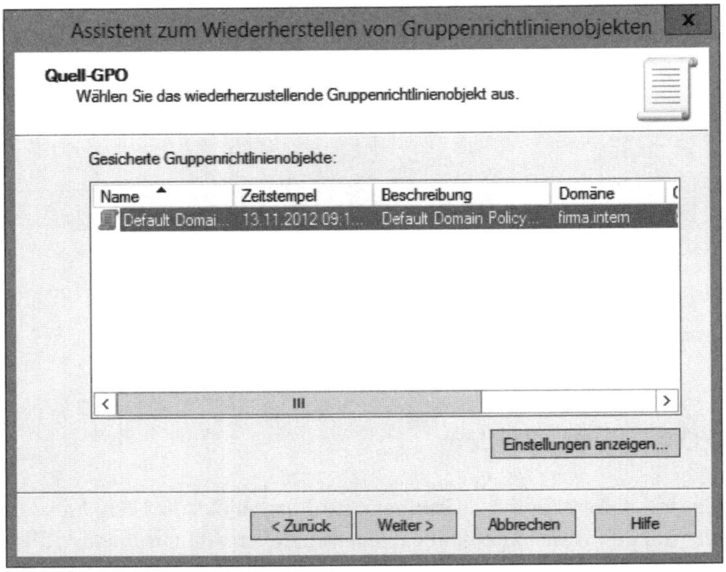

Bild 11.4 GPO auswählen

Der Assistent zeigt Ihnen nun eine Zusammenfassung der Wiederherstellungsinformationen.

- Klicken Sie auf FERTIG STELLEN, um das GPO wiederherzustellen.

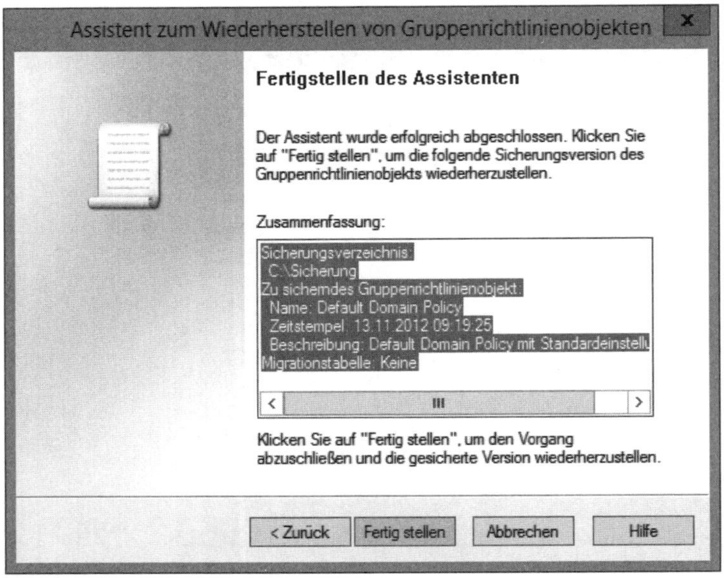

Bild 11.5 GPO wiederherstellen

11.3 Einstellungen importieren und migrieren

Wenn Sie Einstellungen von einer Gruppenrichtlinie in eine andere übernehmen möchten, können Sie diese nicht wiederherstellen. Stattdessen müssen Sie die Einstellungen importieren. Verfahren Sie dazu wie folgt:

- Sichern Sie zunächst das GPO mit den Quell-Einstellungen.
- Wählen Sie nun im Kontextmenü des Ziel-GPOs den Befehl EINSTELLUNGEN IMPORTIEREN.
- Klicken Sie auf WEITER. Sie werden nun gefragt, ob Sie das GPO vor dem Import sichern möchten. Verwenden Sie dazu die Schaltfläche SICHERN. Klicken Sie WEITER.
- Nun müssen Sie den Sicherungsordner mit der vorhandenen Sicherung auswählen. Klicken Sie nötigenfalls auf DURCHSUCHEN und verfahren Sie wie gewohnt. Klicken Sie anschließend WEITER.
- Wählen Sie nun die Sicherung, von der Sie die Einstellungen importieren möchten. Wenn Sie sich nicht sicher sind, welche Sicherung die benötigten Einstellungen enthält, können Sie die Schaltfläche EINSTELLUNGEN ANZEIGEN aufrufen. Bestätigen Sie mit WEITER.

Bild 11.6 Sicherung auswählen

Als Nächstes überprüft der Importeinstellungs-Assistent, ob in der Sicherung Einstellungen enthalten sind, die auf Sicherheitsprinzipale oder UNC-Pfade verweisen. Diese könnten bei dem Import aus der Testdomäne nicht mehr stimmen und müssten entsprechend angepasst werden.

- Klicken Sie in jedem Fall WEITER.

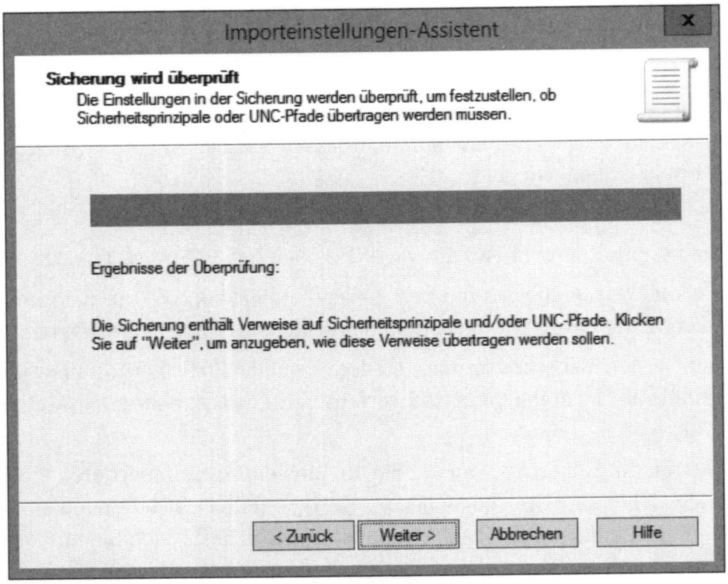

Bild 11.7 Sicherung auf Pfade und Sicherheitsprinzipale überprüft

Um die Sicherheitsprinzipale und UNC-Pfade anzupassen, werden so genannte Migrationstabellen verwendet.

- Klicken Sie auf ZUORDNUNG AUF DAS ZIELOBJEKT ÜBER FOLGENDE MIGRATIONSTABELLE und betätigen Sie die Schaltfläche NEU.

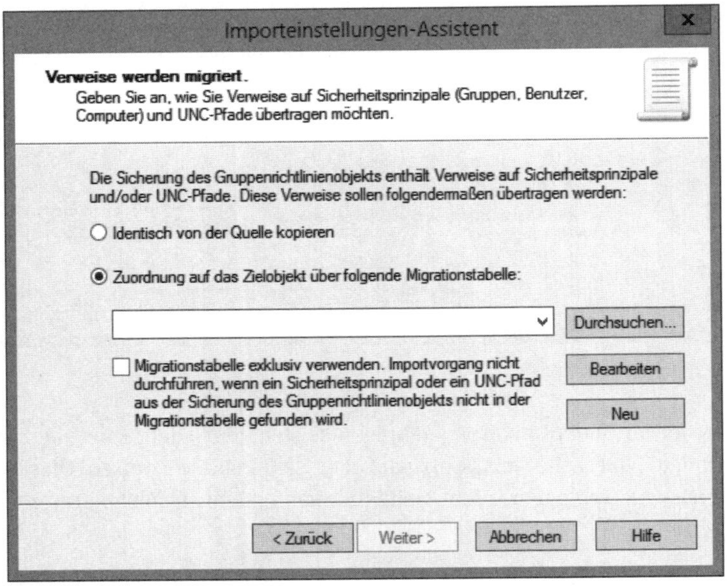

Bild 11.8 Migrationstabelle verwenden

- Um die vorhandenen Sicherheitsprinzipale oder UNC-Pfade einzutragen, wählen Sie EXTRAS – VON SICHERUNG AUFFÜLLEN.

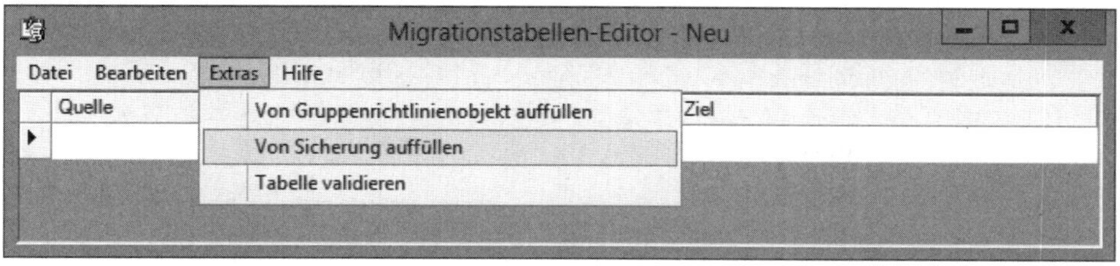

Bild 11.9 Migrationstabelle von Sicherung auffüllen

- Geben Sie nun bei „Ziel" die geeigneten Informationen für Gruppen, Benutzer oder Pfade ein.

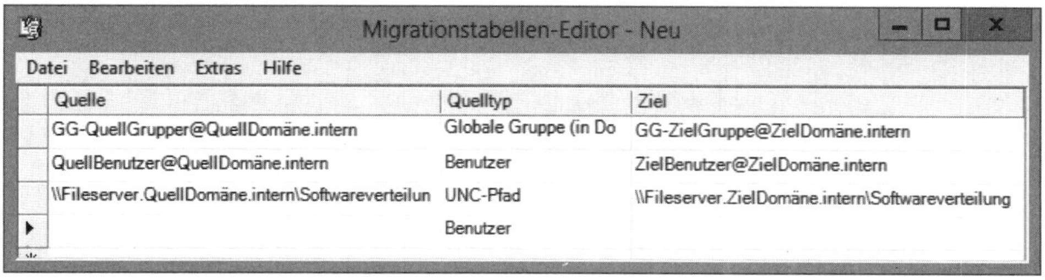

Bild 11.10 Migrationstabelle anpassen

- Verwenden Sie EXTRAS – VALIDIEREN, um die Tabelle auf ungültige Pfade, Gruppen oder Benutzer zu überprüfen.

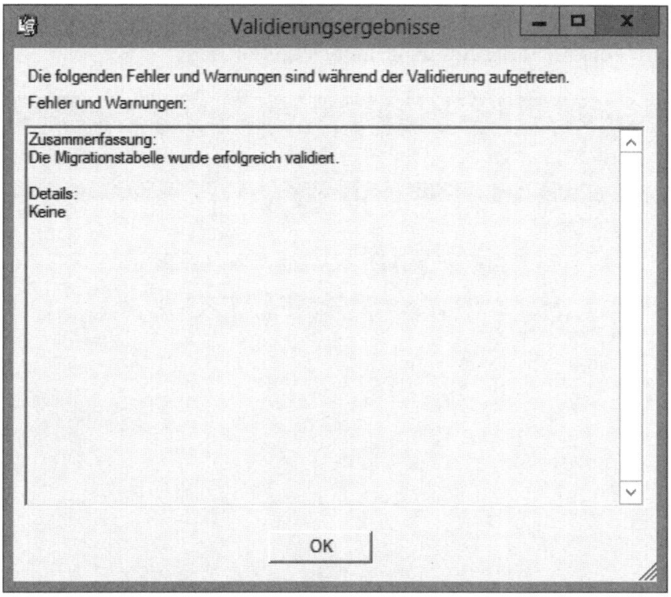

Bild 11.11 Validierung auswerten

- Sichern Sie nun die Tabelle. Legen Sie anschließend fest, ob die Migrationstabelle exklusiv verwendet werden soll.

HINWEIS: Wenn Sie die Migrationstabelle exklusiv benutzen, wird der Import nur durchgeführt, wenn alle Einstellungen der Migrationstabelle angewendet werden können. Fehlt ein Eintrag, so wird der gesamte Import abgebrochen.

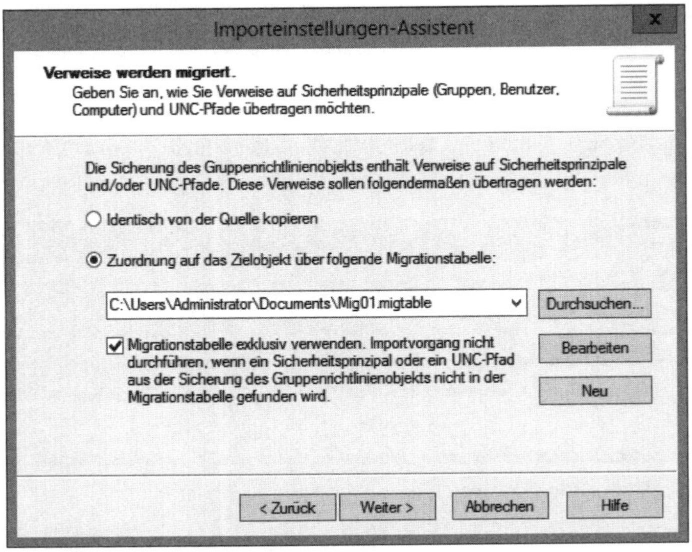

Bild 11.12 Verweise migrieren

- Klicken Sie WEITER und anschließend FERTIG STELLEN.

Sie erhalten nun eine Meldung mit dem Importergebnis.

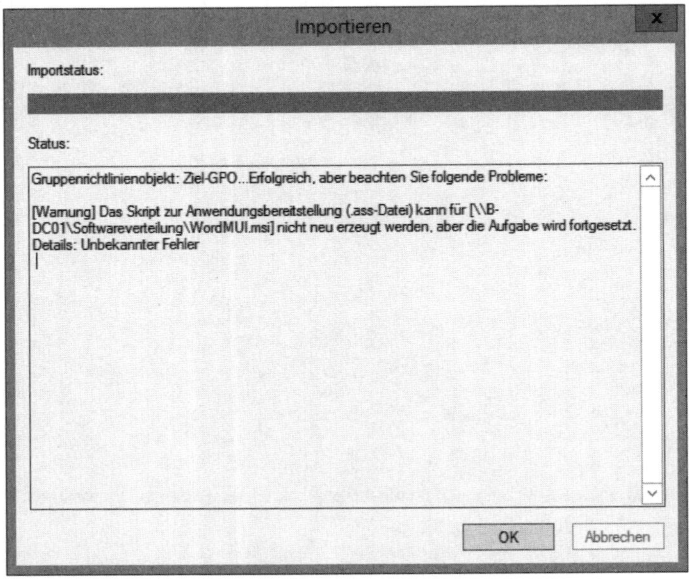

Bild 11.13 Importergebnis

11.4 Starter-Gruppenrichtlinienobjekte

Starter-Gruppenrichtlinienobjekte sind CAB-Dateien mit vorgefertigten Gruppenrichtlinieneinstellungen, die für typische Szenarien und Betriebssysteme konfiguriert sind. Um die Starter-Gruppenrichtlinien zu generieren, müssen Sie zunächst die Schaltfläche ORDNER FÜR STARTER-GRUPPENRICHTLINIENOBJEKTE ERSTELLEN betätigen. Der Ordner wird in Sysvol\Domain\StarterGPOs vom System erstellt.

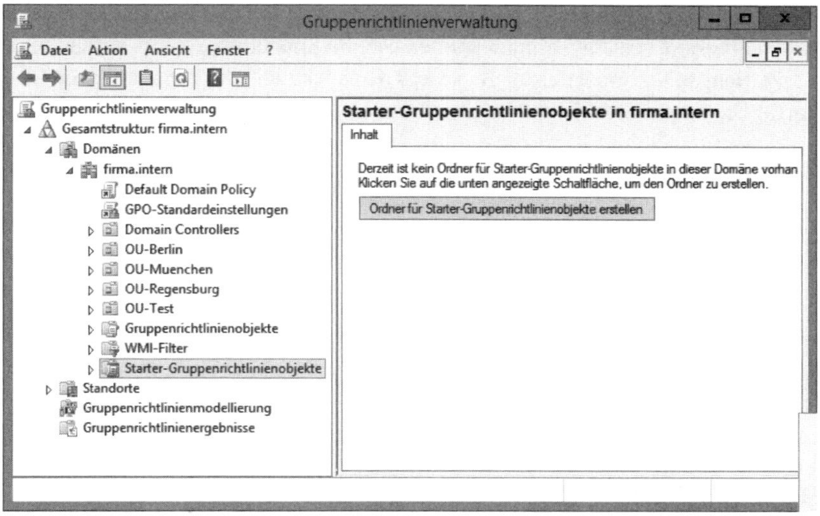

Bild 11.14 Ordner erstellen

Daraufhin erhalten Sie eine Liste mit zehn Starter-Gruppenrichtlinienobjekten: Vier für Vista, vier für Windows XP mit SP2 und zwei mit Firewallport-Einstellungen.

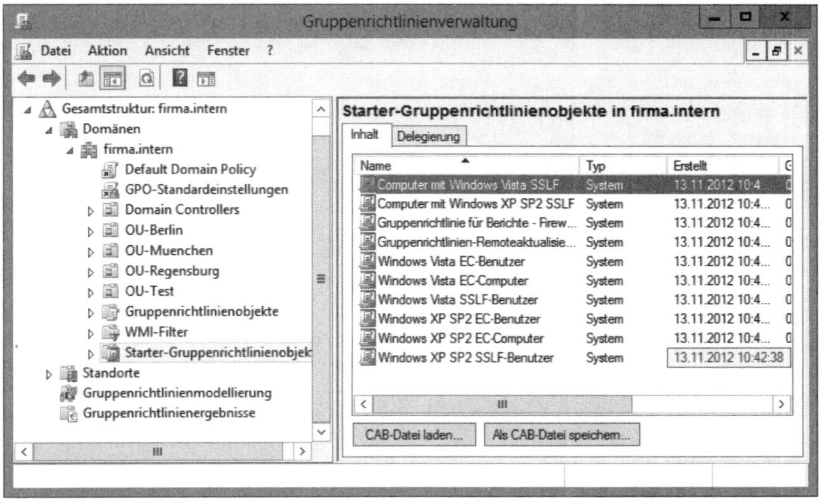

Bild 11.15 Starter-Gruppenrichtlinienobjekte

Es gibt dabei jeweils Computer- und Benutzer-Starterobjekte in den beiden Sicherheitsstufen EC und SSLF:

- EC steht für Enterprise Client
- SSLF für Specialized Security Limited Functionality

Neu in 2012

Zusätzlich werden die beiden Starter-Gruppenrichtlinienobjekte für die Konfiguration von Firewallports für Berichte und Remoteaktualisierungen angelegt. Anders als bei den Vorgängerbetriebssystemen einschließlich Windows Server 2008 R2 können Sie vom System erstellte Starter-Gruppenrichtlinien in Windows 8 und Server 2012 nicht mehr bearbeiten. Wenn Sie selbst jedoch Starter-Gruppenrichtlinien erstellen, können Sie diese wie gewohnt im Editor bearbeiten. Darüber hinaus können Sie die Einstellungen aus vorhandenen Starter-Gruppenrichtlinien importieren, um so aus den vorhandenen Vorlagen eigene, bearbeitbare Starter-Gruppenrichtlinien zu generieren.

11.5 Arbeiten mit GPOs

Im Folgenden möchte ich Ihnen einige Ratschläge zur Arbeit mit GPOs in der Praxis auf den Weg geben.

PRAXISTIPP: Erstellen Sie jedes GPO erst einmal in der Testumgebung. Wenn es in der Testumgebung funktioniert hat, können Sie die Einstellungen in der Produktivumgebung importieren. Verwenden Sie hierzu ein neues GPO, das noch nicht mit den Organisationseinheiten oder der Domäne verknüpft ist.

Erstellen Sie dann eine Test-OU, mit der Sie alle GPOs verknüpfen, die auch mit der eigentlichen Ziel-OU verknüpft sind. Auf diese Weise erhalten Sie die Summe aller GPOs + das neue GPO. Fügen Sie nun einen Testrechner und einen Testbenutzer der Test-OU hinzu und melden Sie sich als dieser Benutzer auf dem Testrechner an. Überprüfen Sie, ob sich das System so verhält, wie Sie geplant haben.

Wenn Sie so weit zufrieden sind, lassen Sie einen Benutzer der Ziel-OU überprüfen, ob er mit den neuen Einstellungen auf dem Testrechner arbeiten kann. Stellen Sie ihm während dieser Testphase u. U. zwei Rechner zur Verfügung.

Erst wenn auch ein Produktivbenutzer mit den Einstellungen gearbeitet hat und es zu keinen Einschränkungen der Produktivität kommt, sollten Sie das GPO mit der eigentlichen Ziel-OU verknüpfen.

PRAXISTIPP: Konfigurieren Sie nicht alle Einstellungen in einer einzigen Gruppenrichtlinie. Erstellen Sie stattdessen Blöcke von Einstellungen, die Sie im Einzelnen testen. Wenn Sie dann der Meinung sind, alle benötigten Einstellungen konfiguriert zu haben, wenden Sie in einer Test-OU die GPOs kombiniert an. Passen alle Einstellungen wie zuvor, können Sie damit beginnen, diese verschiedenen Einstellungsblöcke aus Sicherungen mit der Importfunktion zusammenzufassen.

12 Fehlersuche und Problembehebung

In diesem Kapitel:

- Fehler bei der Richtlinienverarbeitung ermitteln und beseitigen
- Wie gehe ich mit den Tools Gruppenrichtlinienergebnisse, Gruppenrichtlinienmodellierung und GPResult.exe um?

12.1 Einführung

Wenn es bei der Gruppenrichtlinienverarbeitung zu Fehlern kommt, stehen Ihnen unterschiedliche Werkzeuge zur Verfügung, um die Fehlerdetails zu ermitteln. Bevor Sie allerdings mit der komplizierten Detailsuche in Protokolldateien beginnen, überprüfen Sie Ihr System auf die in Tabelle 12.1 aufgelisteten Standardfehler.

Tabelle 12.1 Häufige Ursachen für Fehler in der Gruppenrichtlinienanwendung

Ursache	Erläuterung
DNS-Fehler	Wenn in der Namensauflösung Fehler auftreten, wirken sich diese stets auch auf die Gruppenrichtlinienverarbeitung aus. Überprüfen Sie mit `nslookup.exe`, ob eine saubere Auflösung von Namen und Diensteinträgen für den Rechner funktioniert.
Speicherort von Objekten	Damit eine Gruppenrichtlinie für ein Objekt wirkt, muss sich das Objekt am korrekten Speicherort befinden. Häufig ist z. B. der Rechner in der OU, im Gruppenrichtlinienobjekt ist aber der Bereich Benutzerkonfiguration ausgewählt.

Tabelle 12.1 Häufige Ursachen für Fehler in der Gruppenrichtlinienanwendung

Ursache	Erläuterung
Neustart/Anmeldung ausstehend	Manche Gruppenrichtlinieneinstellungen (z. B. Softwareverteilung) werden vom System nur bei einem Neustart oder einer neuerlichen Anmeldung ausgeführt. Im Zweifelsfall sollten Sie den Client nach dem Ausführen von `gpupdate.exe` neu starten.
Berechtigungen	Überprüfen Sie, ob der Computer oder der Benutzer auch die Berechtigung hat, Richtlinieneinstellungen zu lesen und zu übernehmen.
Vererbung deaktiviert	Wenn auf einer Organisationseinheit die Vererbung deaktiviert ist, dann **erbt** die Organisationseinheit keine Einstellungen von übergeordneten GPOs. Sie **vererbt** weiterhin Einstellungen an untergeordnete OUs!
Bereiche von GPO deaktiviert	Sie können Bereiche von GPOs deaktivieren, die ganze GPO deaktivieren oder eine Verknüpfung deaktivieren. Dies bewirkt, dass die Einstellungen auch nicht mehr angewendet werden.
Erzwungen	Wenn eine Einstellung an höherer Stelle erzwungen wird, kann sie nicht überschrieben werden.
WMI-Filter	WMI-Filter können verhindern, dass bestimmte Rechner oder Benutzer von einem GPO oder (über Zielgruppenadressierung auf Elementebene) einer Einstellung betroffen sind.
Richtlinieneinstellungen für anderes Betriebssystem	Nicht jede Einstellung kann für jedes Betriebssystem verwendet werden. Überprüfen Sie in den Erläuterungen der Einstellung, für welche Betriebssysteme diese angewendet werden kann.

In diesem Kapitel finden Sie teilweise Screenshots von Windows Server 2008 R2 und teils von Windows Server 2012. Die Darstellungen unterscheiden sich teilweise, und da z. B. das Erweitern bestimmter Ansichten nicht unter beiden Systemen möglich oder nötig ist, wurden stets die Darstellungen mit der größtmöglichen Aussagekraft gewählt.

12.2 Gruppenrichtlinienergebnisse

Eines der Werkzeuge, das zum Überprüfen von Gruppenrichtlinienverarbeitung angewendet werden kann, ist „Gruppenrichtlinienergebnisse" der Gruppenrichtlinienverwaltung.

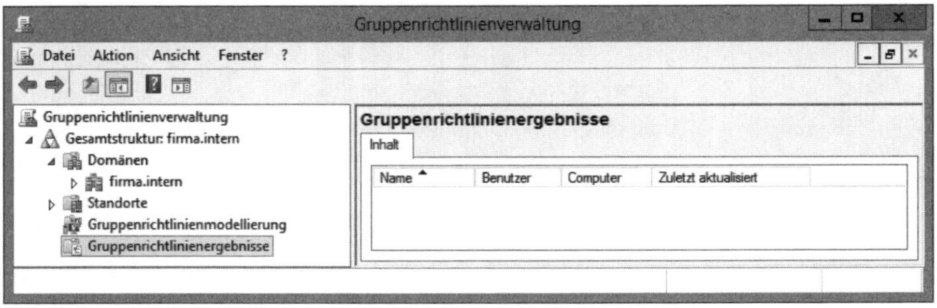

Bild 12.1 Gruppenrichtlinienergebnisse öffnen

Mit den Gruppenrichtlinienergebnissen werden Verarbeitungsinformationen der letzten Anmeldung der letzten bis zu zehn Benutzer abgerufen, die sich schon einmal an einem bestimmten Computer angemeldet haben.

12.2.1 Gruppenrichtlinienergebnis-Assistent

Um Gruppenrichtlinienergebnisse zu verwenden, gehen Sie wie folgt vor:

- Navigieren Sie in der Konsolenstruktur von Gruppenrichtlinienverwaltung zu GRUPPENRICHTLINIENERGEBNISSE und rufen Sie im Kontextmenü GRUPPENRICHTLINIENERGEBNIS-ASSISTENT auf.
- Klicken Sie bei Willkommen auf WEITER, und markieren Sie in der Computerauswahl entweder DIESER COMPUTER oder ANDERER COMPUTER und DURCHSUCHEN, um dann wie gewohnt einen Computer auszuwählen.
- Wenn Sie nur den Bereich Benutzerkonfiguration analysieren möchten, können Sie KEINE RICHTLINIENEINSTELLUNGEN FÜR DEN AUSGEWÄHLTEN COMPUTER IM ERGEBNIS ANZEIGEN (NUR BENUTZERRICHTLINIENEINSTELLUNGEN) aktivieren.
- Klicken Sie anschließend WEITER.

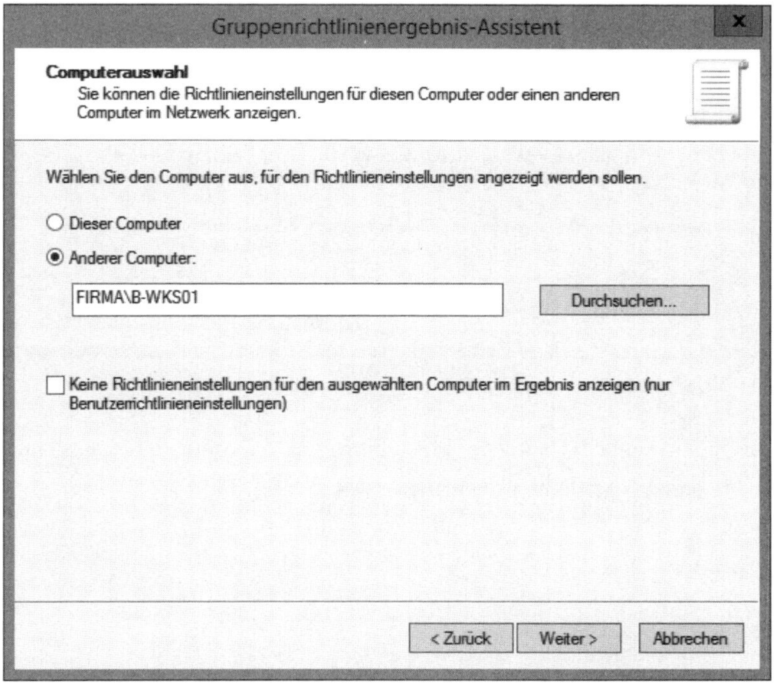

Bild 12.2 Computer für Gruppenrichtlinienergebnisse auswählen

Sie erhalten nun im Fenster Benutzerauswahl die Benutzer angezeigt, die sich bisher auf dem Rechner angemeldet hatten. Nur für diese sind Informationen zur Gruppenrichtlinienverarbeitung gespeichert und können ausgewertet werden.

- Klicken Sie entweder auf AKTUELLEN BENUTZER oder aktivieren Sie BESTIMMTEN BENUTZER AUSWÄHLEN und markieren den entsprechenden Benutzer. Wenn Sie keine Benutzerrichtlinienverarbeitung prüfen möchten, können Sie stattdessen KEINE BENUTZERRICHTLINIEN-EINSTELLUNGEN IM ERGEBNIS ANZEIGEN (NUR COMPUTERRICHTLINIENEINSTELLUNGEN) aktivieren.
- Klicken Sie auf WEITER.

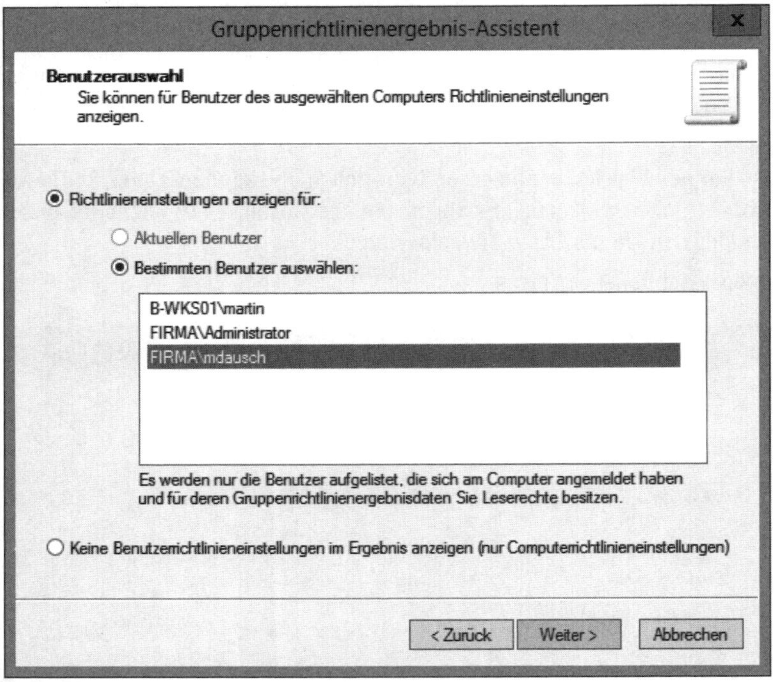

Bild 12.3 Benutzer wählen

- Lesen Sie die Zusammenfassung der Einstellungen und bestätigen Sie diese mit WEITER.
- Beenden Sie den Assistenten mit FERTIG STELLEN.

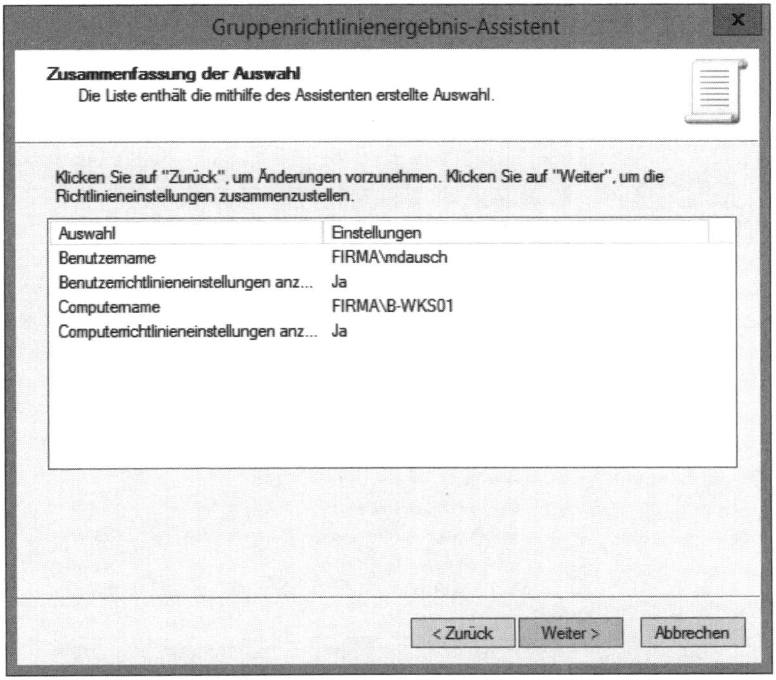

Bild 12.4 Zusammenfassung kontrollieren

12.2.2 Gruppenrichtlinienergebnis untersuchen

Wenn Sie im Knoten „Gruppenrichtlinienergebnisse“ die Ansicht erweitern, erhalten Sie eine Übersicht aller Gruppenrichtlinienergebnisse, die Sie bisher abgerufen haben.

- Markieren Sie das Ergebnis, das Sie mit dem Assistenten erzeugt haben, und kontrollieren Sie, ob der Komponentenstatus mit einem roten Kreis mit weißem Kreuz markiert ist. In diesem Fall konnten die Ergebnisse nicht sauber verarbeitet werden.

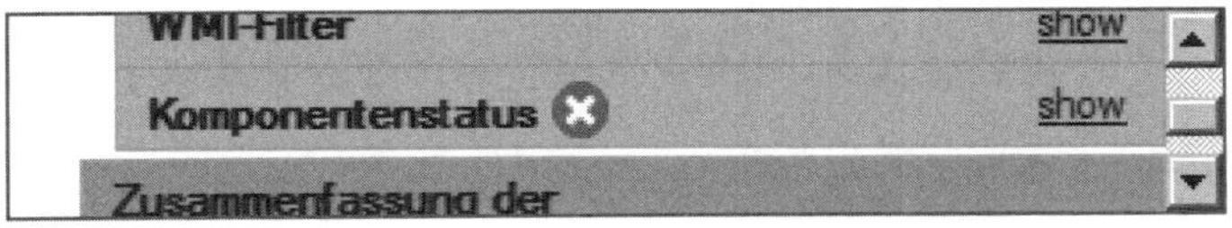

Bild 12.5 Fehler im Komponentenstatus

Wenn Komponenten teilweise nicht verarbeitet werden konnten, erhalten Sie in der Ansicht ein gelbes Warndreieck.

Die folgenden Darstellungen und Beschreibungen beziehen sich auf Windows Server 2008 R2.

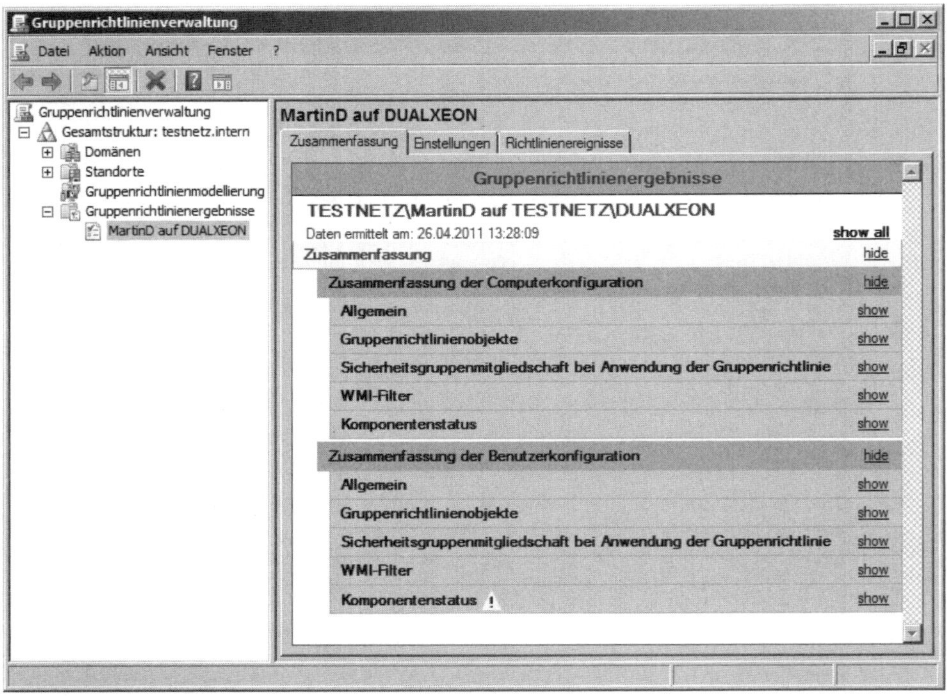

Bild 12.6 Gruppenrichtlinienergebnis anzeigen

- Klicken Sie unter Allgemein auf SHOW.

Sie erhalten eine Auflistung des Computernamens, der Domäne, des Standorts und des letzten Zeitpunktes der Gruppenrichtlinienverarbeitung.

- Klicken Sie unter Gruppenrichtlinienobjekte auf SHOW und erweitern Sie anschließend die Ansicht unter ANGEWENDETE GRUPPENRICHTLINIENOBJEKTE und ABGELEHNTE GRUPPENRICHTLINIENOBJEKTE.

Hier finden Sie die Auflistung der einzelnen GPOs mit den Informationen zum Verknüpfungsstandort und der Version. Bei den abgelehnten GPOs ist angegeben, warum sie abgelehnt wurden.

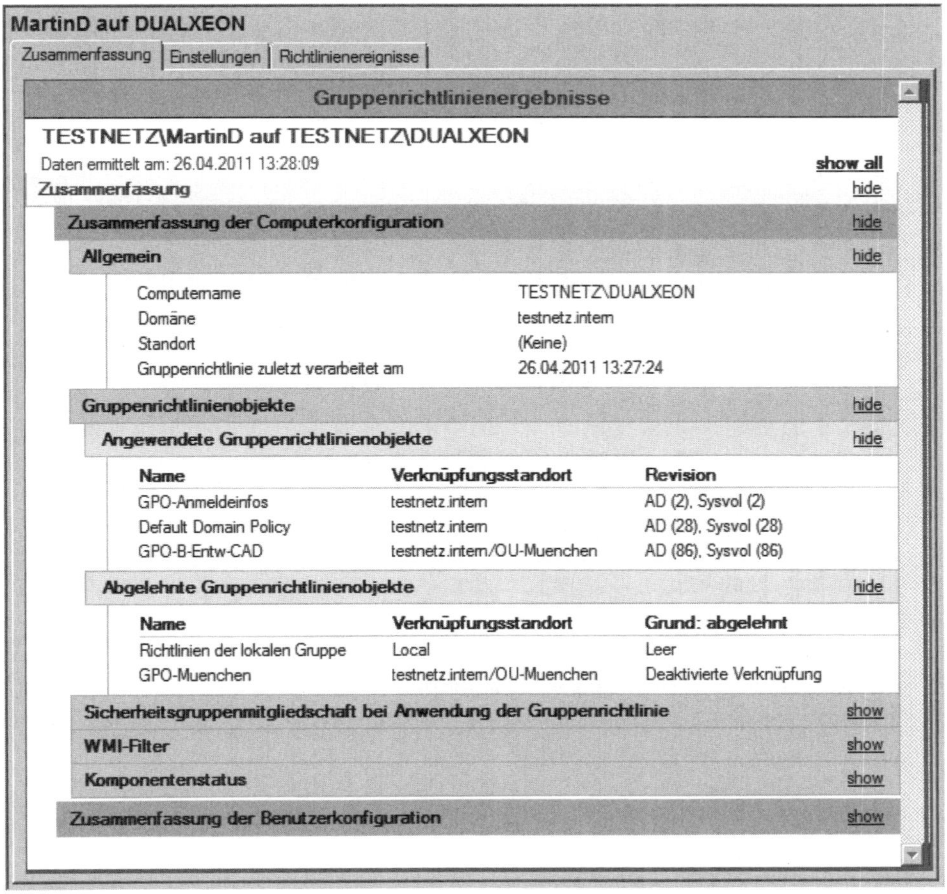

Bild 12.7 Allgemeine Informationen und GPOs

- Klicken Sie nun unter Sicherheitsgruppenmitgliedschaft bei Anwendung der Gruppenrichtlinie auf SHOW.

Hier sind alle Gruppen aufgelistet, in denen der Computer oder Benutzer Mitglied war, als die Richtlinienverarbeitung stattfand.

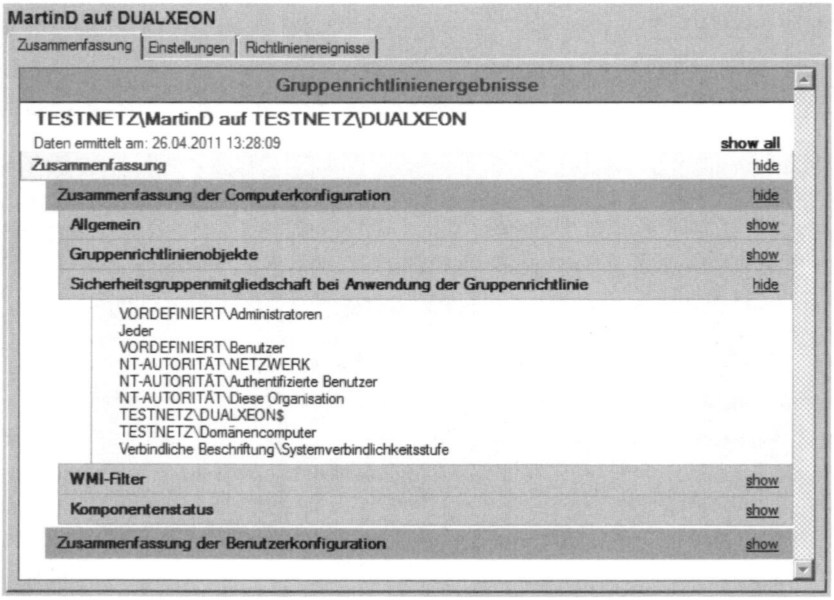

Bild 12.8 Sicherheitsgruppenmitgliedschaften

- Klicken Sie unter Komponentenstatus auf SHOW.

Der Verarbeitungsstatus der einzelnen Betriebssystemkomponenten für die Gruppenrichtlinienverarbeitung wird hier differenziert aufgelistet.

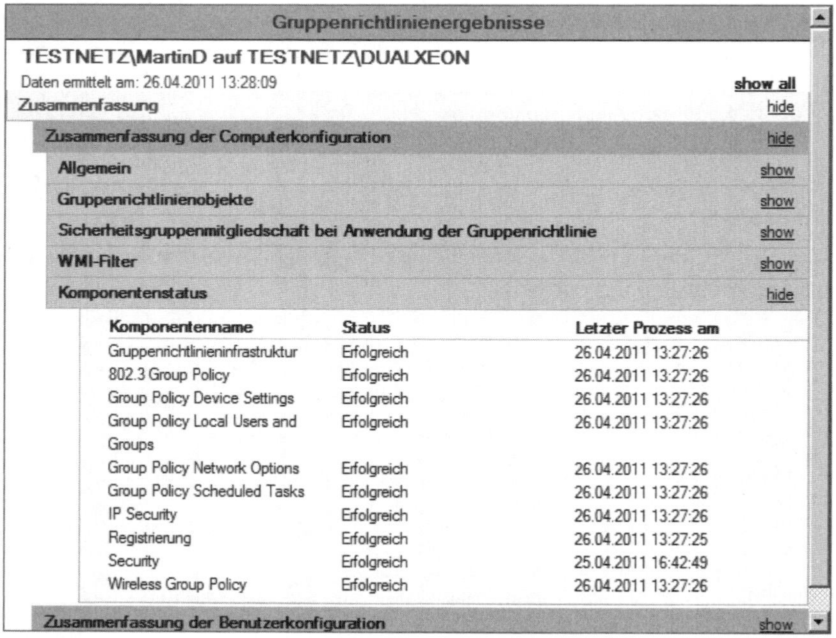

Bild 12.9 Komponentenstatus überprüfen

Wenn Probleme zu einem bestimmten Zeitpunkt in der Komponentenverarbeitung auftraten, können Sie sich die Problembeschreibung anzeigen lassen.

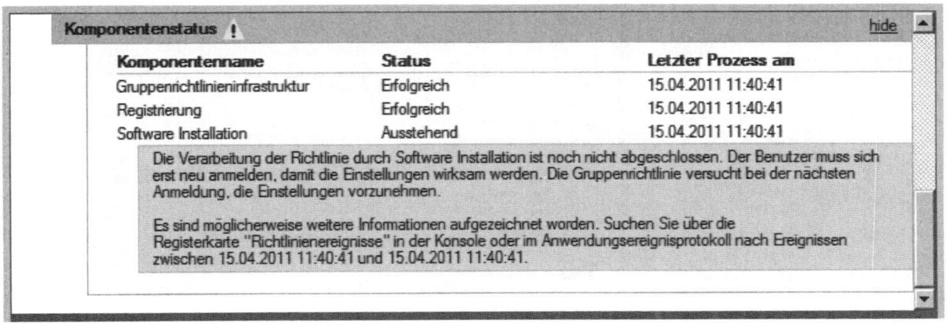

Bild 12.10 Problembeschreibung

Unter Windows Server 2012 werden in der Zusammenfassung nur rudimentäre Ergebnisse festgehalten.

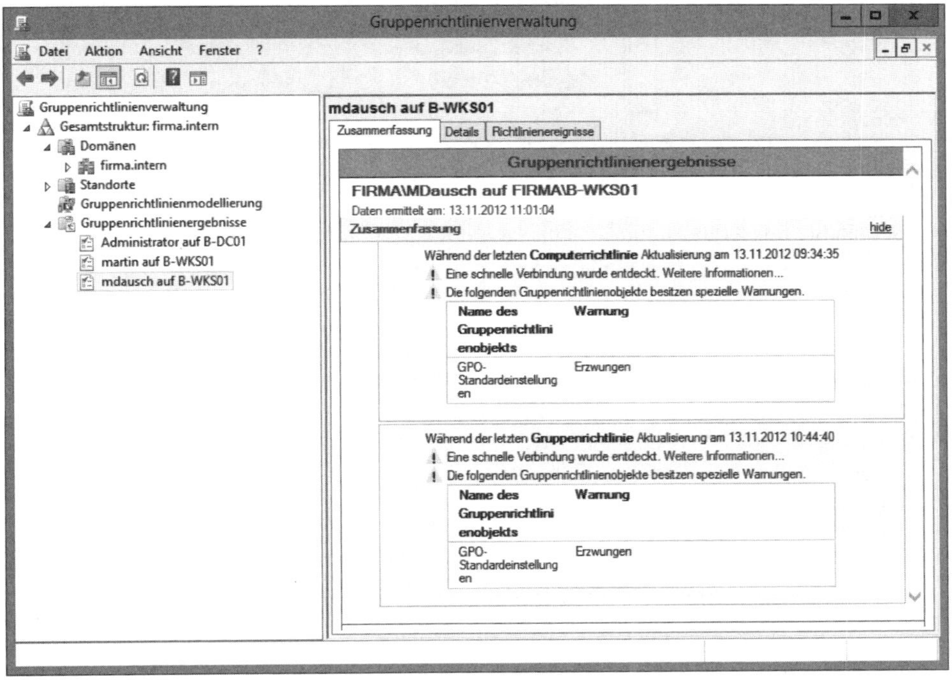

Bild 12.11 Zusammenfassung unter Windows Server 2012

Einen Teil der Informationen, die Sie unter Windows Server 2008 R2 in der Zusammenfassung erhalten, finden Sie nun unter „Details". Hier finden Sie außerdem die Einstellungen, die in der Summe durch die angewendeten Gruppenrichtlinien angewendet wurden. Die Details entsprechen des Weiteren dem Register Einstellungen unter Windows Server 2008 R2.

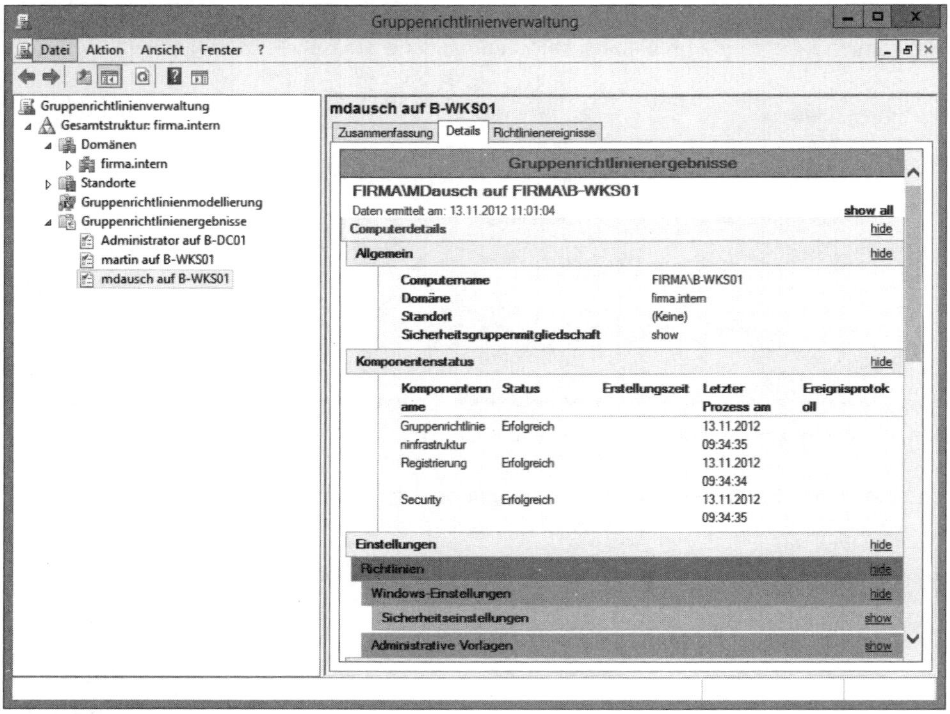

Bild 12.12 Details im Gruppenrichtlinienergebnis unter Windows Server 2012

Betrachten Sie im Vergleich die Gruppenrichtlinienergebnisse unter Windows Server 2008 R2.

- Klicken Sie auf das Register EINSTELLUNGEN.

Hier können Sie sich für einzelne Einstellungen anzeigen lassen, wie diese konfiguriert sind und aus welchem GPO die Einstellungen stammen.

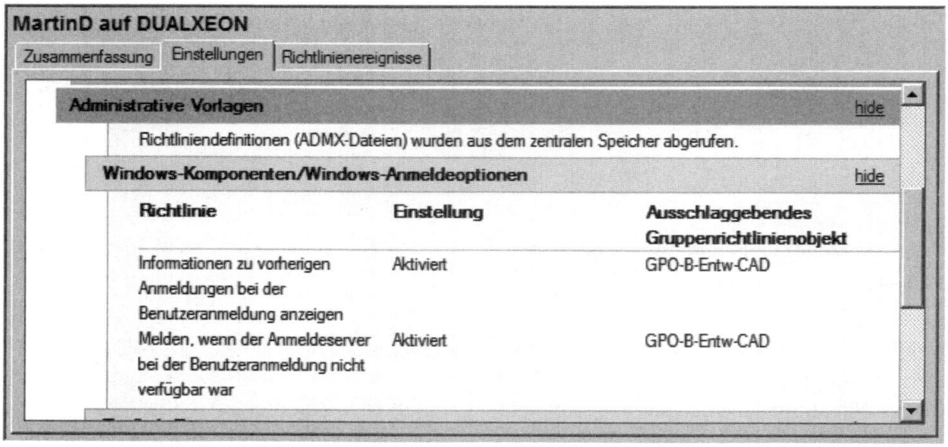

Bild 12.13 Einstellungen prüfen

- Klicken Sie auf das Register RICHTLINIENEREIGNISSE.

Sie erhalten die gefilterte Ereignisanzeige der Gruppenrichtlinienverarbeitung.

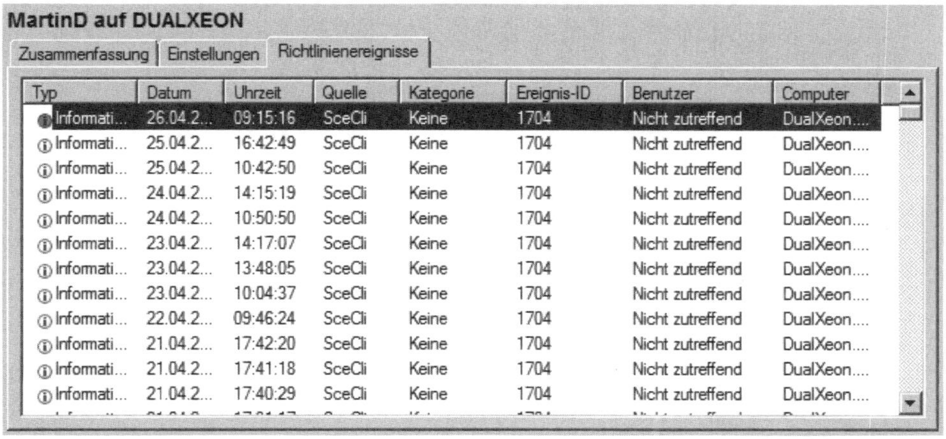

Bild 12.14 Richtlinienereignisse anzeigen

Sie können die Einstellungen eines Gruppenrichtlinienergebnisses auch anzeigen, indem Sie im Kontextmenü des Ergebnisses den Befehl ERWEITERTE ANSICHT... aufrufen.

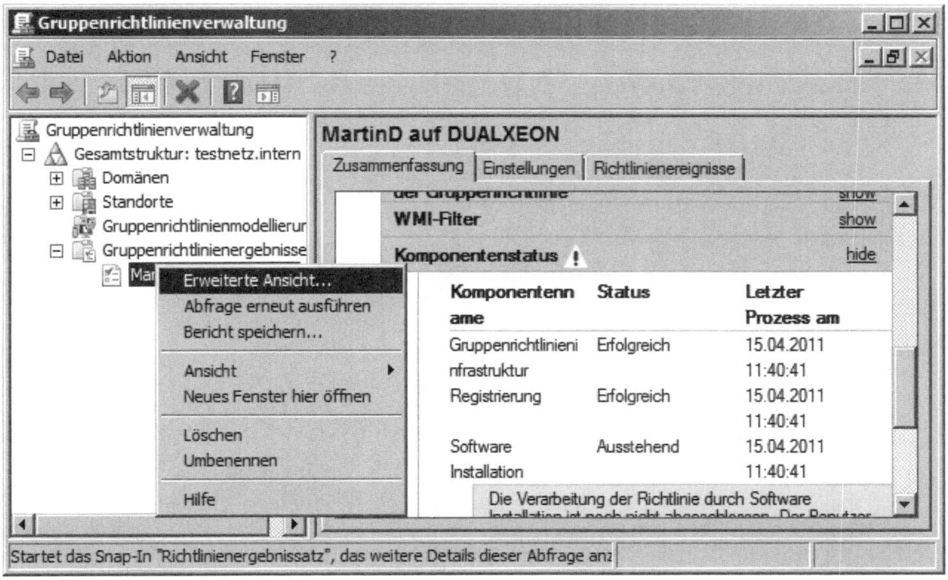

Bild 12.15 Erweiterte Ansicht aufrufen

Dann wird Ihnen der Ergebnissatz in einer Weise angezeigt, wie es die Verwendung des Gruppenrichtlinienverwaltungs-Editors nahelegt. Knoten, die keine Einstellungen enthalten, werden allerdings ausgeblendet. Bereiche, in denen Fehler auftraten, sind mit einem gelben Warndreieck markiert.

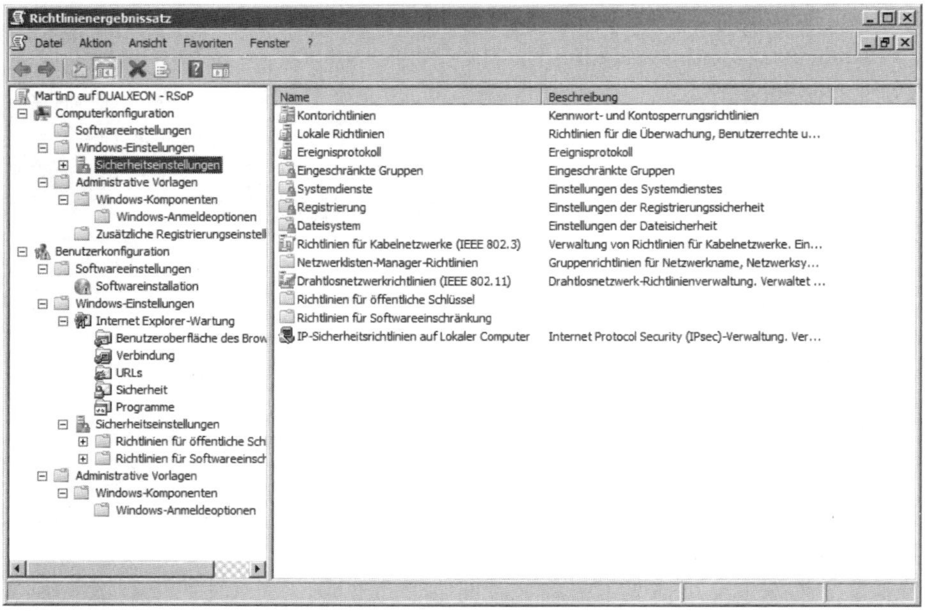

Bild 12.16 Erweiterte Ansicht verwenden

12.3 Gruppenrichtlinienmodellierung

Die Gruppenrichtlinienmodellierung dient zur Planung von Fällen, in denen ein Benutzer oder Rechner Teil einer bestimmten Organisationseinheit ist, mit der bestimmte GPOs verknüpft sind.

PRAXISTIPP: Die Erfahrung zeigt, dass die Vorhersagen der Gruppenrichtlinienmodellierung nicht so zuverlässig sind wie ein echter Test mit einer Test-OU, Testrechnern und -benutzern. Verwenden Sie nach Möglichkeit die Testumgebung und Gruppenrichtlinienergebnisse für die Planung.

12.3.1 Gruppenrichtlinienmodellierungs-Assistent

- Klicken Sie in der GPMC auf GRUPPENRICHTLINIENMODELLIERUNG, und wählen Sie im Kontextmenü GRUPPENRICHTLINIENMODELLIERUNGS-ASSISTENT.
- Klicken Sie im Willkommenfenster auf WEITER. Im Fenster Domänencontrollerwahl können Sie die Domäne auswählen, für die Sie eine Modellierung durchführen möchten. Wählen Sie anschließend entweder BELIEBIGER VERFÜGBARER DOMÄNENCONTROLLER MIT WINDOWS SERVER 2003 ODER HÖHER oder DIESER DOMÄNENCONTROLLER und markieren einen Domänencontroller in der Liste. Klicken Sie anschließend auf WEITER.

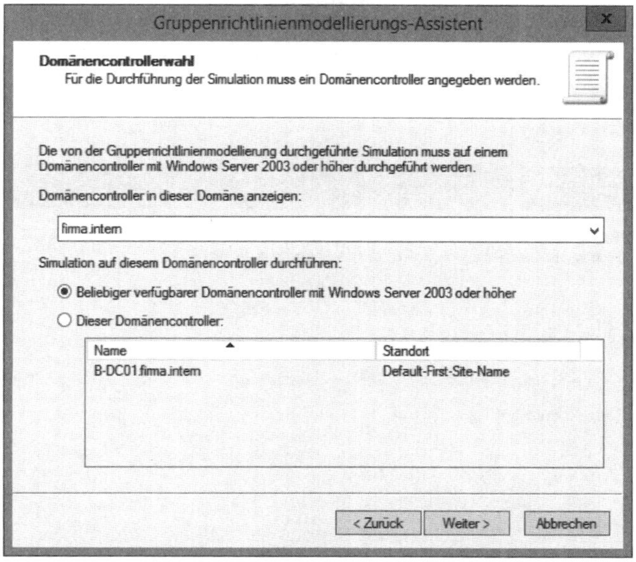

Bild 12.17 Domänencontroller für die Simulation wählen

- Unter Benutzer- und Computerauswahl können Sie entweder eine Organisationseinheit für Benutzer oder Computer auswählen, die den Speicherort simulieren soll, oder konkret einen Benutzer und einen Computer angeben.

PRAXISTIPP: Wenn Sie genügend Informationen gesammelt haben, können Sie jederzeit mit dem Kontrollkästchen ZUR LETZTEN SEITE DES ASSISTENTEN WECHSELN, OHNE WEITERE DATEN ZU ERFASSEN.

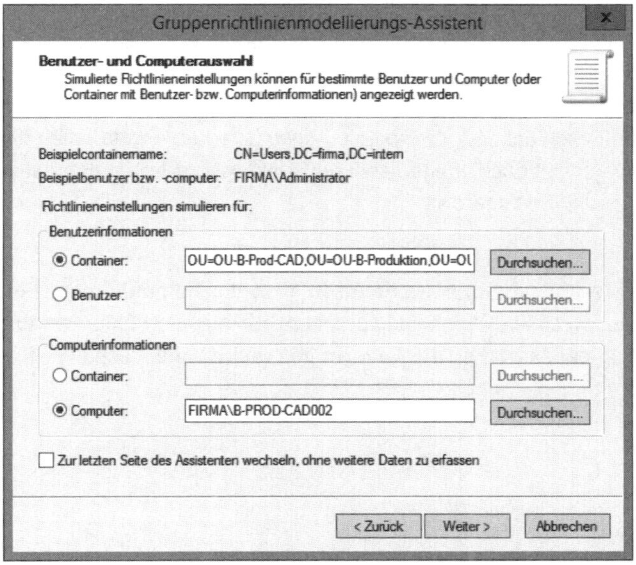

Bild 12.18 Benutzer- und Computerinformationen festlegen

- Legen Sie den Standort fest, für den die Simulation durchgeführt werden soll.
- Aktivieren Sie gegebenenfalls LANGSAME NETZWERKVERBINDUNG (Z.B. EINWÄHLVERBINDUNG) und LOOPBACKVERARBEITUNG im gewünschten Modus. Klicken Sie anschließend auf WEITER.

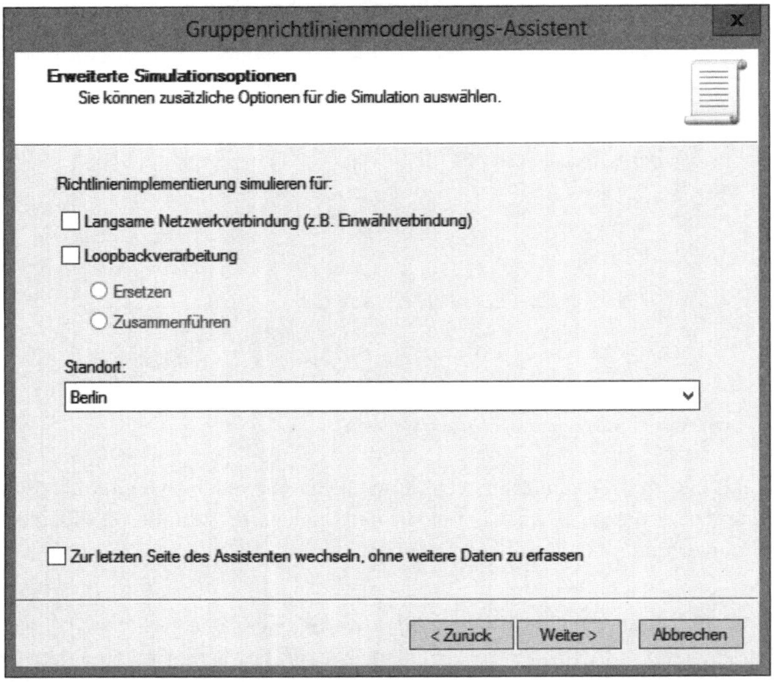

Bild 12.19 Standort und Verbindungseigenschaften definieren

HINWEIS: Das folgende Fenster des Assistenten erscheint nur, wenn Sie im vorletzten Fenster ein vorhandenes Benutzer- oder Computerkonto verwendet haben. Es ist so schlecht übersetzt, dass ein Verständnis auf den ersten Blick unmöglich scheint. Alternative Active-Directory-Pfade sollen Speicherorte in Organisationseinheiten sein und Netzwerkadressen ebenfalls. Standorte sind auch Speicherorte.

- Legen Sie hier fest, ob simuliert werden soll, dass der Computer oder Benutzer die Organisationseinheit wechselt. Wenn Sie versehentlich falsche Pfade verwendet haben, können Sie mit WIEDERHERSTELLEN die Änderungen rückgängig machen. Klicken Sie anschließend auf WEITER.

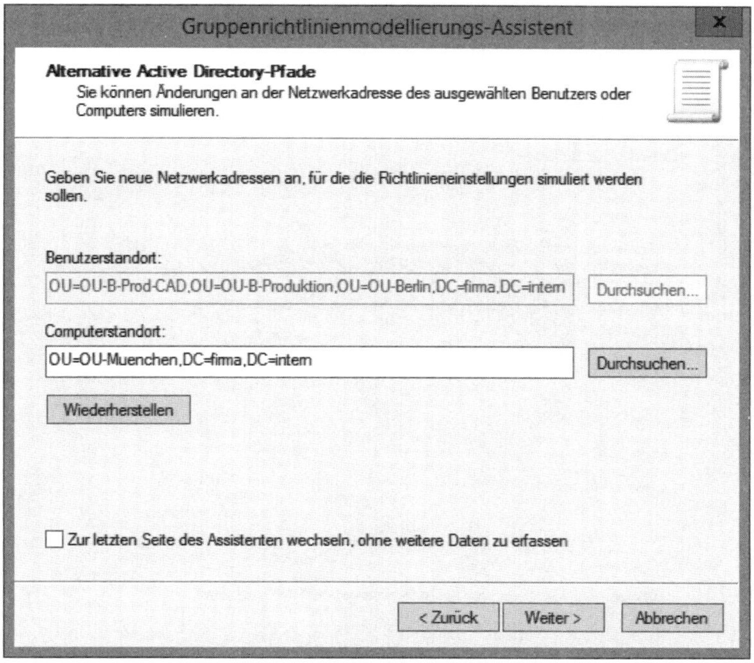

Bild 12.20 Active-Directory-Pfade festlegen

- In den nächsten beiden Fenstern können Sie die Sicherheitsgruppenmitgliedschaft des Benutzers und des Computers, den Sie simulieren möchten, anpassen.

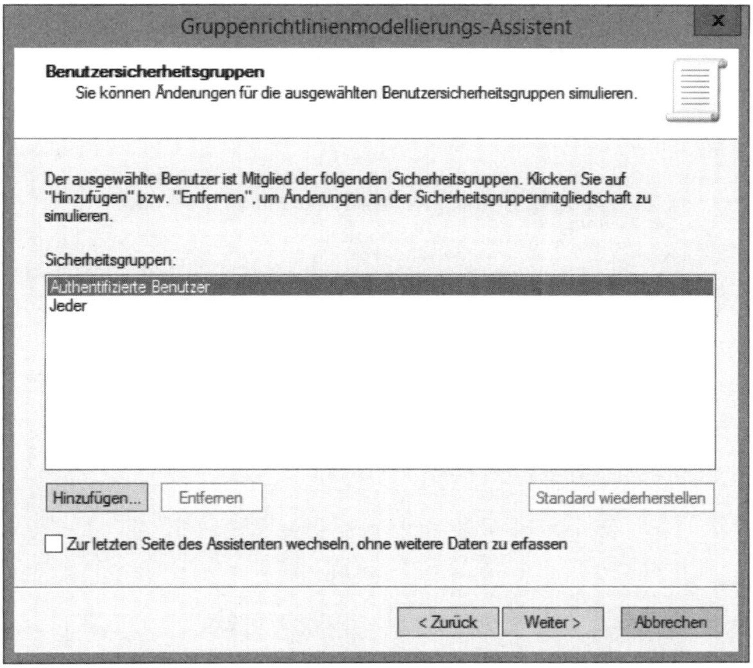

Bild 12.21 Benutzersicherheitsgruppen konfigurieren

- Geben Sie in den beiden folgenden Fenstern an, welche WMI-Filter mit dem Benutzer und dem Computer verbunden werden sollen.

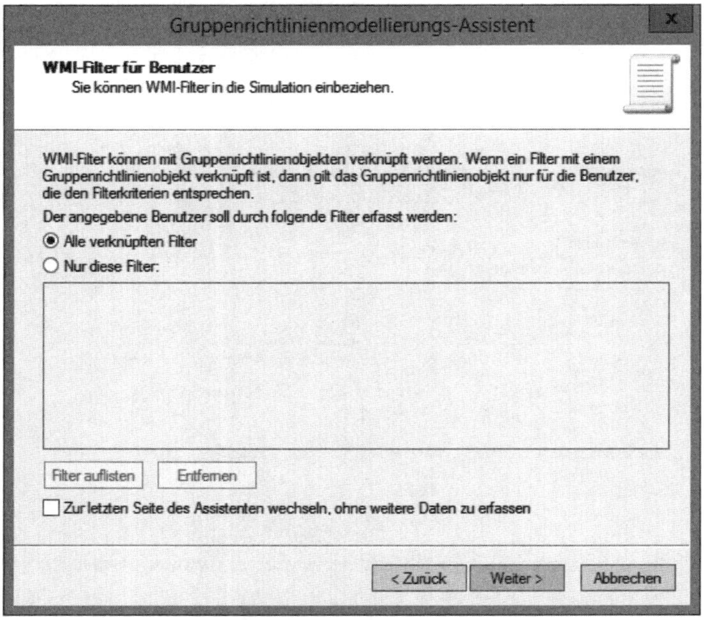

Bild 12.22 WMI-Filter für Benutzer festlegen

- Lesen Sie die abschließende Zusammenfassung und beenden Sie den Assistenten mit WEITER und anschließend FERTIG STELLEN.

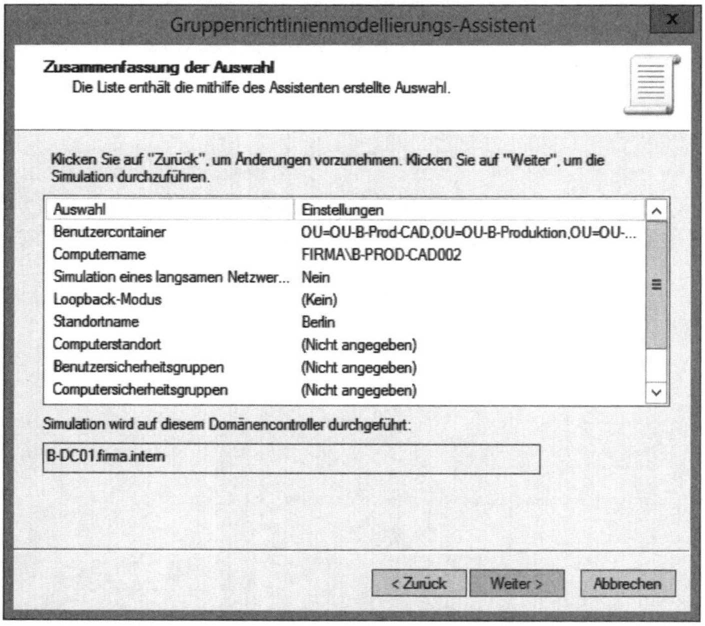

Bild 12.23 Zusammenfassung kontrollieren

12.3.2 Gruppenrichtlinienmodellierung auswerten

Der Aufbau des Ergebnisses der Gruppenrichtlinienmodellierung entspricht dem eines Gruppenrichtlinienergebnisses. Dies betrifft auch die Unterschiede in der Darstellung zwischen Windows Server 2008 R2 und Windows Server 2012. Im Folgenden habe ich mich auf die Darstellung der Modellierungsergebnisse unter Windows Server 2008 R2 beschränkt, da diese (leider!) etwas ausführlicher sind.

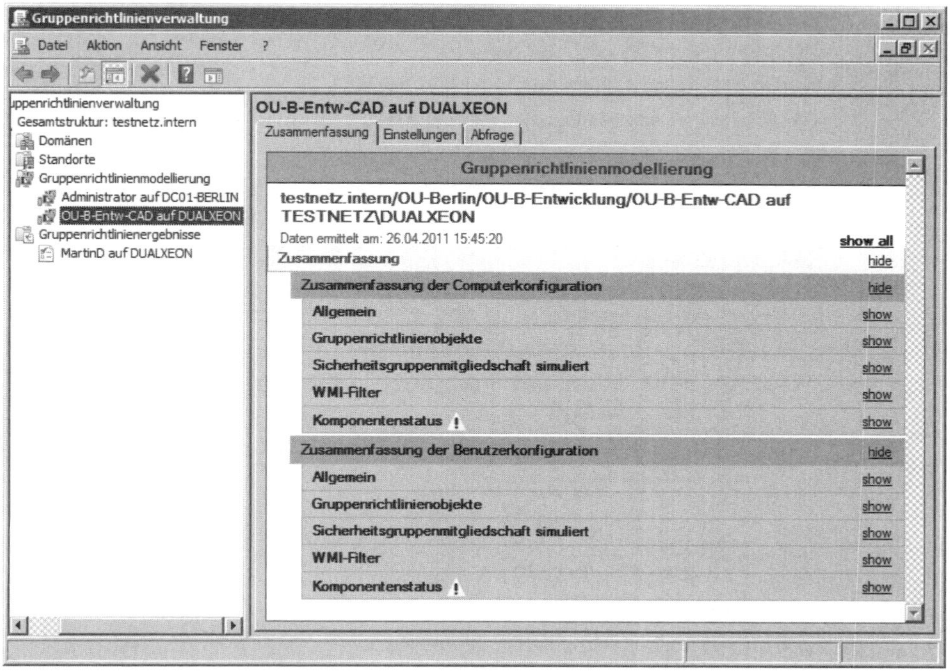

Bild 12.24 Gruppenrichtlinienmodellierung auswerten

Die Warnungen beim Komponentenstatus sind darauf zurückzuführen, dass bei der Modellierung kein Benutzer, sondern nur eine Organisationseinheit ausgewählt wurde. Generell führt der Modellierungs-Assistent aber häufig zu unvollständigen Ergebnissen. In der Ereignisanzeige des Servers finden sich entsprechende Einträge im Anwendungsprotokoll.

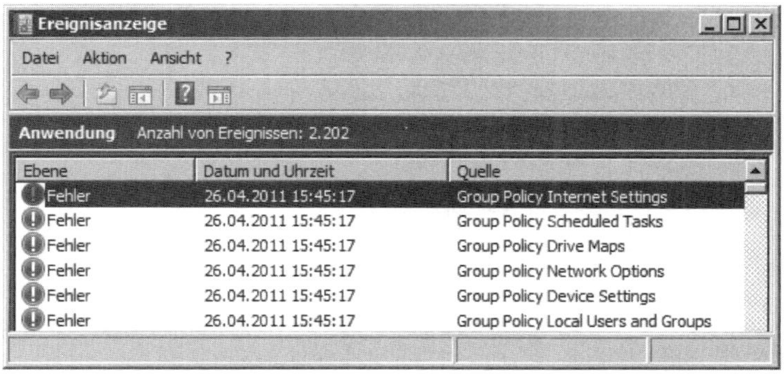

Bild 12.25 Ergebnis einer Gruppenrichtlinienmodellierung

12.4 GPResult

Auf der Kommandozeile können Sie das Tool `gpresult.exe` verwenden, um einen Gruppenrichtlinienergebnissatz zu generieren. Mit Parameter /? rufen Sie die Befehlszeilenreferenz auf.

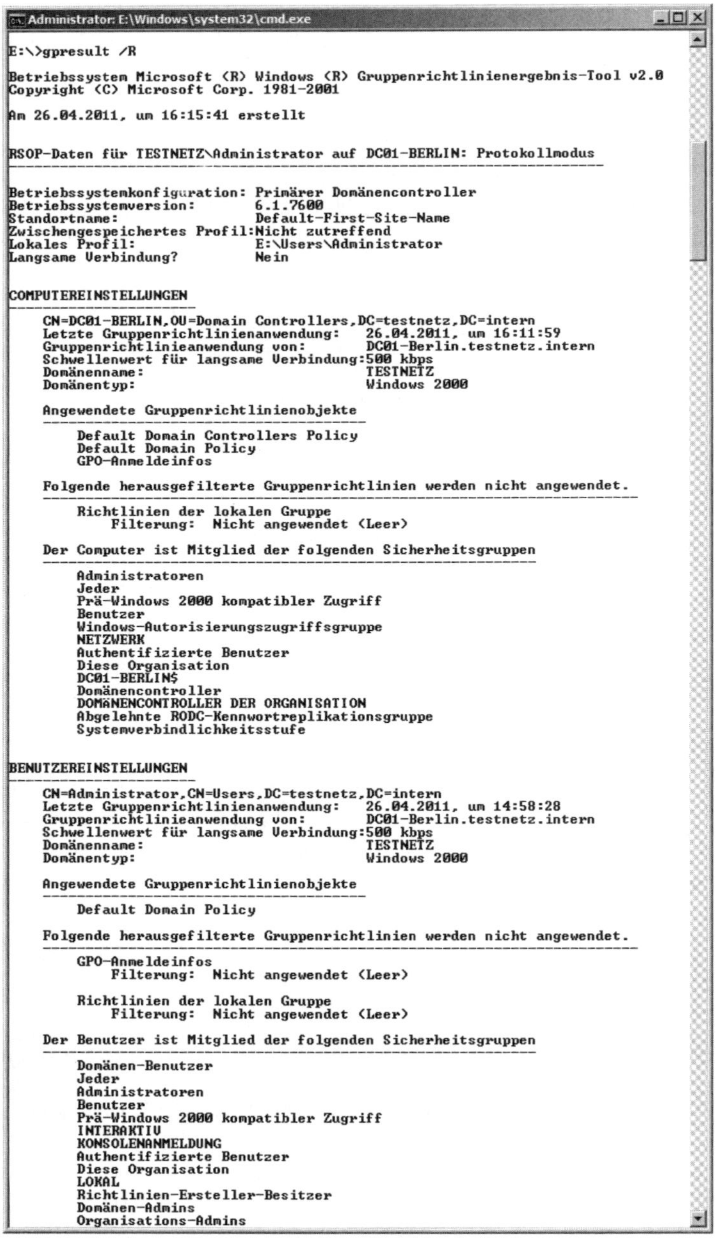

```
Administrator: E:\Windows\system32\cmd.exe

E:\>gpresult /R

Betriebssystem Microsoft (R) Windows (R) Gruppenrichtlinienergebnis-Tool v2.0
Copyright (C) Microsoft Corp. 1981-2001

Am 26.04.2011, um 16:15:41 erstellt


RSOP-Daten für TESTNETZ\Administrator auf DC01-BERLIN: Protokollmodus
------------------------------------------------------------------------

Betriebssystemkonfiguration: Primärer Domänencontroller
Betriebssystemversion:       6.1.7600
Standortname:                Default-First-Site-Name
Zwischengespeichertes Profil:Nicht zutreffend
Lokales Profil:              E:\Users\Administrator
Langsame Verbindung?         Nein


COMPUTEREINSTELLUNGEN
----------------------
    CN=DC01-BERLIN,OU=Domain Controllers,DC=testnetz,DC=intern
    Letzte Gruppenrichtlinienanwendung:   26.04.2011, um 16:11:59
    Gruppenrichtlinieanwendung von:       DC01-Berlin.testnetz.intern
    Schwellenwert für langsame Verbindung:500 kbps
    Domänenname:                          TESTNETZ
    Domänentyp:                           Windows 2000

    Angewendete Gruppenrichtlinienobjekte
    --------------------------------------
        Default Domain Controllers Policy
        Default Domain Policy
        GPO-Anmeldeinfos

    Folgende herausgefilterte Gruppenrichtlinien werden nicht angewendet.
    ----------------------------------------------------------------------
        Richtlinien der lokalen Gruppe
            Filterung:  Nicht angewendet (Leer)

    Der Computer ist Mitglied der folgenden Sicherheitsgruppen
    -----------------------------------------------------------
        Administratoren
        Jeder
        Prä-Windows 2000 kompatibler Zugriff
        Benutzer
        Windows-Autorisierungszugriffsgruppe
        NETZWERK
        Authentifizierte Benutzer
        Diese Organisation
        DC01-BERLIN$
        Domänencontroller
        DOMÄNENCONTROLLER DER ORGANISATION
        Abgelehnte RODC-Kennwortreplikationsgruppe
        Systemverbindlichkeitsstufe


BENUTZEREINSTELLUNGEN
----------------------
    CN=Administrator,CN=Users,DC=testnetz,DC=intern
    Letzte Gruppenrichtlinienanwendung:   26.04.2011, um 14:58:28
    Gruppenrichtlinieanwendung von:       DC01-Berlin.testnetz.intern
    Schwellenwert für langsame Verbindung:500 kbps
    Domänenname:                          TESTNETZ
    Domänentyp:                           Windows 2000

    Angewendete Gruppenrichtlinienobjekte
    --------------------------------------
        Default Domain Policy

    Folgende herausgefilterte Gruppenrichtlinien werden nicht angewendet.
    ----------------------------------------------------------------------
        GPO-Anmeldeinfos
            Filterung:  Nicht angewendet (Leer)

        Richtlinien der lokalen Gruppe
            Filterung:  Nicht angewendet (Leer)

    Der Benutzer ist Mitglied der folgenden Sicherheitsgruppen
    -----------------------------------------------------------
        Domänen-Benutzer
        Jeder
        Administratoren
        Benutzer
        Prä-Windows 2000 kompatibler Zugriff
        INTERAKTIV
        KONSOLENANMELDUNG
        Authentifizierte Benutzer
        Diese Organisation
        LOKAL
        Richtlinien-Ersteller-Besitzer
        Domänen-Admins
        Organisations-Admins
```

Bild 12.26 Beispielausgabe von `gpresult.exe` in der Eingabeaufforderung

12.5 Erweiterte Fehlerbehebung und Protokolldateien

Neben diesen Möglichkeiten zur Problembehebung bei der Gruppenrichtlinienverarbeitung können Sie auch die Protokollierung für einzelne CSEs der Gruppenrichtlinienverarbeitung in der Registry aktivieren. Diese werden dann in Protokolldateien mit Rückgabecodes dokumentiert. Näheres hierzu finden Sie auf der Microsoft TechNet im „Gruppenrichtlinien-Handbuch für die Problembehebung" im Kapitel „Behebung von Gruppenrichtlinienproblemen mit Hilfe von Protokolldateien" (siehe *http://www.microsoft.com/germany/technet/datenbank/articles/600865_8.mspx*).

Zu Windows Server 2012 waren zum Zeitpunkt der Drucklegung noch keinerlei Supportmaterialien seitens Microsoft erhältlich. Da die Überschneidungen zu den Vorgängerversionen jedoch sehr groß sind, können in den meisten Fällen die Materialien zu Server 2008 R2 verwendet werden. Trotzdem empfiehlt es sich natürlich, die TechNet-Seiten stets auf aktuelle Materialsammlungen hin zu kontrollieren.

13 Erweitern von administrativen Vorlagen

In diesem Kapitel:

- Wie erweitere ich ADMX-Dateien, um mit Gruppenrichtlinienobjekten zusätzliche Einstellungen vornehmen zu können?
- ADML-Dateien anpassen
- Das Werkzeug zum Umwandeln von ADM- in ADMX-Dateien

13.1 Einführung

Sie haben die Möglichkeit, einer administrativen Vorlage neue Einstellungen hinzuzufügen. Voraussetzung dafür ist, dass Sie die Registrierungsschlüssel und -werte kennen, die Sie über die ADMX-Datei definieren.

Im folgenden Beispiel sollen Richtlinieneinstellungen erweitert werden, die Sie bereits aus den vorangegangenen Kapiteln kennen. Dabei handelt es sich um zwei Einstellungen aus dem Knoten BENUTZERKONFIGURATION – RICHTLINIEN – ADMINISTRATIVE VORLAGEN – WINDOWS-KOMPONENTEN – WINDOWS-EXPLORER (unter Windows Server 2008 R2) respektive DATEI-EXPLORER (unter Windows Server 2012).

Warum Microsoft entschieden hat, den Windows Explorer in Datei-Explorer umzubenennen, bleibt ein Rätsel. Die zugehörige .ADMX-Datei heißt nach wie vor WindowsExplorer.admx. Gleiches gilt für die ADML-Datei.

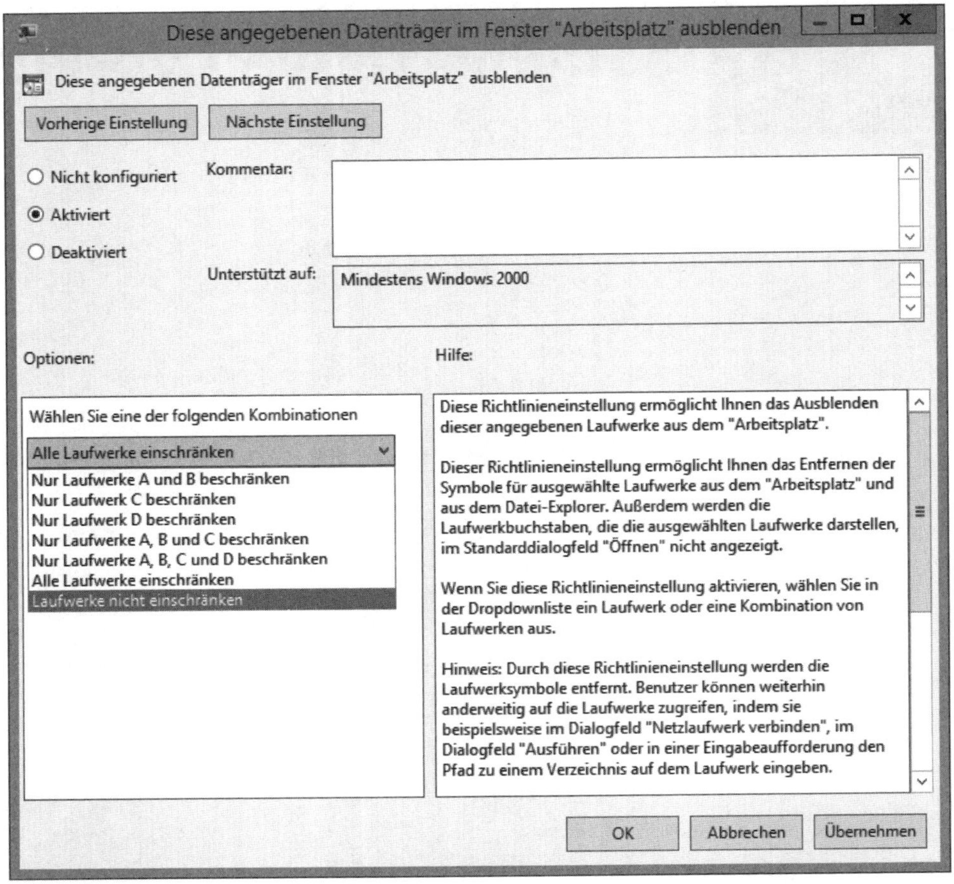

Bild 13.1 Angegebene Laufwerke ausblenden

Diese beiden Richtlinien erlauben normalerweise nur die Auswahl einer Kombination aus den Laufwerken „A",„B", „C", „D", Alles oder Nichts sperren. Wenn Sie aber z. B. nur das Homedirectory „H" und das Abteilungslaufwerk „I" erlauben möchten, ist dies mit den vorhandenen Einstellungen nicht möglich.

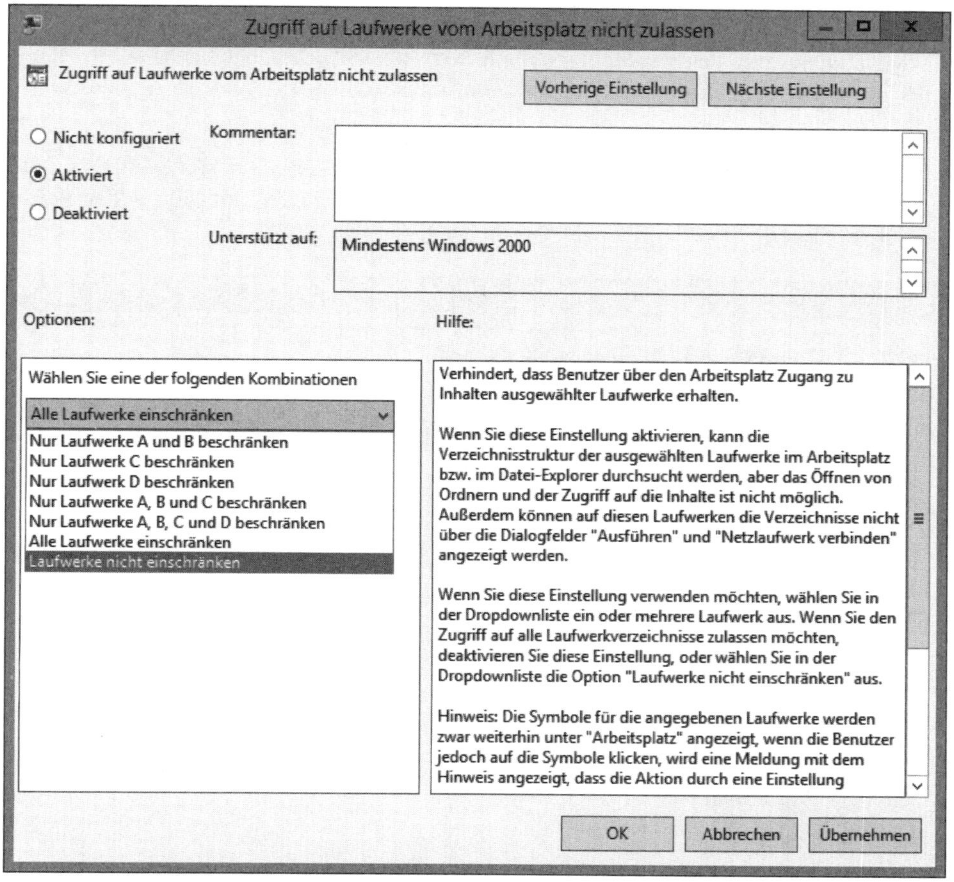

Bild 13.2 Zugriff auf Laufwerke sperren

13.2 ADMX-Datei erweitern

Um die neuen Einstellungen vorzunehmen, gehen Sie wie folgt vor:

- Navigieren Sie im Dateisystem mit dem Windows Explorer zu dem Ordner, in dem Sie die PolicyDefinitions gespeichert haben. Wenn Sie nicht den zentralen Speicher verwenden, müssen Sie sich erst noch Vollzugriff auf die Datei erteilen, da unter %Sysvol%\System32\PolicyDefinitions der TrustedInstaller als Besitzer der Datei eingetragen ist und Administratoren nur Leseberechtigungen haben.
- Suchen Sie die WindowsExplorer.admx und rufen Sie im Kontextmenü EIGENSCHAFTEN auf.

Unter Windows Server 2008 R2:

- Navigieren Sie zum Register SICHERHEIT – ERWEITERT – BESITZER, betätigen Sie die Schaltfläche BEARBEITEN, markieren Sie ADMINISTRATOREN und ÜBERNEHMEN Sie den Besitz.

Unter Windows Server 2012:

- Navigieren Sie zum Register SICHERHEIT – ERWEITERT, klicken Sie neben Besitzer auf die Schaltfläche ÄNDERN und tippen Sie dann auf ADMINISTRATOREN und OK, um den Besitz zu übernehmen.

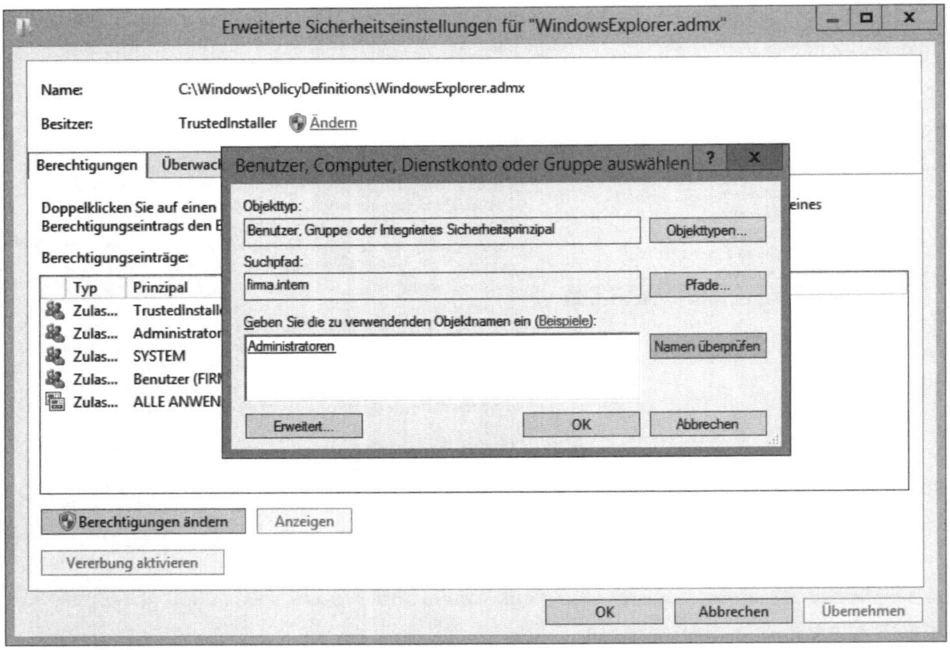

Bild 13.3 Besitz übernehmen

- Gewähren Sie sich anschließend Vollzugriff.
- Öffnen Sie nun die WindowsExplorer.admx mit dem Editor.
- Verwenden Sie die Suche (Strg + F) und geben Sie `NoViewOnDrive` ein.

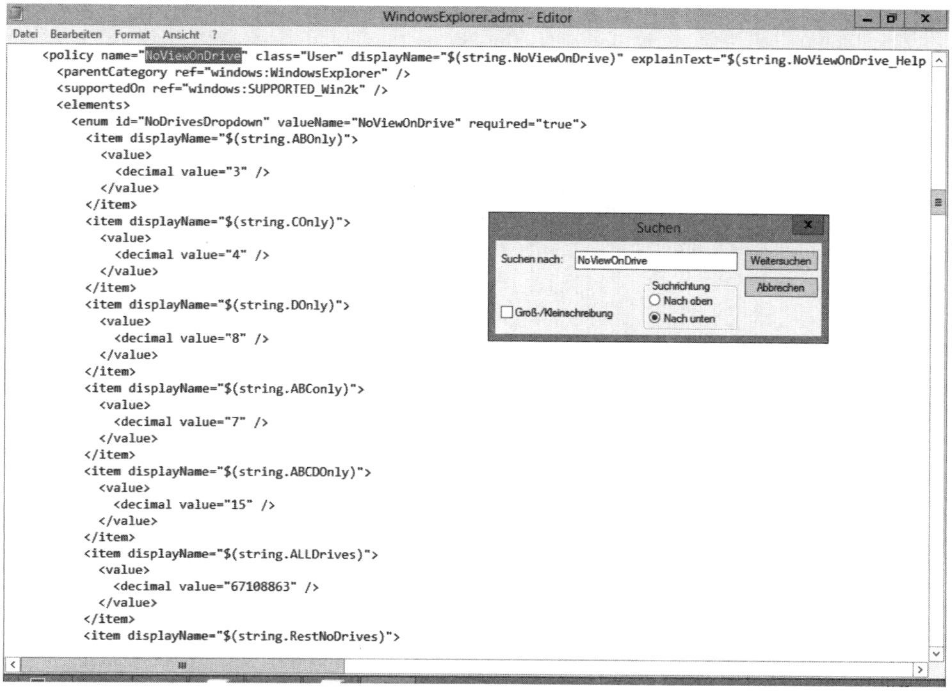

Bild 13.4 „NoViewOnDrive“ für NoDrivesDropDown

Sie sehen hier eine Reihe von `item displayName`-Definitionen, denen Dezimalwerte zugeordnet sind, wie z. B. folgende.

```
<item displayName="$(string.COnly)">
<value>
<decimal value="4" />
</value>
</item>
```

Dem Laufwerk C ist also der Dezimalwert 4 zugeordnet. Wenn Sie die diversen Dezimalwerte analysieren und den Aufbau der Registry bedenken, ergibt sich das System der Zuordnung wie folgt.

Tabelle 13.1 Binäre Belegung der Buchstaben in Dezimalwerten

1	2	4	8	16	32	64	128	256	512	...	4194304	8388608	16777216	33554432
A	B	C	D	E	F	G	H	I	J	...	W	X	Y	Z

„A+B“ wäre also „3“, „A+B+C“=7 usw.

Alle 26 binären Stellen auf „1“ gesetzt (11 . 1111 1111 . 1111 1111 . 1111 1111) ergeben dann den Dezimalwert 67 108 863. Dies entspricht dem Value bei `AllDrives`.

Indem Sie nun drei neue Zeilen einfügen, die von 67 108 863 den Dezimalwert für die Buchstaben „H“, „I“ und „H+I“ abziehen, erhalten Sie Ausdrücke, die alle Laufwerksbuchstaben außer H, I und H + I sperren.

```
<item displayName=“$(string.AllButH)“>
<value>
<decimal value=“67108735“ />
</value>
</item>
```

```
<item displayName=“$(string.AllButI)“>
<value>
<decimal value=“67108607“ />
</value>
</item>
```

```
<item displayName=“$(string.AllButHAndI)“>
<value>
<decimal value=“67108479“ />
</value>
</item>
```

Diese Zeilen können Sie nun unterhalb von `</item>` bei `ABCDOnly` hinzufügen. Wiederholen Sie dies für `NoDrives`, um den Zugriff auf die Laufwerke ebenfalls zu sperren.

```
<policy name="NoDrives" class="User" displayName="$(string.NoDrives)" explainText="$(string.NoDrive
  <parentCategory ref="windows:WindowsExplorer" />
  <supportedOn ref="windows:SUPPORTED_Win2k" />
  <elements>
    <enum id="NoDrivesDropdown" valueName="NoDrives" required="true">
      <item displayName="$(string.ABOnly)">
        <value>
          <decimal value="3" />
        </value>
      </item>
      <item displayName="$(string.COnly)">
        <value>
          <decimal value="4" />
        </value>
      </item>
      <item displayName="$(string.DOnly)">
        <value>
          <decimal value="8" />
        </value>
      </item>
      <item displayName="$(string.ABConly)">
        <value>
          <decimal value="7" />
        </value>
      </item>
      <item displayName="$(string.ABCDOnly)">
        <value>
          <decimal value="15" />
        </value>
      </item>

            <item displayName="$(string.AllButH)">
               <value>
                  <decimal value="67108735" />
               </value>
            </item>
            <item displayName="$(string.AllButI)">
               <value>
                  <decimal value="67108607" />
               </value>
            </item>
            <item displayName="$(string.AllButHAndI)">
               <value>
                  <decimal value="67108479" />
               </value>
            </item>


      <item displayName="$(string.ALLDrives)">
        <value>
          <decimal value="67108863" />
        </value>
      </item>
      <item displayName="$(string.RestNoDrives)">
        <value>
          <decimal value="0" />
        </value>
      </item>
    </enum>
  </elements>
</policy>
```

Bild 13.5 Laufwerke sperren

Speichern Sie anschließend die ADMX-Datei.

13.3 ADML-Datei an erweiterte ADMX-Datei anpassen

Sie haben nun neue Werte erzeugt. Damit das System diese korrekt interpretieren kann, müssen Sie in der zugehörigen WindowsExplorer.adml die Strings definieren.

- Navigieren Sie zum Unterverzeichnis de-DE unter PolicyDefinitions, und öffnen Sie die WindowsExplorer.adml mit dem Editor. Verschaffen Sie sich gegebenenfalls erst Zugriffsrechte und den Besitz.
- Navigieren Sie zum String `AllDrives`.
- Definieren Sie die folgenden drei Einträge. Beachten Sie dabei die Groß- und Kleinschreibung, da diese vom System überprüft wird (Case sensitive).

```
<string id="AllButH">
Alle Laufwerke außer H beschränken
</string>
```

```
<string id="AllButI">
Alle Laufwerke außer I beschränken
</string>
```

```
<string id="AllButHAndI">
Alle Laufwerke außer H und I beschränken
</string>
```

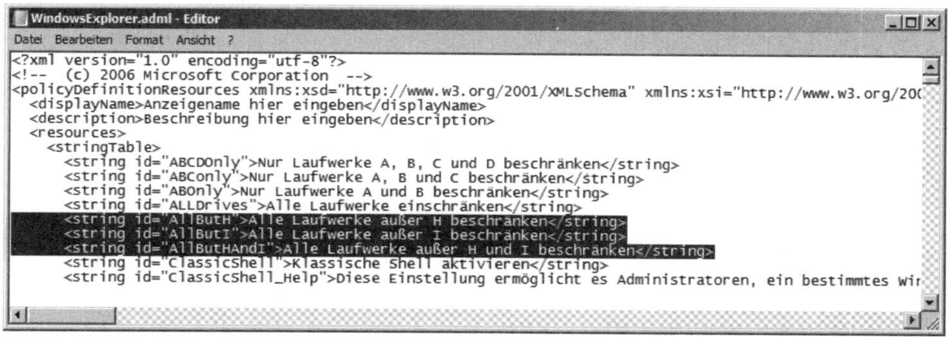

```
WindowsExplorer.adml - Editor
Datei Bearbeiten Format Ansicht ?
<?xml version="1.0" encoding="utf-8"?>
<!--  (c) 2006 Microsoft Corporation  -->
<policyDefinitionResources xmlns:xsd="http://www.w3.org/2001/XMLSchema" xmlns:xsi="http://www.w3.org/20(
  <displayName>Anzeigename hier eingeben</displayName>
  <description>Beschreibung hier eingeben</description>
  <resources>
    <stringTable>
      <string id="ABCDOnly">Nur Laufwerke A, B, C und D beschränken</string>
      <string id="ABCOnly">Nur Laufwerke A, B und C beschränken</string>
      <string id="ABOnly">Nur Laufwerke A und B beschränken</string>
      <string id="ALLDrives">Alle Laufwerke einschränken</string>
      <string id="AllButH">Alle Laufwerke außer H beschränken</string>
      <string id="AllButI">Alle Laufwerke außer I beschränken</string>
      <string id="AllButHAndI">Alle Laufwerke außer H und I beschränken</string>
      <string id="ClassicShell">Klassische Shell aktivieren</string>
      <string id="ClassicShell_Help">Diese Einstellung ermöglicht es Administratoren, ein bestimmtes Wir
```

Bild 13.6 WindowsExplorer.adml anpassen

- Öffnen Sie nun ein GPO mit dem Editor und untersuchen Sie die beiden Einstellungen im Knoten Benutzerkonfiguration - Richtlinien - Administrative Vorlagen - Windows-Komponenten - Windows-Explorer.

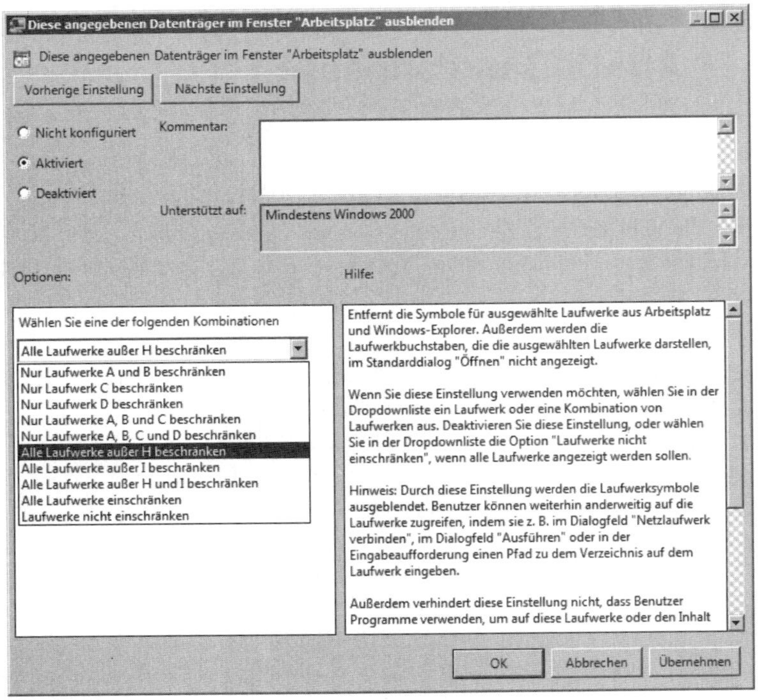

Bild 13.7 Datenträger ausblenden

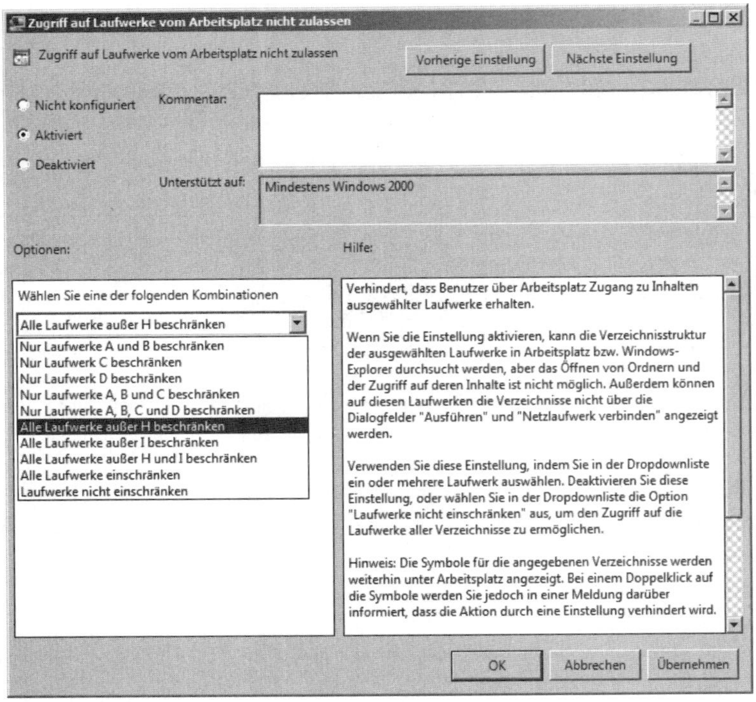

Bild 13.8 Zugriff verweigern

13.4 ADM-Datei in ADMX-Datei umwandeln

Sie können ADM-Dateien in demselben GPO wie ADMX-Dateien verwenden, bearbeiten und erweitern. Wenn Sie aber nur ADMX-Dateien verwenden wollen, müssen Sie diese aus den ADM-Dateien generieren.

Der Softwarehersteller FullArmor bietet ein Tool an, mit dem Sie ADM-Dateien in ADMX-Dateien umwandeln können. Das Tool namens FullArmor ADMX Migrator können Sie unter *http://www.microsoft.com/en-us/download/details.aspx?id=15058* herunterladen. Es enthält eine eigene Hilfe-Funktion.

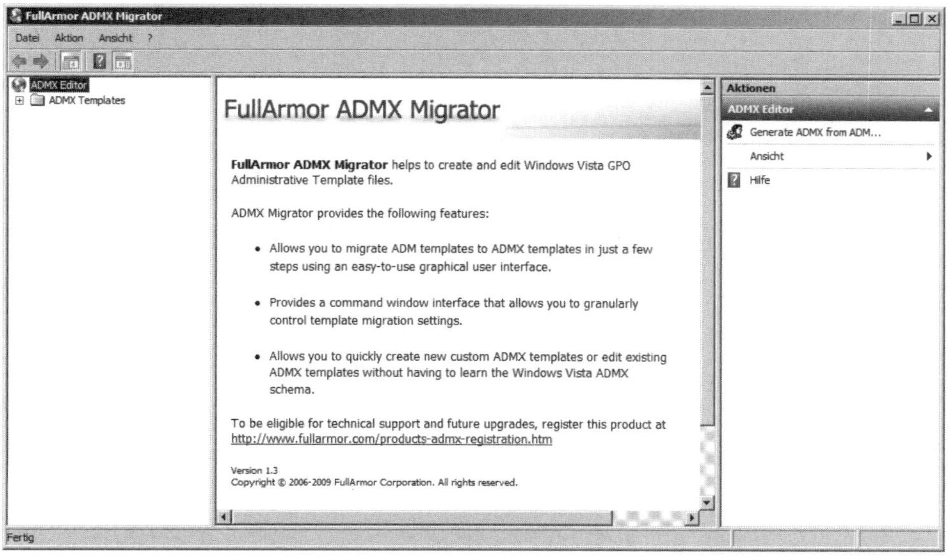

Bild 13.9 ADMX Migrator von FullArmor

14 Gruppenrichtlinien filtern

In diesem Kapitel:

- Wann bietet sich welche Art von Gruppenrichtlinienfilterung an?
- Sicherheitsfilterungen auf GPOs anwenden
- Wie verwende ich Berechtigungen, um Benutzer vor Gruppenrichtlinienobjekten zu schützen?
- Zwischen verschiedenen Rechnern unterscheiden: die WMI-Filter-Programmierung

14.1 Einführung

Grundlegend werden Gruppenrichtlinien auf Objekte angewendet, weil sich diese im Wirkungsbereich der Richtlinie befinden, also in der Domäne, der Organisationseinheit oder dem Standort des GPOs. Wenn Sie davon abweichende Wirkungen für GPOs definieren möchten, müssen Sie das GPO filtern. Dafür stehen Ihnen drei Methoden zur Verfügung.

1. Filtern durch „Gruppenrichtlinie übernehmen" für eine Gruppe verweigern
2. Sicherheitsfilterung für „ausgewählte Gruppe" statt „authentifizierte Benutzer"
3. Filtern mittels WMI-Filter

Die Filterung über Verweigern ist vor allem dann die Methode der Wahl, wenn es darum geht, ausgewähltes Personal vor der Anwendung eines GPO zu schützen. Die Sicherheitsfilterung bietet sich für GPOs an, die nur auf besondere Benutzer oder Computer angewendet werden sollen. WMI-Filter werden in der Regel verwendet, wenn zwischen verschiedenen Rechnern unterschieden werden muss, z. B. zwischen mobilen Systemen und Standgeräten oder zwischen verschiedenen Betriebssystemen.

14.2 Filtern über Gruppenzugehörigkeiten

14.2.1 Berechtigungen verweigern

Wenn Sie verhindern wollen, dass bestimmte Benutzer von den Einstellungen eines GPOs betroffen werden, obwohl das Benutzerkonto im Wirkungsbereich gespeichert ist, können Sie der Gruppe das Recht zum Übernehmen der Einstellungen verweigern. Gehen Sie hierzu folgendermaßen vor:

- Navigieren Sie in der GPMC zu der Gruppenrichtlinie, für die Sie Filterung einrichten möchten, markieren Sie diese und öffnen Sie das Register DELEGIERUNG.

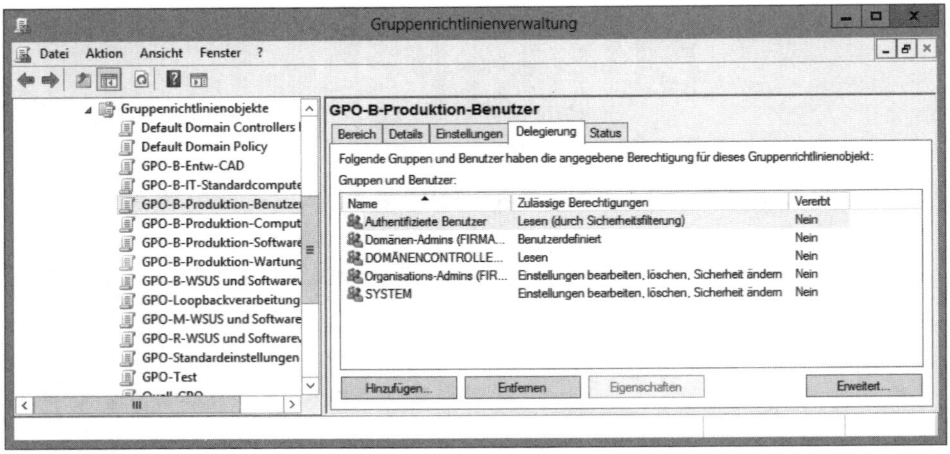

Bild 14.1 Delegierung eines GPOs anzeigen

- Verwenden Sie nun die Schaltfläche ERWEITERT, um die Berechtigungen bearbeiten zu können.
- Klicken Sie auf HINZUFÜGEN, um die Gruppe auszuwählen, der Sie die Berechtigung zum Übernehmen der Gruppenrichtlinie verweigern wollen.
- Fügen Sie die Gruppe wie gewohnt hinzu und setzen Sie anschließend die Berechtigung „Gruppenrichtlinie übernehmen“ auf VERWEIGERT.
- Bestätigen Sie mit OK.

Bild 14.2 Gruppe hinzufügen und Gruppenrichtlinie übernehmen verweigern

Sie können nun im Register DELEGIERUNG des GPOs sehen, dass der Gruppe GG-B-Wartung benutzerdefinierte Berechtigungen für das Gruppenrichtlinienobjekt GPO-B-Produktion-Benutzer erteilt wurden. Welche dies im Einzelnen sind, ist in der Übersicht nicht auszumachen.

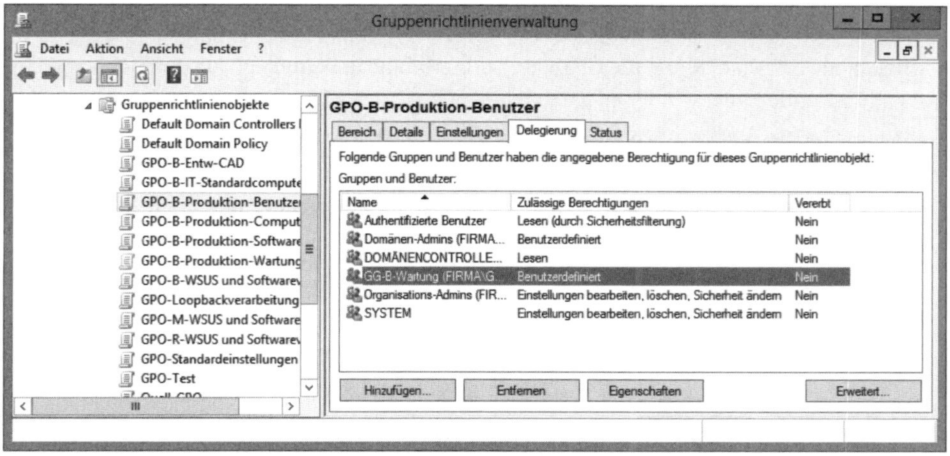

Bild 14.3 Gruppe mit Benutzerdefinierter Berechtigung

14.2.2 Sicherheitsfilterung verwenden

Im Register BEREICH eines Gruppenrichtlinienobjektes können Sie sehen, für welche Benutzer die Einstellungen gelten. Standardmäßig steht hier die Systemgruppe der authentifizierten Benutzer. Authentifizierte Benutzer sind all jene Benutzer und Computer, die in der Domäne authentifiziert werden.

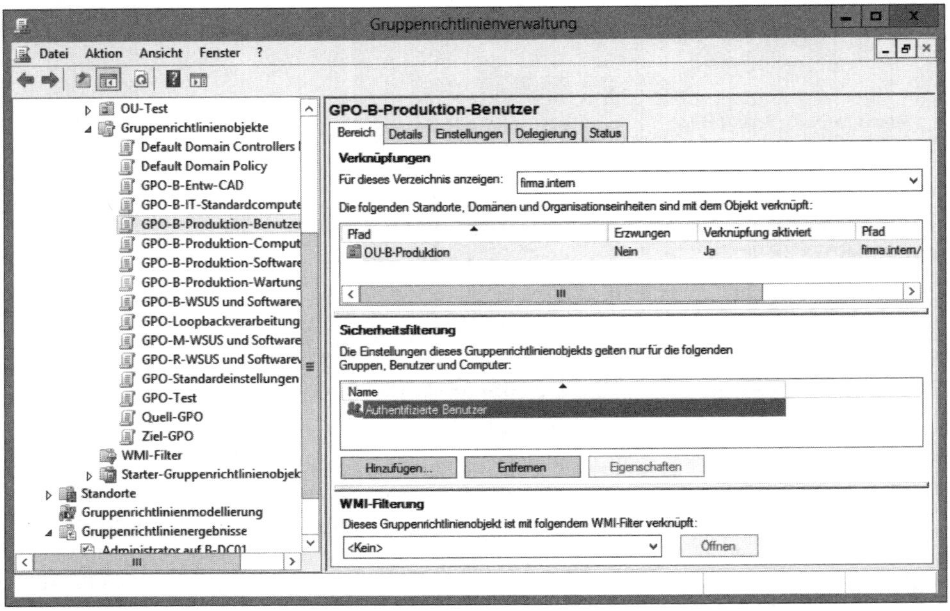

Bild 14.4 Sicherheitsfilterung mit Standardeinstellung

- Klicken Sie ENTFERNEN, um die Gruppe „Authentifizierte Benutzer“ aus der Sicherheitsfilterung zu entfernen.
- Klicken Sie HINZUFÜGEN, um eine Gruppe der Sicherheitsfilterung hinzuzufügen, wählen Sie wie gewohnt die Gruppe aus, und bestätigen Sie mit OK.
- Wenn Sie selber eine Gruppe hinzugefügt haben, können Sie mit der Schaltfläche EIGENSCHAFTEN die Mitglieder der Gruppe verwalten.

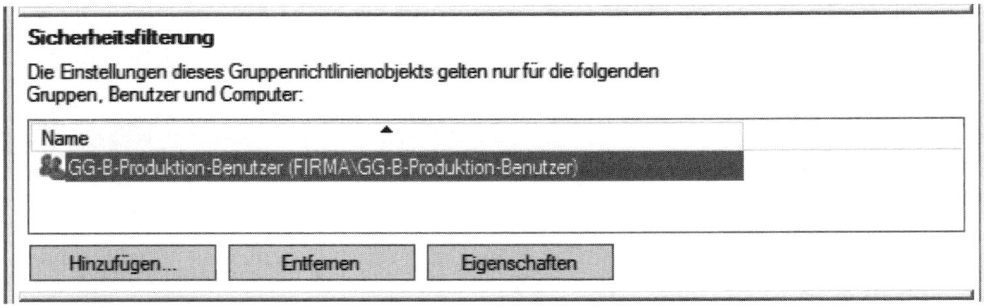

Bild 14.5 Angepasste Sicherheitsfilterung

14.3 WMI-Filter

In diesem Kapitel habe ich darauf verzichtet, die folgenden Screenshots zu tauschen, da weder in der Bedienung noch in der Darstellung Unterschiede zwischen Windows Server 2008 R2 und Server 2012 vorliegen. Sämtliche Funktionalitäten sind eins zu eins kompatibel.

WMI-Filter lassen sich für eine schier unerschöpfliche Anzahl von Abfragen verwenden. Sie können z. B. Hardwarekomponenten auslesen, installierte Anwendungen oder Treiber abfragen oder auch den Betriebsstatus von Computern auslesen. Eine englische Dokumentation sämtlicher WMI-Klassen finden Sie im Internet unter *http://msdn.microsoft.com/en-us/library/aa394572%28v=VS.85%29.aspx.*

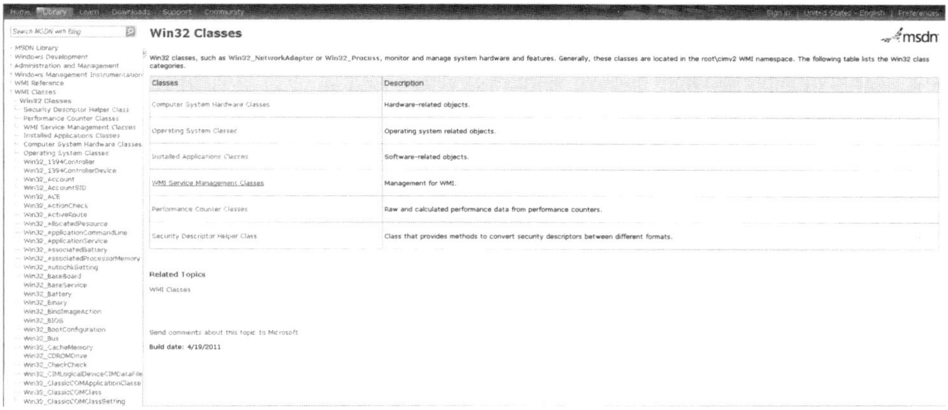

Bild 14.6 Auszug aus den Win32-Klassen

14.3.1 Beispiele von WMI-Abfragen für WMI-Filter

Tabelle 14.1 zeigt Ihnen einige WMI-Abfragen, die Sie verwenden können, um Abfragen in Ihrem Netzwerk zu definieren.

Tabelle 14.1 WMI-Abfragen für WMI-Filter

Abfrage, ob das installierte Betriebssystem älter als Windows XP ist:
`Select Version from Win32_OperatingSystem where Version < "6"`
Abfrage, ob das SP3 für Windows XP Professional installiert ist:
`Select * from Win32_OperatingSystem where CSDversion = "Service Pack 3" and Caption = "Microsoft Windows XP Professional"`
Abfrage, ob das installierte Betriebssystem ein deutschsprachiges Windows XP (32-Bit) ist:
`Select * from Win32_OperatingSystem where Version like "5.1%" and CountryCode="49"`

Abfrage, ob das installierte Betriebssystem ein Windows Vista oder Windows 7 ist:

```
Select * from Win32_OperatingSystem where Version like "6.0%" or
Version like "6.1%"
```

Abfrage, ob das Rechnermodell ein Laptop FSC Lifebook E8010 mit Intel-Prozessor ist:

```
Select * from Win32_ComputerSystem where manufacturer = "FIJITSU
SIEMENS" and Model = "LIFEBOOK E8010 INT"
```

Abfrage, ob der Windows Defender installiert ist:

```
Select * from Win32_Product where name = "windowsdefender.msi"
```

Abfrage, ob die installierte Internet Explorer-Version älter als Version 8 ist:

```
Select path,filename,extension,version from CIM_DataFile where
path="\\Programme\\Internet Explorer\\" and filename="iexplore" and
extension="exe" and version < "8.0"
```

Abfrage, ob Hotfix KB2478063 (Microsoft .NET Framework 4 Platform-Update 1 - Laufzeitupdate) installiert ist:

```
Select * from Win32_QuickFixEngineering where HotFixID =
"KB2478063"
```

Abfrage, ob der Dienst der Windows Firewall installiert ist und läuft:

```
Select * from Win32_Service where name="sharedacces" and
state="running"
```

Abfrage, ob ein Rechner tragbar ist:

```
Select * from Win32_SystemEnclosure where ChassisTypes = "10" or
ChassisTypes = "9" or ChassisTypes = "8"
```

Abfrage, ob auf dem Datenträger mindestens 1 GB Speicherplatz frei ist:

```
Select * from Win32_LogicalDisk where FreeSpace > 1073741824
```

Abfrage, ob der Arbeitsspeicher > 1GB ist:

```
Select * from Win32_PhysicalMemory where Capacity > 1073741824
```

14.3.2 WMI-Filter erstellen

- Erweitern Sie in der GPMC die Konsolenstruktur und klicken Sie auf WMI-FILTER.
- Wählen Sie im Kontextmenü den Befehl NEU.

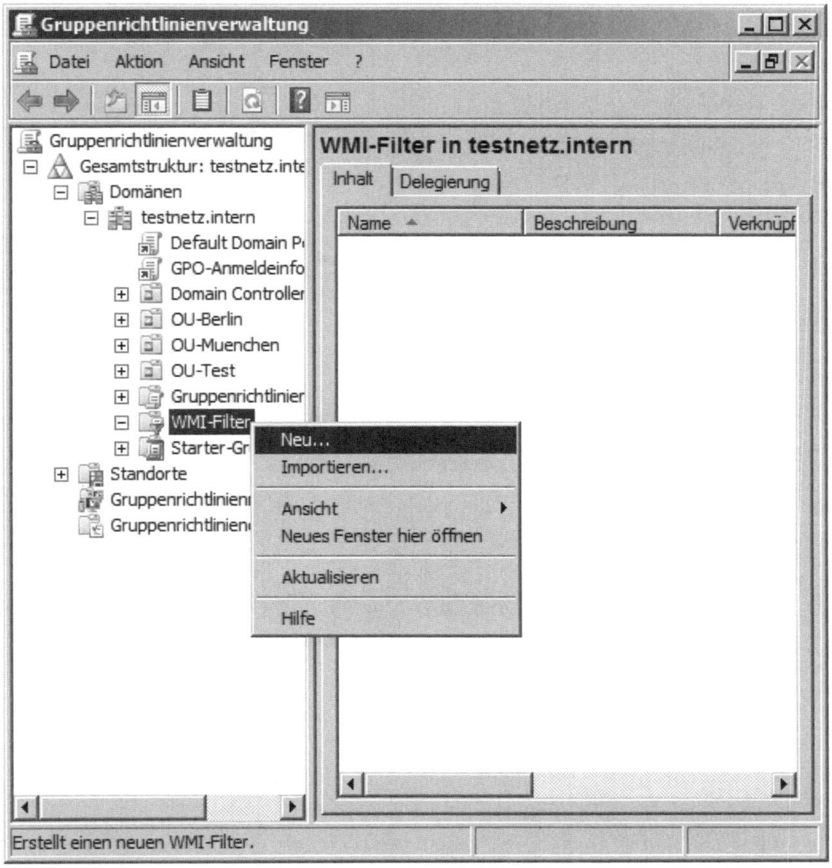

Bild 14.7 Neuen WMI-Filter erstellen

- Geben Sie einen Namen und eine Beschreibung (optional) für den neuen Filter an, z. B. „WMI-Filter für tragbare Rechner".
- Klicken Sie unter Abfragen auf HINZUFÜGEN.
- Belassen Sie den Namespace bei root\CIMv2 und geben Sie bei Abfrage die gewünschte Abfrage ein.

HINWEIS: In diesem Fall wird hier eine Abfrage an den Gehäusetyp (Chassis-Type) nach den Typen 14 = Sub Notebook, 10 = Notebook, 9 = Laptop und 8 = Portable verwendet.

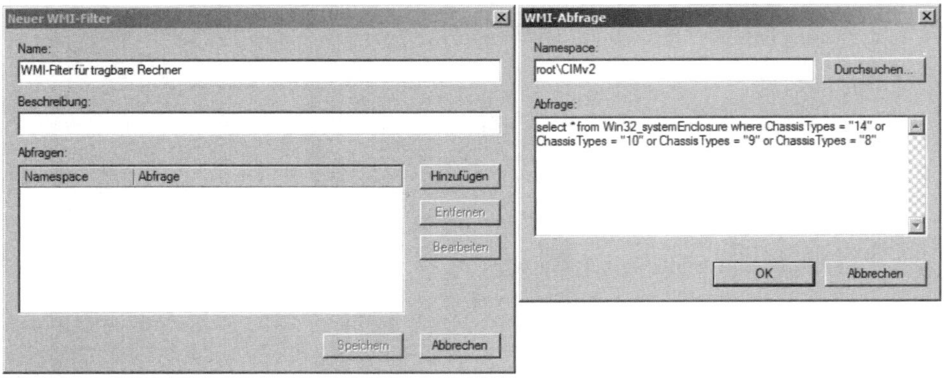

Bild 14.8 WMI-Abfrage definieren

- Bestätigen Sie Ihre Abfragedefinition mit OK.
- Wenn Sie SPEICHERN verwenden, überprüft das System die WMI-Abfrage. Sollte diese nicht korrekt sein, erhalten Sie eine Fehlermeldung.

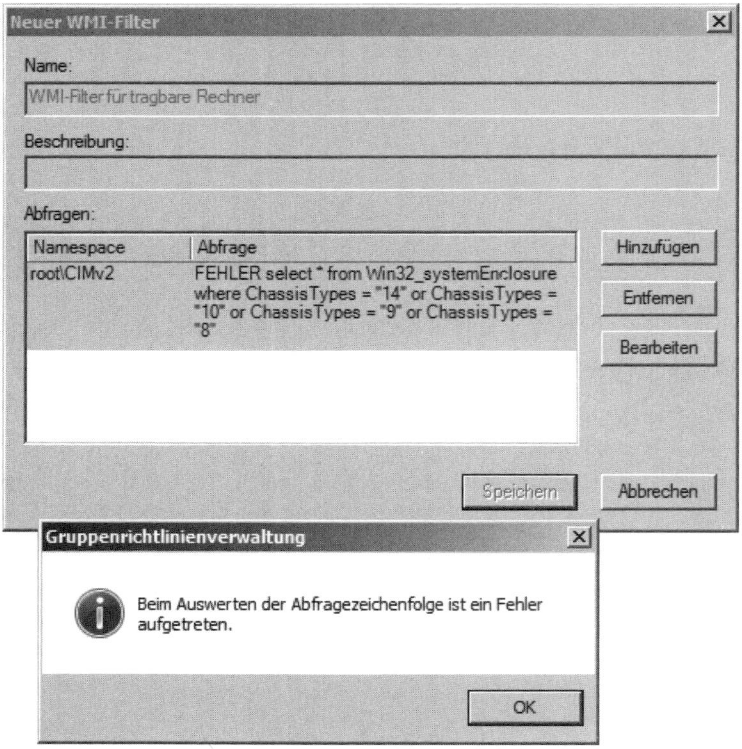

Bild 14.9 Syntaxprüfung

14.3.3 WMI-Filter anwenden

- Markieren Sie das GPO, dem Sie einen WMI-Filter zuweisen möchten, und klicken Sie im unteren Fenster-Bereich unter WMI-Filterung auf das ROLLFELD. Wählen Sie dort den Filter, den Sie verwenden möchten.
- Sie werden fälschlicherweise gefragt, ob Sie den Filter ändern wollen. Bestätigen Sie mit JA.

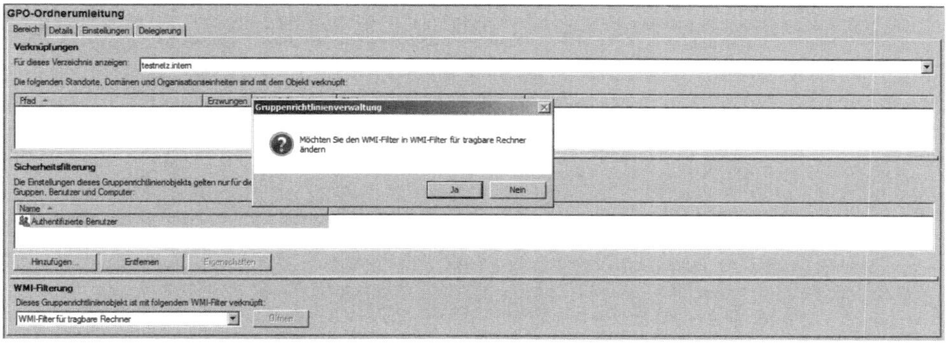

Bild 14.10 WMI-Filter zuweisen

14.3.4 WMI-Filter entfernen

- Markieren Sie das GPO, dem Sie einen WMI-Filter zuweisen möchten, und klicken Sie im unteren Fenster-Bereich unter WMI-Filterung auf das ROLLFELD. Wählen Sie dort <Kein>, um den Filter zu entfernen.
- Sie werden gefragt, ob Sie den WMI-Filter entfernen möchten. Bestätigen Sie mit JA.

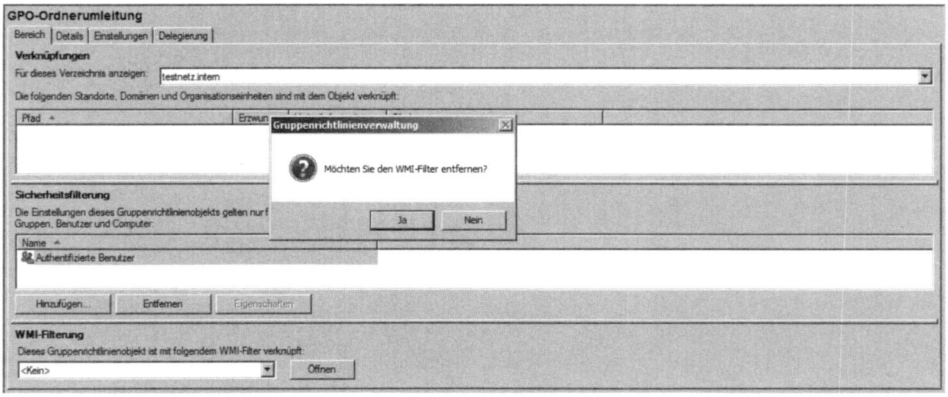

Bild 14.11 Filter entfernen

Index

Symbole

128-Bit-Verschlüsselung *88*
802.11 *101*
*.msi *58*

A

Abbruchbedingungen, Aufgabenplanung *243*
Abfrage *295*
- -definition *298*
- -typ *220*
Abmeldeskripts *154*
Abmeldung *86*
- Batchdatei *156*
- deaktivieren *190*
Abteilung *53*
- -sebene *55*
- -slaufwerk *54, 282*
Active Desktop *184*
Active Directory *181*
Ad-Hoc-Netzwerk *101*
ADM-Datei *123, 289*
Administrative OUs *54*
Administrativer Ansatz *54*
Administrative Vorlagen
- Active Directory *181*
- Anmelden *141*
- Anytime Upgrade *147*
- Bedienungsfunktion *140*
- Benutzerkonfiguration *179*
- Biometrie *134*
- Computerverwaltung *121*
- Defender *147*
- Desktop *180*
- erweitern *281*
- Herunterfahroptionen *137*
- Jugendschutz *138*
- Optionen für das Herunterfahren *137*
- Parental Controls *138*
- Sensoren *139*
- Speicherorte *139*
- Systemressourcen-Manager *145*
- Tablet PC *140*
- Windows-Anmeldung *141*
- Windows Update *148*
Administratorkonto *79*
ADML-Datei *122 f., 287*
ADMX-Datei *122, 283*
ADMX Migrator *289*
ADMX und ADML erweitern *281*
Adressbücher *177*
Aero Shake *180*
Akkubetrieb *240*
Akku vorhanden *212*
Aktionsparameter *228*
Aktivieren, Geräte *233*
Aktualisierungen
- Softwareverteilung *67*
- Windows-Einstellungen *214*
AllDrives *285*
Alternative Active-Directory-Pfade *274*
Alternative Programme *60*
Amtskennziffer *188*
Änderungen, MSI *70*
Anmeldeereignisse *80*
Anmeldeinformationen *141*
- Attribute *141*
- Domänenfunktionsebene *142*
Anmeldenachricht *86*
Anmeldeoptionen *208*
Anmeldeprozess *158*
Anmeldeskripts *154*
Anmeldeversuche *80*
Anmeldezeiten *208*
Anmeldung *18, 66, 241, 262*
- Administrative Vorlagen *141*
- Batchdatei *155*
- Biometrie *134*
- Profil *158*
- Programme steuern *193*
Anonyme Aufzählung *89*
Anpassen
- Desktophintergrund *184*

- Internet Explorer *170*
- Softwarebereitstellung *65*
Anpassung (früher Anzeige) *199*
Ansatz, administrativer *54, 81*
Ansatz, geographischer *54*
Ansicht, klassische *180*
Anwenden, WMI-Filter *299*
Anwendung
- QoS *166*
- Windows-Einstellungen *245*
Anwendungs
- -daten *158*
- -entwickler *245*
- -identität *114*
- -protokoll *90, 277*
Anwendungssteuerungsrichtlinien testen *117*
Anytime Upgrade *147*
Anzahl, Gruppenrichtlinien *35*
Anzeige *200*
- Benutzername *86*
- Standorte *29*
AppData *160*
AppDataDir *230*
AppLocker *104, 108*
- einrichten *115*
- Variablen *113*
Arbeitsplatzgestaltung *200*
Arbeitsstationssperre *241*
Archiv-Bit *218*
Argumente *232*
Assistent, IEAK *170*
Attribute, Anmeldeinformationen *141*
Aufbewahrung *90*
Aufbewahrungsmethode *90*
AUFFÜLLEN *256*
Aufgaben automatisieren *209*
Aufgabenerstellung *241*
Aufgaben, geplante *238*
Aufzählung, zugriffsbasierte *228*
Ausbilder *157*
Ausblenden
- Datenträger (angepasste Optionen) *288*
- Datenträger (Standardoptionen) *205*
Ausblenden (Datei) *218*
Ausführen *232*
Ausfüllen (Desktophintergrund) *184*
Auslagerungsdatei löschen *85*
Auswerten, Gruppenrichtlinienmodellierung *277*
Authentifizierte Benutzer *47, 294*
Authentifizierungsmechanismen *88*
Authentifizierung, WLAN *102*
Automatisches Erkennen
- BranchCache *128*
Automatische Updates *150*
- WSUS *152*
Automatische Versionssynchronisierung, IEAK *170*
Automatische Wiedergabe *207*
Automatisch installieren *65*
Autovervollständigung *140*
AVS, IEAK *170*

B

Backspace-Taste *61*
Backup *158, 205*
Bandbreite *165*
Basisordner, Ordnerumleitung *159*
Basisverzeichnis, Ordnerumleitung *161*
Batchdatei
- Abmeldung *156*
- Anmeldung *155*
Bearbeiten, Pakete *64*
Bedingungen
- Aufgabenplanung *243*
- Zielgruppenadressierung *211*
Befehlszeilenreferenz *278*
Benachrichtigung
- Systemressourcen-Manager *146*
- Updates *151*
Benennen von GPOs *61*
Benutzer *257*
- anzeigen *73*
- -auswahl *264*
- -begrenzungen *228*
Benutzerdefinierte Komponenten, IEAK *172*
Benutzerfreundlichkeit, Verbesserung *196*
Benutzer, Gruppenrichtlinien-Einstellung *235*
Benutzerinformationen *86*
Benutzerkonfiguration *47, 66*
- Administrative Vorlagen *179*
- analysieren *263*
- Systemsteuerungseinstellungen *247*
- Windows-Einstellungen *153, 245*
Benutzerkontensteuerung *83*
Benutzerkonto *51*
Benutzername *233*
- Variable *159*
Benutzeroberflächenoptionen *66*
- Softwareverteilung *65*
Benutzerprofile *158*
Benutzerrechte *82*
Benutzersitzung *241*
Berechtigung *92, 262*
- auf GPO *28*
- NTFS *93*
Berechtigung verweigern *292*
Bereiche, Gruppenrichtlinienverwaltungs-Editor *33*
Bereitstellen, Software *65*
Bereitstellungsart *66*
Bereitstellungsoptionen *66*
Beschränkung, QoS *166*
Besitzer
- ADMX *283*
- GPO *26*
- NTFS *93*

Bestätigungsmodus 83
Betriebsstatus 295
Betriebssystem 212, 262, 295
- Anforderungen 187
- -komponenten 268
Bewegungssensoren 139
Bilder 164
Bildschirm
- -anzeige 199
- -auflösung 45 f., 200
- -hintergrund 184
- -schoner 199
- -tastatur 86
BinaryComputerSid 230
BinaryUserSid 230
Biometrie 134
BitLocker-Laufwerksverschlüsselung 103
Blockieren 96
Bösartige Software, entfernen 173
BranchCache 127
- Modus 128
Browseroptionen 177

C

Case sensitive 287
CD-ROM
- IEAK 171
- Laufwerk 84
Clientcomputercache 128
Client, IPSec 118
Clientseitige Zielzuordnung, Updates 152
Client Side Extensions 209
CMAK 177
CommonAppdataDir 230
CommonDesktopDir 230
CommonFavoritesDir 230
CommonProgramsDir 230
CommonStartMenuDir 230
CommonStartUpDir 230
Computerauswahl 263
Computerkonfiguration, Einstellungen 214
Computerkonfiguration, Systemsteuerungseinstellungen 232
Computerkonto 51
Computername 212, 230
Computerversion 26
Computerverwaltung, Administrative Vorlagen 121
Computerverwaltung, Windows-Einstellungen 73
con2prt 155
Connection Manager Administration Kit 177
CPU-Geschwindigkeit 212
CSE 209
CurrentProcessId 230
CurrentThreadId 230

D

Dateibesitz übernehmen 284
Dateiendungen 234
Dateierweiterung 66
Datei-Explorer 205
Datei, Gruppenrichtlinien-Einstellung 216
Dateihash, AppLocker 112
Dateisystem 91, 93, 227
Dateisystemobjekte 228
Dateisystemverschlüsselung 103
Dateisystem, verteiltes 59
Dateitypen, designierte 106
Dateitypen, Softwareverteilung 58
Dateiübereinstimmung 212
Dateiübertragung, BranchCache 127
Datenablage 158
Datenquellen, Gruppenrichtlinien-Einstellung 232
Datenschutz 177
Datenträger 205, 207
- ausblenden 288
Datenübermittlung 196
Datenverfügbarkeit 158
Datenverkehr 165
DateTime 230
DateTimeEx 230
Datumsübereinstimmung 212
DCOM 84
dcpromo.exe 86
Deaktivieren
- Geräte 233
- Gruppenrichtlinien 40
- Vererbung 39
- Verknüpfungen 41
Default Domain Policy 45, 79
Defender 147
Deinstallieren, Softwareverteilung 65
Delegierung 27 f., 292
Designierte Dateitypen 106
Desktop 180
Desktopbild 184
DesktopDir 230
Desktophintergrund 184
Desktopsymbole 180
Desktopsymbolleisten 180
Dezentrale Datensicherung 158
Dezimalwert 285
DFS 59
DFS-Stämme veröffentlichen 185
DFÜ-Verbindungen 236
DHCP-Server 45
Dienste, Gruppenrichtlinien-Einstellung 244
Diensteinträge 261
Dienste, Startart 91
Dienstfehler 244
Dienstgüte 165
Dienst, QoS 166

Differentiated Services Codepoint *165*
Diskettenlaufwerk *84*
displayName-Definitionen *285*
Distributed Filesystem *59*
DLL-Regelsammlungen *111*
DNS *75*
DNSAdmins *91*
DNS-Fehler *261*
DNSSEC *75*
- autorisierter Server *75*
Dockingstatus *213, 240*
Dokumente *164*
Domain Name *230*
- System *75*
- System Security Extensions *75*
Domäne *212*
Domänenanmeldung *80*
Domänencontroller *84, 273*
Domänencontrollerwahl *272*
Domänenfunktionsebene, Anmeldeinformationen *142*
Domänenmitglied *84*
Domänennetzwerk *100*
Domänenprofil, Firewall *96*
Drahtlosnetzwerkrichtlinien *101*
Drosselungsrate, QoS *165*
Drucker *200*
- Gruppenrichtlinien-Einstellung *237*
- zuweisen *154, 211*
DSCP *165*
Durchsuchen, Active Directory *182, 187*

E

Ebenen *53*
ECHO *156*
Effizienz *73*
EFS *103*
Eigenschaften, Internet Explorer *248*
Eigenschaften, Softwareverteilung *64*
Einfach, Benutzeroberflächenoptionen *66*
Eingabeaufforderung *193*
Eingabebereich *140*
Eingeschränkte Gruppen *90*
Eingeschränkte Konten *51*
Einrichten, Loopbackverarbeitungsmodus *47*
Einstellungen
- gesichertes GPO *254*
- GPO *27*
- Register Anzeige *200*
- Windows-Einstellungen *209*
EINWÄHLVERBINDUNG *274*
Elemente ausblenden, Systemsteuerung *198*
ELEMENTEBENE *215*
E-Mail *242*
- Systemressourcen-Manager *146*
Empfehlung, Kontosperrungsrichtlinie *78*
Empfehlung, Überwachungsrichtlinien *81*
Empfohlene Updates, WSUS *152*
Encrypted File System *103*
Endungen, Dateitypen *234*
Energieoptionen, Gruppenrichtlinien-Einstellung *236*
Energieschemata *236*
Energie sparen, Startmenü *190*
Energiesparmodus *194*
Energiesparpläne *236*
Energieverwaltung *194*
Entfernen, WMI-Filter *299*
Equal_Per_Process *146*
Equal_Per_User *146*
Ereignisanzeige, Gruppenrichtlinienverarbeitung *271*
Ereignisprotokoll *81, 89*
Erfolg *80*
Erfolgreiche Anmeldung *141*
ERGEBNIS *264*
Ergebnissätze, Active Directory-Suche *183*
Erlaubte Anmeldezeiten *208*
Ersetzen *47, 214*
- -Modus *47*
Erstellen *214*
- WMI-Filter *296*
Erste Schritte *193*
Erweiterte Bereitstellungsoptionen *66*
Erweiterte Überwachungsrichtlinienkonfiguration *119*
Erzwingen *106*
Erzwingungsregeln *114*
Erzwungen *26, 38, 262*
Exklusive Migrationstabelle *257*
Exklusive Zugriffsrechte *162*

F

FailedInteractiveLogonCount *141*
Favoriten, Internet Explorer *176*
FavoritesDir *230*
Featureauswahl, IEAK *172*
Feeds, Internet Explorer *176*
Fehlersuche *261*
Fehlgeschlagene Anmeldeversuche *141*
Fehlschlag *80*
Festplattenspeicher *212*
Filtern *42, 211, 291*
- Gruppenzugehörigkeiten *292*
Filteroptionen, Active Directory *183*
Firewall *95*
Firewire *233*
Firmenlogo *184, 216*
Freeware *60*
Freigabe *185, 214, 226*
- erstellen *60*
- Ordnerumleitung *159*
- veröffentlichen *186*
Freigegebene Ordner *185*
FullArmor *289*

G

Gastkonto *87*
- -zugriff *90*
Gebietsschemadienste *195*
Gehosteter Cache *127*
Gemeinsame Optionen *215*
Geographischer Ansatz *54*
Geplante Aufgaben, Gruppenrichtlinien-Einstellung *238*
Geplante Installation, Updates *152*
Geplanter Neustart, Updates *152*
Geräte, Gruppenrichtlinien-Einstellung *233*
Geräte, Sicherheitsoptionen *84*
Gescheiterte Anmeldeversuche *141*
Geschwindigkeit, langsame Verbindung *195*
Gesperrte Sitzung *86*
Globale Gruppe *52*
goto *156*
GPO
- deaktiviert *262*
- Einstellungen importieren/migrieren *255*
- sichern und wiederherstellen *251*
- wiederherstellen *253*
GPResult *278*
GPS-Sensoren *139*
gpupdate *63*
Größenbeschränkung *194*
- Benutzerprofile *194*
Group Policy Preferences Client Side Extensions *209*
Gruppen
- Definitionen *52*
- eingeschränkte *90*
- Gruppenrichtlinien-Einstellung *235*
- Migrationstabellen *257*
- Mitgliedschaften *235*
Gruppenrichtlinie
- Benutzerkonfiguration *195*
Gruppenrichtlinien-Einstellung
- Benutzer *235*
- Clienterweiterungen *209*
- Datei *216*
- Datenquellen *232*
- Dienste *244*
- Drucker *237*
- Einführung *209*
- Energieoptionen *236*
- Geplante Aufgaben *238*
- Geräte *233*
- Gruppen *235*
- INI-Datei *222*
- Lokale Konten *235*
- Netzwerkfreigaben *226*
- Netzwerkoptionen *236*
- Ordner *218*
- Ordneroptionen *234*
- Registrierung *224*
- Verknüpfungen *228*
Gruppenrichtlinienergebnis-Assistent *263*
Gruppenrichtlinienergebnissatz *278*
Gruppenrichtlinienergebnisse *262*
Gruppenrichtlinienergebnis untersuchen *265*
Gruppenrichtlinienmodellierung *272*
- auswerten *277*
Gruppenrichtlinienobjekt-Editor, Abfrage von ADM *196*
Gruppenrichtlinienobjekte sichern *251*
Gruppenrichtlinienverarbeitung *261, 264*
Gruppenrichtlinienverwaltung *21, 24*
Gruppenrichtlinienverwaltungs-Editor *32*
Gruppenrichtlinie, verknüpfen *31*
Gruppenzugehörigkeit *246*
- Filtern über *292*

H

Hardware-Interrupt *86*
Hardwarekomponenten *295*
Hashregel *105*
Herausgeber, AppLocker *112*
Herausgeber, vertrauenswürdige *107, 152*
Herunterfahren *85, 89*
- Startmenü *190*
Herunterfahroptionen, Administrative Vorlagen *137*
Hierarchien *53*
Hintergrund *184*
- -aktualisierung *18*
- -bild *216*
- -stil *184*
Hochsicherheitsbereich *157*
Homedirectory *282*
Homepage, Internet Explorer *175*
Hotel-Lobby *157*
HTML-Editor *177*

I

IEAK *167, 207*
IEEE 802.3 *95*
ifmember *156*
Importeinstellungs-Assistent *255*
Importieren, Favoriten *176*
Importieren, GPO-Einstellungen *255*
Inf-Dateien *222*
Informationen, Gruppenrichtlinienverarbeitung *266*
Infrastruktur-Netzwerk *101*
Inhaltsfilter *177*
INI-Datei, Gruppenrichtlinien-Einstellung *222*
Installationspfad *59*
Installer *58*
Installieren, GPMC *23*
Installieren, IEAK *168*
Integritätsrichtlinien *95, 108*
Interaktive Anmeldung *85 f.*
Internet-Cafe *157*

Internetdateien, temporäre 158
Interneteinstellungen, Systemsteuerungseinstellungen 247
Internet Explorer 206, 247
- Administration Kit 167, 207
- anpassen 170
- Wartung 154, 167
Internetkommunikationsverwaltung 196
Internetzonen 177
Intervall, Protokollierung von Systemressourcen-Manager 147
Intranet Speicherort, Updates 152
IP-Adresse 45
- Adressbereich 212
- auswerten 60
IPsec
- Client 118
- Einstellungen 96 f.
- Verschlüsselung 97, 118
IP-Sicherheitsrichtlinien 118
irreversible Verschlüsselung 78

J

Jugendschutz 138

K

Kabelnetzwerke 95
Kategorien 60, 68
Kennwort 233
- -alter 78
- -chronik 78
- -eingabe 194
- Einstellungsobjekte 76
- -länge 78
- -regeln 45
- -richtlinie 36, 45, 76
- -rücksetzdiskette 135
- -schutz 199
- zurücksetzen 53
Kerberos-Richtlinie 76, 79
Keylogger 86
Klassifizierung, Datenverkehr 165
Klassische Ansicht 180
Kompass 139
Kompatibilitätsmodus 177
Komplexitätsanforderung 36, 45
Komplexitätsvoraussetzung 78
Komponenten, benutzerdefiniert 172
Komponentenstatus 265
Konfigurationseinstellungen 222
Konten-Operatoren 82
Konten, Sicherheitsoptionen 87
Kontenverwaltung 54, 80
Kontenverwendung 87
Kontoführung, Systemressourcen-Manager 147
Kontorichtlinien 76
Kontosperrdauer 79
Kontosperrungen 73
Kontosperrungsrichtlinien 76, 78
Kontosperrungsschwelle 79
Kontosperrungszähler 79
Kopieren, Registrierungseinstellungen 224

L

LANManager-Authentifizierungsebene 88
LAN-Verbindungssteuerung 187
LastError 230
LastErrorText 230
LastFailedInteractiveLogonTime 141
LastSuccessfullInteractiveLogon 141
Laufwerke beschränken 205
Laufwerke verbinden 226
Laufwerke zuweisen 154
Laufwerksbuchstaben 285
Laufwerkskombination 206
Laufwerkszuordnungen, Windows-Einstellungen 245
LDAP-Abfrage 212
LdapComputerSid 230
LDAP-Format 201
LdapUserSid 230
Leere Kennwörter 87
Leerlauf 240 f.
Legacyschnittstelle 137
Lizenztyp 169
LocalTime 230
LocalTimeEx 230
LogonDomain 230
LogonServer 230
LogonUser 230
LogonUserSid 230
Lokale Gruppe 52
Lokale Konten, Gruppenrichtlinien-Einstellung 235
Lokale Profile 158
Lokale Richtlinien 80
Loopbackverarbeitung 274
Loopback-Verarbeitungsmodus 47, 161
Löschen
- RAS-Verbindungen 187
- Umgebungsvariable 214
Low-Level-XML-Parser 211

M

MacAddress 230
MAC-Adressbereich 212
Manuelle Umleitung, Profilordner 180
Mausbewegung Aero Shake 180
Maximalalter 84
Maximale Größe 90
Maximales Kennwortalter 78
Maximum, Benutzeroberflächenoptionen 66
Medienauswahl, IEAK 171

Mehrfachobjekte *159*
Meldung *242*
Microsoft Installer Pakete *58*
Microsoft-Konten *87*
Microsoft-Netzwerk *87*
Microsoft Patch *58, 68*
Microsoft Security Essentials *148*
Microsoft System Center Configuration Manager *57*
Microsoft Transformer *58, 70*
Microsoft Updatedienst *150*
Migrationstabellen *256*
Migrieren, GPO-Einstellungen *255*
MIME-Type *59, 106*
- -Zuordnungen *234*
Minimales Kennwortalter *78*
Mischform *54*
Mobile Benutzer *161, 195*
- Profile *158*
Mobile Rechner *45*
Modus, Loopbackverarbeitung *48*
MSI-Abfrage *212, 220*
MSI-Datei *61*
MSI-Paket *62*
MSP
- -Dateien *67*
- ersetzen *68*
- überschreiben *68*
MST *70*
- Änderungen *70*
Musik *164*

N

Nachricht, Anmeldung *86*
Nachrichtentitel *86*
Namensauflösung *261*
Namensauflösungsrichtlinie *74 f.*
NAP *95, 108*
Navigation *139*
Nebeneinander, Bild *184*
Netlogon-Verzeichnis *155*
NetPlacesDir *230*
net use *156*
Network Access Protection *95, 108*
Netzlaufwerk *158, 245*
- Backup *158*
Netzlaufwerke zuweisen *154, 187*
Netzwerk *187*
- -adresse *274*
- -drucker *156*
- Druckersuche *200*
Netzwerkfreigaben, Gruppenrichtlinien-Einstellung *226*
Netzwerklast *64*
Netzwerklisten-Manager-Richtlinie *98*
Netzwerkoptionen, Gruppenrichtlinien-Einstellung *236*
Netzwerkrichtlinien *95*
Netzwerksicherheit *88, 95*
Netzwerkspeicherort, Sicherung *207*
Netzwerktopologie *54*
Netzwerktyp *99*
Netzwerk- und Freigabe-Center *98*
Netzwerkverbindungen *187*
Netzwerkzonenregel *106 f.*
Netzwerkzugriff *88*
Netzwerkzugriffsschutz *95, 108*
Neustart *64, 262*
- Updates *152*
Neu starten, Startmenü *190*
Neustart erzwingen, Internet Explorer *174*
Nicht identifizierte Netzwerke *99*
Nicht reagierende Sitzungen, Zeitlimit *137*
NoDrivesDropDown *285*
NoViewOnDrive *284*
NPS *95, 108*
NTFS *93*
NTLM-Authentifizierung *88*
Nur-Konfigurationspaket *171*

O

Objekte suchen, Active Directory *182*
Objekte verstecken *53*
Objektstatus *36, 40*
Objekttypen *51*
Objektzugriffsversuche *80*
ODBC-Datenquellen *232*
Öffentliche Netzwerke *99*
Öffentliche Schlüssel *103*
Öffentliches Profil, Firewall *96*
Office Ressource Kit Tools *70*
OpenXPS *126*
Optionen, gemeinsame *215*
Optionen, Herunterfahren *137*
Ordner *93*
- Gruppenrichtlinien-Einstellung *218*
Ordneroptionen, Gruppenrichtlinien-Einstellung *234*
Ordnerpfad *227*
Ordnerumleitung *158*
Ordnerumleitungen konfigurieren *160*
Organisational Unit *53, 212*
Organisationseinheit *siehe* Organisational Unit
Ortskennzahl *188*
OsVersion *230*
OU *siehe* Organisational Unit

P

Pakete, Softwareverteilung *64*
Parental Controls, Administrative Vorlagen *138*
Password *45*
- Settings Object *45, 76*
Patches *58*
PATH-Variablen *214*
PCMCIA vorhanden *212*
Personalwechsel *53*
Personen suchen, Active Directory *181*

Pfadangabe, Ordnerumleitung *159*
Pfadbedingungen, AppLocker *112*
Pfade, WSUS *151*
Pfadregel *105 f.*
PKU2U *88*
Planung *272*
PolicyDefinitions *283, 287*
Port, QoS *166*
Positive Sicherheitsfilterung *47*
Praktikanten *157*
Praxis, Arbeit mit GPOs *260*
Private Netzwerke *99*
Privates Profil, Firewall *96*
Problembehebung *279*
Problembeschreibung *269*
Problemfälle *74*
Produktcode *221*
Produktionsserver *45*
Produktivumgebung, praktisches Vorgehen *32*
Profile
- Benutzer *158*
- Firewall *96*
- Standort *158*
Profilordner, manuelle Umleitung *180*
ProgramFilesDir *231*
Programme und Funktionen *59*
ProgramsDir *231*
Protokoll *213*
Protokollierung *279*
- Systemressourcen-Manager *147*
Proxy-Ermittlung *177*
Prozessnachverfolgung *81*
Prozessorkapazitäten, Systemressourcen-Manager *145*
PSO *45, 76*
Public-Key-Verschlüsselung *75*

Q

QoS *siehe* Quality of Service
Quality of Service *154, 165*
Quell-Adresse *167*
Quelldatei *217*
Quell-Einstellungen *255*
Quell-Starter-Gruppenrichtlinienobjekt *61*

R

Radius *95, 108*
RAM *213*
RAS-Einstellungen *188*
RAS-Verbindungssteuerung *187*
RecentDocumentsDir *231*
Rechte *82*
- -verwendung *81*
Regedit *193*
Regelbedingungen *112*
Regeln erstellen, AppLocker *115*
Regeln, Firewall *95*
Regeln, Softwareeinschränkungen *105*
Regionale Einstellungen, Systemsteuerung *249*
Register Bereich, GPMC *26*
Register Details, GPMC *26*
Register Kategorien, Softwareverteilung *68*
Registrierung *91 f.*
- Gruppenrichtlinien-Einstellung *224*
- Schlüssel *92, 214*
Registrierungsbrowser *224*
Registrierungspfade *105*
Registrierungsübereinstimmung *213*
Registry *285*
- bearbeiten *193*
Reihenfolge *35, 221*
Remote-Desktopdienste *213*
Remote-Herunterfahren *137*
Replikate *59*
Request Security, IPSec *118*
Require Security, IPSec *118*
Respond Only, IPSec *118*
Ressource Kit Tools *70*
ResultCode *231*
ResultText *231*
ReversedComputerSid *231*
ReversedUserSid *231*
Richtlinie entfernen, Ordnerumleitung *164*
Richtlinienänderungen *81*
Richtlinienbasierter QoS *165*
Richtlinienverarbeitung *195, 267*
ROAMING, APPDATA *160*
Rückgabecodes *279*
Ruhezustand *194*
- Startmenü *190*

S

SAM-Konto *89*
Sammlung, Registrierungseinstellungen *226*
Schema *141*
Schlüssel *75, 92*
- -pfad *213*
- Registrierung *92, 224*
- -wörter *186*
Schnellinfos, Internet Explorer *176*
schreibgeschützt *218*
scrnsave.scr *199*
Secure Server, IPSec *118*
Security Essentials *148*
SendToDir *231*
Sensoren *139*
Serverauslastung, Systemressourcen-Manager *145*
Servergespeicherte Profile *158*
Server, IPSec *118*
Server-Operatoren *82*
Service Set Identifier *101*
Setup-Anweisungen *222*
Shellobjekte *228*
Sicherer Desktop *83*

Sicherer Kanal *84*
Sicherheitseinstellungen *74*
Sicherheitsfilterung *42, 291, 294*
Sicherheitsgruppe *52, 213*
Sicherheitsgruppenmitgliedschaft *267, 275*
Sicherheitskonfiguration *74*
Sicherheit, Softwareverteilung *71*
Sicherheitsoptionen *74, 83*
- Geräte *84*
- Konten *87*
Sicherheitsprinzipale *255*
Sicherheitsprotokoll *89 f.*
Sicherheitsrelevante Einstellungen *74*
Sicherheitsstufe *87, 99*
Sicherheitsstufen *104*
Sicherheitsüberprüfungen *89*
Sicherheit, WLAN *102*
Sichern, GPOs *251*
Sicherung *207*
Sicherungskopie *207*
Sicherungs-Operatoren *82*
Signaturen *87*
Signierte Komponenten *172*
Signierte Updates *152*
Silent Mode *102*
Sitzung sperren *86*
Skripts *74, 154*
Smartcards *86*
SMTP-Server, Systemressourcen-Manager *146*
Software-Benachrichtigung, Updates *151*
Softwareeinschränkungen *104, 157*
- Regeln *105*
Softwareinstallation *58, 61*
Softwareupdates *45*
Softwareverteilung *45 f., 57, 195*
- Änderungen *70*
- Eigenschaften *64*
- Kategorien *60*
- richtliniengesteuert *57*
- standortübergreifend *59*
- UNC-Pfad *62*
- unterstützte Dateitypen *58*
Sonderfälle *47*
Speicherort *47, 139, 252, 261, 274*
Speicherplatzbelegung *128*
Speicherverwaltung, Systemressourcen-Manager *145*
Sperren
- Laufwerke *205*
- Sitzung *86*
Sperrung *86*
Sprachauswahl, IEAK *171*
Sprache *212*
- Softwareverteilung *66*
SSID *101*
Stammverzeichnis, Ordnerumleitung *161*
Standardbrowser *173*
Standarddrucker *156*
Standardinstallationen *57*
Standardpfad, Druckersuche *201*
Standardprotokollierung *81*
Standardregeln, AppLocker *113*
Standardreihenfolge *37*
Standardsoftware *45 f.*
Standardsuchanbieter, Internet Explorer *175*
Standardverhalten *104*
Standardwerte, Kerberosrichtlinie *79*
Standardwerte, Softwareverteilung *66*
Standard, Wiedergabe *207*
Standort *29, 45, 213*
- BranchCache *127*
Standortinformationen *188*
Standort-OUs *55*
Standortrichtlinien *45*
Standortübergreifende Softwareverteilung *59*
Start *241*
Startart *244*
- Dienste *91*
- festlegen *91*
Starter-Gruppenrichtlinienobjekte *30*
Startmenü *59*
- Anmeldung *158*
- Programme *64*
- Systemsteuerungseinstellungen *249*
StartMenuDir *231*
Startumgebungen *232*
StartUpDir *231*
Statistik, WSUS *151*
Stifterkennung *140*
Strecken *184*
STRG+ALT+ENTF *86, 190, 196*
Strings *287*
Suchanbieter, Internet Explorer *175*
Suchhäufigkeit, Updates *151*
Suchpfade, Active Directory *181*
Supportanbieter, Internet Explorer *175*
Symbol *100, 232*
Symbole ausblenden, Systemsteuerung *198*
Symbolleisten *180*
Symbolleistenflächen, Internet Explorer *174*
Synchronisation *80*
Synchronisieren, IEAK *172*
Syntaxprüfung *298*
System *193*
Systembelastung *64*
Systemdienste *91*
SystemDir *231*
SystemDrive *231*
Systemereignisse *81*
Systemprotokoll *90*
Systemressourcen-Manager *145*
Systemsicherheit *83*
Systemstart *18, 59*
Systemsteuerung *45, 47, 59, 198, 249*
Systemsteuerungseinstellungen
- Benutzerkonfiguration *247*
- Computerkonfiguration *232*

- Interneteinstellungen *247*
- Regionale Einstellungen *249*
- Startmenü *249*
Systemsteuerungselemente *46*
Systemvariable *232*

T

Tablet PC *140*
Taskleiste *180*
Tasks planen *238*
Tastenkombination *232*
TCP/IP-Drucker *237*
TempDir *231*
Temperatursensoren *139*
Temporäre Internetdateien *158*
Terminalsitzung *213*
Testen, Softwareverteilung *63*
Testumgebung *20*
TimeStamp *231*
Titelleiste, Internet Explorer *174*
TLD *75*
Tool zum entfernen bösartiger Software *173*
Top Level Domain *75*
Top-Level-OU *54*
Touchscreens *140*
TraceFile *231*
Tragbarer Computer *213*
Transformer *58, 70*
Treiber *214, 222*
Trennen *208*
- Sitzung *86*
Trigger *241*
TrustedInstaller *283*
Typ *213*

U

Übereinstimmungstyp *216*
Übernehmen, Dateibesitz *284*
Übernehmen der Einstellungen *292*
Übernehmen verweigern *46*
Überprüfen, Loopbackverarbeitung *49*
Überschreiben nach Tagen *90*
Übersicht *293*
Übertragungsrate *165*
Überwachung *89, 93*
Überwachungsregeln, AppLocker *114*
Überwachungsrichtlinien *80*
Überwachungsrichtlinienkonfiguration, erweiterte *119*
Umbenennen, Konten *87*
Umgebungsvariablen *212, 214*
Umkehrbare Verschlüsselung *78*
UNC-Pfad *62, 255*
undefiniert, Richtlinie *36*
ungedockt, tragbarer Computer *213*
Ungültige Pfade *257*
Universale Gruppe *52*
Universal Naming Convention *62*
Untersuchen, Gruppenrichtlinienergebnis *265*
Updates *45*
- interner Pfad *151*
- WSUS steuern *148*
Updates, Internet Explorer *173*
Upgrade, Windows Defender *147*
URLs *228*
Username *159*

V

VALIDIEREN *257*
Value *285*
Variable *159, 214, 229, 233*
Variablen, AppLocker *113*
Verantwortliche Benutzer, Freigaben *186*
Verarbeitung, Loopback *47*
Verarbeitungsmodus *213*
Verarbeitungsreihenfolge *35*
Verarbeitungsreihenfolge anpassen *38*
Verarbeitungsreihenfolge, praktische Beispiele *44*
Verbindungs-Manager *177*
Vererbung *39, 262*
Verkehr, QoS *167*
Verknüpfungen *26*
Verknüpfungen, deaktivieren *41*
Verknüpfungen, Gruppenrichtlinien-Einstellung *228*
Verknüpfungsstandort *266*
Veröffentlichen *59 f., 64*
- Freigaben *186, 226*
Verschlüsselung, umkehrbare *78*
Verschlüsselung, WLAN *102*
Version *266*
Versionen, Softwareverteilung *66*
Versionssynchronisierung, automatische *170*
Verteilergruppe *52*
Verteilter Cache *127*
Verteiltes Dateisystem *59*
Vertrauensstellung *89*
Vertrauenswürdige Herausgeber
- IEAK *172*
- Softwareeinschränkungen *107*
- Updates *152*
Verwaltbarkeit *73*
Verwaltungsaufgaben *53*
Verwaltungsbereich *66*
Verweigern, Berechtigung *292*
Verzeichnisdienstzugriffe *81*
Verzeichnissuche, Active Directory *182*
Verzögerter Neustart, Updates *152*
Videos *164*
Virtualisierung *51*
Vollzugriff *284*
Voraussetzungen, Gruppenrichtlinien-Einstellungen *210*
Vorhersagen der Gruppenrichtlinienmodellierung *272*
VPN-Verbindung *236*

W

Wählverfahren 188
WAN-Verbindungen 59
Wartezeiten, Anmeldung 158
Wartung, Internet Explorer 167
Websites, Druckersuche 200
Wechselmedien 84
Wechselmedienzugriffe 197
Wertdaten 213
Werte, Registrierung 224
Wettersensoren 139
Wiederaufnahme 194
Wiedergabe 207
Wiederherstellen, GPOs 251
Wiederherstellung, Sicherung 207
Wiederherstellungsinformationen 254
Wiederherstellungsoption, Dienste 244
Willkommenseite 177, 193
Win64, Softwareverteilung 66
Windows-Anmeldeoptionen 208
Windows-Anmeldung, Administrative Vorlagen 141
Windows Anytime Upgrade 147
Windows Defender 147
WindowsDir 231
Windows-Einstellungen
- Anwendungen 245
- Benutzerkonfiguration 153, 245
- Computerverwaltung 73
- Laufwerkszuordnungen 245
WindowsExplorer.adml 287
WindowsExplorer.admx 283
Windows Explorer, siehe Datei-Explorer 205
Windows-Firewall 95
Windows Installer 58
Windows-Installer-Dienst 64
Windows Live ID 136
Windows-Software-Development-Kit 245
Windows-Systemressourcen-Manager 145
Windows Update 148
Windows-WLAN-Konfigurationsdienst 101
Wirkungsbereich 292
WLAN-Clients 101
WMI-Abfrage 211, 213, 234
WMI-Filter 30, 262, 276, 291, 295
WMI-Filter anwenden 299
WMI-Filter entfernen 299
WMI-Klassen 295
WSRM 145
WSUS 45, 148
- Pfade 151
WSUS-Server 45
WSUS-Server, Windows Defender 147
WSUS, verknüpfen mit Standort 29

X

XmlLite 210
XPS 126

Z

Zap-Dateien 58
Zeichentypen 78
Zeitbereich 213
Zeitlimit 199
Zeitlimit für nicht mehr reagierende Sitzungen 137
Zeitplan 239
Zeitplan, Updates 152
Zeitstempel 107
Zentrale Softwareverteilung 57
Zentriert, Bild 184
Zero Administration Kit 155
Zertifikate 103, 107
Zertifikatregel 105
Zertifizierungsstellen 95, 108
Zertifizierungsstellenzertifikat, WSUS 152
Ziel-Adresse 167
Zielgruppenadressierung 211, 215, 246, 262
Zielordner, Ordnerumleitung 161
Zieltyp 220
Zielzuordnung, Updates 152
Zu aktualisierende Pakete 68
zugewiesen, Paket 62
Zugriffsbasierte Aufzählung 228
Zugriffsrechte, exklusiv 162
Zugriff verweigern, Laufwerke 283
Zulassen 96
Zurücksetzungsdauer 79
Zusammenführen-Modus 47
Zusatzregel erstellen, AppLocker 116
Zuweisen 59
Zuweisen, Softwarekategorien 69
Zwischenzuspeichernde Anmeldungen 85